세상이 변해도
배움의 즐거움은
변함없도록

시대는 빠르게 변해도
배움의 즐거움은
변함없어야 하기에

어제의 비상은
남다른 교재부터
결이 다른 콘텐츠
전에 없던 교육 플랫폼까지

변함없는 혁신으로
교육 문화 환경의 새로운 전형을
실현해왔습니다.

비상은 오늘, 다시 한번
새로운 교육 문화 환경을 실현하기 위한
또 하나의 혁신을 시작합니다.

오늘의 내가 어제의 나를 초월하고
오늘의 교육이 어제의 교육을 초월하여
배움의 즐거움을 지속하는 혁신,

바로, 메타인지 기반 완전 학습을.

상상을 실현하는 교육 문화 기업 비상

메타인지 기반 완전 학습
초월을 뜻하는 meta와 생각을 뜻하는 인지가 결합한 메타인지는
자신이 알고 모르는 것을 스스로 구분하고 학습계획을 세우도록 하는
궁극의 학습 능력입니다. 비상의 메타인지 기반 완전 학습 시스템은
잠들어 있는 메타인지를 깨워 공부를 100% 내 것으로 만들도록 합니다.

완자

통합사회 2

Structure 구성과 특징

01 개념&자료 학습

이 단원에서 꼭 알아야 하는 핵심 개념을 꼼꼼하게 정리하고, 시험 빈출 자료는 포인트를 확실하게 짚어 주었습니다.

❶ 함께 보면 좋은 확인 문제, 추가 자료, 정리 비법 등을 선생님이 강의하듯 친절하게 정리하였어요.

❷ 학교 시험은 물론 수능에도 출제될 가능성이 높은 자료를 빈출 선택지로 확인해요.

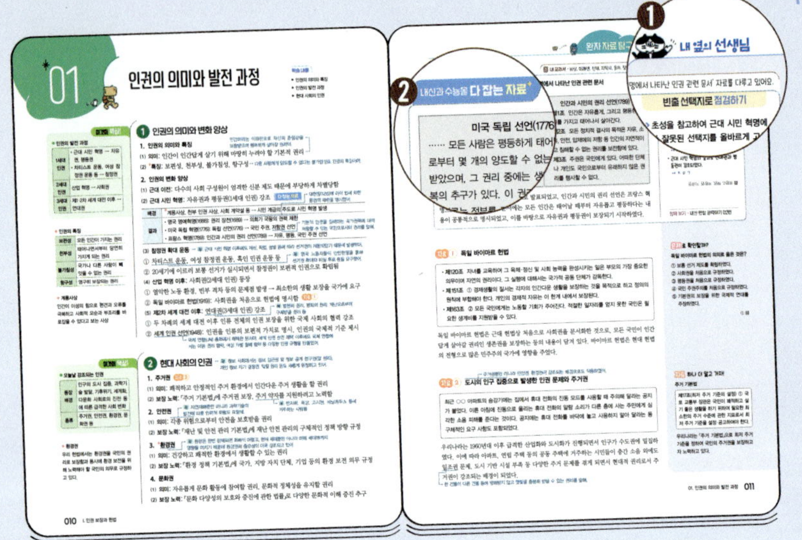

02 내신 문제 풀기

학교 시험에 자주 출제되는 유형의 문제들을 단계별로 풀면서 실력을 향상시킬 수 있습니다.

❶ 빈출 자료는 추가 문제를 풀면서 확실하게 짚고 갈 수 있어요.

❷ 시험에서 비중이 높아진 서술형 문제를 감잡기, 실전 도전하기로 자신 있게 대비할 수 있어요.

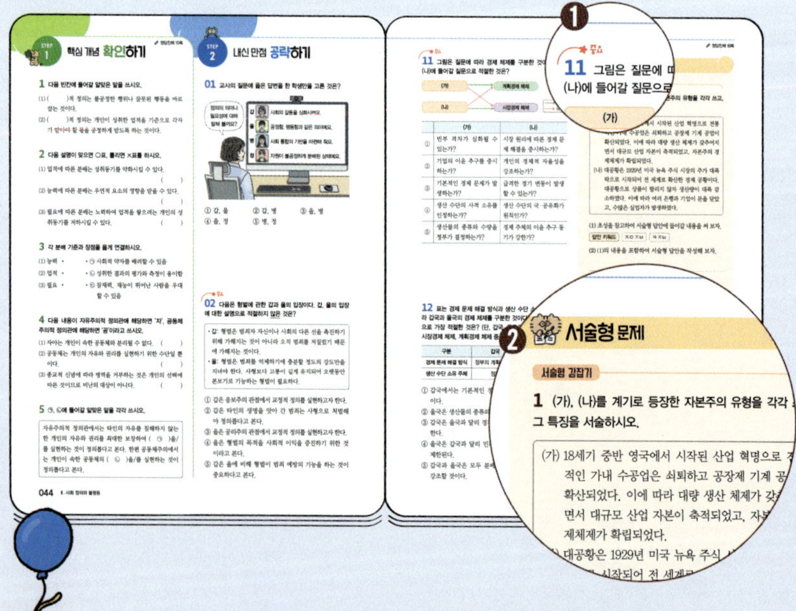

03 고난도&기출문제 풀기

사고력과 변별력을 요구하는 고난도 문제, 수능에 출제된 기출문제를 풀면서 내신뿐만 아니라 수능에도 자신감을 얻을 수 있습니다.

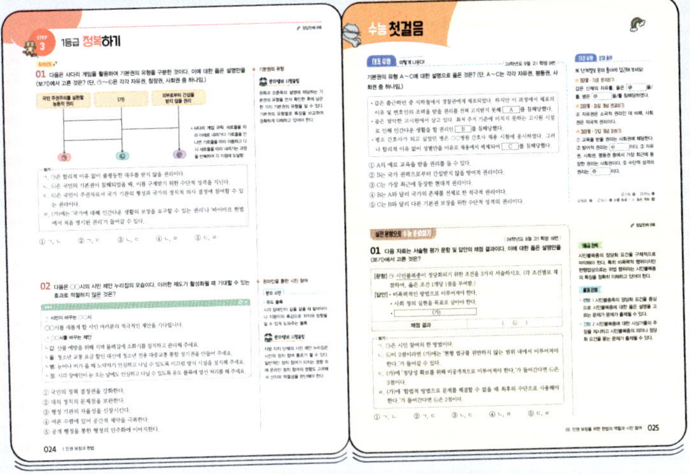

04 대단원 학습 점검하기

대단원의 핵심 내용을 한눈에 정리하고, 통합형 문제까지 풀어 보면서 대단원 학습을 최종 점검할 수 있습니다.

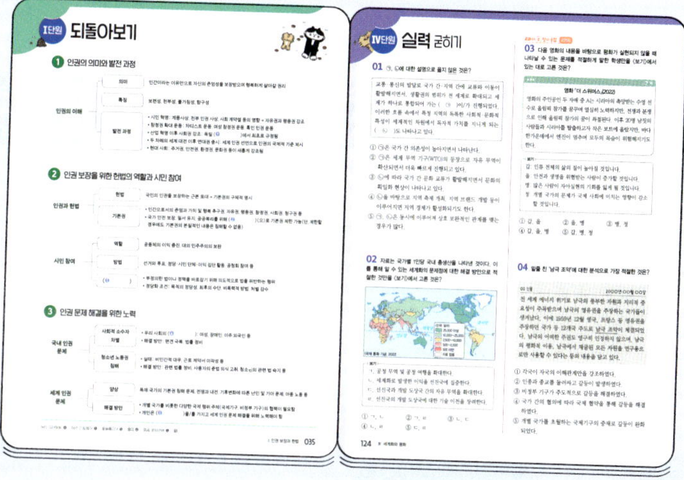

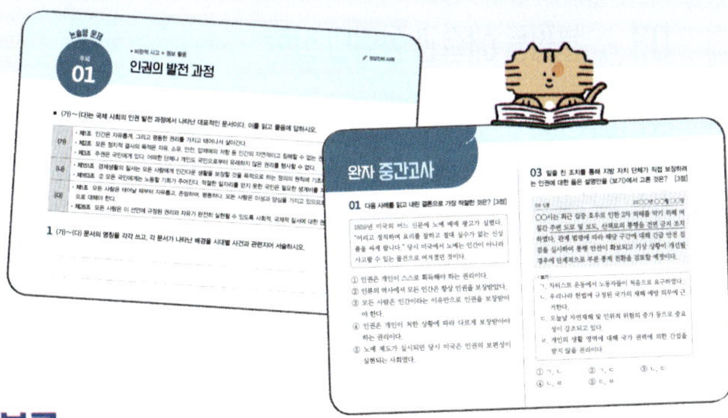

부록

논술형 문제, 중간고사·기말고사 대비 문제를 제공합니다.

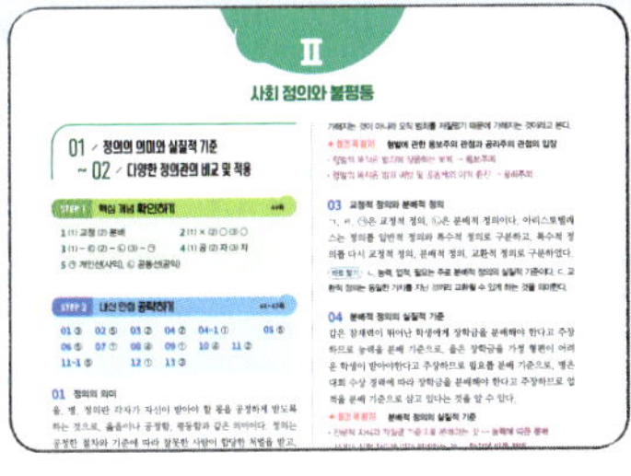

정답친해

정답과 오답 풀이, 자료 분석, 암기 tip, 예시 답안을 제공합니다.

Contents 차례

시장경제와 지속가능발전

세계화와 평화

미래와 지속가능한 삶

완자와 내 교과서 비교하기

	단원명	완자	비상교육	동아출판	리베르스쿨	미래엔	아침나라	지학사	창비	천재교과서
I. 인권 보장과 헌법	01. 인권의 의미와 발전 과정	10~17	8~15	10~17	10~18	10~19	8~17	12~17	8~15	8~15
	02. 인권 보장을 위한 헌법의 역할과 시민 참여	18~25	16~23	18~25	19~26	20~27	18~25	18~25	16~23	16~23
	03. 인권 문제 해결을 위한 노력	26~34	24~31	26~33	27~35	28~35	26~33	26~31	24~31	24~31
II. 사회 정의와 불평등	01. 정의의 의미와 실질적 기준 ~ 02. 다양한 정의관의 비교 및 적용	40~49	36~47	40~51	40~52	40~53	38~51	40~53	38~53	36~49
	03. 불평등 해결과 정의의 실현	50~56	48~55	52~59	53~59	54~63	52~59	54~61	54~61	50~59
III. 시장경제와 지속가능발전	01. 자본주의의 전개 과정과 경제 체제	62~69	60~67	66~73	64~70	68~73	66~71	70~77	68~75	64~71
	02. 합리적 선택과 경제 주체의 역할	70~77	68~75	74~81	71~79	74~83	72~81	78~85	76~83	72~79
	03. 자산 관리와 금융 생활	78~85	76~83	82~89	80~87	84~89	82~87	86~91	84~91	80~87
	04. 국제 무역과 지속가능발전	86~92	84~91	90~97	88~95	90~97	88~93	92~99	92~99	88~95

내 옆의 선생님 '완자'는 혼자서도 쉽게 공부할 수 있는 자율학습서

I

인권 보장과 헌법

01 인권의 의미와 발전 과정

이것이 핵심!

❋ 인권의 발전 과정

1세대 인권	• 근대 시민 혁명 → 자유권, 평등권 • 차티스트 운동, 여성 참정권 운동 등 → 참정권
2세대 인권	산업 혁명 → 사회권
3세대 인권	제1·2차 세계 대전 이후 → 연대권

◆ 인권의 특징

보편성	모든 인간이 가지는 권리
천부성	태어나면서부터 당연히 가지게 되는 권리
불가침성	국가나 다른 사람이 빼앗을 수 없는 권리
항구성	영구히 보장되는 권리

◆ 계몽사상

인간이 이성의 힘으로 편견과 오류를 극복하고 사회적 모순과 부조리를 바로잡을 수 있다고 보는 사상

① 인권의 의미와 변화 양상

1. 인권의 의미와 특징

(1) **의미**: 인간이 인간답게 살기 위해 마땅히 누려야 할 기본적 권리 → 인간이라는 이유만으로 자신의 존엄성을 보장받으며 행복하게 살아갈 권리야.

(2) **❖특징**: 보편성, 천부성, 불가침성, 항구성 → 다른 사람에게 양도할 수 없다는 불가양성도 인권의 특징이야.

2. 인권의 변화 양상

(1) **근대 이전**: 다수의 사회 구성원이 엄격한 신분 제도 때문에 부당하게 차별당함

(2) **근대 시민 혁명**: 자유권과 평등권(1세대 인권) 강조 **다 잡는 자료** 대헌장(1215)에 이어 법에 의한 왕권의 제한을 명시했어.

배경	❖계몽사상, 천부 인권 사상, 사회 계약설 등 → 시민 계급의 주도로 시민 혁명 발생
결과	• 영국 명예혁명(1688): 권리 장전(1689) → 의회가 국왕의 권력 제한 • 미국 독립 혁명(1776): 독립 선언(1776) → 국민 주권, 저항권 선언 • 프랑스 혁명(1789): 인간과 시민의 권리 선언(1789) → 자유, 평등, 국민 주권 선언

→ 기본적 인권을 침해하는 국가권력에 대해 저항할 수 있는 국민으로서의 권리를 말해.

(3) **참정권 확대 운동** → 꼭! 근대 시민 혁명 이후에도 재산, 직업, 성별 등에 따라 선거권이 제한되었기 때문에 발생했어.

① 차티스트 운동, 여성 참정권 운동, 흑인 민권 운동 등 → 꼭! 영국 노동자들이 인민헌장을 통해 선거권 확대와 비밀 투표 등을 요구했어.

② 20세기에 이르러 보통 선거가 실시되면서 참정권이 보편적 인권으로 확립됨

(4) **산업 혁명 이후**: 사회권(2세대 인권) 등장

① 열악한 노동 환경, 빈부 격차 등의 문제점 발생 → 최소한의 생활 보장을 국가에 요구

② 독일 바이마르 헌법(1919): 사회권을 처음으로 헌법에 명시함 **자료 ❶**

(5) **제2차 세계 대전 이후**: 연대권(3세대 인권) 강조 → 예 발전의 권리, 평화의 권리, 재난으로부터 구제받을 권리 등

① 두 차례의 세계 대전 이후 인류 전체의 인권 보장을 위한 국제 사회의 협력 강조

② 세계 인권 선언(1948): 인권을 인류의 보편적 가치로 명시, 인권의 국제적 기준 제시

→ 국제 연합(UN) 총회에서 채택한 문서야. 세계 인권 선언 채택 이후에도 국제 연합에서는 아동 권리 협약, 여성 차별 철폐 협약 등 다양한 인권 규정을 만들었어.

이것이 핵심!

❋ 오늘날 강조되는 인권

등장 배경	인구의 도시 집중, 과학기술 발달, 기후위기, 세계화, 다문화 사회로의 진전 등에 따른 급격한 사회 변화
종류	주거권, 안전권, 환경권, 문화권 등

◆ 환경권

우리 헌법에서는 환경권을 국민의 권리로 보장함과 동시에 환경 보전을 위해 노력해야 할 국민의 의무로 규정하고 있다.

② 현대 사회의 인권

→ 꼭! 정보 사회에서는 정보 접근권 및 정보 공개 청구권(알 권리), 개인 정보 자기 결정권, 잊힐 권리 등도 새롭게 등장하고 있어.

1. 주거권 **자료 ❷**

(1) **의미**: 쾌적하고 안정적인 주거 환경에서 인간다운 주거 생활을 할 권리

(2) **보장 노력**: 「주거 기본법」에 주거권 보장, 주거 약자를 지원하려고 노력함

2. 안전권

→ 꼭! 자연재해뿐만 아니라 과학기술의 발전에 따른 인위적 위험도 포함해.

→ 예 반지하, 옥상, 고시원, 비닐하우스 등에 거주하는 사람들

(1) **의미**: 각종 위험으로부터 안전을 보호받을 권리

(2) **보장 노력**: 「재난 및 안전 관리 기본법」에 재난 안전 관리의 구체적인 정책 방향 규정

3. ❖환경권

→ 꼭! 환경은 한번 침해되면 회복이 어렵고, 현재 세대뿐만 아니라 미래 세대에까지 영향을 미치기 때문에 환경권의 중요성이 더욱 강조되고 있어.

(1) **의미**: 건강하고 쾌적한 환경에서 생활할 수 있는 권리

(2) **보장 노력**: 「환경 정책 기본법」에 국가, 지방 자치 단체, 기업 등의 환경 보전 의무 규정

4. 문화권

(1) **의미**: 자유롭게 문화 활동에 참여할 권리, 문화적 정체성을 유지할 권리

(2) **보장 노력**: 「문화 다양성의 보호와 증진에 관한 법률」로 다양한 문화적 이해 증진 추구

📘 **내 교과서** · 비상, 미래엔, 천재, 지학사, 동아, 창비에서 '근대 시민 혁명에서 나타난 인권 관련 문서' 자료를 다루고 있어요.

내신과 수능을 **다 잡는 자료** · 근대 시민 혁명에서 나타난 인권 관련 문서

미국 독립 선언(1776)

…… 모든 사람은 평등하게 태어났고, 창조주로부터 몇 개의 양도할 수 없는 권리를 부여받았으며, 그 권리 중에는 생명과 자유와 행복의 추구가 있다. 이 권리를 확보하기 위하여 인류는 정부를 조직하였으며, 정부의 정당한 권력은 국민의 동의로부터 나온다. 이러한 목적을 파괴할 때에 국민은 새로운 정부를 조직할 수 있다.

인간과 시민의 권리 선언(1789)

- **제1조** 인간은 자유롭게, 그리고 평등한 권리를 가지고 태어나서 살아간다.
- **제2조** 모든 정치적 결사의 목적은 자유, 소유, 안전, 압제에의 저항 등 인간의 자연적이고 침해할 수 없는 권리를 보전함에 있다.
- **제3조** 주권은 국민에게 있다. 어떠한 단체나 개인도 국민으로부터 유래하지 않은 권리를 행사할 수 없다.

미국 독립 선언은 미국 독립 혁명으로 발표되었고, 인간과 시민의 권리 선언은 프랑스 혁명으로 발표되었다. 이들 문서에는 모든 인간은 태어날 때부터 자유롭고 평등하다는 내용이 공통적으로 명시되었고, 이를 바탕으로 자유권과 평등권이 보장되기 시작하였다.

빈출 선택지로 점검하기

» 초성을 참고하여 근대 시민 혁명에 대한 잘못된 선택지를 올바르게 고쳐 보자.

- 인간과 시민의 권리 선언은 영국 명예 혁명의 결과로 발표되었다.
  → ㅍㄹㅅ ㅎㅁ
- 미국 독립 혁명의 결과로 발표된 미국 독립 선언에는 사회권이 명시되어 있다.
  → ㅈㅇㄱ
- 근대 시민 혁명의 결과로 연대권과 평등권이 강조되었다.
  → ㅈㅇㄱ

📘 프랑스 혁명, 자유권, 자유권

함께 보기 · 내신 만점 공략하기 02번

자료 1 독일 바이마르 헌법

- **제120조** 자녀를 교육하여 그 육체·정신 및 사회 능력을 완성시키는 일은 부모의 가장 중요한 의무이며 자연의 권리이다. 그 실행에 대해서는 국가적 공동 단체가 감독한다.
- **제151조** ① 경제생활의 질서는 각자의 인간다운 생활을 보장하는 것을 목적으로 하고 정의의 원칙에 부합해야 한다. 개인의 경제적 자유는 이 한계 내에서 보장된다.
- **제163조** ② 모든 국민에게는 노동할 기회가 주어진다. 적절한 일자리를 얻지 못한 국민은 필요한 생계비를 지원받을 수 있다.

독일 바이마르 헌법은 근대 헌법상 처음으로 사회권을 문서화한 것으로, 모든 국민이 인간답게 살아갈 권리인 생존권을 보장하는 등의 내용이 담겨 있다. 바이마르 헌법은 현대 헌법의 전형으로 많은 민주주의 국가에 영향을 주었다.

문제로 확인할까?

독일 바이마르 헌법의 의의로 옳은 것은?

① 보통 선거 제도를 확립하였다.
② 사회권을 처음으로 규정하였다.
③ 평등권을 처음으로 규정하였다.
④ 국민 주권주의를 처음으로 규정하였다.
⑤ 기본권의 보장을 위한 국제적 연대를 주장하였다.

② 📘

자료 2 도시의 인구 집중으로 발생한 인권 문제와 주거권

┌─ 주거권뿐만 아니라 안전권, 환경권이 강조되는 배경으로도 작용하였어.

최근 ○○ 아파트의 승강기에는 집에서 휴대 전화의 진동 모드를 사용할 때 주의해 달라는 공지가 붙었다. 이른 아침에 진동으로 울리는 휴대 전화의 알람 소리가 다른 층에 사는 주민에게 심각한 소음 피해를 준다는 것이다. 공지에는 휴대 전화를 바닥에 놓고 사용하지 말아 달라는 등 구체적인 요구 사항도 포함되었다.

우리나라는 1960년대 이후 급격한 산업화와 도시화가 진행되면서 인구가 수도권에 밀집하였다. 이에 따라 아파트, 연립 주택 등의 공동 주택에 거주하는 시민들이 층간 소음 외에도 일조권 문제, 도시 기반 시설 부족 등 다양한 주거 문제를 겪게 되면서 현대적 권리로서 주거권이 강조되는 배경이 되었다.
└─ 한 건물이 다른 건물 등에 방해받지 않고 햇빛을 충분히 받을 수 있는 권리를 말해.

자료 하나 더 알고 가자!

주거 기본법

제17조(최저 주거 기준의 설정) ① 국토 교통부 장관은 국민이 쾌적하고 살기 좋은 생활을 하기 위하여 필요한 최소한의 주거 수준에 관한 지표로서 최저 주거 기준을 설정·공고하여야 한다.

우리나라는 「주거 기본법」으로 최저 주거 기준을 정하여 국민의 주거권을 보장하고자 노력하고 있다.

STEP 1 핵심 개념 **확인**하기

1 다음 빈칸에 들어갈 알맞은 말을 쓰시오.

> 모든 사람은 오직 인간이라는 이유만으로 존엄성을 보장받으며 행복하게 살아갈 권리를 지니는데, 이러한 권리를 (   )(이)라고 한다.

2 다음 괄호 안의 내용 중 알맞은 말에 ○표를 하시오.

(1) 인권은 인종, 성별, 종교, 신분 등과 관계없이 인류 구성원 모두가 가지는 권리라는 점에서 (보편성, 천부성)을 지닌다.

(2) (계몽사상, 천부 인권 사상)은 인간이 이성의 힘으로 편견과 오류를 극복하고 사회적 모순과 부조리를 바로잡을 수 있다고 보는 사상으로, 근대 시민 혁명의 사상적 배경이 되었다.

3 다음 설명이 맞으면 ○표, 틀리면 ×표를 하시오.

(1) 세계 인권 선언에는 모든 국민이 최소한의 인간다운 생활을 보장받아야 한다는 사회권이 처음으로 명시되었다. (   )

(2) 우리나라는 「주거 기본법」을 제정하여 국민의 주거권을 보장하고 주거 안정과 주거 수준 향상을 위한 다양한 정책을 시행하고 있다. (   )

4 다음에서 설명하는 현대 사회의 인권을 〈보기〉에서 골라 기호를 쓰시오.

> **보기**
> ㄱ. 문화권 ㄴ. 안전권
> ㄷ. 주거권 ㄹ. 환경권

(1) 각종 위험으로부터 안전을 보호받을 권리 (   )

(2) 건강하고 쾌적한 환경에서 생활할 수 있는 권리 (   )

(3) 자유롭게 문화 활동에 참여하고, 문화적 정체성을 유지할 권리 (   )

(4) 쾌적하고 안정적인 주거 환경에서 인간다운 주거 생활을 할 권리 (   )

STEP 2 내신 만점 **공략**하기

01 밑줄 친 '이것'의 특징으로 옳은 것만을 〈보기〉에서 고른 것은?

> 인간은 누구나 성별, 나이, 피부색, 종교, 국적, 지위 등에 관계없이 존엄성을 존중받으며 행복하게 살아갈 권리인 이것을 가지고 있다.

> **보기**
> ㄱ. 사회적 약자만 가지는 권리이다.
> ㄴ. 천부 인권 사상에서 유래한 권리이다.
> ㄷ. 다른 사람에게 넘겨줄 수 있는 권리이다.
> ㄹ. 헌법에 규정이 없더라도 보장받는 권리이다.

① ㄱ, ㄴ ② ㄱ, ㄷ ③ ㄴ, ㄷ
④ ㄴ, ㄹ ⑤ ㄷ, ㄹ

★중요
02 다음 문서에서 확인할 수 있는 내용으로 적절하지 <u>않은</u> 것은?

> • 제1조 인간은 자유롭게, 그리고 평등한 권리를 가지고 태어나서 살아간다.
> • 제2조 모든 정치적 결사의 목적은 자유, 소유, 안전, 압제에의 저항 등 인간의 자연적이고 침해할 수 없는 권리를 보전함에 있다.
> • 제3조 주권은 국민에게 있다. 어떠한 단체나 개인도 국민으로부터 유래하지 않은 권리를 행사할 수 없다.
> − 인간과 시민의 권리 선언

① 자유와 평등은 천부 인권이다.
② 국가는 국민의 안전을 보장해야 한다.
③ 국가는 국민의 복지를 향상시켜야 한다.
④ 국가의 중요 의사는 국민이 결정해야 한다.
⑤ 국민은 부당한 국가 권력에 저항할 수 있다.

하나 더!
02-1 다음 문서를 통해 확인할 수 있는 근대 시민 혁명의 사상적 배경을 쓰시오.

> 모든 사람은 평등하게 태어났고, 창조주로부터 몇 개의 양도할 수 없는 권리를 부여받았으며, 그 권리 중에는 생명과 자유와 행복의 추구가 있다. − 미국 독립 선언

03 다음은 차티스트 운동 당시 발표된 문서의 일부이다. 이를 통해 알 수 있는 당시의 시대적 상황에 대한 설명으로 옳은 것은?

> **인민헌장**
> • 21세 이상의 모든 남성에게 선거권을 부여하라.
> • 비밀 투표를 원칙으로 하라.
> • 하원 의원 출마자의 재산 자격을 없애라.
> • 선거구를 동등하게 설정하라.
> • 선거를 매년 시행하라.

① 특권 계층만 정치에 참여할 수 있었다.
② 대부분의 노동자가 선거에 참여하였다.
③ 정부에 대한 시민불복종이 보장되어 있었다.
④ 지역별 인구 규모에 따라 선거구가 정해졌다.
⑤ 여성에게 선거권을 주자는 여론이 확산되었다.

04 다음 역사적 사건들이 배경으로 작용하여 확립된 제도로 옳은 것은?

> • 선거법 개정으로도 선거권을 획득하지 못한 영국의 노동자들이 인민헌장을 발표하고 선거권 확대와 비밀 투표를 요구하였다.
> • 참정권을 보장받지 못한 여성들이 영국, 오스트레일리아 등에서 여성도 남성과 동등한 권리를 지닌 인간이자 시민이라는 점을 근거로 여성 참정권 운동을 벌였다.

① 직접 민주 정치   ② 권력 분립 제도
③ 보통 선거 제도   ④ 사회 보장 제도
⑤ 입헌 군주 제도

05 ㉠에 해당하는 인권으로 옳은 것은?

> 18세기 산업 혁명 이후 노동자를 비롯한 사회적 약자는 열악한 노동 환경, 빈부 격차 등의 이유로 최소한의 인간다운 생활조차 하기 어려운 경우가 많았다. 이에 따라 독일 바이마르 헌법에 모든 국민이 최소한의 인간다운 생활을 보장받아야 한다는 (㉠)이 처음으로 명시되었다.

① 자유권   ② 평등권   ③ 참정권
④ 사회권   ⑤ 연대권

중요

06 (가)~(마)는 인권의 발달 과정에서 등장한 문서이다. 이에 대한 설명으로 옳은 것은?

(가)	(나)	(다)	(라)	(마)
대헌장 (영국, 1215)	권리 장전 (영국, 1689)	독립 선언 (미국, 1776)	인간과 시민의 권리 선언 (프랑스, 1789)	바이마르 헌법 (독일, 1919)

① (가)는 권력 분립 제도를 명시하였다.
② (나)는 사회권을 처음으로 규정하였다.
③ (다)는 흑인과 여성의 참정권을 명시하였다.
④ (라)는 자유와 평등을 천부 인권으로 규정하였다.
⑤ (마)는 인권의 국제적 기준을 제시하였다.

하나 더!

06-1 위 인권의 발달 과정에서 등장한 (가)~(마) 문서와 설명을 잘못 연결한 것은?

① (가) – 국왕의 권력을 제한하였다.
② (나) – 영국 명예혁명으로 승인되었다.
③ (다) – 영국으로부터의 독립을 선언하였다.
④ (라) – 여성과 노동자의 참정권을 인정하였다.
⑤ (마) – 사회권을 최초로 규정하였다.

07 다음에 열거한 인권의 특징으로 옳은 것은?

> • 평화의 권리
> • 발전의 권리
> • 환경에 대한 권리
> • 민족이나 집단의 자결권
> • 재난으로부터 구제받을 권리
> • 국적이나 인종과 상관없이 누구나 평등할 권리
> • 인류 공동의 유산 보호에 함께 참여하고 혜택을 받을 수 있는 권리

① 1세대 인권으로 분류된다.
② 사회권 중심의 인권에 해당한다.
③ 시민 혁명 직후에 발달한 인권이다.
④ 국가 권력의 간섭을 받지 않을 자유가 핵심이다.
⑤ 모든 인류가 협력해야 보장받을 수 있는 권리이다.

08 자료에서 검색한 문서에 대한 옳은 분석만을 〈보기〉에서 고른 것은?

> ▶ **세계 인권 선언**
> • 제1조 모든 사람은 태어날 때부터 자유롭고, 존엄하며, 평등하다.
> • 제16조 성년이 된 남녀는 인종, 국적, 종교의 제한을 받지 않고 결혼할 수 있으며, 가정을 이룰 권리가 있다. 결혼에 관한 모든 문제에서 남녀는 똑같은 권리를 가진다.
> • 제21조 모든 사람은 직접 또는 자유롭게 선출된 대표자를 통해 자국의 정치에 참여할 권리가 있다.
> • 제27조 모든 사람은 자기가 속한 사회의 문화생활에 자유롭게 참여하고, 예술을 즐기며, 학문적 진보와 혜택을 공유할 권리가 있다.

| 보기 |
ㄱ. 인권은 보편성과 천부성의 특징이 있음을 밝히고 있다.
ㄴ. 문화권 등 새롭게 등장한 인권의 내용을 포함하고 있다.
ㄷ. 직접 민주주의를 배제하고 대의 민주주의를 추구해야 한다고 주장하고 있다.
ㄹ. 남성과 여성의 차이를 강조하고, 결혼 외의 문제에서 남성과 여성은 서로 다른 권리를 가진다고 주장하고 있다.

① ㄱ, ㄴ　　　② ㄱ, ㄷ　　　③ ㄴ, ㄷ
④ ㄴ, ㄹ　　　⑤ ㄷ, ㄹ

09 인권의 역사적 발전 과정에 대한 옳은 설명만을 〈보기〉에서 있는 대로 고른 것은?

| 보기 |
ㄱ. 시민 혁명으로 보통 선거 제도가 확립되었다.
ㄴ. 시민 혁명 직후에는 자유권과 평등권이 중시되었다.
ㄷ. 20세기 초반에는 사회권이 새로운 인권으로 등장하였다.
ㄹ. 오늘날에는 노동자, 농민, 여성 등의 참정권 투쟁이 빈번하게 일어난다.

① ㄱ, ㄴ　　　② ㄴ, ㄷ　　　③ ㄷ, ㄹ
④ ㄱ, ㄴ, ㄷ　　⑤ ㄴ, ㄷ, ㄹ

★ 중요
10 ㉠에 들어갈 인권으로 적절한 것만을 〈보기〉에서 고른 것은?

> 인류는 높아진 인권 의식을 바탕으로 사회가 변화할 때마다 그 사회의 현실에서 강조되는 새로운 인권들을 인식하고 이를 보장하기 위해 노력해 왔다. 현대 사회에서는 다양하고 복잡한 사회문제가 발생하고, 생활 수준이 향상하면서 사회적·문화적 활동에 관한 관심이 높아지는 등 다양한 변화가 나타나고 있다. 이에 따라 (㉠) 등과 같은 새로운 인권이 등장하고 있다.

| 보기 |
ㄱ. 건강하고 쾌적한 환경에서 살 권리
ㄴ. 국가의 의사 결정에 능동적으로 참여할 권리
ㄷ. 문화생활에 참여하고 문화적 정체성을 유지할 권리
ㄹ. 국가 권력의 간섭에서 벗어나서 자유롭게 생활할 권리

① ㄱ, ㄴ　　　② ㄱ, ㄷ　　　③ ㄴ, ㄷ
④ ㄴ, ㄹ　　　⑤ ㄷ, ㄹ

하나 더!
10-1 현대 사회에서 새롭게 등장한 인권으로 적절하지 <u>않은</u> 것은?
① 문화권　　　② 안전권　　　③ 주거권
④ 평등권　　　⑤ 환경권

11 표는 현대 사회에서 강조되는 인권 (가), (나)와 관련된 헌법 규정을 나타낸 것이다. 이에 대한 설명으로 옳은 것은?

구분	헌법 규정
(가)	국가는 전통문화의 계승·발전과 민족 문화의 창달에 노력하여야 한다.
(나)	국가는 재해를 예방하고 그 위험으로부터 국민을 보호하기 위하여 노력하여야 한다.

① (가)는 복지 국가의 실현을 목표로 한다.
② (나)는 인위적 위험의 발생과는 관련이 없다.
③ (가)는 (나)와 달리 문화의 동질성 회복을 위해 필요하다.
④ (나)는 (가)와 달리 국가의 존재를 전제로 한다.
⑤ (가), (나)는 모두 법률을 통해 국가가 구체적으로 보호하는 권리이다.

12 다음 글에서 강조하는 인권에 대한 설명으로 옳은 것은?

> 홍콩은 아시아의 대표적인 도시로, 화려한 야경을 자랑한다. 하지만 좁은 면적에서 많은 인구가 살다 보니 홍콩 주민들의 실제 생활 환경은 좋지 않은 경우가 많다. 좁은 원룸의 월세가 우리 돈으로 수백만 원에 이를 만큼 주택 가격과 임대료가 매우 높기 때문에 가난한 사람들은 점점 더 열악한 환경으로 내몰리고 있다.

① 역사적으로 가장 오래된 권리이다.
② 국가의 의사 결정에 주체적으로 참여할 수 있는 권리이다.
③ 쾌적하고 안정적인 주거 환경에서 인간다운 생활을 할 권리이다.
④ 국가 권력으로부터 억압과 간섭을 받지 않고 자유롭게 생활할 권리이다.
⑤ 기후위기, 과학기술의 발전에 따른 인위적 위험의 증가 등으로 등장하였다.

13 다음은 어느 고등학생이 생성형 인공지능을 활용하여 학습하는 모습이다. ㉠~㉣ 중 옳은 것만을 있는 대로 고른 것은?

> 안녕하세요. 생성형 인공지능(AI) 학습 챗봇 완자쌤입니다. 무엇을 알려 드릴까요?
>
> 네. 현대 사회에서 새롭게 강조되고 있는 인권을 규정한 우리나라 헌법 조항을 알고 싶어요.
>
> 네. 현대 사회에서 새롭게 강조되고 있는 인권을 규정한 우리나라 헌법 조항을 안내해 드릴게요.
>
> ㉠ 제11조 ① 모든 국민은 법 앞에 평등하다. 누구든지 성별·종교 또는 사회적 신분에 의하여 정치적·경제적·사회적·문화적 생활의 모든 영역에 있어서 차별을 받지 아니한다.
> ㉡ 제14조 모든 국민은 거주·이전의 자유를 가진다.
> ㉢ 제34조 ⑥ 국가는 재해를 예방하고 그 위험으로부터 국민을 보호하기 위하여 노력하여야 한다.
> ㉣ 제35조 ③ 국가는 주택 개발 정책 등을 통하여 모든 국민이 쾌적한 주거 생활을 할 수 있도록 노력하여야 한다.

① ㉠, ㉡　　② ㉡, ㉢　　③ ㉢, ㉣
④ ㉠, ㉡, ㉢　　⑤ ㉡, ㉢, ㉣

🐱 서술형 문제

서술형 감잡기

1 다음 글을 토대로 프랑스 혁명이 발생한 원인과 밑줄 친 부분에 담겼을 내용을 서술하시오.

> 프랑스 혁명이 일어나기 전, 인구의 약 2%에 불과한 성직자와 귀족은 세금을 면제받고 관직을 독점하며 많은 토지를 소유하는 등의 특권을 누렸다. 하지만 인구의 약 98%를 차지하는 제3 신분(시민 계급, 농민, 노동자)은 혜택은커녕 많은 세금만 부담하였다. 열심히 일했지만 여전히 가난했던 제3 신분의 사회적 불만이 폭발하여 촉발된 것이 바로 프랑스 혁명이다. 혁명의 결과 시민의 뜻을 담아 인간과 시민의 권리 선언이 발표되었다.

(1) 초성을 참고하여 서술형 답안에 들어갈 내용을 써 보자.

답안 키워드　[ㅊㅂ]　[ㅈㅇㄱ]　[ㅍㄷㄱ]

(2) (1)의 내용을 포함하여 서술형 답안을 작성해 보자.

실전! 도전하기

2 다음은 인권 발달 과정에서 나타난 문서의 일부이다. 이를 읽고 물음에 답하시오.

> 인류 구성원 모두가 원래부터 존엄성과 동등하고도 남에게 양도할 수 없는 권리를 가지고 있다는 점을 인정하는 것이 자유롭고 정의로우며 평화로운 세상을 이루는 밑바탕이 된다.　　— 세계 인권 선언

(1) 위 문서에서 새롭게 강조한 3세대 인권은 무엇인지 쓰시오.

----

(2) 위 문서의 내용을 통해 추론할 수 있는 (1)의 성격을 서술하시오.

1등급 정복하기

01 (가), (나)에 대한 설명으로 옳은 것은?

(가)	(나)
미국 독립 선언 모든 사람은 평등하게 태어났으며, 누구에게도 양도할 수 없는 생명과 자유, 그리고 행복을 추구할 천부적인 권리를 지니고 있다. ……어떠한 정부라도 이러한 목적에 어긋날 경우 국민은 새로운 정부를 구성할 권리를 지닌다.	**아동 권리 협약** ……세계 모든 국가에 예외적으로 어려운 여건하에 생활하고 있는 아동들이 있으며, 이 아동들은 특별한 배려를 필요로 함을 인정하고, 아동의 보호와 조화로운 발전을 위하여 각 민족의 전통과 문화적 가치의 중요성을 충분히 고려하고…….

① (가)는 사회권이 명시된 최초의 문서이다.
② (나)는 시민 혁명의 결과로 만들어진 문서이다.
③ (가)는 (나)와 달리 자본주의의 문제점을 배경으로 하고 있다.
④ (나)는 (가)와 달리 인권 보장의 국제적 연대를 강조하고 있다.
⑤ (가)는 1세대 인권, (나)는 2세대 인권과 관련된 문서이다.

◆ 인권 관련 문서

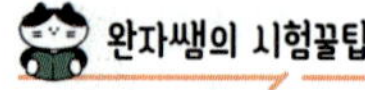
완자쌤의 시험꿀팁

미국 독립 선언은 미국이 영국의 식민지 상태에서 벗어나 독립을 선언한 문서이고, 아동 권리 협약은 국제 연합(UN)이 인류의 보편적 가치로서 인권을 보호하기 위해 발표한 문서이다.

최고난도

02 표는 질문을 통해 현대 사회의 인권을 구분한 것이다. 이에 대한 설명으로 옳은 것은? (단, A~C는 각각 문화권, 주거권, 안전권 중 하나임.)

질문＼인권	A	B	C
여가 시간이 증대되면서 등장한 권리인가?	아니요	예	아니요
(가)	예	아니요	아니요
인권의 범위가 넓어지면서 등장한 권리인가?	㉠	예	㉡
취약 계층에 임대 주택을 우선 공급하는 정책과 관련된 권리인가?	아니요	아니요	예

① ㉠, ㉡은 모두 '예'이다.
② (가)에는 '근대 시민 혁명에서 강조된 권리인가?'가 들어갈 수 있다.
③ A는 문화 격차 해소와 관련된 권리이다.
④ B는 대기의 질이 나빠지면서 등장한 권리이다.
⑤ C는 국가 권력에 의한 침해를 거부하는 소극적 권리이다.

◆ 현대 사회의 인권

완자 사전

▪ 임대 주택
주택의 소유자가 거주자와 임대차 계약을 맺어 집세를 받고 빌려주는 주택으로, 공공 임대 주택과 민간 임대 주택으로 구분한다.

완자쌤의 시험꿀팁

B와 C에 해당하는 인권을 먼저 확인하고, A에 해당하는 인권을 확인할 수 있다. 문화권, 주거권, 안전권은 모두 현대 사회에서 새롭게 등장한 인권 유형이라는 점을 인식해야 한다.

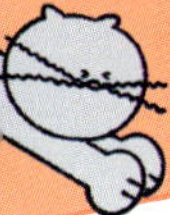

23학년도 6월 고1 학평 7번

다음은 인권 확장의 역사적 전개 과정에서 발표된 문서의 일부이다. 이에 대한 옳은 설명만을 〈보기〉에서 고른 것은?

(가)	(나)
권리 장전(1689년) 1. '국왕은 의회의 동의 없이 법의 효력을 정지하거나 법의 집행을 정지할 수 있는 권력이 있다.'는 주장은 위법이다. 4. 국왕의 대권을 구실로 의회의 승인 없이 …(중략)… 국왕이 쓰기 위한 금전을 징수하는 것은 위법이다.	**인간과 시민의 권리 선언(1789년)** 제1조 인간은 자유롭게, 그리고 평등한 권리를 가지고 태어난다. 제2조 모든 정치적 결사의 목적은 인간의 자연적이고 침해할 수 없는 권리를 보존하는 데 있다. 제3조 모든 주권 원칙은 국민에게 있다.

보기

ㄱ. (가)는 사회권이 명시된 최초의 문서이다.
ㄴ. (나)는 천부 인권과 국민 주권의 원리를 반영하고 있다.
ㄷ. (가)와 (나)는 모두 계몽사상의 영향을 받았다.
ㄹ. (가)는 (나)와 달리 사회 계약설을 근거로 하고 있다.

① ㄱ, ㄴ ② ㄱ, ㄷ ③ ㄴ, ㄷ ④ ㄴ, ㄹ ⑤ ㄷ, ㄹ

※ 단계별로 문제 풀이에 접근해 보세요!

1단계 / 자료 분석하기
(가) 권리 장전은 영국 ❶⬚ 과정에서 발표된 문서이고, (나) 인간과 시민의 권리 선언은 프랑스 혁명 과정에서 발표된 문서이다.

2단계 / 정답 개념 연결하기
ㄴ. ❷⬚ 사상은 (나)의 제1조에서, 국민 주권의 원리는 제3조에서 찾아볼 수 있다. ㄷ. 영국 명예혁명과 프랑스 혁명은 모두 계몽사상을 사상적 배경으로 하였다.

3단계 / 오답 개념 피하기
ㄱ. 사회권이 명시된 최초의 문서는 독일 ❸⬚ 이다. ㄹ. (가)와 (나)는 모두 사회 계약설의 영향을 받았다.

정답 ④ 정답 해설 / ❶ 명예혁명 ❷ 천부 인권 ❸ 바이마르 헌법

정답친해 4쪽

20학년도 3월 고2 학평 생활과 윤리 6번

01 다음 수업 장면에서 교사의 질문에 적절한 대답을 한 학생만을 있는 대로 고른 것은?

① 갑, 병 ② 갑, 정 ③ 을, 정 ④ 갑, 을, 병 ⑤ 을, 병, 정

1등급 전략

환경권의 의미, 환경권의 등장 배경, 환경권의 특징을 모두 파악해야 한다. 특히 오늘날 나타나고 있는 기후변화와 관련하여 환경권의 중요성을 정확히 이해하고 있어야 한다.

출제 전망

• **전망 1** 환경권, 주거권, 안전권, 문화권 등 현대 사회에서 강조되고 있는 인권을 전반적으로 이해하고 있는지 묻는 문제가 출제될 수 있다.

• **전망 2** 기후변화 등 현대 사회의 환경 문제와 관련하여 환경권이나 안전권의 중요성이나 보장 노력을 묻는 문제가 출제될 수 있다.

02 인권 보장을 위한 헌법의 역할과 시민 참여

① 인권 보장을 위한 헌법의 역할

1. 인권과 헌법의 관계

(1) **헌법의 인권 보장**: 헌법은 국민의 인권을 보장하는 근본 토대 → 헌법에 국민의 기본권을 구체적으로 명시하고 기본권 보장을 위한 각종 제도적 장치를 마련함

(2) **우리나라 헌법에서 보장하는 기본권**: 인간의 존엄과 가치, 행복 추구권, 자유권, 평등권, 참정권, 사회권, 청구권 등 **자료 ①**
> 꼭! 헌법은 법체계상 가장 상위법으로, 국가의 통치 조직과 운영 원리를 담고 있어.

(3) **기본권의 제한**

① **기본권 제한의 조건**: 기본권은 국가 안전 보장, 질서 유지, 공공복리를 위해 필요한 경우에 한하여 법률로 제한할 수 있음
> 예 집회 허가제는 집회의 자유 자체를 침해할 수 있기 때문에 집회 신고제를 실시하고 있어.

② **기본권 제한의 한계**: 기본권을 제한하는 경우에도 기본권의 본질적인 내용은 침해할 수 없음
> 우리 헌법 제37조 제②항에서는 "국민의 모든 자유와 권리는 국가 안전 보장·질서 유지 또는 공공복리를 위하여 필요한 경우에 한하여 법률로써 제한할 수 있으며, 제한하는 경우에도 자유와 권리의 본질적인 내용을 침해할 수 없다."라고 규정함으로써 국가가 국민의 기본권을 함부로 제한할 수 없게 하고 있어.

2. 인권 보장을 위한 제도적 장치

국민 주권의 원리	주권이 국민에게 있다는 원리 → 국민 투표나 선거 등은 국민 주권의 원리를 구체적으로 실현하는 정치 제도임
법치주의	법률에 근거한 공권력의 행사만을 허용하는 원칙 → 국가 권력의 독단적인 행사 예방
권력 분립 제도	• 국가 권력을 여러 곳으로 나누어 견제와 균형을 유지함 • 입법권은 국회, 행정권은 정부, 사법권은 법원에 속함
기본권 구제 제도	• 인권을 침해당한 국민은 사안에 따라 국가의 기본권 구제 기관을 통해 권리를 구제받을 수 있음 • 법원의 재판, 헌법재판소의 헌법 소원 심판과 위헌 법률 심판, 국가 인권 위원회의 진정, 국민권익 위원회의 고충 민원 등 **자료 ②**

> 꼭! 헌법 소원 심판은 공권력에 의해 기본권이 침해된 경우에 청구할 수 있고, 위헌 법률 심판은 구체적인 사건에 대한 재판에서 적용되는 법률의 위헌 여부가 문제가 될 때 청구할 수 있어.

② 시민의 권익 보호를 위한 시민 참여

1. 시민 참여의 의미와 역할

> 왜? 대의 민주주의에서 시민이 선출한 대표가 시민의 뜻을 왜곡하여 시민의 의사가 잘 반영되지 못하는 문제가 나타날 수 있기 때문이야.

(1) **의미**: 시민이 참여 의식을 가지고 정치 과정이나 공공 문제에 적극적으로 개입하는 것

(2) **역할**: 공동체의 이익 증진, 대의 민주주의의 보완 등

2. 시민 참여의 방법
선거와 투표 참여, 정당·시민 단체·이익 집단 활동 참여, 공청회, 주민 간담회 참여, 자원봉사 활동 참여, 입법 청원, 주민 조례 청구 등 입법 활동 참여
> 입법 청원은 국회, 주민 조례 청구는 지방 의회를 대상으로 이루어질 수 있어.

3. 시민불복종 **다잡는 자료**

(1) **의미**: 부정의한 법이나 정책을 바로잡기 위해 의도적으로 법을 위반하는 행위

(2) **주요 사례**: 간디의 소금법 폐지 운동(1930), 미국 흑인의 버스 승차 거부 운동(1955) 등
> 인도인들이 소금을 만들거나 판매하는 것을 금지한 영국의 소금법에 맞서 나타난 시민불복종 운동이야.

(3) **정당화 조건**

목적의 정당성	사적 이익이 아니라 공공의 이익을 위한 것이어야 함
비폭력적 방법	공개적이며 비폭력적인 방법으로 이루어져야 함
최후의 수단	여러 가지 합법적인 방식을 시도했으나 실패했을 경우에 시도해야 함
처벌 감수	위법 행위에 대한 처벌을 기꺼이 감수해야 함

이것이 핵심!

❋ 헌법과 인권 보장

기본권 명시	인간의 존엄과 가치, 행복 추구권, 자유권, 평등권, 참정권, 사회권, 청구권 등
기본권 제한	국가 안전 보장, 질서 유지, 공공 복리를 위해 법률로 제한 가능(본질적 내용은 침해 불가)

◆ 우리나라의 권력 분립 제도

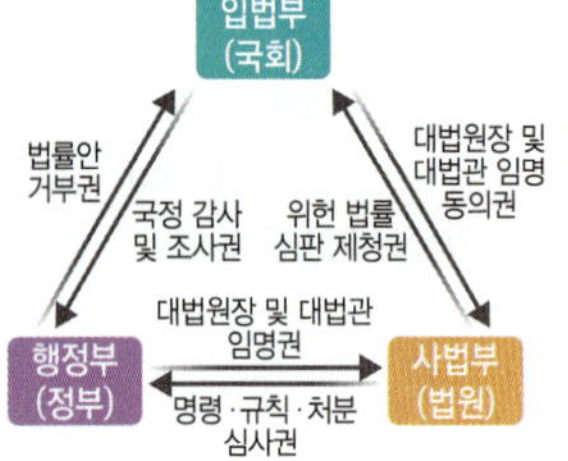

*화살표는 견제 방향을 의미함

이것이 핵심!

❋ 시민 참여의 방법

일반적 방법	선거와 투표 참여, 정당·시민 단체·이익 집단 활동, 공청회 참여 등
시민 불복종	목적의 정당성, 비폭력적 방법, 최후의 수단, 처벌 감수 등의 조건을 갖추어야 정당화될 수 있음

◆ 공청회
국회나 행정 기관, 공공 단체 등이 정책 수립, 법률 제·개정 등과 관련하여 이해관계자나 해당 분야 전문가로부터 공식적으로 의견을 듣는 절차

자료 ① 기본권의 종류

예 신체의 자유, 양심의 자유, 사생활의 비밀과 자유 등

인간의 존엄과 가치	모든 기본권의 출발점이면서 헌법이 추구하는 근본적인 이념
행복 추구권	인간의 존엄과 가치를 보장하기 위한 핵심적 기본권
자유권	개인의 자유로운 생활에 대해 국가의 간섭이나 침해를 받지 않을 권리
평등권	합리적 이유 없이 불평등한 대우를 받지 않고 법 앞에 동등하게 대우받을 권리
참정권	주권자인 국민이 국가의 정책 결정에 참여하거나 대표를 뽑는 선거에 참여할 수 있는 능동적 권리 → 예 선거권, 공무 담임권, 국민 투표권 등
사회권	국가에 대해 인간다운 생활의 보장을 요구할 수 있는 권리 → 예 교육을 받을 권리, 근로의 권리, 사회 보장을 받을 권리 등
청구권	국가에 대해 일정한 행위를 요구하거나 국민의 기본권이 국가나 타인에 의해 침해당했을 때 그 구제를 청구할 수 있는 수단적 권리 → 예 청원권, 재판 청구권, 국가 배상 청구권 등

우리나라 헌법은 인간의 존엄과 가치를 근거로 자유권, 평등권, 참정권, 사회권, 청구권 등 다양한 기본권을 보장하고 있다. 한편, 인간의 존엄과 가치를 실현하는 데 필요한 권리라면 헌법에 명시되지 않아도 보장하고 있다. 예 일조권, 수면권, 문화권 등

자료 ② 헌법 소원 심판에 의한 기본권 구제 사례

산부인과 의사 갑은 성(性) 감별 고지 행위가 적발되어 면허 정지 6개월 처분을 받자 2005년 11월 태아의 성 감별 고지를 금지한 「의료법」 조항에 대해 헌법 소원을 청구하였다. 2008년 헌법재판소는 태아 성 감별 고지를 금지한 「의료법」 조항에 대해 "태아의 성 감별 고지를 무조건 금지한 조항은 시대의 변화에 맞지 않고 의료인의 직업 활동의 자유와 임부의 알 권리 등을 침해한다." 라고 판시하면서 헌법 불합치 결정을 내렸다. 헌법재판소는 헌법 소원 심판의 대상이 된 법률 조항이 기본권을 침해한다고 판단하였고, 이에 따라 해당 법률 조항은 개정되었어.

갑은 법률로 인해 기본권, 즉 직업 활동의 자유와 알 권리 등이 침해되었다고 판단해 헌법 소원 심판을 청구하였고, 헌법재판소의 결정에 따라 침해된 기본권을 구제받을 수 있었다. 헌법재판소를 통한 권리 구제의 방법으로는 헌법 소원 심판 외에도 위헌 법률 심판이 있다.

이 운동의 결과로 1956년 미국 법원은 버스에서의 인종 분리가 위헌이라는 판결을 내렸어.

📖 내 교과서 · 미래엔, 천재, 지학사, 동아, 창비에서 '시민불복종 사례' 자료를 다루고 있어요.

내신과 수능을 **다 잡는 자료⁺** 　　시민불복종 사례 - 미국 흑인의 버스 승차 거부 운동

1950년대 미국에서는 인종 차별이 심각했고, 버스에는 백인과 유색 인종의 자리가 구분되어 있었다. 이런 상황에서 1955년에 버스를 탄 흑인 여성 로자 파크스는 유색 인종석에 앉아 있었는데, 자리가 부족해지자 백인에게 자리를 양보하라는 운전기사의 요구를 거절했다는 이유로 체포되었다. 이후 마틴 루서 킹 목사를 비롯한 사람들이 버스 승차 거부 운동을 시작하였다. 운동에 참여한 사람들은 피부색과 상관없이 버스에 탑승한 순서대로 자리에 앉을 것, 흑인 버스 운전기사를 고용할 것 등을 요구하며 약 1년 동안 인종 차별 철폐를 위해 노력하였다.

제시된 사례에서 흑인들은 비합리적 이유로 흑인을 차별하는 제도를 바로잡기 위해 의도적으로 버스 승차를 거부하였다. 하지만 당시 버스 승차 거부 운동은 사회 정의를 훼손하는 제도에 항의하기 위한 것으로 목적의 정당성이 있었고, 최후의 수단으로서 비폭력적인 방법으로 이루어졌으며, 참여자들은 처벌을 감수하였다. 이처럼 정당한 시민불복종은 부정의한 법이나 정책을 개선하여 사회문제를 해결하려는 시민 참여의 방법에 해당한다.

당시 버스 승차 거부 운동에 주도적으로 참여한 100여 명이 기소되었어.

STEP 1 핵심 개념 **확인**하기

1 다음 빈칸에 들어갈 용어를 쓰시오.

> 시민이 참여 의식을 가지고 정치 과정이나 사회문제 해결에 적극적으로 개입하는 것을 (   )(이)라고 한다.

2 다음 괄호 안의 내용 중 알맞은 말에 ○표를 하시오.

(1) 시민 참여는 (대의 민주주의, 직접 민주주의)를 보완하는 역할을 한다.

(2) 시민불복종이 정당화되기 위해서는 위법 행위에 대한 처벌을 (감수, 거부)함으로써 기본적으로 법을 존중한다는 사실을 분명히 해야 한다.

3 다음 설명이 맞으면 ○표, 틀리면 ×표를 하시오.

(1) 우리 헌법은 헌법에 열거된 권리만 보장하도록 규정하고 있다. (   )

(2) 인간의 존엄과 가치는 헌법의 핵심적인 가치로 다른 기본권 보장의 근거가 된다. (   )

(3) 우리 헌법에서는 어떠한 경우에도 자유와 권리의 본질적인 내용은 침해할 수 없도록 함으로써 국민의 기본권이 국가에 의해 침해당하지 않도록 보장하고 있다. (   )

4 다음 특징을 가진 기본권을 〈보기〉에서 골라 기호를 쓰시오.

> **보기**
>
> ㄱ. 자유권　　　　　　ㄴ. 평등권
> ㄷ. 사회권　　　　　　ㄹ. 청구권

(1) 국가에 대해 인간다운 생활의 보장을 요구할 수 있는 권리 (   )

(2) 개인의 자유로운 생활에 대해 국가의 간섭이나 침해를 받지 않을 권리 (   )

(3) 합리적 이유 없이 불평등한 대우를 받지 않고 법 앞에 동등하게 대우받을 권리 (   )

(4) 국가에 대해 일정한 행위를 요구하거나 국민의 기본권이 국가나 타인에 의해 침해당했을 때 그 구제를 청구할 수 있는 권리 (   )

STEP 2 내신 만점 **공략**하기

중요

01 다음 헌법 조항에 대한 설명으로 옳은 것은?

> **제10조** 모든 국민은 인간으로서의 존엄과 가치를 가지며, 행복을 추구할 권리를 가진다. 국가는 개인이 가지는 불가침의 기본적 인권을 확인하고 이를 보장할 의무를 진다.

① 기본권 제한의 근거 규정이다.
② 일반적으로 외국인에게는 적용되지 않는다.
③ 우리 헌법의 핵심적인 가치를 규정하고 있다.
④ 기본권은 헌법에 열거된 경우에만 보장됨을 강조한다.
⑤ 권력의 정당성이 국민적 합의에 기초함을 강조하고 있다.

하나더!

01-1 위 헌법 조항에 나타난 기본권의 특징으로 옳지 <u>않은</u> 것은?

① 헌법의 근본 이념이다.
② 헌법의 핵심적 가치이다.
③ 국가가 보장할 의무가 있다.
④ 다른 기본권 보장의 근거가 된다.
⑤ 필요하면 국가가 침해할 수 있다.

02 (가), (나)에서 침해된 기본권에 대한 설명을 옳게 연결한 것만을 〈보기〉에서 고른 것은?

> (가) 갑은 현행범이 아닌데도 수사 기관에 의해 영장 없이 체포되었다.
> (나) 을은 퇴근 후에 지방 자치 단체장 보궐 선거에 참여하려고 했지만, 근무하는 회사의 사용주가 늦게까지 시간 외 근무를 강요하여 투표를 하지 못하였다.

> **보기**
>
> ㄱ. (가) – 국가에 대하여 인간다운 생활의 보장을 요구할 수 있는 권리이다.
> ㄴ. (가) – 국가 권력의 간섭을 받지 않고 자유롭게 생활할 수 있는 권리이다.
> ㄷ. (나) – 다른 기본권이 침해되었을 때 이를 구제받기 위한 수단적 권리이다.
> ㄹ. (나) – 주권자인 국민이 국가의 정치적 의사 결정에 참여할 수 있는 권리이다.

① ㄱ, ㄴ　　　② ㄱ, ㄷ　　　③ ㄴ, ㄷ
④ ㄴ, ㄹ　　　⑤ ㄷ, ㄹ

03 다음 헌법 조항에 규정된 기본권에 대한 설명으로 옳지 <u>않은</u> 것은?

> • 제31조 ① 모든 국민은 능력에 따라 균등하게 교육을 받을 권리를 가진다.
> • 제34조 ① 모든 국민은 인간다운 생활을 할 권리를 가진다.
> • 제35조 ① 모든 국민은 건강하고 쾌적한 환경에서 생활할 권리를 가지며, 국가와 국민은 환경 보전을 위하여 노력하여야 한다.

① 독일 바이마르 헌법에서 처음으로 명시되었다.
② 헌법에 구체적으로 열거되지 않았지만 보장된다.
③ 국가에 대해 인간다운 생활의 보장을 요구하는 적극적 권리이다.
④ 산업 혁명 이후 인간다운 생활을 보장받지 못하는 사람들이 증가하면서 등장하였다.
⑤ 교육을 받을 권리, 근로의 권리, 사회 보장을 받을 권리, 쾌적한 환경에서 살 권리 등이 있다.

04 다음 교사의 질문에 옳게 답한 학생은?

① 갑: 학생의 건강권 보호를 위해 학원의 심야 운영을 규제합니다.
② 을: 성폭력 전과자는 거주 이전의 자유를 일시적으로 제한합니다.
③ 병: 선거일 며칠 전부터는 여론 조사 결과의 발표를 금지합니다.
④ 정: 유괴범 검거를 위해 범인의 성명, 신상 정보 등을 TV를 통해 공개합니다.
⑤ 무: 모든 집회는 사전에 국가 기관의 허가를 받아야만 개최할 수 있도록 합니다.

05 다음 헌법 조항에 대한 옳은 설명만을 〈보기〉에서 고른 것은?

> 제37조 ② 국민의 모든 자유와 권리는 국가 안전 보장·질서 유지 또는 공공복리를 위하여 필요한 경우에 한하여 법률로써 제한할 수 있으며, 제한하는 경우에도 자유와 권리의 본질적인 내용을 침해할 수 없다.

┤ 보기 ├
ㄱ. 기본권 제한은 일정한 원칙을 지켜 이루어져야 한다.
ㄴ. 국민의 기본권은 공무원의 편의를 위해 제한될 수 있다.
ㄷ. 국민의 기본권은 행정의 신속성을 실현하기 위해 제한할 수 있다.
ㄹ. 헌법은 국민의 기본권이 국가에 의해 침해당하지 않도록 보장하고 있다.

① ㄱ, ㄴ ② ㄱ, ㄹ ③ ㄴ, ㄷ
④ ㄴ, ㄹ ⑤ ㄷ, ㄹ

05-1 기본권 제한에 대한 옳은 설명만을 〈보기〉에서 있는 대로 고른 것은?

┤ 보기 ├
ㄱ. 국가 안전 보장, 질서 유지를 위해 제한할 수 있다.
ㄴ. 행정의 편의를 위해 필요한 경우에는 제한할 수 있다.
ㄷ. 긴급한 필요가 있을 경우에는 대통령의 지시로 제한할 수 있다.
ㄹ. 제한할 경우에도 자유와 권리의 본질적인 내용은 침해할 수 없다.

① ㄱ, ㄹ ② ㄴ, ㄷ ③ ㄷ, ㄹ
④ ㄱ, ㄴ, ㄷ ⑤ ㄱ, ㄷ, ㄹ

06 다음 헌법 조항에서 공통으로 파악할 수 있는 인권 보장을 위한 헌법적 장치로 가장 적절한 것은?

> • 제61조 ① 국회는 국정을 감사하거나 특정한 국정 사안에 대하여 조사할 수 있으며, …….
> • 제53조 ② 법률안에 이의가 있을 때에는 대통령은 …… 국회로 환부하고, 그 재의를 요구할 수 있다.
> • 제107조 ② 명령·규칙 또는 처분이 헌법이나 법률에 위반되는 여부가 재판의 전제가 된 경우에는 대법원은 이를 최종적으로 심사할 권한을 가진다.

① 법치주의 ② 권력 분립 제도
③ 국민 주권의 원리 ④ 헌법 재판 제도
⑤ 기본권 제한의 한계

07 (가)에 들어갈 내용으로 가장 적절한 것은?

학습 주제: ___________(가)___________
- 법치주의
- 권력 분립 제도
- 국민 주권의 원리
- 인권 보호 기관: 헌법재판소, 국가 인권 위원회, 국민 권익 위원회 등

① 인권 보장을 위한 헌법상의 제도적 장치를 찾아보자.
② 국가 기관 간에 견제와 균형이 필요한 이유를 알아보자.
③ 국민의 인간다운 생활을 보장하기 위한 제도적 장치를 찾아보자.
④ 대의 민주주의의 문제점을 극복하기 위한 노력을 조사해 보자.
⑤ 국민의 여론이 정부의 정책 결정에 반영되는 과정을 살펴보자.

08 (가)~(다)에 대한 설명으로 옳은 것은?

(가) 국가 의사를 최종적으로 결정할 수 있는 권력이 국민에게 있다는 원리
(나) 국가 권력의 행사가 의회에서 제정한 법률에 따라 이루어져야 한다는 원리
(다) 국가 권력을 여러 곳으로 나누어 국가 기관 간에 견제와 균형이 이루어지도록 한다는 원리

① (가)를 구체적으로 실현하는 것으로 헌법 소원 심판을 들 수 있다.
② (나)는 법률에 근거한 공권력의 행사만을 인정한다.
③ (다)는 권력의 집중과 행정의 능률을 추구한다.
④ (가)는 (나)와 달리 국가 권력의 남용을 방지한다.
⑤ (나)는 (다)와 달리 국가 기관에 의한 권력 남용의 가능성을 전제로 한다.

09 다음 사례의 A에게 권리 구제와 관련하여 할 수 있는 조언으로 가장 적절한 것은?

A는 대학을 졸업하고 회사에 취업했으나 적성에 맞지 않아 그만두고는 부사관 시험을 준비하였다. 그런데 부사관에 응시하려면 27세 미만이어야 한다는 「군 인사법」의 규정 때문에 27세가 된 A는 꿈을 접어야 하였다. A는 해당 법률 조항이 헌법에 규정된 기본권을 침해한다고 생각하였다.

① 갑: 경찰에 신고하세요.
② 을: 법원에 소를 제기하세요.
③ 병: 위헌 법률 심판을 청구하세요.
④ 정: 헌법 소원 심판을 청구하세요.
⑤ 무: 헌법재판소에 진정을 접수하세요.

10 시민 참여가 우리 사회에 미칠 수 있는 효과로 적절한 것만을 〈보기〉에서 있는 대로 고른 것은?

보기
ㄱ. 시민의 권익을 보호한다.
ㄴ. 대의 민주주의를 보완한다.
ㄷ. 국가의 권력 집중을 강화한다.
ㄹ. 정책 결정의 신속성을 제고한다.

① ㄱ, ㄴ ② ㄴ, ㄷ ③ ㄷ, ㄹ
④ ㄱ, ㄴ, ㄷ ⑤ ㄴ, ㄷ, ㄹ

10-1 다음과 같은 상황이 확산할 경우에 나타날 수 있는 문제점으로 가장 적절한 것은?

○○시가 추진하는 관광 정책에 시민의 찬반 여론이 엇갈리자 ○○시는 주민 투표를 하게 되었다. 그러나 정작 투표일에 투표하는 주민은 찾아보기 어려웠다. 투표율이 너무 낮아 관광 정책 추진은 무산되었다.

① 정책 결정 과정이 복잡해진다.
② 정책 결정권자의 재량권이 줄어든다.
③ 정부의 신속한 정책 결정이 저해된다.
④ 사회적 쟁점에 대한 과도한 논쟁이 유발된다.
⑤ 시민의 권익을 침해하는 정책이 결정될 가능성이 커진다.

11 갑~병의 시민 참여 방법에 대한 설명으로 옳은 것은?

> - 갑은 국회 의원 선거에서 자신이 지지하는 후보에게 투표하였다.
> - 을은 자신이 가입한 시민 단체가 주최하는 교육 환경 개선 집회에 참여하였다.
> - 병은 동료 의사들과 함께 한 달에 한 번씩 의료 소외 지역을 찾아서 의료 봉사 활동을 하고 있다.

① 갑의 활동은 사익 실현을 목표로 한 것이다.
② 을의 행위는 공간적 제약으로부터 자유롭다.
③ 병의 참여 방법은 경제적 이윤 추구와 관계가 깊다.
④ 을은 개별적 방법, 갑과 병은 집단적 방법으로 참여한 것이다.
⑤ 갑, 을, 병의 행위는 모두 사회 전체의 이익을 추구한다.

12 밑줄 친 '이것'에 대한 설명으로 옳은 것은?

> 정부가 시민의 의사를 무시하고 부당한 정책 결정을 함으로써 정책이 시민의 의사와 근본적으로 배치된다면, 그러한 정책 결정은 정당성을 결여한 것이다. 이에 대해 시민은 주권자로서 최후의 수단으로 <u>이것</u>을 행사할 수 있다.

① 처벌 감수의 의지가 있어야 한다.
② 합법적 수단과 함께 행사해야 한다.
③ 법이 인정하는 범위에서 행사해야 한다.
④ 최후의 수단이기 때문에 폭력 사용은 불가피하다.
⑤ 공권력 행사가 부당하다고 생각되면 바로 행사한다.

13 다음 사건들의 공통된 특징으로 적절하지 <u>않은</u> 것은?

> - 1930년 간디의 소금법 폐지 운동
> - 1955년 미국 흑인의 버스 승차 거부 운동

① 공개적으로 행해졌다.
② 폭력적인 방법을 동원하였다.
③ 최후의 수단으로 사용하였다.
④ 정의의 실현을 목적으로 삼았다.
⑤ 위법 행위에 대한 처벌을 감수하였다.

서술형 문제

서술형 감잡기

1 다음 사례에서 갑과 을이 각각 침해당한 기본권을 쓰고, 각 기본권의 특징을 서술하시오.

> - 갑은 육지에서 멀리 떨어진 섬에 사는 초등학생이다. 최근 다니던 초등학교가 갑자기 폐교하면서 집에서 통학이 어려운 지역의 초등학교로 전학을 가게 되었다.
> - 을은 장애의 정도가 심한 시각 장애인이다. 을은 공무원 채용 시험에 응시하면서 음성 지원 컴퓨터, 점자 문제지 등을 요청하였으나 편의를 제대로 제공받지 못하고 비장애인과 동일한 조건에서 시험을 치렀다.

(1) 초성을 참고하여 서술형 답안에 들어갈 내용을 써 보자.

답안 키워드　ㅅㅎㄱ　ㅍㄷㄱ

(2) (1)의 내용을 포함하여 서술형 답안을 작성해 보자.

실전! 도전하기

2 다음 사례를 읽고 물음에 답하시오.

> 검정고시 합격 후 고등학교 졸업 학력을 취득한 갑 등은 국립 대학교들의 수시 요강에서 지원 자격을 고등학교 졸업자 또는 졸업 예정자로 제한하여 검정고시 출신 학생을 차별하고, 균등하게 교육받을 권리를 침해한다고 주장하며 (㉠)에 (㉡) 심판을 청구하였다. 이에 (㉠)은/는 해당 수시 요강이 검정고시 출신자의 대학 입학 기회를 박탈하는 결과를 초래하므로 헌법에 위반된다고 보았다.

(1) 위 자료의 ㉠, ㉡에 들어갈 용어를 각각 쓰시오.

(2) ㉡을 중심으로 ㉠의 역할을 서술하시오.

STEP 3 1등급 정복하기

최고난도 ✨

01 다음은 사다리 게임을 활용하여 기본권의 유형을 구분한 것이다. 이에 대한 옳은 설명만을 〈보기〉에서 고른 것은? (단, ⊙~ⓒ은 각각 자유권, 참정권, 사회권 중 하나임.)

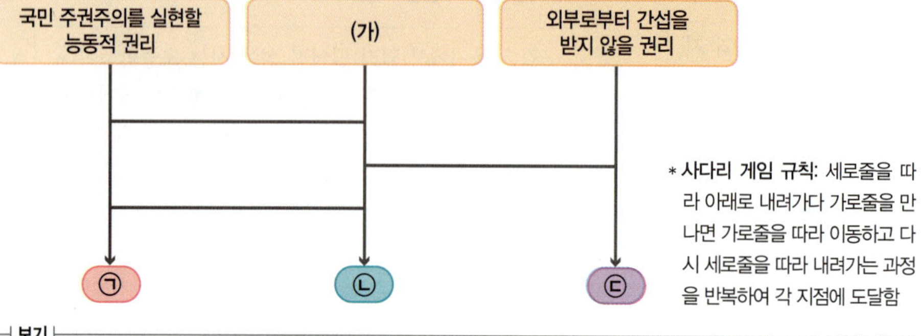

* 사다리 게임 규칙: 세로줄을 따라 아래로 내려가다 가로줄을 만나면 가로줄을 따라 이동하고 다시 세로줄을 따라 내려가는 과정을 반복하여 각 지점에 도달함

┌ **보기** ┐
ㄱ. ⊙은 합리적 이유 없이 불평등한 대우를 받지 않을 권리이다.
ㄴ. ⓛ은 국민의 기본권이 침해되었을 때, 이를 구제받기 위한 수단적 성격을 지닌다.
ㄷ. ⓒ은 국민이 주권자로서 국가 기관의 형성과 국가의 정치적 의사 결정에 참여할 수 있는 권리이다.
ㄹ. (가)에는 '국가에 대해 인간다운 생활의 보장을 요구할 수 있는 권리'나 '바이마르 헌법에서 처음 명시된 권리'가 들어갈 수 있다.

① ㄱ, ㄴ ② ㄱ, ㄷ ③ ㄴ, ㄷ ④ ㄴ, ㄹ ⑤ ㄷ, ㄹ

◆ **기본권의 유형**

🐼 **완자쌤의 시험꿀팁**

왼쪽과 오른쪽의 설명에 해당하는 기본권의 유형을 먼저 확인한 후에 남은 한 가지 기본권의 유형을 알 수 있다. 기본권의 유형별로 특징을 비교하여 정확하게 이해하고 있어야 한다.

---

02 다음은 ○○시의 시민 제안 누리집의 모습이다. 이러한 제도가 활성화될 때 기대할 수 있는 효과로 적절하지 <u>않은</u> 것은?

┌─────────────────────────┐
│ ●●●   ↻ ✕ │
│   │
│ ▶ **시민이 바꾸는 ○○시**   │
│ ○○시를 새롭게 할 시민 여러분의 적극적인 제안을 기다립니다. │
│ ▶ **○○시를 바꾸는 제안**   │
│ └ 갑: 산불 예방을 위해 지역 둘레길에 소화기를 설치하고 관리해 주세요. │
│ └ 을: 청소년 교통 요금 할인 대신에 청소년 전용 대중교통 통합 정기권을 만들어 주세요. │
│ └ 병: 눈이나 비가 올 때 노약자가 안심하고 다닐 수 있도록 미끄럼 방지 시설을 설치해 주세요. │
│ └ 정: 시각 장애인이 눈 오는 날에도 안심하고 다닐 수 있도록 유도 블록에 열선 처리를 해 주세요. │
└─────────────────────────┘

① 국민의 정책 결정권을 강화한다.
② 대의 정치의 문제점을 보완한다.
③ 행정 기관의 자율성을 신장시킨다.
④ 여론 수렴에 있어 공간적 제약을 극복한다.
⑤ 공개 행정을 통한 행정의 민주화에 이바지한다.

◆ **온라인을 통한 시민 참여**

┌ **완자 사전** ┐
■ 유도 블록
시각 장애인이 길을 걸을 때 발바닥이나 지팡이의 촉감으로 위치와 방향을 알 수 있게 도와주는 블록

🐼 **완자쌤의 시험꿀팁**

지방 자치 단체의 시민 제안 누리집은 시민의 정치 참여 통로가 될 수 있다. 일반적인 정치 참여가 미치는 영향 외에 온라인 정치 참여의 영향도 고려해서 선지의 적절성을 판단해야 한다.

수능 첫걸음

기본권의 유형 A~C에 대한 설명으로 옳은 것은? (단, A~C는 각각 자유권, 평등권, 사회권 중 하나임.)

- 갑은 출근하던 중 지하철에서 경찰관에게 체포되었다. 하지만 이 과정에서 체포의 이유 및 변호인의 조력을 받을 권리를 전혀 고지받지 못해 ___A___ 를 침해당했다.
- 을은 열악한 고시원에서 살고 있다. 최저 주거 기준에 미치지 못하는 고시원 시설로 인해 인간다운 생활을 할 권리인 ___B___ 를 침해당했다.
- 평소 간호사가 되고 싶었던 병은 ○○병원 간호사 채용 시험에 응시하였다. 그러나 합리적 이유 없이 성별만을 이유로 채용에서 배제되어 ___C___ 를 침해당했다.

① A의 예로 교육을 받을 권리를 들 수 있다.
② B는 국가 권력으로부터 간섭받지 않을 방어적 권리이다.
③ C는 가장 최근에 등장한 현대적 권리이다.
④ B는 A와 달리 국가의 존재를 전제로 한 적극적 권리이다.
⑤ C는 B와 달리 다른 기본권 보장을 위한 수단적 성격의 권리이다.

대표 유형 | 문제 풀이

※ 단계별로 문제 풀이에 접근해 보세요!

1단계 / 자료 분석하기
갑은 신체의 자유를, 을은 ❶ 을/를, 병은 ❷ 을/를 침해당하였다.

2단계 / 정답 개념 연결하기
④ 자유권은 소극적 권리인 데 비해, 사회권은 적극적 권리이다.

3단계 / 오답 개념 피하기
① 교육을 받을 권리는 사회권에 해당한다. ② 방어적 권리는 ❸ 이다. ③ 자유권, 사회권, 평등권 중에서 가장 최근에 등장한 권리는 사회권이다. ⑤ 수단적 성격의 권리는 ❹ 이다.

정답친해 6쪽

실전 문항으로 **수능 준비하기**

01 다음 자료는 서술형 평가 문항 및 답안의 채점 결과이다. 이에 대한 옳은 설명만을 〈보기〉에서 고른 것은?

[문항] ⊙ 시민불복종이 정당화되기 위한 조건을 3가지 서술하시오. (각 조건별로 채점하며, 옳은 조건 1개당 1점을 부여함.)

[답안] • 비폭력적인 방법으로 이루어져야 한다.
　　　• 사회 정의 실현을 목표로 삼아야 한다.
　　　• ________(가)________

채점 결과	(ⓒ)

보기

ㄱ. ⊙은 시민 참여의 한 방법이다.
ㄴ. ⓒ이 2점이라면 (가)에는 '현행 법규를 위반하지 않는 범위 내에서 이루어져야 한다.'가 들어갈 수 있다.
ㄷ. (가)에 '정당성 확보를 위해 비공개적으로 이루어져야 한다.'가 들어간다면 ⓒ은 3점이다.
ㄹ. (가)에 '합법적 방법으로 문제를 해결할 수 없을 때 최후의 수단으로 사용해야 한다.'가 들어간다면 ⓒ은 2점이다.

① ㄱ, ㄴ　　② ㄱ, ㄷ　　③ ㄴ, ㄷ　　④ ㄴ, ㄹ　　⑤ ㄷ, ㄹ

1등급 전략

시민불복종의 정당화 요건을 구체적으로 파악해야 한다. 특히 비폭력적 행위이지만 현행법상으로는 위법 행위라는 시민불복종의 특징을 정확히 이해하고 있어야 한다.

출제 전망

- **전망 1** 시민불복종의 정당화 요건을 중심으로 시민불복종에 대한 옳은 설명을 고르는 문제가 문제가 출제될 수 있다.
- **전망 2** 시민불복종에 대한 사상가들의 주장을 제시하고 시민불복종의 의미나 정당화 요건을 묻는 문제가 출제될 수 있다.

03 인권 문제 해결을 위한 노력

이것이 핵심!

❋ 국내 인권 문제

사회적 소수자 차별	• 사회적 소수자 유형: 여성, 장애인, 이주 외국인 등 • 해결 방안: 편견 극복 및 다양성 존중(개인적 차원), 정책이나 법률 정비(사회적 차원)
청소년 노동권 침해	• 실태: 비인간적 대우, 근로 계약서 미작성 등 • 해결 방안: 절차 보완(국가), 법률 준수(사용자), 노동법 숙지(청소년)

◆ 연소 근로자

18세 미만 근로자로, 사용자는 연소 근로자의 연령을 증명하는 가족 관계 증명서, 친권자 또는 후견인의 동의서를 사업장에 비치해야 할 의무가 있다.

1 국내 인권 문제의 양상과 해결 방안

1. 사회적 소수자 차별 문제

(1) **사회적 소수자**: 신체적 또는 문화적 특징 때문에 주류 집단의 구성원에게 차별받으며, 스스로 차별받는 집단에 속해 있다는 의식을 가진 사람

(2) **우리 사회의 사회적 소수자의 유형** ┌ 노인, 어린이, 비정규직 노동자 등도 사회적 소수자에 해당해.

여성	성별 임금 격차가 크고, 직장에서 여성의 승진이 어려움
장애인	이동 및 대중교통 수단 이용에서 차별을 가장 많이 겪고 있음
이주 외국인	낮은 임금, 열악한 노동·주거 환경 등에 노출되어 있음

(3) **사회적 소수자 차별 문제의 해결 방안** ┌ 꼭! 인간 존엄성을 훼손하고, 사회 갈등을 유발하여 사회 통합을 저해할 수 있으므로 해결을 위해 노력해야 해.

개인적 차원	사회적 소수자에 대한 편견을 버리고 다양성을 존중해야 함
사회적 차원	사회적 소수자를 차별하는 정책이나 법률을 정비해야 함

2. 청소년 노동권 침해 문제 `다 잡는 자료`

(1) **청소년 노동권**: 청소년이 노동할 기회나 근로관계 등에서 정당한 대우를 받을 권리

(2) **청소년 노동권 침해 실태**: 근로 계약서 미작성, 사용자의 부당한 대우 등

(3) **청소년 노동권 보호 규정**: 「근로 기준법」, 「청소년 보호법」 등으로 ◆연소 근로자의 근로를 특별히 보호함

(4) **청소년 노동권 침해 문제 해결 방안**

국가	청소년 노동 기준이나 청소년 노동권 침해의 구제 절차 보완, 노동 인권 교육 실시 등
사용자	관련 법률을 준수하고 근로 계약을 성실히 이행해야 함
청소년	자신의 노동권을 정확히 알고, 노동권 침해 시에는 적극 대응해야 함

이것이 핵심!

❋ 세계 인권 문제와 인권 지수

세계 인권 문제	공권력에 의한 기본권 침해, 난민 및 기아 문제, 아동 노동, 인종 차별 등
인권 지수	세계 기아 지수, 성 불평등 지수, 성 격차 지수, 세계 언론 자유 지수 등

◆ 세계시민 의식

스스로를 지구 공동체의 구성원으로 여기고 세계적 문제에 관한 책임감을 바탕으로 다양한 문화와 배경을 가진 사람들과 더불어 살아가려는 태도

2 세계 인권 문제의 양상과 해결 방안

1. 세계 인권 문제의 양상과 인권 지수

(1) **세계 인권 문제의 양상**: 독재 국가의 공권력에 의한 기본권 침해, 전쟁과 내전, 기후변화에 따른 난민 및 기아 문제, 아동 노동, 인종 차별, 소수 민족 박해 등

(2) **세계 인권 문제의 양상을 보여 주는 다양한 인권 지수** `자료 ①` ┌ 꼭! 일정한 기준에 따라 인권의 보장 정도를 나타내는 지수를 말해.

세계 기아 지수	컨선 월드 와이드가 영양 결핍 인구, 영유아 사망률 등을 기준으로 측정함
성 불평등 지수	국제 연합 개발 계획이 모성 사망비, 중등 이상 교육 인구 등을 기준으로 측정함
성 격차 지수	세계 경제 포럼이 남녀 임금 격차, 출생 성비 등을 기준으로 측정함
세계 언론 자유 지수	국경 없는 기자회가 다원주의, 자기 검열 수준, 권력으로부터의 독립 등을 기준으로 측정함

└ 출생아 10만 명당 임신 또는 출산 때문에 사망한 여성의 수를 말해.

2. 세계 인권 문제의 해결 방안 ┌ 권력이나 이윤을 추구하지 않고 공익성을 추구하는 시민 사회 단체를 말해.

(1) 개별 국가를 비롯한 국제기구, 비정부 기구 등 다양한 국제 행위 주체가 협력해야 함

(2) 개인이 ◆세계시민 의식을 가지고 해결을 위해 노력해야 함 ┌ 각 국가의 정부를 회원으로 하므로 정부 간 국제기구라고도 해.

📧 **내 교과서** · 비상, 미래엔, 천재에서 '청소년 노동권 보호를 위한 「근로 기준법」의 규정'을 다루고 있어요.

내신과 수능을 다 잡는 자료⁺

청소년의 노동권 보호를 위한 「근로 기준법」의 규정

- **제64조** ① 15세 미만인 사람은 근로자로 사용하지 못한다.
- **제66조** 사용자는 18세 미만인 사람에 대하여는 그 연령을 증명하는 가족 관계 기록 사항에 관한 증명서와 친권자 또는 후견인의 동의서를 사업장에 갖추어 두어야 한다.
- **제67조** ① 친권자나 후견인은 미성년자의 근로 계약을 대리할 수 없다.
- **제68조** 미성년자는 독자적으로 임금을 청구할 수 있다. ↳ 꼭! 성인 근로자와 마찬가지로 최저 임금을 보장받아.
- **제69조** 15세 이상 18세 미만인 사람의 근로 시간은 하루에 7시간, 일주일에 35시간을 초과하지 못한다. 다만, 당사자 사이의 합의에 따라 하루에 1시간, 일주일에 5시간을 한도로 연장할 수 있다.
- **제72조** 사용자는 여성과 18세 미만인 사람을 갱내(坑內)에서 근로시키지 못한다.

청소년은 근로에 있어서 최저 임금 적용 등 성인이 보장받는 노동 조건과 관련한 권리를 동일하게 보장받지만, 위험하거나 유해한 일을 할 수 없고 노동 시간이 제한되는 등 성인보다 강하게 보호받는다. 이러한 권리 보장과 보호가 제대로 이루어지려면 청소년은 자신이 보장받아야 할 노동권의 내용을 정확히 알고, 「근로 기준법」에 따라 근로 계약서를 작성해야 한다. 그리고 노동권을 부당하게 침해당한 경우에는 고용 노동부, 중앙 노동 위원회, 대한 법률 구조 공단 등 국가 기관의 도움을 받아 권리 구제를 위해 적극적으로 노력해야 한다.

빈출 선택지로 점검하기

» 초성을 참고하여 청소년 노동권에 대한 옳은 선택지로 완성해 보자.

- 최저 임금 □만의 임금을 받아야 한다.
- 근로 계약은 보호자가 대신 체결할 수 있다.
- 18세 미만인 사람은 근로자로 사용하지 못한다.
- 15세 이상 18세 미만인 사람의 근로 시간은 하루에 8시간을 초과하지 못한다.

답 이상, 없다, 15세, 7시간

함께 보기 · 1등급 정복하기 03번

자료 1 **양성평등과 관련한 인권 지수**

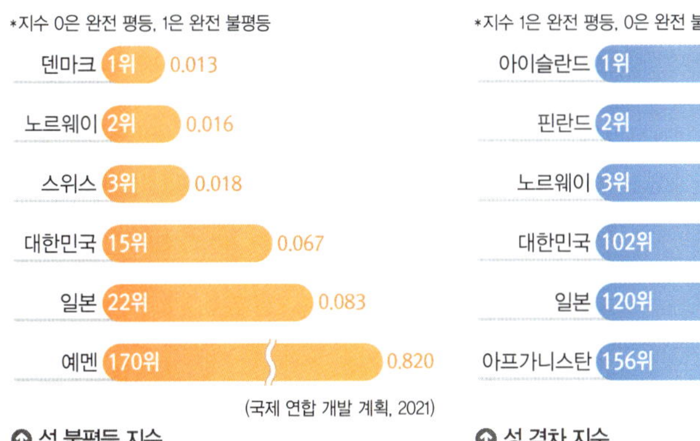

*지수 0은 완전 평등, 1은 완전 불평등

덴마크	1위	0.013
노르웨이	2위	0.016
스위스	3위	0.018
대한민국	15위	0.067
일본	22위	0.083
예멘	170위	0.820

(국제 연합 개발 계획, 2021)

⬆ 성 불평등 지수

*지수 1은 완전 평등, 0은 완전 불평등

아이슬란드	1위	0.892
핀란드	2위	0.861
노르웨이	3위	0.849
대한민국	102위	0.687
일본	120위	0.656
아프가니스탄	156위	0.444

(세계 경제 포럼, 2021)

⬆ 성 격차 지수

문제로 확인할까?

양성평등과 관련한 인권 지수에서 기준이 되는 지표로 적절하지 않은 것은?

① 출생 성비
② 모성 사망비
③ 남녀 임금 격차
④ 중등 이상 교육 인구
⑤ 권력으로부터의 독립

답 ⑤

↳ 남녀의 경제 참여와 기회, 교육적 성취, 정치적 권한 등의 차이를 수치화하여 한 나라에서 여성 인권이 남성 인권과 얼마나 차이가 있는지를 나타내.

제시된 자료에서 우리나라의 순위를 보면, 성 불평등 지수는 15위로 어느 정도 성 평등이 이루어졌다고 할 수 있지만, 성 격차 지수는 102위로 남녀 격차가 매우 크다. 그 원인은 두 인권 지수가 기준으로 삼은 지표에서 찾을 수 있다. 예를 들어 성 불평등 지수에는 중등 이상 교육 인구 등이 포함되어 우리나라의 수준이 높게 나타났지만, 성 격차 지수에는 남녀 임금 격차 등이 반영되므로 우리나라의 수준이 낮게 나타난 것이다. 즉, 성 불평등 지수와 성 격차 지수를 측정할 때 포함하는 지표가 다르기 때문에 동일한 국가의 양성평등 수준이 지수별로 다르게 나타났다. 따라서 계량화된 수치로 나타나는 인권 지수를 활용할 때는 인권 지수에 포함된 지표를 고려하면서 각국의 인권 수준을 이해해야 한다.

↳ 생산·건강, 여성 권한, 노동 참여의 3개 부문에서 남녀 간 격차와 여성 처우의 절대적 수준을 나타내.

STEP 1 핵심 개념 **확인**하기

1 다음 빈칸에 들어갈 용어를 쓰시오.

> (   )은/는 한 사회 내에서 성별, 연령, 인종, 국적, 장애 등을 이유로 불리한 환경에 놓이거나 차별받으며, 스스로 차별받는 집단에 속해 있다는 인식을 가진 사람을 말한다.

2 다음 설명이 맞으면 ○표, 틀리면 ×표를 하시오.

(1) 사회 구성원은 사회적 소수자에 대한 편견을 버리고 다양성을 존중해야 한다. (   )

(2) 연소 근로자는 친권자나 후견인이 근로 계약을 대리해야 한다. (   )

(3) 세계의 빈곤 정도를 국제적으로 파악할 수 있는 인권 지수로는 세계 기아 지수가 있다. (   )

3 다음 방법을 통해 청소년 노동권 침해를 해결하고자 노력해야 하는 주체를 〈보기〉에서 골라 기호를 쓰시오.

> ┌ 보기 ┐
> ㄱ. 국가   ㄴ. 사용자   ㄷ. 청소년

(1) 관련 법률을 준수하고, 근로자와의 근로 계약을 성실하게 이행한다. (   )

(2) 청소년 노동의 기준이나 청소년 노동권 침해의 구제 절차를 보완한다. (   )

(3) 자신의 노동권을 정확하게 이해하고, 노동권 침해 시에는 적극 대응한다. (   )

4 다음 지표를 포함하는 인권 지수를 〈보기〉에서 골라 기호를 쓰시오.

> ┌ 보기 ┐
> ㄱ. 세계 기아 지수   ㄴ. 세계 성 격차 지수
> ㄷ. 세계 언론 자유 지수   ㄹ. 세계 성 불평등 지수

(1) 다원주의, 자기 검열 수준 등 (   )

(2) 영양 결핍 인구, 영유아 사망률 등 (   )

(3) 남녀 임금 격차, 고위직 여성 비율 등 (   )

(4) 중등 이상 교육 인구, 경제활동 참가율 등 (   )

STEP 2 내신 만점 **공략**하기

⭐중요
01 다음 교사의 질문에 옳게 답변한 학생은?

① 갑: 남성에 비해 여성의 수가 적기 때문입니다.

② 을: 여성 스스로 현 상태에서 벗어나려는 노력을 하지 않기 때문입니다.

③ 병: 여성을 보호하는 법률이나 정책 등이 갖추어지지 않았기 때문입니다.

④ 정: 취업이나 임금 등에서 여성이라는 이유로 차별을 받고 있기 때문입니다.

⑤ 무: 여성 스스로 차별받는 집단의 구성원이라는 의식을 가지고 있지 않기 때문입니다.

하나 더!
01-1 다음 특징을 가진 집단을 가리키는 용어를 쓰시오.

> • 사회적 영향력이 약하다.
> • 스스로 차별받는 집단에 속해 있다고 느낀다.
> • 그 집단의 성원이라는 이유만으로 사회적 차별의 대상이 된다.
> • 신체적 또는 문화적으로 다른 집단과 구별되는 뚜렷한 차이가 있다.

02 사회적 소수자 차별의 사례로 적절하지 <u>않은</u> 것은?

① 피부색을 이유로 목욕탕 출입을 제지당하였다.

② 장애가 있다는 이유로 버스 탑승을 제지당하였다.

③ 왼손잡이라는 이유로 친구들에게 놀림을 당하였다.

④ 특정한 종교를 믿는다는 이유로 입사 전형에서 탈락하였다.

⑤ 학업 성적이 나쁘다는 이유로 대학교 입학을 거부당하였다.

03 다음은 어느 고등학생이 작성한 수행평가 보고서이다. (가)에 들어갈 제목으로 가장 적절한 것은?

> **(가)**
>
> • 우리나라는 남성 근로자가 100만 원의 임금을 받는다면 여성은 약 69만 원을 받고 있을 정도로 경제 협력 개발 기구(OECD) 국가 중 성별 평균 임금 격차가 가장 크다.
> • 우리나라에 거주하며 다양한 분야에서 일하는 이주 노동자들이 낮은 임금, 열악한 노동·주거 환경 등에 노출된 것으로 나타났다.
> • 「장애인 차별 금지법」 이행 실태 조사에 따르면, 장애인은 이동 및 대중교통 수단 이용에서 차별을 가장 많이 겪는 것(60.3%)으로 나타났다.

① 인권 감수성의 교육 방법
② 사회적 소수자 보호 관련 법률 파악
③ 사회적 소수자에 대한 차별 실태 조사
④ 경제 발전 과정에서 나타난 부작용 파악
⑤ 사회적 소수자에 대한 국가의 정책 검증

중요

04 다음 사례가 사회적 소수자 차별 문제 해결과 관련하여 시사하는 바로 가장 적절한 것은?

> ○○ 기업은 신입 사원 채용 서류 전형에서 성 소수자, 왼손잡이, 장애인, 다문화 가정 자녀, 북한 이탈 주민 등 사회적 소수자임을 밝힌 지원자에게 가산점을 부여한다. "다양성이 혁신과 지속 성장에 도움이 된다."라는 이유에서이다.

① 사회적 소수자는 사회적 영향력이 크다.
② 사회적 소수자만이 혁신과 성장을 이끈다.
③ 사회적 소수자는 능력으로 평가하지 말아야 한다.
④ 사회적 소수자 문제는 제도를 통해서는 해결이 어렵다.
⑤ 사회적 소수자에 대한 편견을 버리고 다양성을 존중해야 한다.

05 밑줄 친 '차별'의 사례로 가장 적절한 것은?

> 차이가 있다는 이유로 다른 사람이나 집단을 불합리하게 대우하면 차별이 발생한다.

① 외국인 근로자의 취업 비자 발급
② 지하철이나 버스의 노약자석 지정
③ 공공 기관의 장애인 의무 고용 제도
④ 불가피한 해고 시 고령자 우선 원칙
⑤ 청소년 노동자의 특정 분야 사용 금지

06 다음 글을 토대로 내린 결론으로 가장 적절한 것은?

> 장애인 의무 고용 제도란 국내 사업주에게 일정 비율 이상의 장애인을 고용하도록 의무를 부과하는 제도로, 이를 이행하지 않으면 부담금을 내야 한다. 그러나 아직 우리 사회에서는 장애인에 관한 사회적 인식이 크게 바뀌지 않아 여전히 장애인 고용은 저조한 수준에 머물러 있다.

① 장애인 차별에 대한 처벌을 강화할 필요가 있다.
② 장애인을 보호하는 법률을 정비하는 것이 중요하다.
③ 장애인에 대한 편견을 해소하는 것이 가장 시급하다.
④ 장애인 의무 고용 불이행에 대한 부담을 줄여야 한다.
⑤ 장애인 의무 고용은 비장애인에 대한 역차별을 초래한다.

07 자료에서 사례를 적절하게 말한 학생만을 있는 대로 고른 것은?

> **〈청소년 노동권 침해 사례〉**
>
> 갑(16세): 하루에 8시간 넘게 일을 했어요.
> 을(17세): 최저 임금보다 낮은 임금을 받았어요.
> 병(17세): 임금을 아버지의 통장으로 입금해 주었어요.
> 정(18세): 근로 계약을 체결하기 전에 부모님의 동의서를 받아 오게 했어요.

① 갑, 을　　② 을, 병　　③ 병, 정
④ 갑, 을, 병　　⑤ 을, 병, 정

08 밑줄 친 ㉠~㉤ 중 법적으로 옳지 <u>않은</u> 것은?

> 고등학생 갑(16세)은 겨울 방학 중에 ㉠ ○○ 매장에서 제품 운반 업무를 담당하기로 하고 보호자의 동의를 얻어 근로 계약을 체결하였다. 근로 계약의 내용을 보면 ㉡ 아침 10시에 출근하여 오후 6시에 퇴근하며, 휴게 시간은 12시부터 1시까지이고, 월말에 업무가 많을 때는 ㉢ 갑의 동의를 얻어 하루 1시간 이내의 연장 근로를 시킬 수 있다. ㉣ 임금은 매월 말일에 갑의 보호자 통장으로 입금해 주기로 하였다. ㉤ ○○ 매장 대표는 갑에게서 보호자 동의서와 가족 관계 기록 사항에 관한 서류를 받아 매장에 비치해 두었다.

① ㉠ ② ㉡ ③ ㉢ ④ ㉣ ⑤ ㉤

09 다음은 17세 갑이 사용자와 체결한 근로 계약서의 일부이다. 이에 대한 법적 판단으로 옳은 것은?

> 〈근로 계약서〉
> ⋮
> • 근로 시간: _______________ ㉠
> • 근무일 / 휴일: 월~금요일 / 토~일요일
> • 임금: _______________ ㉡
> • 업무 내용: _______________ ㉢

① ㉠은 1일 8시간 이내이어야 한다.
② 갑이 동의하면 ㉠에서 하루 2시간의 연장 근로가 가능하다.
③ 갑의 동의하면 ㉡은 최저 임금 미만이라도 허용된다.
④ 갑이 ㉡을 청구하는 데 부모의 동의가 필요하다.
⑤ 갑의 동의가 있더라도 ㉢에 보건상 유해한 내용이 들어갈 수 없다.

09-1 연소 근로자의 근로에 대한 설명으로 옳지 <u>않은</u> 것은?

① 최저 임금 이상의 임금을 주어야 한다.
② 연장 근로는 1일 2시간까지 협의할 수 있다.
③ 유해하거나 위험한 업소에서는 일할 수 없다.
④ 1일 7시간, 1주 35시간 이내에서 근로해야 한다.
⑤ 보호자의 동의를 얻어 근로 계약을 체결해야 한다.

10 다음 인권 지수에서 우리나라의 순위가 비교적 낮게 나타나고 있는 이유로 가장 적절한 것은?

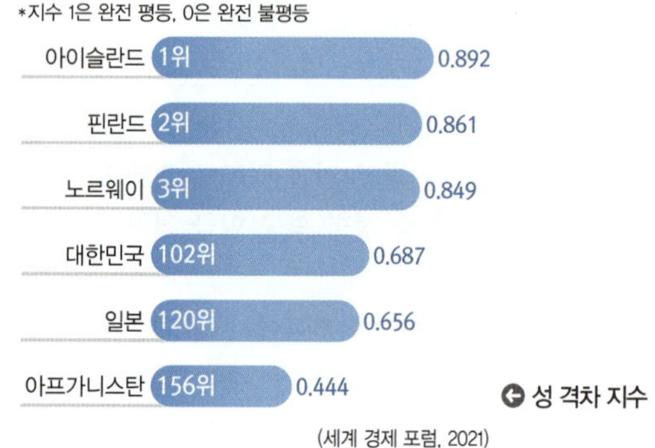

(세계 경제 포럼, 2021)

① 모성 사망비가 높기 때문이다.
② 영유아 사망률이 높기 때문이다.
③ 영양 결핍 인구가 많기 때문이다.
④ 남녀 임금 격차가 크기 때문이다.
⑤ 중등 이상 교육을 받은 여성이 적기 때문이다.

11 밑줄 친 '세계 언론 자유 지수'에 대한 설명으로 옳지 <u>않은</u> 것은?

> 튀르키예 정부가 2022년에 개정한 언론·소셜 미디어법에는 허위 정보를 보도한 언론인이나 이를 퍼 나른 소셜 미디어 이용자에 대한 처벌을 대폭 강화하는 내용이 담겼다. 국제 사회에서는 집권 세력이 언론에 대한 장악력을 강화하려는 의도를 보인 것이란 비판이 나온다. 이전에도 튀르키예 정부는 언론 규제법 등으로 정부에 비판적인 언론사에 반복적으로 과징금을 부과하거나 면허를 취소하는 등 언론을 통제하려는 조치를 자주 취해 왔다. 2022년에 국경 없는 기자회가 발표한 세계 언론 자유 지수에서 튀르키예는 조사 대상 180개국 중 149위를 기록하였다.

① 비정부 기구가 측정하여 발표하는 인권 지수이다.
② 다원주의, 자기 검열 수준, 권력으로부터의 독립 등을 기준으로 측정한다.
③ 전 세계 비정부 기구와 언론인, 인권 운동가 등에 대한 설문을 진행하여 측정한다.
④ 지수가 아주 높은 국가는 민주주의가 발달했으므로 인권 침해 문제는 발생하지 않는다.
⑤ 튀르키예와 같이 지수가 낮은 국가에 대해서는 국제 사회가 협력하여 국제적인 비판 여론을 형성하기도 한다.

12 다음은 온라인 수업 모습이다. 교사의 질문에 적절하게 답한 학생만을 고른 것은? (중요)

전쟁과 빈곤을 피해 유럽으로 향하는 아프리카 난민과 이주민들이 유럽으로 가기 위해 거치는 사하라 사막에서 극단적 위험에 노출되고 있다고 한다. 국제 연합 난민 기구(UNHCR)는 이 지역에서 이주민들이 성폭행, 고문, 성매매, 장기 적출 등을 당하거나 탈수와 질병으로 죽음으로 내몰리고 있다고 밝혔다.

① 갑, 을 ② 갑, 병 ③ 을, 병
④ 을, 정 ⑤ 병, 정

13 밑줄 친 ㉠~㉤에 대한 설명으로 옳지 <u>않은</u> 것은?

국제 사회가 직면한 인권 문제로는 ㉠ 난민과 ㉡ 빈곤 문제, ㉢ 종교와 관련된 여성 차별 및 학대, 아동 학대 및 ㉣ 아동 노동 문제, 인종 차별, 독재 국가의 인권 유린 문제, 전쟁과 테러 등이 있다. 여러 국제기구와 ㉤ 비정부 기구 등이 다양한 인권 문제를 조사하여 인권 지수로 발표하고 있으며 국제 사회의 관심과 실천을 촉구하고 있다.

① ㉠에는 최근 기후위기로 발생하는 경우도 많다.
② ㉡을 측정하는 대표적인 인권 지수로는 세계 기아 지수가 있다.
③ ㉢은 주로 조혼이나 명예 살인 등의 형태로 나타난다.
④ ㉣은 척박한 자연환경과 빈곤, 내전 등의 문제가 있는 국가에서 많이 나타난다.
⑤ ㉤으로는 국제 연합 난민 기구, 국경 없는 기자회 등을 들 수 있다.

서술형 문제

서술형 감잡기

1 다음 사례에서 갑~병을 공통으로 지칭할 수 있는 용어와 이들에 대한 차별로 인한 문제점을 서술하시오.

- 여성 갑은 업무 전문성이 아닌 성별을 이유로 부서 배정에 차별을 받았고, 승진에서도 불이익을 받아 결국 퇴사하였다.
- 시각 장애인 을은 고혈압 약을 먹어야 하는데, 봉투에 점자 안내가 없어 다른 약을 먹을까 봐 약을 먹을 때마다 불안해 한다.
- 농장에서 일하는 이주 외국인 병은 한국말이 서투르다는 이유로 농장 주인에게 모욕적인 말을 들으면서 주거 환경이 열악한 비닐하우스에서 살도록 강요당하였다.

(1) 초성을 참고하여 서술형 답안에 들어갈 내용을 써 보자.

답안 키워드 사회적 소수자 ㅇㄱ ㅈㅇ ㅅ ㅅㅎ ㄱㄷ

(2) (1)의 내용을 포함하여 서술형 답안을 작성해 보자.

실전! 도전하기

2 자료를 읽고 물음에 답하시오.

전 세계적으로 1억 6,000만 명의 아동이 학교 대신 노동을 강요받고 있다. 이 중 7,900만 명의 아동은 건설 현장에서 무거운 짐을 들거나 광산, 채석장 같은 위험한 곳에서 일하고 있다.

(1) 위 자료에 나타난 국제 사회의 인권 문제를 쓰시오.

(2) (1)의 인권 문제를 해결하기 위한 방안을 개인적 차원에서 서술하시오.

1등급 정복하기

최고난도

01 표는 갑국의 정규직 근로자와 비정규직 근로자의 남녀 간 평균 임금 격차 추이를 나타낸 것이다. 이에 대한 분석으로 옳은 것은? (단, 정규직과 비정규직 근로자 모두에서 남성 평균 임금은 지속적으로 상승했음.)

(단위: %)

구분	t년	t+1년	t+2년	t+3년
정규직	50	40	35	30
비정규직	60	50	40	30

* 남녀 간 평균 임금 격차(%) = [(남성 평균 임금 − 여성 평균 임금) ÷ 남성 평균 임금] × 100

① 비정규직 여성보다 정규직 여성에 대한 차별이 더 심각하게 나타났다.
② 정규직과 비정규직에서 모두 남녀 간 평균 임금 격차가 지속적으로 증가하였다.
③ 여성이 우리 사회에서 사회적 소수자로서 차별받고 있다는 판단의 근거가 될 수 있다.
④ 임금은 개인의 능력이나 노력의 결과이므로 여성은 남성과의 임금 격차를 받아들여야 한다.
⑤ 남녀 간 임금 격차는 사회 구조보다 개인적 편견이나 고정 관념을 극복함으로써 해소할 수 있다.

◆ 성 불평등 현상

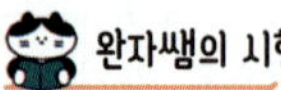
완자쌤의 시험꿀팁

제시된 표에서 수치는 남성 근로자 평균 임금 대비 남성과 여성 근로자 평균 임금의 차이를 나타낸 것이다. 즉, 40이라는 수치는 남성의 평균 임금을 100으로 보았을 때 여성의 평균 임금이 60이라는 의미이다. 표에 나타난 추이를 정확하게 이해하고, 성 불평등 현상과 관련지어 그 의미를 추론한다.

02 다음은 인터넷에 게시된 글과 댓글이다. 갑~병의 주장에 대한 옳은 설명만을 〈보기〉에서 고른 것은?

> ○○ 아파트는 아파트에 거주하는 장애인이 한 명뿐이라는 이유로 장애인용 경사로와 주차장을 없애고 화단을 만들었다. 장애인이 항의했지만, 다른 주민들은 "지하 주차장을 이용하라."라며 장애인의 항의를 묵살하였다.
>
> └갑: 장애인 차별에 해당합니다. 관련 법률을 개정하여 엄하게 처벌해야 합니다.
> └을: 장애인도 비장애인과 똑같이 생활할 권리가 있어요. 주민들이 반성해야 합니다.
> └병: 주민들도 나름대로 합리적인 결정을 내렸다고 생각합니다. 한 명만을 위해 장애인용 경사로와 주차장을 유지하는 것은 비효율적인 선택이죠.

보기

ㄱ. 갑은 제도 개선보다는 개인의 의식 변화를 강조하고 있다.
ㄴ. 을은 장애인에 대한 비장애인의 차별적 인식을 지적하고 있다.
ㄷ. 병은 비장애인의 이기주의가 갈등을 유발하는 요인 중 하나라고 본다.
ㄹ. 갑, 을은 병과 달리 장애인용 주차장 폐쇄를 부정적으로 바라보고 있다.

① ㄱ, ㄴ　　② ㄱ, ㄷ　　③ ㄴ, ㄷ　　④ ㄴ, ㄹ　　⑤ ㄷ, ㄹ

◆ 장애인 차별

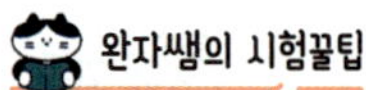
완자쌤의 시험꿀팁

사회적 소수자인 장애인에 대한 갑~병의 인식을 이해하고, 그 공통점과 차이점을 바탕으로 옳은 설명을 골라낸다.

03 자료에 대해 옳게 분석한 학생만을 〈보기〉에서 고른 것은?

〈근로 계약서〉

A(17세)는 ○○ 회사에 재직 중 「근로 기준법」과 회사의 취업 규칙 및 제반 규정을 성실히 준수할 것을 서약하고, 다음과 같이 근로 계약을 체결한다.

1. 근로 계약 기간: 2025. 1. 10. ~ 2025. 2. 28.
2. 근무 장소: ㈜ ○○ 회사 물류 센터
3. 업무 내용: 물품 관리
4. 근로 시간: 오전 10시~오후 6시(휴게 시간 12시~1시)
5. 근무일 / 휴일: 월~금요일 / 토~일요일
6. 임금: 취업 규칙으로 정함.

┤ 보기 ├
갑: A가 동의하면 1일 2시간의 연장 근로가 가능해.
을: 임금은 매월 일정한 날짜에 A 본인에게 직접 주어야 해.
병: A의 보호자가 ㈜ ○○ 회사 대표와 근로 계약을 체결했을 거야.
정: 임금은 취업 규칙으로 정하더라도 그 금액은 최저 임금 이상이어야 해.

① 갑, 을   ② 갑, 병   ③ 을, 병   ④ 을, 정   ⑤ 병, 정

◆ **청소년의 노동권 보장**

완자 사전

■ 취업 규칙
사업장에서 근로자가 준수해야 할 사항을 정한 규칙

 **완자쌤의 시험꿀팁**

청소년이 근로 계약을 체결할 때 노동 조건에 관한 권리는 성인과 동등하게 부여받고 보호는 더 강하게 받는다는 점에 유의하여 〈보기〉의 적절성을 확인한다.

---

04 다음은 난민의 지위에 관한 국제 협약의 일부이다. 이 협약에 부합하는 사례로 가장 적절한 것은?

- 제2조(일반적 의무) 모든 난민은 자신이 *체재하는 국가에 대하여 특히 그 국가의 법령을 준수할 의무 및 공공질서를 유지하기 위한 조치에 따를 의무를 진다.
- 제3조(무차별) 체약국은 난민에게 인종, 종교 또는 출신국에 의한 차별 없이 이 협약의 규정을 적용한다.
- 제22조(공공 교육) 체약국은 난민에게 초등 교육에 대하여 자국민에게 부여하는 대우와 동일한 대우를 부여한다.
- 제26조(이동의 자유) 각 체약국은 합법적으로 그 영역 내에 있는 난민에게 그 난민이 동일한 사정하에서 일반적으로 외국인에게 적용되는 규제에 따를 것을 조건으로 하여 거주지를 선택할 권리 및 그 체약국의 영역 내에서 자유로이 이동할 권리를 부여한다.
* 체재: 원래 거주하는 지역이 아닌 곳에 가서 머물러 있음.

① A국은 자국 법령을 위반한 ○○국 난민을 추방하였다.
② B국은 ○○국 난민이 일정한 지역에서만 거주하게 하였다.
③ C국은 인종을 문제 삼아 ○○국 난민의 입국을 거부하였다.
④ D국은 ○○국 난민에 대해 초등 교육 기관의 입학을 불허하였다.
⑤ E국은 ○○국 난민 중 특정 종교 신자에게만 취업을 허가하였다.

◆ **난민 문제의 해결을 위한 노력**

완자 사전

■ 체약국
서로 조약을 맺은 나라

 **완자쌤의 시험꿀팁**

난민 협약을 하나하나 읽으면서 선지의 내용과 비교한다. 이때 합리적 근거가 있는 입국 거부나 추방은 문제가 되지 않는다는 점에 유의해야 한다.

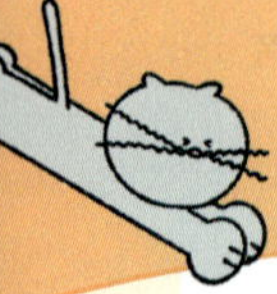

수능 첫걸음

| 21학년도 9월 고1 학평 5번 |

다음 사례에 대한 옳은 설명만을 〈보기〉에서 고른 것은?

중학교를 졸업한 A(16세)는 1개월 동안 ○○ 편의점에서 상품 판매를 업무로, 편의점 사장 B와 근로 계약을 체결하였다. A는 주 5일(월~금) 근무하기로 하였으며, 다음은 주요 계약 내용 중 일부이다.

1. 임금: 시간당 10,000원   2. 근로 시간: 9시~16시(휴게 시간: 12시~13시)

* 법정 최저 임금은 시간당 8,720원이다.

보기

ㄱ. A는 독자적으로 임금을 청구할 수 있다.
ㄴ. A의 연장 근로는 어떤 경우에도 허용되지 않는다.
ㄷ. A의 계약에는 친권자 또는 후견인의 동의가 필요하다.
ㄹ. A가 계약대로 근무할 경우 1일 임금은 70,000원이다.

① ㄱ, ㄴ   ② ㄱ, ㄷ   ③ ㄴ, ㄷ   ④ ㄴ, ㄹ   ⑤ ㄷ, ㄹ

대표 유형 | 문제 풀이

※ 단계별로 문제 풀이에 접근해 보세요!

1단계 / 자료 분석하기

A는 **❶** 세 미만의 연소 근로자이다.

2단계 / 정답 개념 연결하기

ㄱ, ㄷ. 연소 근로자는 독자적으로 임금을 청구할 수 있고, 친권자 또는 후견인의 **❷** 을/를 얻어 근로 계약을 체결할 수 있다.

3단계 / 오답 개념 피하기

ㄴ. 연소 근로자는 사업주와 합의하여 1일에 1시간, 1주일에 5시간 한도로 연장 근로를 할 수 있다. ㄹ. 임금 계산 시 휴게 시간은 포함되지 않는다. 따라서 A의 1일 임금은 **❸** 원이다.

답 ② 대표 유형 / ❶ 18 ❷ 동의 ❸ 60,000

정답친해 9쪽

| 24학년도 9월 고1 학평 12번 |

01 다음은 청소년 노동권에 대한 수업 활동을 정리한 자료이다. 이에 대한 설명으로 옳은 것은?

〈규칙〉 사례에 대한 법적 판단이 옳으면 'O', 옳지 않으면 '×'로 표시한다. 'O', '×'를 옳게 표시하면 배정된 점수를 획득한다.
〈사례〉 사업주 A(45세)와 고등학생 B(17세)가 1일 5시간, 주 25시간의 근로 계약을 체결했다.

〈갑, 을, 병의 답변 결과〉

〈사례〉에 대한 법적 판단	배점	갑	을	병
B는 A에게 단독으로 임금을 청구할 수 있다.	1점	O	×	O
B는 A에게 근무 시간 중 휴게 시간을 요구할 수 없다.	2점	O	×	O
A와 B의 합의가 있을 경우, 최저 임금제를 적용하지 않을 수 있다.	3점	×	O	×
법정 대리인의 동의가 있더라도 B는 보건상 유해한 업종에 종사할 수 없다.	4점	×	O	O

① 갑이 획득한 점수는 5점이다.
② 획득한 점수의 합이 가장 높은 사람은 을이다.
③ 옳게 답한 개수가 가장 많은 사람은 병이다.
④ 을이 갑보다 옳게 답한 개수가 1개 더 많다.
⑤ 병이 획득한 점수는 갑이 획득한 점수보다 3점이 더 높다.

1등급 전략

18세 미만인 연소 근로자의 근로에 대한 법률 규정을 정리해 둔다. 임금 청구의 독자성, 최저 임금제 적용 등 성인 근로자와 동일하게 보장받는 권리도 정확하게 이해하고 있어야 한다.

출제 전망

- **전망 1** 근로 계약서 등 구체적인 연소자 근로 사례를 제시하고 적법성을 판단하는 문제가 출제될 수 있다.
- **전망 2** 연소 근로자의 근로와 관련하여 성인 근로자와 동일하게 적용되는 부분과 그렇지 않은 부분을 구분할 수 있는지 확인하는 문제가 출제될 수 있다.

① 인권의 의미와 발전 과정

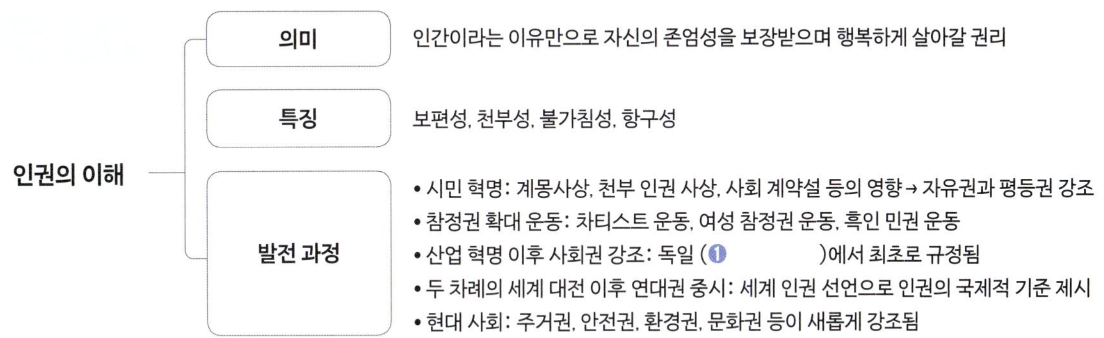

인권의 이해

의미 — 인간이라는 이유만으로 자신의 존엄성을 보장받으며 행복하게 살아갈 권리

특징 — 보편성, 천부성, 불가침성, 항구성

발전 과정
- 시민 혁명: 계몽사상, 천부 인권 사상, 사회 계약설 등의 영향 → 자유권과 평등권 강조
- 참정권 확대 운동: 차티스트 운동, 여성 참정권 운동, 흑인 민권 운동
- 산업 혁명 이후 사회권 강조: 독일 (❶   )에서 최초로 규정됨
- 두 차례의 세계 대전 이후 연대권 중시: 세계 인권 선언으로 인권의 국제적 기준 제시
- 현대 사회: 주거권, 안전권, 환경권, 문화권 등이 새롭게 강조됨

② 인권 보장을 위한 헌법의 역할과 시민 참여

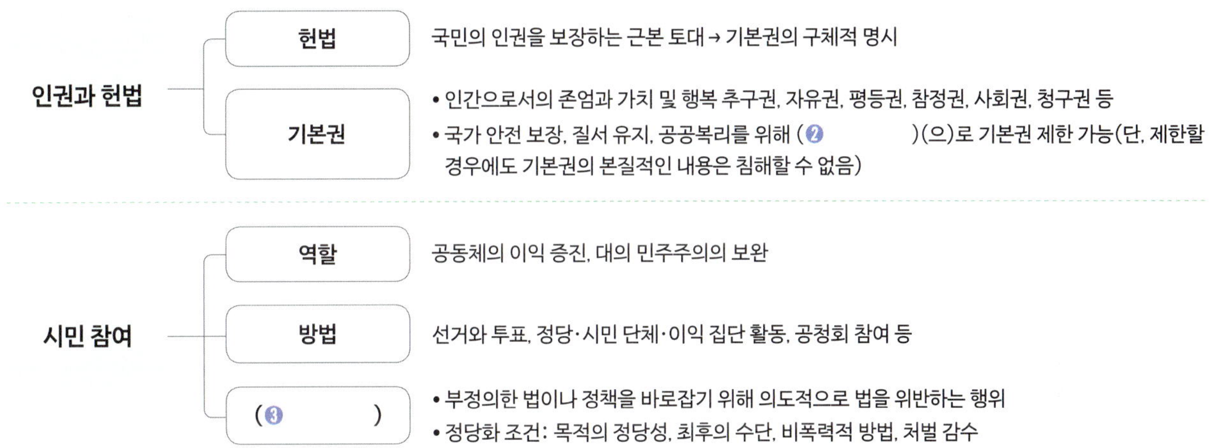

인권과 헌법

헌법 — 국민의 인권을 보장하는 근본 토대 → 기본권의 구체적 명시

기본권
- 인간으로서의 존엄과 가치 및 행복 추구권, 자유권, 평등권, 참정권, 사회권, 청구권 등
- 국가 안전 보장, 질서 유지, 공공복리를 위해 (❷   )(으)로 기본권 제한 가능(단, 제한할 경우에도 기본권의 본질적인 내용은 침해할 수 없음)

시민 참여

역할 — 공동체의 이익 증진, 대의 민주주의의 보완

방법 — 선거와 투표, 정당·시민 단체·이익 집단 활동, 공청회 참여 등

(❸   )
- 부정의한 법이나 정책을 바로잡기 위해 의도적으로 법을 위반하는 행위
- 정당화 조건: 목적의 정당성, 최후의 수단, 비폭력적 방법, 처벌 감수

③ 인권 문제 해결을 위한 노력

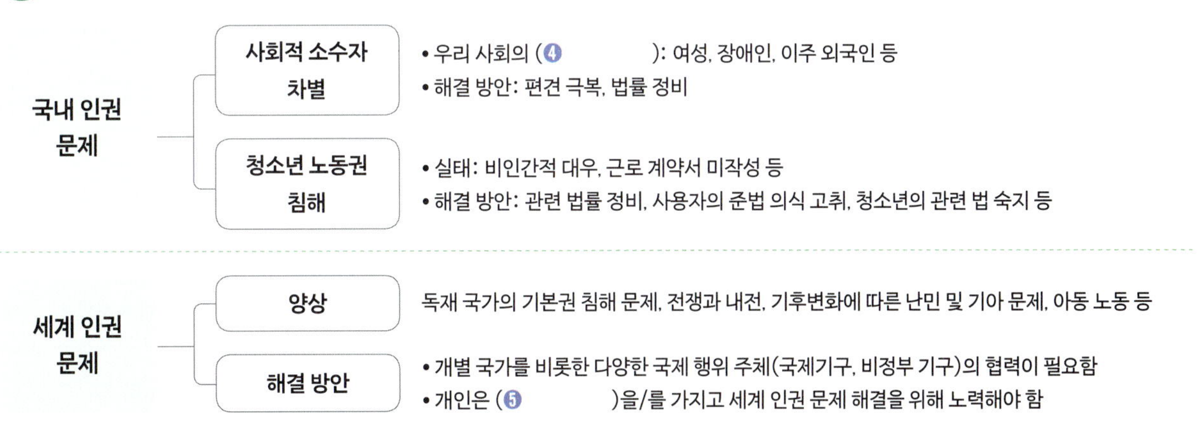

국내 인권 문제

사회적 소수자 차별
- 우리 사회의 (❹   ): 여성, 장애인, 이주 외국인 등
- 해결 방안: 편견 극복, 법률 정비

청소년 노동권 침해
- 실태: 비인간적 대우, 근로 계약서 미작성 등
- 해결 방안: 관련 법률 정비, 사용자의 준법 의식 고취, 청소년의 관련 법 숙지 등

세계 인권 문제

양상 — 독재 국가의 기본권 침해 문제, 전쟁과 내전, 기후변화에 따른 난민 및 기아 문제, 아동 노동 등

해결 방안
- 개별 국가를 비롯한 다양한 국제 행위 주체(국제기구, 비정부 기구)의 협력이 필요함
- 개인은 (❺   )을/를 가지고 세계 인권 문제 해결을 위해 노력해야 함

답 ❶ 바이마르 헌법 ❷ 법률 ❸ 시민불복종 ❹ 사회적 소수자 ❺ 세계시민 의식

01 다음은 어느 학생이 작성한 형성 평가 답안지이다. 이 학생이 받을 점수로 옳은 것은?

〈형성 평가〉

다음 인권의 특징에 대한 설명이 맞으면 ○표, 틀리면 X표를 하시오. (단, 문항당 배점은 1점임.)

번호	문항	답안
(1)	헌법에 명시되어야 보장된다.	㉠
(2)	태어나면서부터 당연히 보장된다.	○
(3)	인류 구성원 누구나 당연히 가진다.	㉡
(4)	국가나 다른 사람이 침해할 수 없다.	○
(5)	필요할 경우 남에게 양도할 수 있다.	㉢
(6)	일정 기간이 아니라 영구히 보장된다.	×

① ㉠~㉢에 모두 '○'가 들어가면 갑의 점수는 4점이다.
② ㉠~㉢에 모두 '×'가 들어가면 갑의 점수는 3점이다.
③ ㉠~㉢에 들어갈 응답에 상관없이 갑은 최소 3점을 얻을 수 있다.
④ (7)번에 '많은 사람의 투쟁을 통해 얻은 것이다.'라는 문항을 추가하고 갑이 '○'라고 응답한다면 (7)번의 점수는 0점이다.
⑤ (7)번에 '세계 인권 선언에서 인류의 보편적 가치라고 명시하였다.'라는 문항을 추가하고 갑이 '○'라고 응답한다면 (7)번의 점수는 1점이다.

02 다음 제도들이 공통으로 추구하고자 하는 바로 가장 적절한 것은?

• 법률에 근거한 공권력의 행사만을 허용한다.
• 두 개 이상의 정당을 인정하고 정당 설립의 자유를 보장한다.
• 국가 권력을 여러 기관으로 나누어 서로 견제하고 균형을 이루도록 한다.

① 경제 발전
② 인권 보장
③ 정치 참여 증대
④ 행정의 효율적 집행
⑤ 직접 민주 정치 확립

03 A~C는 인권의 발달 과정에서 강조된 인권의 유형이다. 이와 관련된 진술로 옳지 <u>않은</u> 것은?

인권	배경	내용
A	사회 계약설, 천부 인권 사상 등	(가)
B	(나)	인간다운 생활 보장, 노동 환경 개선 등
C	인권 문제의 해결을 위해 인류 공동의 노력이 필요하다는 공감대가 형성됨	(다)

① (가)에는 재산권, 신체의 자유, 종교·양심의 자유 등이 들어갈 수 있다.
② (나)에는 빈부 격차, 노동자의 열악한 노동 환경 등이 들어갈 수 있다.
③ (다)에는 자유와 평등 보장, 보통 선거 제도 실시 등이 들어갈 수 있다.
④ A, B, C는 모두 인간의 존엄성에 바탕을 둔 권리이다.
⑤ A는 시민 혁명, B는 산업 혁명, C는 세계 대전과 관련된다.

04 다음 헌법 조항이 공통으로 규정하는 제도에 대한 옳은 설명만을 〈보기〉에서 고른 것은?

• 제40조 입법권은 국회에 속한다.
• 제66조 ④ 행정권은 대통령을 수반으로 하는 정부에 속한다.
• 제101조 ① 사법권은 법관으로 구성된 법원에 속한다.

┌ **보기** ┐
ㄱ. 국가 권력의 남용을 막는다.
ㄴ. 국민의 인권을 증진시키는 장치이다.
ㄷ. 의원 내각제에서는 인정되지 않는다.
ㄹ. 국가 권력 기관의 협력과 융합을 강조한다.

① ㄱ, ㄴ
② ㄱ, ㄷ
③ ㄴ, ㄷ
④ ㄴ, ㄹ
⑤ ㄷ, ㄹ

05 다음 사례에서 침해된 기본권과 기본권 구제 제도를 옳게 연결한 것은?

> 산부인과 의사 갑은 성(性) 감별 고지 행위가 적발되어 면허 정지 6개월 처분을 받자 2005년 11월 태아의 성 감별 고지를 금지한 「의료법」 조항이 자신의 (㉠)을 침해했다고 생각하여 헌법재판소에 (㉡)을/를 청구하였다. 이에 헌법재판소는 태아 성 감별 고지를 금지한 「의료법」 조항에 대해 시대의 변화에 맞지 않고 의료인의 직업 활동의 자유와 임부의 알 권리 등을 침해한다고 판단하여 헌법 불합치 결정을 내렸다.

	㉠	㉡
①	사회권	위헌 법률 심판
②	사회권	헌법 소원 심판
③	자유권	위헌 법률 심판
④	자유권	헌법 소원 심판
⑤	평등권	헌법 소원 심판

06 다음 글에서 설명하는 '키비처'의 사회 참여 사례로 적절하지 <u>않은</u> 것은?

> 공동체주의의 대표적 사상가인 왈처는 민주주의 사회에서 훈수를 두고 참견을 하는 시민을 '키비처(Kibizer)'라고 칭하였다. 키비처는 사적 영역에만 머물러 있는 '비(非)시민'과 저녁 시간의 대부분을 사회에 빼앗기는 사회주의적 '열성 시민'의 중간자에 해당한다. 어떤 일이 잘 진행되면 '잘한다'고 칭찬하고, 못하면 '못한다'고 야단치면서 대안까지 제시하는 적극적 개입자가 바로 '키비처'이다.

① 헌법 개정 공청회에 참여하여 의견을 제시한다.
② 국회 의원의 특권 축소를 요구하는 시위에 참여한다.
③ 구청의 예산 모니터단으로 활동하면서 예산 심의를 감시한다.
④ 시민 단체에 가입하여 아동 학대 반대 서명 운동을 전개한다.
⑤ 자신이 소속된 정당이 내세운 정책에 대해서는 비판하지 않고 따른다.

07 다음은 한 어린이 방송 프로그램의 캐릭터 제안서이다. 이를 바탕으로 사회적 소수자 문제와 관련하여 제시할 수 있는 해결 방안으로 적절한 것만을 〈보기〉에서 있는 대로 고른 것은?

> 〈프로그램 캐릭터 제안서〉
> • 캐릭터: 휠체어를 타는 갑, 자폐성 장애가 있는 을, 다문화 가정에서 자란 병
> • 제안 이유: 사회적 소수자가 당연하게 등장하는 프로그램을 보면서 어린이들이 사회적 소수자를 우리 사회의 동등한 구성원으로 받아들이도록 이끌 수 있음.

| 보기 |
> ㄱ. 차이를 인정하고 다양성을 존중한다.
> ㄴ. 사회적 소수자에 대한 편견을 극복한다.
> ㄷ. 사회적 소수자에 대한 의식 개선 활동을 실시한다.
> ㄹ. 사회적 소수자를 다른 사회 구성원보다 높게 대우한다.

① ㄱ, ㄴ   ② ㄴ, ㄷ   ③ ㄷ, ㄹ
④ ㄱ, ㄴ, ㄷ   ⑤ ㄱ, ㄴ, ㄷ, ㄹ

08 (가)의 관점에서 (나)에 나타난 문제를 해결하기 위해 할 수 있는 조언으로 가장 적절한 것은?

> (가) 자연의 법에서 그렇듯이 인간의 법에서도 보편적인 원칙은 세상 어디서나 바로 다음과 같은 것이다. "네가 타인에게 당하고 싶지 않은 일은 너 역시 타인에게 행하지 말라."
> (나) 미얀마 출신으로 우리나라 공장에서 일하는 이주 노동자 갑이 하루 12시간 근무 중 손을 움직이지 않는 시간은 식사 시간 정도다. 아무렇지도 않게 자신의 일을 갑에게 떠넘기는 한국인 직원들 몫의 일까지 해야 하기 때문이다.

① 이주 노동자에게 우리 사회의 문화를 강요해야 한다.
② 외모의 차이를 '다름'이 아닌 '틀림'으로 인식해야 한다.
③ 이주 노동자를 위한 소수자 우대 정책을 강화해야 한다.
④ 이주 노동자에게 한국인과 동일한 법적 권리를 보장해야 한다.
⑤ 이주 노동자에 대한 편견을 버리고 그들의 입장을 배려해야 한다.

II

사회 정의와 불평등

정의의 의미와 실질적 기준 ~ 다양한 정의관의 비교 및 적용

학습 내용
▶ 정의의 의미와 필요성
▶ 분배적 정의의 실질적 기준
▶ 자유주의적 정의관과 공동체주의적 정의관의 특징

이것이 핵심!

※ 정의의 의미와 필요성

의미	개인이나 사회가 지켜야 하는 올바르고 공정한 도리
필요성	• 사회생활에서 일어나는 갈등 해결 • 인간다운 삶의 보장 • 사회의 통합과 발전

◆ **교정**
틀어지거나 잘못된 것을 바로잡음

---

1 정의의 의미와 필요성

꼭! • 동양 사상가의 정의에 대한 입장: 올바른 행동을 하는 것, 사적 이익이나 결과에 얽매이지 않는 것 예 의(義)란 잘못을 부끄러워하고 이익에 집착하지 않는 올곧음(맹자)
• 서양 사상가의 정의에 대한 입장: 각자에게 공정한 몫을 주는 것, 자신이 맡은 역할을 충실히 수행하는 것 예 정의란 각자가 타고난 성향에 따라 자신의 일을 다하는 것(플라톤)

1. 정의의 의미 다잡는 자료

(1) **정의의 일반적 의미**: 개인이나 사회가 지켜야 하는 올바르고 공정한 도리

(2) **분배적 정의와 ◆교정적 정의**

옳음이나 공정함 혹은 평등함과 같은 의미로 여겨지기도 해.

분배적 정의	개인이 능력과 노력을 발휘하여 성취한 업적을 기준으로, 각자가 받아야 할 몫을 공정하게 받도록 하는 것 → 한정된 사회적·경제적 자원의 공정한 분배 원칙과 관련 있음
교정적 정의	불공정한 행위나 잘못된 행동을 바로잡는 것 → 잘못에 대한 대응이 공정한지를 다룸 자료 !

2. 정의의 필요성

처벌이 공정하려면 법을 근거로 처벌해야 하고 그 법이 공정해야 하며, 작은 잘못에는 작은 벌이, 큰 잘못에는 큰 벌이 가해져야 해.

(1) **사회생활에서 일어나는 갈등 해결**: 공정한 법 집행과 적절한 처벌을 가능하게 함 → 사회생활에서 일어나는 갈등을 공정하게 해결하여 사회 질서가 유지될 수 있게 함

(2) **인간다운 삶의 보장**: 구성원의 기본적 권리를 보장함 → 인간의 존엄성이 유지되고 인간다운 삶을 누릴 수 있게 함

(3) **사회의 통합과 발전**: 구성원들이 서로 믿고 협력할 수 있게 함 → 사회 통합과 발전을 도움

왜? 정의로운 사회에서는 잘못을 저지른 사람이 합당한 처벌을 받고 법 집행도 공정하게 이루어지기 때문이야.

이것이 핵심!

※ 분배적 정의의 실질적 기준

능력	• 장점: 잠재력 실현 기회 제공 • 단점: 선천적·우연적 요소 개입, 평가 기준 마련 곤란
업적	• 장점: 공정성 확보 가능, 성취동기 자극 • 단점: 경쟁 과열, 사회적 약자에 대한 배려 부족
필요	• 장점: 사회 불평등 개선 • 단점: 모든 사람의 필요 충족 곤란, 성취동기 감소

◆ **기회의 평등**
사회 제도와 사회적 위치에 접근할 수 있는 기회를 모든 사회 구성원에게 균등하게 제공하는 것

◆ **결과의 평등**
능력, 배경 등의 사회적 조건이 불리한 사람에게 다양한 혜택을 제공하여 최종적으로 결과의 불평등을 완화하려는 것

---

2 분배적 정의의 실질적 기준 자료 2

1. 능력에 따른 분배

예 채용 시 자격증 가진 사람을 우대하는 것, 운동 능력이 뛰어난 사람에게 운동선수로서 활약할 기회를 제공하는 것 등

의미	어떠한 목적을 달성하는 데 필요한 전문적 지식과 자질을 기준으로 분배하는 것
장점	개인이 지닌 잠재력과 재능을 실현할 수 있는 기회를 제공함 → 사회 발전에 기여함
단점	• 재능이나 환경과 같은 선천적·우연적 요소가 개입될 수 있음 → 사회 불평등을 초래함 • 능력을 평가하는 정확한 기준을 마련하기가 어려움 → 주관적 편견이 개입할 수 있음

2. 업적에 따른 분배

꼭! 공정한 경쟁이 이루어지기 위해서는 기회의 평등이 전제되어야 해.

예 영화의 흥행 결과에 따라 보수를 더 지급하는 흥행 보수(러닝 개런티) 등

의미	기회의 평등을 전제로, 어떠한 목적을 달성하는 데 이바지한 성과와 실적 정도에 따라 분배하는 것
장점	• 각자가 달성한 결과를 객관화·수량화할 수 있어 평가와 측정이 비교적 쉬움 • 주관적인 편견을 배제하여 평가의 공정성 확보가 가능함 • 개인의 성취동기를 자극하여 생산성과 효율성을 높일 수 있음
단점	• 업적을 지나치게 강조하면 경쟁이 과열되어 사회 갈등이 초래될 수 있음 • 사회적 약자에 대한 배려 부족으로 빈부 격차가 심화되는 등 사회적 약자에게 불리한 결과가 나타날 수 있음 • 서로 다른 영역에서의 업적은 비교 및 평가가 어려움

개인의 능력에 비추어 볼 때 도전할 가치가 있는 어려운 과제를 성공적으로 수행하려는 의욕이나 욕구를 말해.

왜? 업적을 쌓기 어려운 환경에 놓인 사람들도 있기 때문이야.

3. 필요에 따른 분배

의미	의식주 등 인간다운 삶을 위한 기본적 욕구의 충족이 어려운 사회적 약자에게 우선적으로 재화나 가치를 분배하는 것 → 결과의 평등을 추구함 → 예 생계유지가 곤란한 사람에게 복지 서비스를 제공하는 것 등
장점	최대한 많은 사람이 인간다운 삶을 살 수 있게 하고, 사회 불평등을 완화할 수 있음
단점	• 사회적·경제적 자원은 한정되어 있기 때문에 모두의 필요를 충족하기 어려움 • 개인의 성취동기와 생산 의욕을 감소시켜 경제적 효율성을 떨어뜨릴 수 있음

왜? 열심히 일하려는 동기를 약화하고, 노력하여 업적을 쌓으려는 의지를 저해하기 때문이야.

📋 **내 교과서** / 비상, 미래엔, 천재, 지학사, 동아, 창비에서 '아리스토텔레스의 정의' 자료를 다루고 있어요.

내신과 수능을 다 잡는 자료⁺　　아리스토텔레스의 정의

교정적 정의는 다른 사람에게 해를 끼치면 그만큼 보상하게 하고, 다른 사람에게 이익을 주었으면 그만큼 받게 함으로써 서로 간의 동등하지 않음을 바로잡는 것이다. 분배적 정의는 각자의 가치에 따라 권력, 명예, 재화를 분배함으로써 공정함을 실현하는 것이다. 또한 교환적 정의는 같은 가치를 지닌 두 물건을 교환하게 함으로써 교환의 결과를 공정하게 하는 것이다.

－ 아리스토텔레스, 『니코마코스 윤리학』

🔖 아리스토텔레스는 특수적 정의를 교정적 정의, 분배적 정의, 교환적 정의로 구분하였어.

아리스토텔레스는 정의를 일반적 정의와 특수적 정의로 구분하였다. 아리스토텔레스는 각자 자기의 것을 취하면서 법을 지키는 사람이 정의로운 사람이며, 남의 재물을 취하면서 법을 지키지 않는 사람은 부정의한 사람이라고 보았다. 이때 각자의 가치에 비례하는 몫의 분배를 추구하는 것이 분배적 정의이며, 권력과 명예, 재화가 각자의 가치에 따라 분배되어야 한다고 주장하였다.

빈출 선택지로 점검하기

» 초성을 참고하여 아리스토텔레스의 정의에 대한 잘못된 선택지를 올바르게 고쳐 보자.

• 분배적 정의는 처벌의 문제와 관련이 깊다.
　→ ㄱ ㅈ ㅈ

• 교정적 정의는 동등한 가치를 지닌 두 물건을 교환함으로써 정의를 실현하는 것이다.
　→ ㅂ ㅂ ㅈ

🅰 교정적, 교환적

함께 보기 • 내신 만점 공략하기 03번

자료 ①　교정적 정의를 실현하는 형벌에 관한 두 가지 관점

형벌은 범죄자 자신이나 사회의 다른 선을 촉진하기 위해 가해지는 것이 아니라 오직 범죄를 저질렀기 때문에 가해지는 것이다. 동등성의 원리에 따라 범죄자에게는 동등한 형벌이 가해져야 한다. 그러므로 살인을 한 사람은 사형에 처해야 한다.　－ 칸트

형벌의 목적은 범죄자가 끼칠 해악의 가능성을 방지하고 시민들이 유사한 행위를 할 가능성을 억제하는 것이다. 사형을 통해서는 범죄 예방 효과를 기대하기 어렵다. 사형을 대체한 종신 노역형이 범죄 예방에 더 효과적이다.

－ 베카리아

교정적 정의를 실현하는 사법적 처벌, 즉 형벌에 관한 입장은 크게 응보주의 관점과 공리주의 관점으로 구분할 수 있다. 칸트는 응보주의 관점에서 형벌은 위법 행위의 경중에 비례해야 한다고 주장하였다. 즉, 오직 보복법만이 형벌의 질과 양을 명확하게 제시할 수 있기에, 살인범은 사형에 처해야 한다고 본 것이다. 한편, 베카리아는 공리주의 관점에서 형벌은 범죄를 억제하기에 충분한 정도의 강도만을 지녀야 한다고 보았다. 따라서 종신 노역형처럼 사형보다 고통이 길게 유지되어 오랫동안 본보기로 기능하는 형벌이 필요하다고 주장하였다.

비교 해서 살펴볼까?

형벌에 관한 응보주의적 관점 vs 공리주의적 관점

구분	응보주의	공리주의
대표 사상가	칸트	베카리아
형벌의 목적	범죄에 상응하는 보복	범죄 예방 및 공동체의 이익 증진
살인에 대한 형벌	사형	종신 노역형

• 응보주의: 잘못을 저지른 것에 상응하는 처벌을 하는 것이 옳다고 보는 관점
• 공리주의: 범죄를 예방하고 사회적 이익을 증진하기 위해 처벌이 필요하다고 보는 관점

자료 ②　장학금 분배에 적용된 분배적 정의의 실질적 기준

• 갑: 잠재력이 뛰어난 학생에게 장학금을 지급해야 합니다.
• 을: 각종 대회에서 수상하여 학교를 빛낸 학생에게 장학금을 지급해야 합니다.
• 병: 가정 형편이 어려워 학업에 전념하기 힘든 학생에게 장학금을 지급해야 합니다.

갑은 개인이 지닌 잠재력과 재능, 즉 '능력'을 분배 기준으로 삼고 있으며, 을은 열심히 공부하여 성취한 '업적'을 분배 기준으로 삼고 있다. 병은 사회적 약자에게 기회를 우선적으로 주는 '필요'를 분배 기준으로 삼고 있다. 각 분배 기준에는 장단점이 있어서 어느 한 가지 기준만이 정의롭다고 볼 수 없다. 따라서 상황에 따라 알맞은 분배 기준을 찾아야 한다.

자료 하나 더 알고 가자!

분배의 대상이 되는 사회적 재화와 가치

이익이 되는 분배의 대상	부, 권리, 명예, 기회, 사회적 지위 등
부담이 되는 분배의 대상	세금, 의무, 사회적 책임 등

분배적 정의는 사회적·경제적 가치를 공정하게 분배하는 것과 관련된 정의로, 각자가 자신의 몫을 정당하게 누리며 살아갈 수 있게 한다.

❸ 다양한 정의관의 특징

이것이 핵심!

＊ 다양한 정의관의 특징

자유주의적 정의관		공동체주의적 정의관
개인의 자유와 권리를 보장하여 개인선을 실현하는 것이 정의로움	상호 ⇔ 보완	개인이 속한 공동체의 공동선을 실현하는 것이 정의로움

1. 자유주의적 정의관

개인이 공동체의 전통이나 가치로부터 독립적인 존재임을 강조해.

(1) **자유주의의 의미**: 개인의 자유를 무엇보다 소중한 가치로 여기는 사상

(2) **자유주의적 정의관의 입장**: 개인의 자유와 권리 중시 → 사익(＊개인선)을 실현하려는 개인 간의 공정한 경쟁이 공익(＊공동선) 실현 및 공동체의 발전에도 기여할 수 있다고 봄

왜? 공동체를 개인이 모여 있는 단순한 집합체로 보기 때문이야.

(3) **자유주의적 정의관에서 본 개인과 공동체의 역할**

개인	독립적이고 자율적인 존재로서, 자기 삶의 목적과 방식을 스스로 결정함
공동체	• 공동체에 속한 개인에게 특정한 가치를 강요해서는 안 됨 • 개인이 자신의 삶을 스스로 계획하고 살아갈 수 있도록 중립적 입장에서 개인의 자유로운 선택권을 최대한 보장해야 함 → 개인은 공동체의 영향을 받으며 소속감과 정체성을 형성해 가는 존재임을 강조해.

(4) **대표적 사상가** 〔다잡는자료〕

롤스	공정으로서의 정의 → 공정한 절차를 통해 합의된 것이라면 정의롭다고 봄
노직	소유권으로서의 정의 → 개인의 소유권을 최우선으로 보장하는 것이 정의롭다고 봄

(5) **자유주의적 정의관의 한계**: 개인의 이익만을 추구하는 극단적인 이기주의로 변질할 경우 타인의 자유와 권리를 침해하고 공동체를 위태롭게 할 수 있음

2. 공동체주의적 정의관

개인의 좋은 삶은 공동체의 가치와 긴밀하게 연결되어 있음을 강조해.

(1) **공동체주의의 의미**: 인간의 삶에서 공동체가 가지는 의미를 중시하는 사상

(2) **공동체주의적 정의관의 입장**: 공동체의 역사와 전통, 개인의 의무와 책임 강조 → 공익을 실현하려는 개인들의 연대가 공동체의 목표 달성 및 사익 실현으로 이어진다고 봄

(3) **공동체주의적 정의관에서 본 개인과 공동체의 역할** — 개인은 공동체의 역사적 흐름 속에서 자신의 삶을 구성하는 존재임을 강조해.

개인	연대 의식을 가지고 공동체의 발전을 위해 책임과 의무 이행, 자발적 봉사, 희생정신 발휘 등
공동체	개인에게 공동체의 발전을 위해 살아가도록 장려, 좋은 삶의 실현 권장 등

(4) **대표적 사상가** 〔자료 ❸〕

왜? 사회적 가치는 각 공동체의 역사적이고 문화적인 소산으로, 공동체 안에는 고유한 사회적 가치들이 존재하기 때문이야.

매킨타이어	인간은 공동체의 영향을 받으며 정체성을 구성하므로 공동선을 실현하는 것이 정의롭다고 봄
왈처	각각의 사회적 가치가 고유한 영역 안에 머물러 다원적 평등이 실현될 때 정의롭다고 봄 → 가치를 분배할 때 공동체의 문화적 특수성과 차이를 고려해야 함
샌델	개인은 공동체가 공유하는 가치와 목적을 실현해야 하므로 ＊연고적 자아를 강조함

(5) **공동체주의적 정의관의 한계**: 공동체를 위해 개인의 자유, 권리가 침해되거나 개인의 희생을 강요하는 ＊집단주의로 흐를 가능성이 있음, 능력이나 노력과 관계없이 공동체를 기준으로 개인을 평가하는 ＊연고주의가 심화할 수 있음

◆ 개인선

개인에게 좋은 것이라는 의미로, 행복 추구나 자아실현 등 개인이 사적으로 누릴 수 있는 이익(사익)을 말한다.

◆ 공동선

특정한 개인에게만 유익한 것이 아니라 공동체 구성원 모두에게 유익한 것, 즉 공공의 이익(공익)을 말한다.

◆ 연고적 자아

공동체주의적 정의관에 따라 인간을 공동체의 구성원으로서 역할과 책임을 부여받고 정체성을 형성하는 존재로 규정하는 용어이다.

◆ 집단주의

개인의 이익이나 목표보다 집단의 이익이나 목표를 우선시하거나 중요하게 여기는 태도 또는 사고방식

◆ 연고주의

혈연, 지연, 학연 등에서 비롯된 전통적 사회관계를 우선시하거나 중요하게 여기는 태도 또는 사고방식

---

❹ 다양한 정의관의 적용

이것이 핵심!

＊ 다양한 정의관의 적용

자유주의적 정의관과 공동체주의적 정의관의 상호 보완적 관계 이해하기

＋

사익과 공익을 조화롭게 추구하기

자유주의적 정의관은 사익의 추구가 공익의 실현으로 이어진다고 보며, 공동체주의적 정의관은 공익의 실현이 사익의 실현으로 이어진다고 봐.

1. 자유주의적 정의관과 공동체주의적 정의관의 관계: 사익과 공익의 조화를 추구한다는 공통점이 있으며, 개인의 행복한 삶과 정의로운 사회를 지향한다는 점에서 상호 보완적임

2. 사익과 공익, 권리와 의무가 조화를 이루기 위한 개인과 공동체의 역할: 개인은 공동체에 대한 의무를 적극적으로 이행하고, 공동체는 개인의 권리를 최대한 보장해야 함 → 사익과 공익의 조화를 통해 정의로운 사회를 실현할 수 있음 〔자료 ❹〕

📘 **내 교과서** 비상, 미래엔, 천재, 지학사, 동아, 창비에서 '자유주의적 정의관을 지닌 사상가' 자료를 다루고 있어요.

내신과 수능을 다 잡는 자료⁺ · 자유주의적 정의관을 지닌 사상가

→ 차등의 원칙이라고 해.

- **롤스**: 정의의 원칙에 따라 모든 사람은 기본적 자유를 최대한 누려야 한다. 정의로운 사회에서도 사회적·경제적 불평등은 정당화될 수 있다. 단, 최소 수혜자에게 최대의 이익을 보장해야 하고, 어떤 직책이나 직위에 오를 기회는 모두에게 열려 있어야 한다.
- **노직**: 소유물을 취득한 자는 그 소유물에 대한 소유 권리가 있다. 그리고 소유물에 대한 소유 권리가 있는 사람으로부터 소유물을 받은 사람은 그 소유물에 대한 소유 권리가 있다. 소유물을 취득하고 이전하는 과정에서 부정의가 발생할 경우 이를 교정해야 한다.

롤스는 모든 구성원이 평등한 자유를 누릴 수 있게 공정한 분배를 실현하는 것을 정의라고 보았다. 즉, 개인의 자유와 권리를 실현하기 위해 사회적·경제적 불평등을 해결하려는 국가 역할의 필요성을 인정한 것이다. 한편, 노직은 정의를 개인의 소유권을 최우선으로 보장하는 것으로 보며, 국가는 개인의 권리와 재산을 보호하는 선에서 국방, 치안 유지 등과 같은 최소한의 역할만 하는 '최소 국가'가 바람직하다고 주장한다.

빈출 선택지로 점검하기

» 초성을 참고하여 롤스가 주장하는 정의에 대한 옳은 선택지로 완성해 보자.
- 정의로운 사회에서는 누구에게나 균등한 ㄱ ㅎ를 제공한다.
- 다수의 이익을 명목으로 개인의 ㅈ ㅇ를 침해해서는 안 된다.
- 자유와 평등의 ㅈ ㅎ을 통한 공정한 분배가 이루어져야 한다.

🔒 **답** 조화, 자유, 기회 |

→ 노직은 개인의 자유를 최우선의 가치로 여기고 이를 최대한으로 보장해야 한다고 주장하므로, 최소 수혜자에게 최대 이익을 보장해야 한다는 롤스의 견해에는 동의하지 않아.

함께 보기 · 내신 만점 공략하기 08번

자료 3 · 매킨타이어의 공동체주의
→ 꼭! 매킨타이어는 개인은 공동체의 가치와 목적을 내면화하고, 소속감을 지니며, 자신에게 주어진 책무를 충실하게 이행하면서 살아가야 한다고 보았어.

우리의 삶은 항상 공동체 속에서 이루어진다. 우리는 공동체 속에서 다양한 역할을 맡은 사람으로서 기대와 의무를 진다. 우리는 누군가의 아들이거나 딸이고, 누군가의 사촌이거나 삼촌이다. 우리는 이 도시 또는 저 도시의 시민이며, 이 친족에 속하고, 저 부족에 속하며, 이 민족에 속한다. 우리는 자신의 가족과 도시, 민족으로부터 다양한 유산과 의무를 물려받는다.

매킨타이어는 개인은 누구나 공동체의 영향을 받으면서 정체성과 삶을 구성한다고 보았다. 따라서 공동체의 구성원들은 각자의 역할과 의무를 다하고 자신이 속한 공동체의 이익이나 공동선을 실현하는 것이 정의라고 주장하였다. 또한 개인의 선택과 자유만을 강조하는 자유주의는 공동체에서 부여하는 도덕적 책무를 설명하지 못한다고 비판하였다.

자료 하나 더 알고 가자!
샌델의 공동체주의

법과 정치에 있어서 도덕적 중립을 지키는 것은 불가능하다. 정의로운 사회를 만들기 위해서는 좋은 삶이 무엇인지 함께 고민해야 하고, 개인들이 공동체의 구성원으로서 미덕을 키워야 하며, 공동선의 실현을 위해 노력해야 한다.

샌델은 모든 개인이 연고적 자아임을 자각하여 책임 의식을 가지고 공동선의 증진에 기여할 것을 주장하였다.

자료 4 · 청년 임대 주택 사업과 다양한 정의관

청년 임대 주택 사업은 도심에 임대 주택을 지어 사회 초년생, 대학생, 신혼부부 등에게 주변 시세보다 낮은 가격으로 공급하는 것이다. 그러나 이 사업은 지방 자치 단체나 공기업과 지역 주민 간에 입장 차이가 나타나기도 한다.

지방 자치 단체와 공기업의 입장	지역 주민의 입장
저소득 청년층의 주거 부담을 완화하고자 청년 임대 주택 사업을 펼치고 있습니다.	청년 임대 주택이 세워지면 부동산 가격이 떨어져 지역 발전을 저해합니다.

제시된 사례에서 지방 자치 단체와 공기업은 공동선 실현을, 임대 주택 설립 지역 주민들은 개인선 실현을 강조하고 있다. 개인의 자유와 권리만을 지나치게 추구하면 타인의 권리와 이익을 침해하고 공동체를 위태롭게 하는 반면, 공동체에 대한 의무만을 강조하면 공동체를 위한 개인의 희생을 강요할 수 있으므로 두 정의관이 상호 보완적임을 이해해야 한다.

문제로 확인할까?
공동체주의적 정의관에서 바라보는 개인의 특성으로 가장 적절한 것은?
① 국가 이전에 인간이 개인으로서 존재한다.
② 개인의 권리와 의무는 시대, 장소와 무관하다.
③ 개인은 공동체의 영향을 받아 정체성을 구성한다.
④ 개인은 공동체의 전통으로부터 독립적인 존재이다.
⑤ 개인의 좋은 삶은 개인이 속한 공동체와는 무관하다.

🔒 **답** ③

STEP 1 핵심 개념 **확인**하기

1 다음 빈칸에 들어갈 알맞은 말을 쓰시오.

(1) (   )적 정의는 불공정한 행위나 잘못된 행동을 바로잡는 것이다.

(2) (   )적 정의는 개인이 성취한 업적을 기준으로 각자가 받아야 할 몫을 공정하게 받도록 하는 것이다.

2 다음 설명이 맞으면 ○표, 틀리면 ×표를 하시오.

(1) 업적에 따른 분배는 성취동기를 약화시킬 수 있다.

(   )

(2) 능력에 따른 분배는 우연적 요소의 영향을 받을 수 있다.

(   )

(3) 필요에 따른 분배는 노력하여 업적을 쌓으려는 개인의 성취동기를 저하시킬 수 있다.

(   )

3 각 분배 기준과 장점을 옳게 연결하시오.

(1) 능력 •　　　　• ㉠ 사회적 약자를 배려할 수 있음

(2) 업적 •　　　　• ㉡ 성취한 결과의 평가와 측정이 용이함

(3) 필요 •　　　　• ㉢ 잠재력, 재능이 뛰어난 사람을 우대할 수 있음

4 다음 내용이 자유주의적 정의관에 해당하면 '자', 공동체주의적 정의관에 해당하면 '공'이라고 쓰시오.

(1) 자아는 개인이 속한 공동체와 분리될 수 없다. (   )

(2) 공동체는 개인의 자유와 권리를 실현하기 위한 수단일 뿐이다. (   )

(3) 종교적 신념에 따라 병역을 거부하는 것은 개인의 선택에 따른 것이므로 비난의 대상이 아니다. (   )

5 ㉠, ㉡에 들어갈 알맞은 말을 각각 쓰시오.

자유주의적 정의관에서는 타인의 자유를 침해하지 않는 한 개인의 자유와 권리를 최대한 보장하여 (㉠)을/를 실현하는 것이 정의롭다고 본다. 한편 공동체주의에서는 개인이 속한 공동체의 (㉡)을/를 실현하는 것이 정의롭다고 본다.

STEP 2 내신 만점 **공략**하기

01 교사의 질문에 옳은 답변을 한 학생만을 고른 것은?

① 갑, 을　　② 갑, 병　　③ 을, 병
④ 을, 정　　⑤ 병, 정

중요

02 다음은 형벌에 관한 갑과 을의 입장이다. 갑, 을의 입장에 대한 설명으로 적절하지 <u>않은</u> 것은?

• 갑: 형벌은 범죄자 자신이나 사회의 다른 선을 촉진하기 위해 가해지는 것이 아니라 오직 범죄를 저질렀기 때문에 가해지는 것이다.

• 을: 형벌은 범죄를 억제하기에 충분할 정도의 강도만을 지녀야 한다. 사형보다 고통이 길게 유지되어 오랫동안 본보기로 기능하는 형벌이 필요하다.

① 갑은 응보주의 관점에서 교정적 정의를 실현하고자 한다.

② 갑은 타인의 생명을 앗아 간 범죄는 사형으로 처벌해야 정의롭다고 본다.

③ 을은 공리주의 관점에서 교정적 정의를 실현하고자 한다.

④ 을은 형벌의 목적을 사회적 이익을 증진하기 위한 것이라고 본다.

⑤ 갑은 을에 비해 형벌이 범죄 예방의 기능을 하는 것이 중요하다고 본다.

03 ㉠, ㉡에 대한 설명으로 옳은 것만을 〈보기〉에서 있는 대로 고른 것은?

- (㉠)(이)란 어떤 사람이 잘못을 했을 때 처벌함으로써 부정의한 상태를 정의로운 상태로 되돌리는 것이다.
- (㉡)(이)란 다양한 사회적 가치를 마땅히 받을 만한 사람이 받게 함으로써 각자가 자신의 몫을 누릴 수 있게 하는 것이다.

| 보기 |
ㄱ. ㉠은 교정적 정의이다.
ㄴ. ㉠의 구체적 기준으로 능력, 업적, 필요가 있다.
ㄷ. ㉡은 교환적 정의이다.
ㄹ. 아리스토텔레스는 ㉠, ㉡을 특수적 정의로 분류하였다.

① ㄱ
② ㄱ, ㄹ
③ ㄴ, ㄷ
④ ㄱ, ㄴ, ㄷ
⑤ ㄴ, ㄷ, ㄹ

04 갑~병이 중시하는 분배 기준을 옳게 연결한 것은?

〈토의 주제〉
올해 우리 학교 장학금은 누가 받아야 할까?

- 갑: 잠재력이 뛰어난 학생이 받아야 합니다.
- 을: 가정 형편이 어려운 학생이 받아야 합니다.
- 병: 대회에서 수상하여 학교를 빛낸 학생이 받아야 합니다.

	갑	을	병
①	능력	업적	필요
②	능력	필요	업적
③	업적	필요	능력
④	필요	업적	능력
⑤	필요	능력	업적

04-1 병이 중시하는 분배 기준에 대한 설명으로 옳은 것만을 〈보기〉에서 고른 것은?

| 보기 |
ㄱ. 서로 다른 영역 간의 비교가 어렵다.
ㄴ. 경쟁을 과열시켜 구성원 간 갈등을 초래할 수 있다.
ㄷ. 개인의 성취동기를 약화시켜 효율성이 낮아질 수 있다.
ㄹ. 사회적 약자의 필요를 충족시키는 데 도움을 줄 수 있다.

① ㄱ, ㄴ
② ㄱ, ㄷ
③ ㄴ, ㄷ
④ ㄴ, ㄹ
⑤ ㄷ, ㄹ

05 밑줄 친 '이것에 따른 분배'의 단점으로 가장 적절한 것은?

이것에 따른 분배는 업무 성과나 실적의 정도에 따라 소득이나 사회적 지위 등을 차별적으로 분배하는 것이며, 이를 통해 사회가 역동적으로 발전할 수 있다.

① 기회의 평등 원칙이 훼손될 수 있다.
② 개인의 성취동기를 약화시킬 수 있다.
③ 선천적인 능력에 따라 달라질 수 있다.
④ 주관적인 선입견이나 편견을 배제하기 어렵다.
⑤ 사회적 약자에 대한 배려가 부족한 분배 기준이다.

[06~07] 다음은 분배적 정의의 실질적 기준 (가), (나)의 사례이다. 이를 보고 물음에 답하시오.

(가) A 음악 대학은 잠재력이 뛰어난 학생을 뽑는다는 기준에 따라 타고난 절대 음감을 지닌 학생을 많이 선발하였다.

(나) B 대학의 입학 전형에는 기초 생활 수급자, 차상위 계층, 장애인 등을 위한 특별 전형이 있다.

06 (가), (나)에 적용된 분배 기준에 대한 설명으로 옳은 것은?

① (가)의 분배 기준에는 우연적 요소가 개입될 수 없다.
② (나)의 분배 기준은 개인의 성취동기를 향상시킨다.
③ (나)의 분배 기준은 개인의 재능을 실현할 기회를 준다.
④ (가)의 분배 기준은 (나)의 분배 기준에 비해 사회 불평등을 초래할 가능성이 낮다.
⑤ (가), (나)의 분배 기준은 모두 각자가 받아야 할 자신의 몫을 공정하게 받게 하는 것을 목적으로 한다.

07 (가)의 분배 기준이 (나)의 분배 기준에 비해 가지는 상대적 특징을 그림의 ㉠~㉤ 중에서 고른 것은?

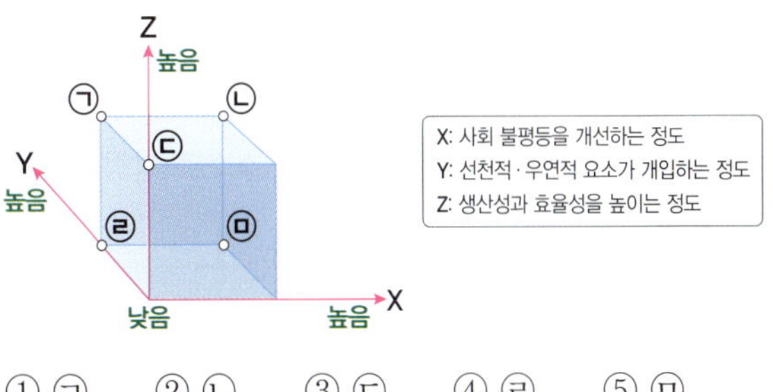

① ㉠
② ㉡
③ ㉢
④ ㉣
⑤ ㉤

[08~09] 자료를 보고 물음에 답하시오.

(가)	• 갑: 어떤 사람이 다른 사람에게 피해를 주지 않고 정당하게 소유물을 취득하거나 양도받았다면, 그 사람은 그 소유물에 대한 권리를 가져야 한다. • 을: 사회적·경제적으로 가장 혜택을 받지 못하는 사회적 약자에게 최대의 이익을 보장할 수 있어야 한다.
(나)	

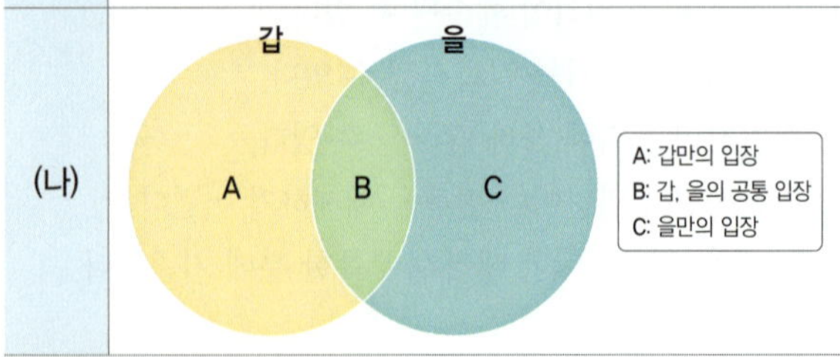

중요

08 갑, 을의 입장을 (나)의 그림으로 표현할 때, A~C에 해당하는 진술로 옳은 것은?

① A – 국가는 소득 재분배를 위한 과세를 추진해야 한다.

② A – 정의로운 사회가 되려면 사회적·경제적 불평등이 제거되어야 한다.

③ B – 어떠한 경우에도 개인의 자유가 보장되는 사회가 정의롭다.

④ B – 타인의 권리를 침해한 행위를 해결하기 위해 국가가 개입할 수 있다.

⑤ C – 모든 사람들에게 공정한 기회가 부여되어야 한다.

09 갑, 을이 공통으로 지니고 있는 정의관에 대한 설명으로 옳은 것만을 〈보기〉에서 있는 대로 고른 것은?

보기
ㄱ. 개인은 독립적이고 자율적인 존재이다. ㄴ. 개인의 자유로운 선택과 권리를 보장해야 한다. ㄷ. 개인의 좋은 삶은 공동선과 분리되어서는 안 된다. ㄹ. 개인은 어떤 삶이 좋은 삶인지를 스스로 결정할 수 없다.

① ㄱ, ㄴ   ② ㄱ, ㄷ   ③ ㄴ, ㄹ

④ ㄱ, ㄴ, ㄷ   ⑤ ㄴ, ㄷ, ㄹ

10 다음 사상가의 입장으로 가장 적절한 것은?

> 나는 내 가족, 나의 도시, 나의 민족, 나의 국가로부터 다양한 빚과 유산, 적절한 기대와 의무를 물려받는다. 이는 내 삶에 주어진 사실이며, 내 도덕의 출발점이기도 하다.

① 개인은 공동체로부터 독립된 존재이다.

② 공동체는 개인들이 모여 있는 단순한 집합체이다.

③ 개인의 자아는 스스로의 선택에 의해 만들어진다.

④ 공동선의 실현이 자연스럽게 개인선으로 이어진다.

⑤ 국가는 특정한 삶의 방식을 개인에게 강요해서는 안 된다.

중요

11 (가), (나)에 해당하는 정의관에 대한 설명으로 옳은 것은?

> (가) 개인은 공동체의 전통이나 가치로부터 독립적이고 자율적인 존재이다. 공익은 공동체에 속한 개인이 자유롭게 이익을 추구함으로써 증가할 수 있다.
>
> (나) 개인은 공동체의 영향을 받으며 정체성을 형성해 나가는 존재이다. 공동체 속에서 살아가는 구성원은 공동체가 발전함으로써 행복한 삶을 영위할 수 있다.

① (가)는 공동체가 개인의 자아 형성의 토대가 된다고 본다.

② (가)는 개인의 자유를 최대한 보장하는 것이 정의롭다고 본다.

③ (나)는 공동체의 발전을 위해 개인의 무조건적 희생을 강요한다.

④ (가)는 (나)와 달리 공동체에 대한 연대감과 결속을 강조한다.

⑤ (가), (나)는 모두 개인의 이익과 공동체의 이익이 항상 배타적이라고 본다.

하나 더!

11-1 (가) 정의관에서는 긍정, (나) 정의관에서는 부정의 대답을 할 질문으로 가장 적절한 것은?

① 개인선과 공동선이 공존할 수 있다고 보는가?

② 개인보다 공동체를 좋은 삶의 원천으로 보는가?

③ 공동선이 개인의 자유와 권리보다 우선하는 가치인가?

④ 공동체적 삶을 토대로 개인의 정체성이 형성된다고 보는가?

⑤ 공동체를 개인의 자유와 권리를 실현하기 위한 수단으로 보는가?

12 다음 글을 통해 얻을 수 있는 사익과 공익의 관계에 대한 교훈으로 가장 적절한 것은?

> 일정한 마리의 소를 수용할 수 있는 규모의 공동 목초지에 농부들이 더 많은 이익을 위해 소를 조금씩 더 방목하기 시작하자 풀이 사라져 가더니 결국에는 완전히 메말라 버렸다. 이 목초지에는 더 이상 소를 키울 수 없게 되었다.

① 사익을 지나치게 추구하면 공익을 침해할 수 있어요.
② 사익과 공익을 균형 있게 추구하는 것은 불가능한 일이에요.
③ 공익을 지나치게 강조하면 개인의 권리를 침해할 수 있어요.
④ 공익을 위해 개인의 희생을 강조하면 인권을 침해할 수 있어요.
⑤ 항상 공익을 사익보다 우선적으로 고려하여 행동하도록 노력해야 해요.

13 다음 토론에서 갑, 을이 지닌 정의관에 대한 설명으로 가장 적절한 것은?

① 갑은 개인의 삶과 공동체는 아무런 관련이 없다고 본다.
② 갑은 개인의 자유는 어떤 경우에도 제한될 수 없다고 본다.
③ 을은 공동선이 실현될 때 개인의 좋은 삶도 실현될 수 있다고 본다.
④ 을은 공동체는 개인의 건강을 지키기 위한 수단에 불과하다고 본다.
⑤ 갑과 을은 모두 개인선과 공동선이 배타적 관계에 있다고 본다.

서술형 문제

1 다음 사례에 나타난 분배적 정의의 기준이 갖는 장점과 단점을 각각 서술하시오.

> 최근 문화·예술 분야에서 흥행 보수(러닝 개런티)를 시행하는 사례가 늘어나고 있다. 흥행 보수는 영화나 연극에 참여하는 배우나 제작진이 출연료 외에 흥행 결과에 따라 보수를 받는 방식을 말한다.

(1) 초성을 참고하여 서술형 답안에 들어갈 내용을 써 보자.

답안 키워드   ㅇㅈ   ㅅㅊㄷㄱ   ㅅㅎㅈ ㅇㅈ

(2) (1)의 내용을 포함하여 서술형 답안을 작성해 보자.

____

____

2 다음 인터넷 게시판을 보고 물음에 답하시오.

> 초과 이윤세는 일정 기준 이상의 이익을 얻은 집단이나 개인에게 소득세 외에 추가적으로 징수하는 소득세를 말한다. 유럽의 일부 국가에서는 기업이 기름값 폭등으로 벌어들인 소득에 대해 초과 이윤세를 부과하고 있다.
>
> ▶ 기사에 댓글 달기
> └ 갑: 초과 이윤세는 공동체에 관한 구성원의 의무를 실현할 수 있으므로 정의로운 제도입니다.
> └ 을: 개인이 노력하여 얻은 재산에 대한 권리를 부당하게 침해할 수 있으므로 정의롭지 않은 제도입니다.

(1) 갑, 을이 지닌 정의관을 각각 쓰시오.

____

(2) 갑의 입장에서 을의 주장을 비판할 수 있는 근거를 서술하시오.

____

STEP 3 1등급 정복하기

01 다음을 주장한 사상가의 입장으로 옳지 **않은** 것은?

> 형벌의 목적은 범죄자가 시민들에게 해악을 입힐 가능성을 방지하고 일반 시민들이 유사한 행위를 할 가능성을 억제하는 것이다. 형벌은 범죄를 억제하기 충분한 정도의 강도만을 지녀야 한다. 타인의 생명을 앗아간 범죄를 저지른 사람에 대해서는 고통이 길게 유지되어 오랫동안 본보기로 기능하는 형벌이 필요하다.

① 사형보다 종신 노역형이 범죄 예방 효과가 더 크다.
② 사형은 강력 범죄에 대해서만 제한적으로 적용해야 한다.
③ 형벌은 응보의 관점보다 공리의 관점에서 이루어져야 한다.
④ 형벌은 사회의 선을 증가시킬 수 있는 목적으로 이루어져야 한다.
⑤ 형벌이 범죄 예방의 목적을 달성할 정도만 부과될 때 교정적 정의가 실현된다.

최고난도

02 (가)의 갑, 을 사상가들의 입장을 (나) 그림으로 탐구하고자 할 때, A∼C에 해당하는 적절한 질문만을 〈보기〉에서 있는 대로 고른 것은?

(가)	• 갑: 공정한 사회란 공정한 최초의 상황에서 사람들이 선택하게 될 원칙에 의해 규제되는 구성원들의 상호 이익을 위한 협동 체제이다. • 을: 최소 국가는 개인을 존엄성과 권리를 지닌 인격으로 대우한다. 최소 국가보다 더 포괄적인 국가는 개인의 권리를 침해한다.
(나)	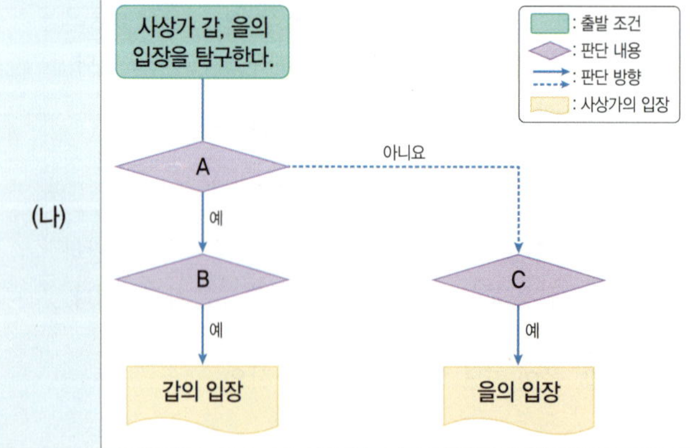

보기
ㄱ. A: 사회적 약자를 위한 국가의 정책이 필요한가?
ㄴ. B: 기본적 자유는 다른 기본적 자유와 상충할 때 제한될 수 있는가?
ㄷ. B: 사회적·경제적 불평등은 최소 수혜자에게만 이익이 되는 경우에 허용되는가?
ㄹ. C: 국가는 자유롭게 체결된 계약의 이행을 강제할 수 있는가?

① ㄱ, ㄷ　　② ㄴ, ㄷ　　③ ㄴ, ㄹ　　④ ㄱ, ㄴ, ㄹ　　⑤ ㄴ, ㄷ, ㄹ

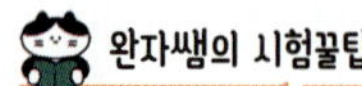

◆ **형벌에 관한 관점**

완자쌤의 시험꿀팁

교정적 정의에서는 칸트와 베카리아의 관점이 비교되어 출제될 수 있다. 형벌과 사형 제도에 대한 두 사상가의 입장 차이를 정확히 구분하여 기억해 두어야 한다.

◆ **롤스와 노직의 정의관**

완자 사전

■ 상충
맞지 아니하고 서로 어긋남

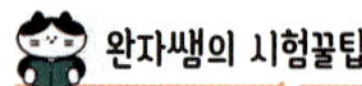

완자쌤의 시험꿀팁

자유주의적 정의관에 해당하는 사상가로 롤스와 노직이 자주 출제된다. 벤 다이어그램, 모식도 등을 활용하여 두 사상가의 정의 원칙을 비교하는 문제가 고난도 문제로 자주 출제되기 때문에 두 사상가의 입장을 다양한 표현으로 정리해 두어야 한다.

대표 유형 | 이렇게 나온다!

| 23학년도 수능 생활과 윤리 9번 |

갑, 을 사상가들의 입장으로 적절한 것만을 〈보기〉에서 있는 대로 고른 것은?

- 갑: 기본적 자유의 체제는 모든 사람에게 평등하게 보장되어야 하고, 사회적·경제적 이익의 분배는 공정한 기회균등의 원칙과 차등의 원칙에 의해 규제되어야 한다.
- 을: 분배 정의에 있어서 소유 권리론은 역사적이다. 과거의 상황이나 사람의 과거 행위는 사물에 대한 차별적인 소유 권리나 응분의 자격을 낳는다.

┌ 보기 ┐

ㄱ. 갑: 최소 수혜자에게 이익이 되지 않는 한 소득은 평등하게 분배되어야 한다.

ㄴ. 갑: 기본적 자유들이 상충하더라도 그 기본적 자유들은 서로 균등하게 보장되어야 한다.

ㄷ. 을: 자신의 노동을 투여하지 않고 취득한 소유물에 대한 정당한 소유 권리는 성립할 수 있다.

ㄹ. 갑과 을: 능력에 따른 분배는 정의 원칙에 어긋날 수 있다.

① ㄱ, ㄴ ② ㄴ, ㄷ ③ ㄷ, ㄹ ④ ㄱ, ㄴ, ㄹ ⑤ ㄱ, ㄷ, ㄹ

대표 유형 | 문제 풀이

※ 단계별로 문제 풀이에 접근해 보세요!

1단계 / 자료 분석하기

갑은 공정한 절차를 통해 합의된 것이라면 정의롭다고 본 ❶ . 을은 개인의 자유와 소유권을 최우선으로 보장하는 것이 정의롭다고 본 ❷ 의 입장이다.

2단계 / 정답 개념 연결하기

ㄱ. 롤스는 최소 수혜자에게 이익이 될 경우에만 사회적·경제적 불평등이 정당화될 수 있다고 보았다. ㄷ. 노직은 자신의 노동이 투여되지 않아도 이전의 원칙에 의해 취득한 소유물에 대해 소유권이 있다고 보았다. ㄹ. 갑, 을 모두 ❸ 에 따른 분배가 정의 원칙에 어긋날 수 있다고 보았다.

3단계 / 오답 개념 피하기

ㄴ. 롤스는 기본적 자유들이 상충할 때는 ❹ 될 수 있다고 보았다.

실전 문항으로 수능 준비하기

정답친해 12쪽

| 24학년도 수능 생활과 윤리 14번 |

01 갑, 을 사상가들의 입장으로 적절한 것만을 〈보기〉에서 있는 대로 고른 것은?

- 갑: 정의의 일차적 주제는 사회의 기본 구조, 즉 사회의 주요 제도가 권리와 의무를 배분하고 사회 협동체로부터 생긴 이익의 분배를 정하는 방식이다. 사회의 기본 구조를 규제하는 원칙은 원초적 합의의 대상이다.
- 을: 정의의 주제는 세 가지이다. 즉, 누구의 소유물도 아니던 것이 어떻게 누군가의 소유물이 될 수 있는가, 한 사람의 소유물이 어떻게 다른 사람의 소유물이 될 수 있는가, 그리고 부정의를 어떻게 바로잡을 수 있는가이다.

┌ 보기 ┐

ㄱ. 갑: 차등의 원칙은 천부적 능력의 차등이 있어도 성립한다.

ㄴ. 을: 각 개인에게 소유물을 분배하는 최소 국가만이 정의롭다.

ㄷ. 을: 소유물 취득의 정당성은 타인의 처지 개선을 요구한다.

ㄹ. 갑과 을: 개인은 사유 재산을 소유할 불가침적 권리를 지닌다.

① ㄱ, ㄷ ② ㄱ, ㄹ ③ ㄴ, ㄷ ④ ㄱ, ㄴ, ㄹ ⑤ ㄴ, ㄷ, ㄹ

1등급 전략

제시된 자료에 나타난 정의관의 특징을 파악하고, 두 정의관의 차이를 비교·분석한다.

출제 전망

- **전망 1** 두 사상가의 입장에 대한 이해를 바탕으로 각 사상가가 서로에게 제기할 수 있는 비판의 내용을 추론할 수 있는지 묻는 유형으로 출제될 수 있다.
- **전망 2** 제시된 자료에 나타난 정의관이 무엇인지 파악하고, 각 정의관의 특성을 묻는 문제가 출제될 수 있다.

불평등 해결과 정의의 실현

이것이 핵심!

＊ 사회 및 공간 불평등

사회적 희소가치의 차등적 분배로 개인과 집단이 서열화되는 현상
↓
• 사회 계층의 양극화
• 공간 불평등
• 사회적 약자에 대한 차별

◆ 성장 거점 개발

투자 효과가 크고 경제활동의 기반이 잘 갖추어진 지역을 성장 거점으로 선정하고 자본과 기술을 집중 투자하여 주변 지역으로 개발 효과가 파급되도록 하는 개발 방식

◆ 사회적 약자

성별, 나이, 장애, 소득 수준 등 다양한 측면에서 사회적으로 소외되어 인간답게 살아가는 데 어려움을 겪는 개인이나 집단 예 여성, 노인, 어린이, 장애인, 빈곤층 등

1 사회 및 공간 불평등 현상

1. 사회 및 공간 불평등 현상의 의미와 특징

예 부, 권력, 명예, 지위, 쾌적한 공간 등

(1) **의미**: 사회적 희소가치가 차등적으로 분배되어 개인과 집단이 서열화되는 현상

(2) **특징**: 어느 정도의 불평등은 불가피하게 나타나지만, 심해지면 사회적 갈등이 발생함

2. 사회 및 공간 불평등 현상의 양상

(1) **사회 계층의 양극화** [다잡는자료] → 한 사회에서 사회적 자원과 기회 등을 비슷하게 가진 사람들이 위계적인 층을 이루고 있는 것을 말해.

의미	사회 계층 중에서 중층의 비중이 줄어들면서 상층과 하층의 비중이 늘어나 양 극단으로 쏠리는 현상
원인	자산과 소득에 따른 경제적 격차가 교육, 취업, 주거 등 다양한 측면의 격차로 이어짐
영향	계층 이동의 어려움, 계층의 대물림, 계층 간 위화감 조성으로 사회 발전의 동력이 약화됨

(2) **공간 불평등** [자료 1] → 꾁 공간 불평등은 도시와 농촌 간에서 뿐만 아니라 한 도시의 내부에서도 나타나.

의미	지역 간에 사회적 희소가치가 불균등하게 분배되어 경제적·사회적·문화적 수준의 차이가 나타나는 현상
원인	빠른 경제 성장을 위해 성장 거점 개발 추진 → 수도권과 대도시는 인구가 증가하고 경제가 성장했지만, 그 외 지역은 인구 유출, 경제 침체 등의 문제가 발생함
영향	지역 간 삶의 질 격차로 갈등 발생 → 사회 통합 저해

(3) **사회적 약자에 대한 차별** → 왜? 공간 불평등은 소득뿐만 아니라 교육, 의료, 문화 등 생활 전반에서의 불평등으로 이어지기 때문이야.

의미	사회적 약자가 정치적, 경제적, 사회·문화적 측면에서 불평등한 대우를 받는 것
원인	사회적 약자에 대한 선입견과 편견, 차별을 허용하고 인정하는 사회적 환경 등
영향	사회적 약자의 기본적 권리 침해, 사회 정의 실현 저해, 인간 존엄성과 평등 정신 훼손 등

→ 꾁 정의로운 사회가 실현되려면 다양한 제도가 마련되어야 할 뿐만 아니라 불평등 문제에 관심을 가지고 사회적 약자를 포함한 모든 사람을 존중하려는 개인적 노력도 뒷받침되어야 해.

2 정의로운 사회를 만들기 위한 다양한 제도

이것이 핵심!

＊ 사회 및 공간 불평등 해결 노력

사회 복지 제도	사회 보험, 공공 부조, 사회 서비스 등
지역 격차 완화 정책	공공 기관과 기업의 지방 이전, 지역 경제 활성화 등
적극적 평등 실현 조치	여성 할당제, 장애인 의무 고용제, 대입 특별 전형 등

◆ 역차별

부당한 차별을 받는 쪽을 보호하기 위해 마련한 제도나 장치 때문에 반대편이 차별을 받는 것

1. 우리나라의 사회 복지 제도

사회 보험과 공공 부조가 금전적 지원으로 이루어지는 데 비해, 사회 서비스는 비금전적 지원을 원칙으로 해. 하지만 모든 사회 복지 제도는 국민의 기본적 욕구 충족, 인간다운 생활의 보장을 목적으로 한다는 공통점이 있어.

사회 보험
• 의미: 질병, 장애, 노령, 실업, 사망 등 사회적 위험을 보험의 방식으로 대처하는 제도
• 종류: 국민연금, 고용 보험, 국민 건강 보험, 산업 재해 보상 보험 등 → 꾁 개인, 기업, 정부가 보험료를 분담하는데, 일정한 수준 이상의 소득이 있는 사람은 의무적으로 가입해야 해.

공공 부조
• 의미: 생활이 어려운 국민의 최저 생활을 보장하고 자립을 지원하는 제도
• 종류: 국민 기초 생활 보장 제도, 기초 연금, 의료 급여 등

사회 서비스
• 의미: 도움이 필요한 국민에게 상담, 재활, 돌봄, 복지 시설 이용 등 각종 서비스를 제공하는 제도
• 종류: 노인 맞춤 돌봄 서비스, 가사·간병 서비스 등 → 예 여성, 어린이, 노인, 장애인 등

→ 꾁 국가와 지방 자치 단체가 모든 비용을 부담해.

2. 지역 격차 완화 정책

→ 노후·불량 주택을 개량하고 도시 기반 시설을 확충하는 등 도시 내부의 공간 불평등 해소를 위한 노력도 이루어지고 있어.

(1) **목적**: 공간 불평등을 해소하여 국토의 균형 발전을 이루고자 함

(2) **사례**: 주요 공공 기관과 기업의 지방 이전, 지역 경제 활성화, 주거 환경 개선 사업 등 → 예 지역 특산품과 관광 자원 개발, 지역 축제 개최 등

3. 적극적 평등 실현 조치 [자료 2]

(1) **의미**: 불평등을 바로잡기 위해 사회적 약자에게 일정한 혜택을 제공하는 것

(2) **사례**: 여성 할당제, 장애인 의무 고용제, 대입 특별 전형 등 → 예 사회적 배려 대상자 전형, 농어촌 학생 전형, 기회 균등 전형 등

(3) **한계**: 역차별의 문제가 나타날 수 있음 → 사회적 합의 필요

내 교과서 · 비상, 미래엔, 천재, 지학사, 동아, 창비에서 '사회 계층의 양극화' 자료를 다루고 있어요.

내신과 수능을 다 잡는 자료 ✦ 사회 계층의 양극화

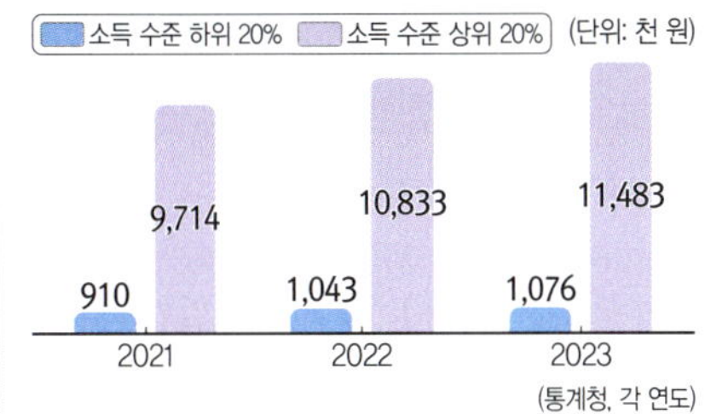

↑ 가구당 월 평균 소득

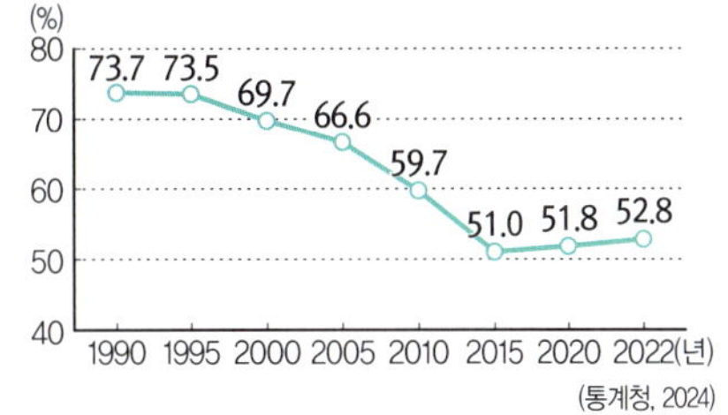

↑ 중위 소득 50~150% 가구 비율

가구당 월 평균 소득 자료를 보면 소득 수준 하위 20% 가구와 상위 20% 가구의 월평균 소득 격차가 10배 이상 나타나고 있고, 중위 소득 50~150% 가구 비율 자료를 보면 사회 계층 중에서 중층의 비율이 지속적으로 감소하고 있다. 따라서 우리 사회에서 사회 계층의 양극화 현상이 심화되고 있음을 알 수 있다.

모든 가구를 소득순으로 순위를 매겼을 때 가운데를 차지한 가구의 소득을 중위 소득이라고 해.
경제 협력 개발 기구(OECD)는 중위 소득의 50% 초과 150% 미만을 중층으로 규정하고 있어.

빈출 선택지로 점검하기

» 초성을 참고하여 사회 계층의 양극화에 대한 옳은 선택지로 완성해 보자.

- ㅂ ㅍ ㄷ 현상의 대표적인 양상이다.
- 사회 계층 중에서 ㅈ ㅊ의 비중이 줄어드는 현상이다.
- 개인의 능력이나 업적으로 이루어지는 계층 ㅇ ㄷ을 어렵게 한다.

옮l아 '웅웅 '음유롬

함께 보기 · 내신 만점 공략하기 03번

자료 ① 공간 불평등의 영향

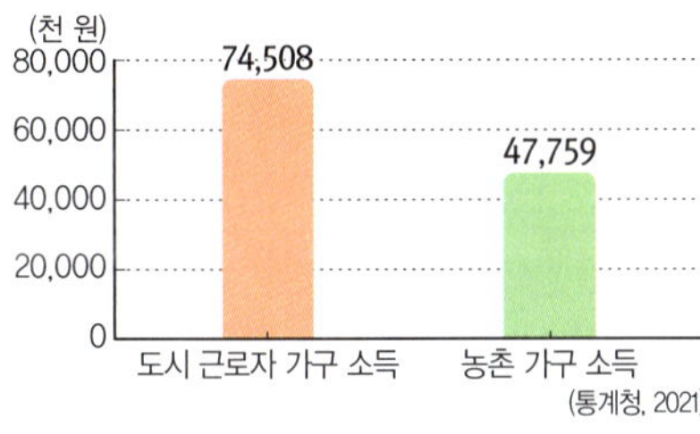

↑ 도시와 농촌의 가구당 연간 소득(2021년)

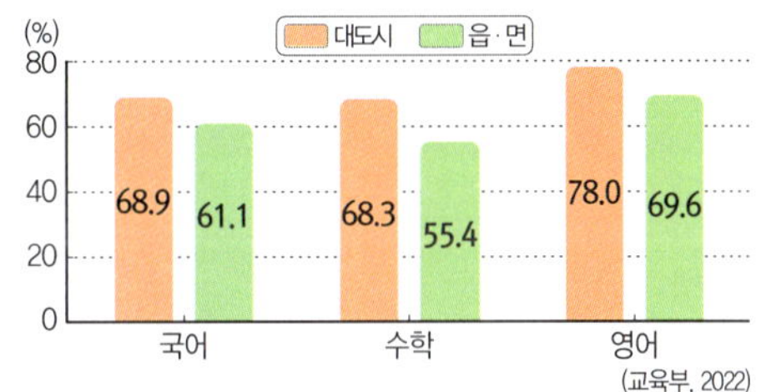

↑ 지역별 학업 성취도(2021년)

우리나라는 빠른 경제 성장을 위해 정부 주도로 성장 거점 개발 정책을 추진하였고, 그 결과 수도권과 도시 지역은 경제적으로 크게 성장했지만 비수도권과 촌락 지역은 인구가 유출되고 경제적으로 침체되었다. 이러한 공간 불평등은 도시와 농촌의 소득 불평등, 학업 성취도 격차와 같은 교육 불평등으로 이어지면서 지역 간 삶의 질 격차를 가져와 사회 통합을 저해하는 요인으로 작용하고 있다.

문제로 확인할까?

우리나라 성장 거점 개발 정책의 영향으로 옳지 않은 것은?

① 사회 통합을 강화하였다.
② 지역 간 갈등을 일으켰다.
③ 공간 불평등 현상을 심화하였다.
④ 수도권과 도시 지역을 경제적으로 성장시켰다.
⑤ 비수도권과 촌락 지역의 인구가 줄어들게 하였다.

① 🅑

자료 ② 우리나라의 적극적 평등 실현 조치 사례 – 여성 이사 할당제

> 해당 기업의 경영진에 속하지 않고 외부에서 영입된 이사회의 구성원으로, 사내 이사의 반대말이야.

우리나라 대기업의 여성 사외 이사 비중은 2020년 7.9%(35명), 2021년 15.0%(67명) 등 증가세를 보이다 2022년 처음으로 20%(94명)를 넘었다. 「자본 시장과 금융 투자업에 관한 법률」의 개정으로 이른바 여성 이사 할당제가 시행되면서 자산 2조 원이 넘는 기업은 이사회를 특정 성별로만 구성할 수 없게 된 상황에서 나타나고 있는 변화이다.   – 경향신문, 2023. 1. 16.

여성 할당제는 정치·경제 등의 분야에 필요한 인력 중에서 일정 비율을 여성에게 할당하여 성 불평등을 완화하려는 제도이다. 이러한 적극적 평등 실현 조치는 불평등을 바로잡아 정의로운 사회를 만들기 위한 것이지만, 혜택이 지나치면 역차별이 발생할 수 있다.

자료 하나 더 알고 가자!

장애인 의무 고용제

우리나라는 국가, 지방 자치 단체, 공공 기관 및 50명 이상 근로자가 있는 민간 기업의 사업주에게 장애인을 일정 비율 이상 고용하도록 의무를 부과하고 있다.

장애인 의무 고용제는 적극적 평등 실현 조치의 일환으로, 장애인의 경제적 자립을 도울 뿐만 아니라 사회적 가치와 경제적 효과를 창출하는 데도 이바지할 수 있다.

STEP 1 핵심 개념 **확인**하기

1 다음 빈칸에 들어갈 말을 쓰시오.

(1) 사회 계층 중에서 중층의 비중이 줄어들면서 상층과 하층 의 비중이 늘어나는 현상을 사회 계층의 (　　　) 현상이 라고 한다.

(2) (　　　)(이)란 지역 간에 사회적 희소가치가 불균등하게 분배되어 경제적·사회적·문화적 수준의 차이가 나타나는 현상을 의미한다.

2 다음 괄호 안의 내용 중 알맞은 말에 ○표를 하시오.

(1) 우리나라는 과거에 빠른 경제 성장을 위해 성장 가능성이 큰 수도권을 중심으로 (균형, 성장 거점) 개발을 추진하 였다.

(2) 우리나라의 사회 복지 제도 중 (공공 부조, 사회 서비스) 는 생활이 어려운 국민의 최저 생활을 보장하고 자립을 지 원하는 제도이다.

3 사회 복지 제도와 사례를 옳게 연결하시오.

(1) 공공 부조　　　•　　　• ㉠ 가사·간병 서비스

(2) 사회 보험　　　•　　　• ㉡ 기초 연금, 의료 급여

(3) 사회 서비스　•　　　• ㉢ 국민연금, 국민 건강 보험

4 다음 설명이 맞으면 ○표, 틀리면 ✕표를 하시오.

(1) 사회 및 공간 불평등은 어느 정도 경제 발전을 이룬 사회 에서만 발생한다. (　　　)

(2) 공간 불평등은 지역 간 삶의 질 격차로 이어져 갈등을 발 생시키므로 사회 통합을 저해할 수 있다. (　　　)

(3) 노인 맞춤 돌봄 서비스와 같은 사회 서비스는 생활이 어려 운 국민만을 대상으로 하는 사회 복지 제도이다. (　　　)

5 다음 빈칸에 들어갈 알맞은 말을 쓰시오.

> 적극적 평등 실현 조치를 시행할 때는 부당한 차별을 받는 쪽을 보호하기 위한 혜택이 지나쳐서 반대편이 차별을 받 는 (　　　)이/가 발생하지 않도록 유의해야 한다.

STEP 2 내신 만점 **공략**하기

[01~02] 다음 사례를 읽고 물음에 답하시오.

> 폭염은 법적으로 자연 재해이지만, 폭염 피해는 특정 계 층에서 특히 크게 나타난다. 이른바 *쪽방촌에 사는 사람 들은 한여름에 더위를 피해 골목에 나와 있는 경우가 많 다. 바람이 통할 수 있는 작은 창문도 없는 곳이 대부분 인 쪽방보다는 폭염이라도 바깥이 그나마 덜 덥기 때문이 다. 실제로 2022년 한국 환경 연구원의 조사 결과에 따르 면, 한여름의 쪽방촌 실내 최고 온도는 34.9℃로 인근 아 파트보다 평균 온도가 3℃ 이상 높았다.
>
> * 쪽방촌: 쪽방은 한 개의 방을 여러 개의 작은 크기로 나누어서 한두 사람 이 들어갈 수 있을 정도로 만들어 놓은 매우 좁은 방을 말하고, 이러한 쪽방에 기거하는 사람들이 모여 사는 곳을 쪽방촌이라고 한다.

01 위 사례와 같은 현상이 발생하는 원인으로 가장 적절한 것은?

① 사회 이동이 빈번하게 이루어지고 있기 때문이다.

② 부의 분배가 불균등하게 이루어지고 있기 때문이다.

③ 사회 계층 중에서 상층, 중층, 하층이 모두 증가하고 있기 때문이다.

④ 사회 불평등 현상이 경제적 영역에 한정되어 발생하고 있기 때문이다.

⑤ 불평등 문제를 해결하려는 개인의 의지와 노력이 과도 하기 때문이다.

02 위 사례와 같은 현상이 사회에 미칠 수 있는 영향으로 적절한 것만을 〈보기〉에서 있는 대로 고른 것은?

> **보기**
> ㄱ. 사회 갈등이 발생하고, 사회 통합이 저해된다.
> ㄴ. 사회적 약자들이 빈곤, 질병, 차별 등의 어려움을 겪 는다.
> ㄷ. 부, 권력, 명예, 지위 등의 사회적 가치를 둘러싼 경 쟁이 약화된다.
> ㄹ. 사회 계층의 양극화 현상이 심화되는 데 비해, 개인 이나 집단 간의 서열화 현상은 약화된다.

① ㄱ, ㄴ　　　② ㄴ, ㄷ　　　③ ㄷ, ㄹ

④ ㄱ, ㄴ, ㄷ　　　⑤ ㄴ, ㄷ, ㄹ

03 자료에 나타난 추이가 지속될 경우에 발생할 수 있는 문제로 가장 적절한 것은?

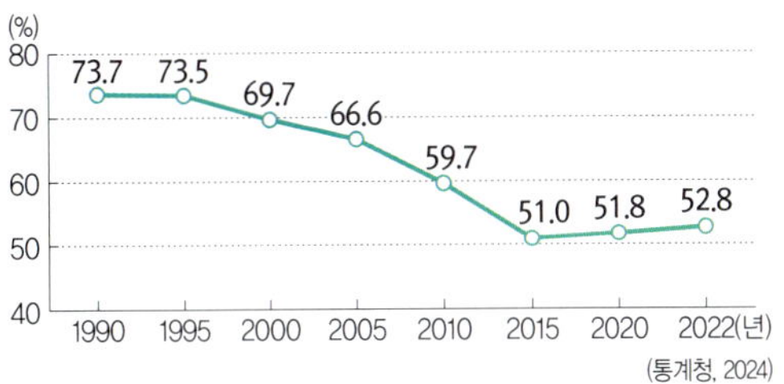

● 중위 소득 50~150% 가구 비율

① 계층 간 이동이 쉬워질 것이다.
② 부의 대물림 현상이 줄어들 것이다.
③ 사회 계층의 양극화 현상이 심화될 것이다.
④ 사회 계층 구조가 중층에게만 불리하게 작동할 것이다.
⑤ 사회 구조적 요인보다 개인적 요인에 의한 불평등이 심화될 것이다.

04 사회적 약자에 대한 설명으로 옳지 <u>않은</u> 것은?

① 여성, 노인, 어린이, 장애인 등을 포함한다.
② 적극적 평등 실현 조치의 대상이 될 수 있다.
③ 비합리적인 선입견이나 편견의 대상이 되는 경우가 많다.
④ 과거부터 모든 사회에서 차별이 엄격하게 금지되어 왔다.
⑤ 정치, 경제, 사회·문화 등 다양한 측면에서 불평등한 대우를 받는 경우가 많다.

05 다음 사례에 나타난 문제점으로 가장 적절한 것은?

갑은 새벽에 전동 휠체어를 타고 출근한다. 그는 집을 나서면서 걱정이 먼저 몰려온다. 지하철을 탈 때면 지하철 승강기 앞에서는 비장애인들과 함께 줄을 서서 한참 기다려야 하고, 간신히 승강기를 타면 왜 장애인이 아침부터 나오느냐면서 불만을 쏟아 내는 사람도 있기 때문이다.

① 사회 계층의 양극화
② 지역 간 공간 불평등
③ 사회 복지 제도로 인한 역차별
④ 적극적 평등 실현 조치의 문제점
⑤ 사회적 약자에 대한 편견과 차별

★중요
06 우리나라의 사회 복지 제도인 ㉠~㉢에 대한 설명으로 옳은 것은?

사회 불평등 현상을 해결하려면 개인적 노력도 필요하지만, 제도적 장치도 중요하다. 제도적 장치로는 국민이 최소한의 인간다운 삶을 누리도록 지원하는 사회 복지 제도가 대표적이다. 이를 위해 우리나라는 ㉠ 사회 보험, ㉡ 공공 부조, ㉢ 사회 서비스 등을 실시하고 있다.

① 기초 연금, 고용 보험 등은 ㉠에 해당한다.
② 노인 맞춤 돌봄 서비스, 가사·간병 서비스 등은 ㉡에 해당한다.
③ 국민연금, 의료 급여 등은 ㉢에 해당한다.
④ ㉡은 ㉠과 달리 의무 가입을 원칙으로 한다.
⑤ ㉢은 ㉡과 달리 비금전적 지원을 원칙으로 한다.

한나 더!
06-1 사회 보험에 대한 설명으로 옳은 것만을 〈보기〉에서 있는 대로 고른 것은?

보기
ㄱ. 가입 여부를 자유롭게 결정할 수 있다.
ㄴ. 소득이 있는 개인, 정부, 기업이 보험료를 분담한다.
ㄷ. 생활 유지 능력이 없는 계층의 생활을 지원하는 제도이다.
ㄹ. 사회적 위험을 공적 보험의 방식으로 대처하기 위한 제도이다.

① ㄱ, ㄴ   ② ㄴ, ㄹ   ③ ㄷ, ㄹ   ④ ㄱ, ㄴ, ㄷ   ⑤ ㄴ, ㄷ, ㄹ

07 밑줄 친 ㉠에 대한 설명으로 옳지 <u>않은</u> 것은?

우리나라에서는 지난 2020년에 관련 법률을 개정하고 ㉠ 자산 2조 원이 넘는 기업은 이사회를 특정 성별로만 구성할 수 없도록 하는 제도를 도입하였다. 이러한 변화의 영향으로 우리나라 대기업의 여성 사외 이사 비중은 2020년 7.9%, 2021년 15%, 2022년 21%로 증가세를 보이고 있다.

① 여성에 대한 차별 문제를 완화할 수 있다.
② 여성에 대한 적극적 평등 실현 조치의 사례이다.
③ 여성의 사회 진출을 장려하는 데 이바지할 수 있다.
④ 성별에 따른 불평등 문제를 최소화하기 위한 노력이다.
⑤ 여성에 대한 혜택의 정도가 커지더라도 부작용은 나타나지 않는다.

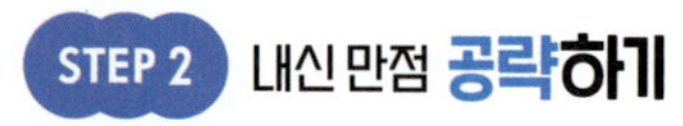

08 자료에 대한 분석으로 적절한 것만을 〈보기〉에서 고른 것은?

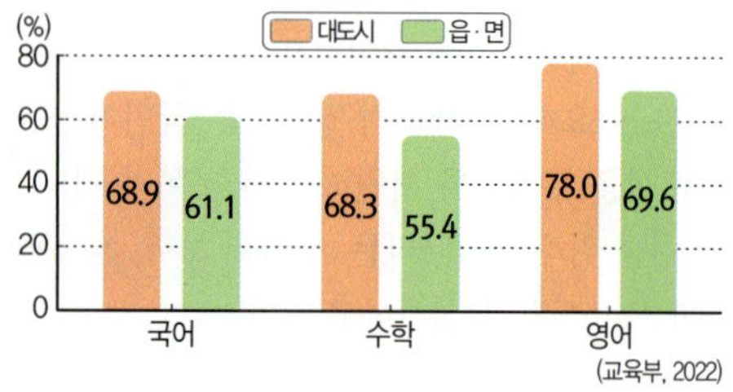

↑ 지역별 학업 성취도(2021년)

┌ 보기 ┐
ㄱ. 공간 불평등이 교육의 격차로 이어지고 있다.
ㄴ. 대도시를 중심으로 한 성장 거점 개발이 필요하다.
ㄷ. 지역 간 학업 성취도 격차의 원인은 사회적 측면에서만 찾아야 한다.
ㄹ. 세 과목의 학업 성취도가 모두 읍·면 지역에서보다 대도시 지역에서 더 높다.

① ㄱ, ㄴ　　　② ㄱ, ㄹ　　　③ ㄴ, ㄷ
④ ㄴ, ㄹ　　　⑤ ㄷ, ㄹ

08-1 우리나라 공간 불평등 현상의 원인으로 적절한 것만을 〈보기〉에서 고른 것은?

┌ 보기 ┐
ㄱ. 빠른 경제 성장 추구　　　ㄴ. 국토의 균형 발전 추구
ㄷ. 성장 거점 개발 정책 실시　ㄹ. 지역 격차 완화 정책 실시

① ㄱ, ㄴ　② ㄱ, ㄷ　③ ㄴ, ㄷ　④ ㄴ, ㄹ　⑤ ㄷ, ㄹ

09 다음 글을 활용하여 강조할 수 있는 지역 격차 완화 정책으로 가장 적절한 것은?

> 장소 마케팅은 지역에 있는 특정 장소를 상품화하여 지역의 이미지를 높이고 경쟁력을 향상하기 위한 전략으로, 지역 이미지 홍보, 지역적 특성을 살린 축제 개최, 예술·문화 특구 지정 등의 방법을 활용한다. 대표적인 사례로는 우리나라의 함평 나비 축제, 대관령 눈꽃 축제 등을 들 수 있다.

① 성장 거점 개발　　　② 주거 환경 개선
③ 지역 경제 활성화　　④ 도시 기반 시설 확충
⑤ 적극적 평등 실현 조치

서술형 문제

서술형 감잡기

1 자료에 나타난 현상이 지속될 경우에 발생할 수 있는 문제점을 **두 가지** 서술하시오.

> 우리나라의 자산 상위 가구와 하위 가구의 자산 격차가 더욱 크게 벌어진 것으로 나타났다. 통계청의 「2022년 가계 금융 복지 조사」를 보면, 자산 상위 20% 가구의 평균 자산과 하위 20% 가구의 차이는 약 64배였다.

(1) 초성을 참고하여 서술형 답안에 들어갈 내용을 써 보자.

답안 키워드　사회 계층의 ㅇㄱㅎ　ㄱㄷ　ㄱㅊ ㅇㄷ

(2) (1)의 내용을 포함하여 서술형 답안을 작성해 보자.

____

____

실전! 도전하기

2 다음 글을 읽고 물음에 답하시오.

> 상생형 지역 일자리는 지방 자치 단체, 기업, 근로자 등 경제 참여자들이 근로 여건, 투자 계획, 생산성 향상 등에 관해 사회적 합의를 도출하고, 이를 통해 발굴한 새로운 경제 요소에 기초하여 신규 투자와 일자리를 창출함으로써 지역 경제를 활성화하기 위한 사업이다.

(1) 윗글에 나타난 사업을 통해 직접적으로 해결하려는 사회 불평등의 양상이 무엇인지 쓰시오.

____

(2) 윗글에 나타난 사업으로 기대할 수 있는 효과를 (1)의 해결과 관련하여 서술하시오.

____

____

STEP 3 1등급 정복하기

최고난도 ✨

01 다음 사례에서 공통으로 강조하고 있는 내용으로 가장 적절한 것은?

- 우리나라는 고용에서 연령에 의한 불평등을 해소하고, 특히 노인 인구의 고용을 지원하여 노인의 생활 안전을 꾀하고자 「고용상 연령 차별 금지 및 고령자 고용 촉진에 관한 법률」을 제정하였다. 하지만 노인의 경제활동을 부정적으로 인식하는 편견이 크게 개선되지 않아 여전히 많은 노인이 고용에 있어 어려움을 겪고 있다.
- 「장애인 고용 촉진 등에 관한 법률」은 장애인이 고용에서 불평등을 경험하지 않도록 사업장에서 직원을 고용할 때 장애인을 일정 비율 이상 의무적으로 고용하게 하는 제도적 장치이다. 이러한 법률의 제정에도 불구하고 장애인에 대한 차별을 용인하는 사회적 분위기가 남아 있어 여전히 많은 장애인이 고용에 있어 어려움을 겪고 있다.

① 장애인에 대한 차별이 연령에 따른 차별보다 심하게 나타난다.
② 사회적 약자를 보호하기 위한 정책은 역차별을 초래할 수 있다.
③ 사회적 약자를 규정하는 기준은 시간의 흐름과 관계없이 변하지 않는다.
④ 사회적 약자를 위한 적극적 평등 실현 조치가 시행되면 사회적 약자에 대한 편견도 자연스럽게 약화된다.
⑤ 불평등 문제 해결을 위한 제도적 노력이 실효성을 지니려면 사회적 약자에 대한 인식 개선 등 개인적 차원의 노력도 필요하다.

◆ **불평등 문제 해결을 위한 노력**

🐱 **완자쌤의 시험꿀팁**

사회적 약자에 대한 차별 등 불평등 문제를 해결하기 위해서는 관련 법률의 제정 등 다양한 제도적 노력이 필요하다는 점을 먼저 이해한다. 그리고 이러한 제도적 노력이 실효성을 지니고 정의로운 사회가 실현되려면 불평등 문제를 해결하려는 개인적 차원의 노력도 꼭 필요하다는 점을 기억해 두어야 한다.

02 대화에서 밑줄 친 ㉠, ㉡에 대한 설명으로 옳은 것은?

① ㉠은 기초 연금과 함께 공공 부조의 한 종류이다.
② ㉠은 근로자를 고용하는 기업이 보험료를 전액 부담한다.
③ ㉡은 저소득층의 자립을 목적으로 한다.
④ ㉠은 ㉡과 달리 금전적 지원을 원칙으로 한다.
⑤ ㉠, ㉡은 모두 일정한 조건을 만족하면 의무적으로 가입해야 한다.

◆ **사회 복지 제도**

🐱 **완자쌤의 시험꿀팁**

사회 복지 제도에는 사회 보험, 공공 부조, 사회 서비스 등이 있다. 각 제도의 특징을 비교·분석하는 문제가 고난도로 출제되고 있기 때문에 각 제도의 목적, 종류, 특징 등을 표로 정리해 두면 좋다.

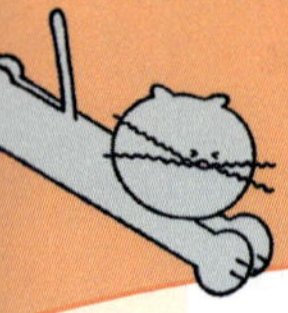

수능 첫걸음

| 22학년도 11월 고1 학평 14번 |

밑줄 친 ㉠~㉣에 대한 옳은 설명만을 〈보기〉에서 있는 대로 고른 것은?

우리나라는 1970년대에 정부 주도의 ㉠ 성장 거점 개발을 추진하였다. 이로 인해 ㉡ 수도권은 인구와 자본의 유입으로 크게 성장했지만, 비수도권은 상대적으로 성장이 정체되거나 낙후되었다. 우리나라는 이러한 ㉢ 수도권과 비수도권 간의 격차를 해결하기 위해 다양한 ㉣ 지역 격차 완화 정책을 추진하고 있다.

┌ 보기 ┐
ㄱ. ㉠은 투자의 효율성보다 지역 간 형평성을 강조한다.
ㄴ. ㉡은 국토의 공간적 불평등이 심화하였음을 의미한다.
ㄷ. ㉢은 사회 통합을 저해하는 요인으로 작용할 수 있다.
ㄹ. ㉣의 사례로 '수도권 소재 공공 기관의 지방 이전'을 들 수 있다.

① ㄱ, ㄷ　　② ㄱ, ㄹ　　③ ㄴ, ㄹ　　④ ㄱ, ㄴ, ㄷ　　⑤ ㄴ, ㄷ, ㄹ

※ 단계별로 문제 풀이에 접근해 보세요!

1단계 / 자료 분석하기
과거 우리나라는 정부 주도의 **①** 개발 정책 시행으로 수도권과 비수도권 간의 격차가 심화되었다.

2단계 / 정답 개념 연결하기
ㄴ, ㄷ. 수도권과 비수도권 간의 격차는 공간적 불평등 심화로 이어지고, 사회 통합을 저해할 수 있다. ㄹ. 공공 기관의 지방 이전은 지역 격차를 완화할 수 있다.

3단계 / 오답 개념 피하기
ㄱ. 성장 거점 개발 정책은 지역 간 형평성보다 투자의 **②** 을/를 강조한다.

대표 유형 ⑤ / 문제 풀이 ❶ 성장 거점 ❷ 효율성

　정답친해 15쪽

| 23학년도 수능 사회·문화 19번 |

01 다음 자료의 A~E에 대한 설명으로 옳은 것은?

A는 전쟁을 피해 홀로 이주해 온 어머니 B와 어린 시절 사고로 시각 장애인이 된 아버지 C 사이에서 태어났다. B는 여성이라는 이유로 취업이 힘들었고 C도 장애인이라는 이유로 차별을 받았다. 그런데 시각 장애인만 안마사가 될 수 있도록 한 제도가 도입되어 C는 안마사로 일하게 되었다. 같은 시기 안마사가 되고 싶어 했던 비장애인 D가 이 제도에 대해 국가 기관에 문제를 제기하면서 시각 장애인에 대한 사회적 관심이 높아졌다. 이를 지켜보던 A는 시각 장애인을 대변하는 법조인이 되어야겠다고 다짐했다. 이후 A는 법을 공부하러 갑국에 유학을 갔고 그곳에서 외국인이자 여성이라는 이유로 부당한 대우를 받게 되자, 난민 여성으로 차별받았던 B의 아픔을 이해하게 되었다. A는 유학 생활을 마치고 귀국하여 법률 회사에 입사하였다. 그리고 장애인 의무 고용 제도의 요건을 충족하여 입사한 E와 함께 사회적 소수자 인권 보호를 위한 법 개정을 위해 노력하고 있다.

① A는 B와 달리 한 개인이 여러 사회적 소수자 집단에 중첩되어 속할 수 있음을 보여 주는 사례이다.
② B는 C와 달리 후천적 요인으로 인해 차별을 받았다.
③ D는 E와 달리 주류 집단이 아니라는 이유로 차별을 받았다.
④ A와 D는 사회적 소수자에 대한 차별을 제도적으로 해결하고자 하였다.
⑤ C와 E는 사회적 소수자의 불리한 위치를 개선하기 위한 정책의 적용을 받았다.

Q 선천적 요인과 후천적 요인은 어떻게 다른가요?

A 태어날 때부터 가지고 있는 특성이나 상태를 선천적 요인이라고 한다면, 태어난 후에 얻거나 발생한 특성이나 상태는 후천적 요인이라고 합니다. 예를 들어 어떤 사람이 여성이자 난민이라면 여성인 것은 선천적 요인에 해당하는 데 비해, 난민인 것은 후천적 요인에 해당해요.

Q 시각 장애인만 안마사가 될 수 있도록 한 이유를 알고 싶어요.

A 시각 장애인은 비장애인에 비해 고용에서 어려움을 겪고 있는 사회적 약자이기 때문이에요. 우리나라에서는 이러한 불평등을 개선하기 위해 일정한 자격을 갖춘 시각 장애인에 한해서만 안마사가 될 수 있도록 법률로 규정하고 있습니다.

Ⅱ단원 되돌아보기

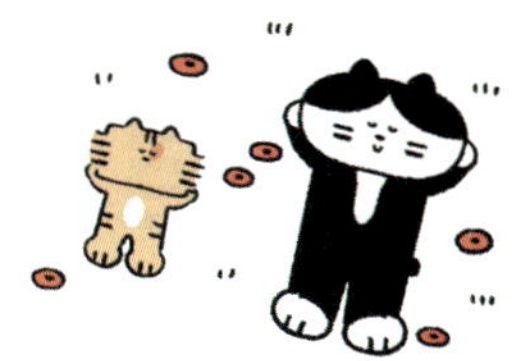

1 정의의 의미와 실질적 기준

정의의 의미와 필요성
- **의미**: 개인이나 사회가 지켜야 하는 올바르고 공정한 도리 → 각자가 자신이 받아야 할 몫을 공정하게 받도록 하는 (❶) 정의와 불공정한 행위나 잘못된 행동을 바로잡는 교정적 정의로 구분함
- **필요성**: 사회생활에서 일어나는 갈등 해결, 구성원의 (❷) 권리 보장, 사회의 통합과 발전

분배적 정의의 실질적 기준
- **능력에 따른 분배**
  - 의미: 어떠한 목적을 달성하는 데 필요한 전문적 지식과 자질을 기준으로 분배하는 것
  - 장점: 개인이 지닌 잠재력과 재능을 실현할 수 있는 기회 제공
  - 단점: 선천적·우연적 요소로 사회 불평등 초래, 능력을 평가하는 정확한 기준 마련 곤란
- **업적에 따른 분배**
  - 의미: 어떠한 목적을 달성하는 데 이바지한 성과와 실적 정도에 따라 분배하는 것
  - 장점: 평가의 공정성 확보 가능, 개인의 (❸)을/를 자극하여 생산성과 효율성 제고
  - 단점: 과열 경쟁으로 사회 갈등 초래, 사회적 약자에 대한 배려 부족
- **필요에 따른 분배**
  - 의미: 기본적 욕구의 충족이 어려운 사회적 약자에게 우선적으로 재화나 가치를 분배하는 것
  - 장점: 최대한 많은 사람의 인간다운 삶 보장, 사회 (❹) 완화
  - 단점: 사회적 자원이 유한하여 모든 필요 충족 불가능, 성취동기와 생산 의욕 감소

2 다양한 정의관의 비교 및 적용

다양한 정의관의 특징
- **자유주의적 정의관**
  - 입장: 사익을 실현하려는 개인 간 공정한 경쟁이 공익 실현에도 기여할 수 있다고 봄
  - 비판: 사익만을 추구할 경우 타인의 자유와 (❺)을/를 침해할 수 있음
- **공동체주의적 정의관**
  - 입장: 공익을 실현하려는 개인들의 연대가 공동체의 목표 달성 및 사익 실현으로 이어진다고 봄
  - 비판: 공익을 지나치게 중시하면 개인의 자유와 권리가 위축됨

다양한 정의관의 적용
- 자유주의적 정의관과 공동체주의적 정의관은 모두 사익과 공익의 조화를 추구하며, 상호 보완적임
- 개인은 공동체에 대한 의무를 이행하고, 공동체는 개인의 권리를 보장하여 정의로운 사회를 실현하고자 노력해야 함

3 불평등 해결과 정의의 실현

사회 및 공간 불평등 현상
- 사회 계층의 (❻) 현상: 중층의 비중이 줄어들고 상층과 하층의 비중이 늘어나는 현상
- (❼) 현상: 지역 간에 사회적 희소가치가 불균등하게 분배되어 불평등이 나타나는 현상
- 사회적 약자에 대한 차별: 여성, 노인, 어린이, 장애인 등에 대한 차별적 대우

정의로운 사회를 만들기 위한 제도
- **우리나라의 사회 복지 제도**
  - (❽): 사회적 위험을 보험 방식으로 대처하는 제도 → 개인, 기업, 정부가 보험료 분담
  - 공공 부조: 생활이 어려운 국민에게 최저 생활을 보장하고 자립을 지원하는 제도
  - (❾): 도움이 필요한 국민에게 상담, 재활, 돌봄, 복지 시설 이용 등을 제공하는 제도
- **지역 격차 완화 정책**: 공공 기관 지방 이전, 지역 경제 활성화, 주거 안정 정책 실시, 도시 기반 시설 확충 등 공간 불평등을 해소하기 위한 정책 → 국토의 균형 발전 추구
- **적극적 평등 실현 조치**
  - 여성 할당제, 장애인 의무 고용제, 대입 특별 전형 등 사회적 약자에게 일정한 혜택 제공
  - 혜택의 정도가 지나치면 오히려 반대편이 차별을 받는 역차별의 문제가 발생할 수 있음

답 ❶ 분배적 ❷ 기본적 ❸ 성취동기 ❹ 불평등 ❺ 권리 ❻ 양극화 ❼ 공간 불평등 ❽ 사회 보험 ❾ 사회 서비스

01 분배적 정의의 실질적 기준 (가)~(다)에 대한 설명으로 옳은 것은?

> (가) 개인이 지닌 육체적·정신적인 능력에 따라 분배한다.
> (나) 각자가 자신의 능력과 노력을 발휘하여 성취한 정도에 따라 분배한다.
> (다) 인간다운 삶을 살도록 하는 데 기본적인 필요를 충족할 수 있도록 분배한다.

① (가)는 개인의 창의성을 저해할 수 있다.
② (나)는 서로 다른 영역을 쉽게 비교하여 평가할 수 있다.
③ (다)는 개인의 성취동기를 높일 수 있다.
④ (가)는 (나)에 비해 객관적 평가 기준을 마련하기 어렵다.
⑤ (다)는 (나)에 비해 사회적 약자가 소외될 가능성이 높다.

교과서 쏙 **통합 주제** #윤리 #사회·문화

02 기사의 밑줄 친 입장을 뒷받침할 수 있는 적절한 근거만을 〈보기〉에서 있는 대로 고른 것은?

00 신문	20○○년 ○○월 ○○일

A 기업에서는 근무 연수가 늘어나면 자동으로 급여가 인상되는 호봉제 대신, 성과에 따라 급여 수준이 책정되는 성과 연봉제를 도입하기로 했다고 밝혔다. 한편 B 기업에서는 성과 연봉제 도입에 따른 부작용을 우려하며 성과 연봉제 도입에 반대하는 입장을 밝혔다.

┤ 보기 ├
ㄱ. 열심히 일하려는 동기가 약화될 수 있다.
ㄴ. 과열 경쟁으로 부정이 저질러질 우려가 있다.
ㄷ. 사회적 약자에 대한 배려가 부족한 사회가 될 수 있다.
ㄹ. 선천적 자질을 무시할 수 없어 사회적·경제적 불평등을 초래할 수 있다.

① ㄱ　　　　② ㄹ　　　　③ ㄱ, ㄷ
④ ㄴ, ㄷ　　　⑤ ㄴ, ㄷ, ㄹ

03 다음 글에서 강조하는 정의관의 입장에 부합하는 진술에만 모두 '√'표를 한 학생은?

> 어떤 사람이 다른 사람에게 피해를 주지 않고 정당하게 소유물을 취득하거나 양도받았다면, 그 사람은 그 소유물에 대한 권리를 가져야 한다. 그 결과로 빈부 격차가 생기는 것은 문제가 되지 않는다. 개인의 소유물을 어떻게 사용할 것인가는 개인의 자유로운 선택에 맡겨야 한다.

관점 \ 학생	갑	을	병	정	무
개인이 사회에 우선한다.	√			√	√
개인과 공동체는 유기적 관계에 있다.		√		√	√
공동선이 실현되어야 개인이 행복하다.		√	√	√	
공동체는 개인에게 특정한 가치나 삶의 방식을 강요해서는 안 된다.	√		√		√

① 갑　　② 을　　③ 병　　④ 정　　⑤ 무

04 갑, 을이 각각 긍정의 대답을 할 질문을 옳게 연결한 것만을 〈보기〉에서 고른 것은?

- 갑: 개인이 타인에게 피해를 주지 않고 정당하게 취득한 소유물의 권리를 최우선으로 보호해야 한다.
- 을: 사회적 가치는 사회적으로 공유되는 의미에 따라 고유한 영역을 갖는다. 예를 들어 부는 경제 영역의, 권력은 정치 영역의 사회적 가치이다. 이러한 가치들이 고유한 영역 안에 머물며 다원적 평등이 실현되어야 한다.

┤ 보기 ├
ㄱ. 갑 – 공동체는 인간 삶의 중요한 뿌리인가?
ㄴ. 갑 – 개인의 소유권은 어떤 경우에도 제한될 수 없는가?
ㄷ. 을 – 공동체의 가치와 전통을 중시하는가?
ㄹ. 을 – 개인의 삶의 방식에 대한 결정권이 공동체에 있다고 보는가?

① ㄱ, ㄴ　　　② ㄱ, ㄷ　　　③ ㄴ, ㄷ
④ ㄴ, ㄹ　　　⑤ ㄷ, ㄹ

05 다음 안내문을 보고 대화를 나누는 갑, 을의 입장에 대한 분석 및 추론으로 가장 적절한 것은?

> **〈청년 임대 주택 안내〉**
> • 사업 목적: 사회 초년생, 신혼부부 등에 주변 시세보다 낮은 가격으로 임대 주택을 공급하고자 함

① 갑은 공동선보다 개인선의 실현을 더 중시하고 있다.
② 을은 좋은 삶이 무엇인지는 개인이 결정한다고 본다.
③ 을의 태도가 지나칠 경우 집단주의 문제로 흐를 수 있다.
④ 갑은 을과 달리 사회적 약자 배려 정책에 반대할 것이다.
⑤ 을은 갑과 달리 공동체에 관한 소속감을 중시한다.

06 자료에 대한 옳은 분석 및 추론만을 〈보기〉에서 고른 것은?

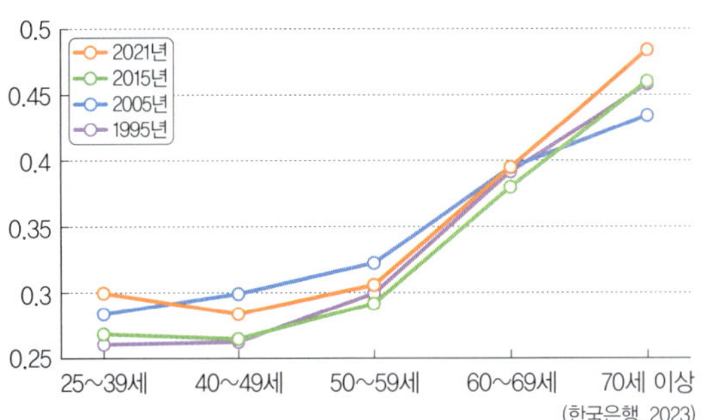

⬆ 우리나라의 연령대별 *지니 계수 변화

* 지니 계수: 빈부 격차와 계층 간 소득의 불균형 정도를 나타내는 수치로, 0은 소득 분배가 완전 평등한 경우이고, 1은 소득 분배가 완전 불평등한 경우이다.

┌ 보기 ┐
ㄱ. 세대 간 갈등이 약화되고 있다.
ㄴ. 노인을 사회적 약자라고 보기는 어렵다.
ㄷ. 노인의 경제활동을 제도적으로 지원해야 한다.
ㄹ. 전반적으로 연령이 높을수록 소득 불평등도가 높다.

① ㄱ, ㄴ　　② ㄱ, ㄷ　　③ ㄴ, ㄷ
④ ㄴ, ㄹ　　⑤ ㄷ, ㄹ

07 다음과 같은 상황이 지속될 경우에 나타날 수 있는 문제점으로 적절하지 <u>않은</u> 것은?

> 통계청이 발표한 2023년 1분기 가계 동향 조사 결과에 따르면, 소득 수준 하위 20% 가구와 상위 20% 가구의 월평균 소득 격차는 약 10.7배에 이르는 것으로 나타났다.

① 사회 갈등이 발생한다.
② 사회 통합이 저해된다.
③ 사회 계층의 양극화가 심화된다.
④ 사회 이동이 빈번해져 혼란이 야기된다.
⑤ 소득 격차가 다른 영역의 불평등으로 이어진다.

교과서 쏙 창의 융합 #토론

08 다음 모둠별 토론에서 (가)~(라)에 들어갈 수 있는 내용을 적절하게 연결한 것만을 〈보기〉에서 있는 대로 고른 것은?

토론 주제: 대학 입학 전형에서 사회적 약자에 혜택을 주는 제도를 실시해야 할까?

A 모둠		B 모둠	
1번	대학 입학 전형에서 사회적 약자를 대상으로 특별 전형을 실시해야 합니다.	1번	대학 입학 전형은 능력과 업적에 따른 선발을 원칙으로 이루어져야 합니다.
2번	(가)	2번	(나)
3번	(다)	3번	(라)

* 토론 주제에 대해 의견이 같은 구성원끼리 모둠을 구성하고, 토론은 A, B 모둠의 1~3번 토론자가 번갈아 가면서 한다.

┌ 보기 ┐
ㄱ. (가) – 우리 사회에서 사회적 약자가 처한 불리한 조건을 개선하기 위해 노력해야 합니다.
ㄴ. (나) – 대학 입학 전형에서 사회적 약자에 혜택을 주는 제도는 역차별을 일으킬 수 있습니다.
ㄷ. (다) – 사회적 약자에 대한 차별은 다른 사람들과 동등한 기회를 주는 것만으로는 해결하기 어렵습니다.
ㄹ. (라) – 대학 입학 전형에서 사회적 배려 대상자 전형과 같은 적극적 평등 실현 조치가 이루어져야 합니다.

① ㄱ, ㄴ　　② ㄴ, ㄷ　　③ ㄷ, ㄹ
④ ㄱ, ㄴ, ㄷ　　⑤ ㄴ, ㄷ, ㄹ

시장경제와
지속가능발전

01 자본주의의 전개 과정과 경제 체제

이것이 핵심!

❋ 자본주의의 역사적 전개 과정

상업 자본주의
↓
산업 자본주의
↓
수정 자본주의
↓
신자유주의

◆ 중상주의
상업과 수출을 장려하고 수입을 억제하는 등 국가가 상공업 활동에 깊이 개입하여 국가의 부를 늘리려는 정책

◆ 대공황
1929년 미국에서 주식 가격 폭락으로 시작되어 전 세계로 확산된 경제 공황

1 자본주의의 특징과 역사적 전개 과정

1. 자본주의의 의미와 특징

(1) **자본주의**: 사유 재산 제도를 바탕으로 시장에서 자유로운 경제활동을 보장하는 경제 체제
└ 개인이 생산 수단을 포함한 재산을 소유할 수 있는 권리가 법적으로 보장돼.
└ 꼭! 일반적으로 자본주의는 시장경제 체제와 결합해.

(2) **자본주의의 특징**: 사유 재산권 보장, 자유로운 경제활동 보장, 사적 이익의 추구 인정 등

2. 자본주의의 역사적 전개 과정 〔자료 ❶〕

꼭! 산업 자본주의가 발달하면서 아동 노동, 도시 빈민 발생, 빈부 격차 심화 등의 사회문제가 발생하자, 개인의 자유보다 사회 전체의 이익과 평등한 분배를 중시하는 사회주의 사상이 확산했어.

상업 자본주의 (16~18세기)	• 등장 배경: 신항로 개척 이후 유럽 절대 왕정의 ❋중상주의 정책에 힘입어 발달함 • 특징: 상품의 유통 과정에서 이윤을 추구함
산업 자본주의 (18~19세기)	• 등장 배경: 산업 혁명으로 상품의 대량 생산이 가능해지면서 발달함 • 특징: 상품의 생산 과정에서 부가 가치를 창출하여 이윤을 얻음, 자유방임주의를 근거로 경제 활동의 자유를 보장하고 작은 정부를 추구함 └ 시장 개입을 최소화하는 정부를 말해.
수정 자본주의 (20세기 중반)	• 등장 배경: 시장 실패와 ❋대공황에 따른 경기 침체를 해결하기 위해 등장함 〔자료 ❷〕 • 특징: 시장의 한계를 보완하기 위해 큰 정부를 추구함 └ 시장에 적극적으로 개입하는 정부를 말해.
신자유주의 (20세기 후반)	• 등장 배경: 1970년대 두 차례의 석유 파동으로 발생한 스태그플레이션 및 정부 실패를 해결하기 위해 등장함　경기 침체와 물가 상승이 동시에 발생하고 있는 상태야. • 특징: 정부의 역할을 줄이고 시장의 기능과 민간의 자유로운 활동을 강화해야 한다고 주장함 → 세금 감면, 복지 축소, 공기업 민영화, 기업 규제 완화, 노동 시장 유연화 등을 추구함

└ 꼭! 시장에서 자원이 효율적으로 배분되지 못하는 현상이야.
꼭! 정부의 개입이 오히려 효율적인 자원 배분을 저해하는 현상이야.

이것이 핵심!

❋ 시장경제 체제와 계획경제 체제

구분	시장경제 체제	계획경제 체제
생산 수단 소유	사유화	국·공유화
경제 문제 해결 방식	시장 원리	정부의 계획과 명령
장점	효율적 자원 배분	분배의 형평성 실현
단점	빈부 격차 발생	비효율적 자원 배분

◆ 경제 체제
기본적인 경제 문제를 해결하기 위해 합의된 제도나 방식

◆ 경제적 유인
개인이 어떤 행동을 하거나 또는 하지 않도록 동기를 부여하는 금전적인 보상이나 처벌 가능성

2 경제 체제의 분류 〔다 잡는 자료〕

1. 시장경제 체제

의미	시장 원리와 민간 경제 주체의 경제활동을 통해 경제 문제를 해결하는 경제 체제
장점	• 시장 가격의 작동으로 효율적인 자원 배분이 이루어짐 • 자유로운 경제활동을 바탕으로 개인의 능력과 창의성이 발휘될 수 있음 • 각 경제 주체들의 이윤 동기를 자극하여 사회 전체의 효율성을 증대시킴
한계	빈부 격차, 급격한 경기 변동에 따른 실업 및 인플레이션, 환경 오염 등의 문제가 나타날 수 있음

└ 예 생산물의 종류와 수량, 생산 방법, 분배 방식 등
└ 화폐 가치가 하락하여 물가가 전반적이고 지속적으로 상승하는 현상이야.

2. 계획경제 체제

의미	정부의 계획과 명령에 따라 경제 문제를 해결하는 경제 체제 → 대부분의 생산 수단을 정부가 소유함
장점	• 국가의 정책 목표를 효과적으로 달성할 수 있음 • 분배의 형평성을 실현하여 빈부 격차를 줄일 수 있음
한계	• 정부가 개인의 다양한 욕구를 반영하기 어려워 자유로운 선택이 제한됨 • 사유 재산권 및 경제활동 자유를 제한하여 ❋경제적 유인이 부족하고 창의성과 효율성이 떨어짐

왜? 일한 만큼 분배받지 못해 근로 의욕이 저하되므로 개인의 능력과 창의성을 발휘하기 어렵기 때문이야.

3. 혼합 경제 체제

└ 꼭! 대공황 이후 큰 정부를 지향하면서 시장경제 체제를 기본으로 계획경제 체제의 요소를 섞은 혼합 경제 체제가 나타났어.

의미	시장경제적 요소와 계획경제적 요소가 혼합된 경제 체제 → 경제 문제의 효과적 해결을 위해 두 체제의 요소를 결합하여 시장과 정부가 상호 보완적인 관계를 형성하도록 해야 함
특징	오늘날 대부분의 국가는 시장경제 체제를 기본으로 계획경제 체제의 요소를 결합한 혼합 경제 체제를 채택하고 있음 → 우리나라도 시장경제 체제를 바탕으로 필요한 경우 정부가 일정 부분 개입하는 혼합 경제 체제를 운용하고 있음(헌법 제119조)

└ 제119조 ① 대한민국의 경제 질서는 개인과 기업의 경제상의 자유와 창의를 존중함을 기본으로 한다.
② 국가는 균형 있는 국민 경제의 성장 및 안정과 적정한 소득의 분배를 유지하고, 시장의 지배와 경제력의 남용을 방지하며, 경제 주체 간의 조화를 통한 경제의 민주화를 위하여 경제에 관한 규제와 조정을 할 수 있다.

자료 ❶　자본주의에 대한 사상가들의 주장

- **애덤 스미스**: 국가의 간섭을 최소한으로 줄이고 개인의 자유로운 경제활동을 보장한다면 국가의 부를 증진할 수 있다.
- **케인스**: 정부 기능의 확대는 시장경제의 전면적 붕괴를 막는 유일한 수단이다.
- **하이에크**: 시장은 개인이 경제적 자유를 누리면서 효율적인 선택을 하게 한다. 정부가 시장 질서를 인위적으로 바꾸려 하는 것은 효율적이지도 않고 공정하지도 않다.

　꼭 애덤 스미스는 시장의 가격 기능을 '보이지 않는 손'에 비유했어.

애덤 스미스는 자원의 효율적 배분을 끌어내는 시장의 가격 기능과 개인의 자유로운 경제활동을 강조하는 자유방임주의를 주장하였고, 케인스는 정부의 적극적인 재정 지출을 통해 불황을 극복해야 한다는 수정 자본주의를 주장하였다. 그리고 하이에크는 정부 개입의 비효율을 비판하며 민간의 자유로운 경제활동을 강화해야 한다는 신자유주의를 주장하였다.

자료 ❷　대공황과 뉴딜 정책(수정 자본주의)

대공황 시기 미국에서는 심각한 경기 침체로 수많은 기업과 은행이 문을 닫았고, 실업률이 폭등하였다. 케인스는 정부의 적극적인 재정 지출을 통해 대공황을 극복해야 한다고 주장하였다. 케인스의 주장을 받아들인 미국 정부는 테네시강 유역 개발 등 대규모 공공사업을 벌여 일자리를 창출하고, 노동자에게 임금을 지급하여 소비를 촉진하는 뉴딜 정책을 실시하였다.

19세기 후반 자유 경쟁이 과열되면서 소수의 거대 기업이 시장을 지배하는 독점 자본주의가 전개되었다. 독점 기업의 횡포로 경제 주체 간의 자유로운 경쟁이 불가능해지면서 시장 실패와 대공황이 발생하였다. 이에 케인스는 국가가 적극적으로 시장에 개입하여 일자리를 창출하고 소비를 증진해야 한다는 수정 자본주의를 주장하였다. 수정 자본주의를 받아들인 나라들은 공공사업과 사회 보장 제도 등을 통해 시장에 적극 개입하는 큰 정부를 추구하였다.

　Why? 생산물을 실제로 구매할 수 있는 수요가 부족하여 대공황이 발생했다고 보았기 때문이야.

📑 **내 교과서** ∕ 비상, 미래엔, 천재, 동아, 창비에서 '시장경제 체제와 계획경제 체제' 자료를 다루고 있어요.

정리 비법을 알려 줄게!

자본주의의 역사적 전개 과정

상업 자본주의	상품의 유통 과정에서 이윤 추구
산업 자본주의	자유방임주의를 근거로 작은 정부 추구
수정 자본주의	시장 실패를 극복하기 위해 큰 정부 추구
신자유주의	정부 역할 축소 및 자유로운 경제활동 강조

문제로 확인할까?

수정 자본주의에 대한 설명으로 옳은 것은?

① 작은 정부를 추구하였다.
② 정부의 역할 축소를 주장하였다.
③ 미국 뉴딜 정책의 근거가 되었다.
④ 중상주의 정책에 힘입어 발달하였다.
⑤ 스태그플레이션의 발생으로 등장하였다.

ⓒ ③

내신과 수능을 다 잡는 자료　시장경제 체제와 계획경제 체제

가을 수확철을 앞두고 전국적인 폭우로 농경지가 물에 잠기면서 농산물 생산량이 급감하였다.

↓　　　↓

(가)　　　(나)

(가)는 시장경제 체제의 모습으로, 배추의 시장 가격이 오르자 소비자는 배추 소비량을 줄이는 결정을 하였다. (나)는 계획경제 체제의 모습으로, 정부가 배추 배급량을 줄이는 결정을 하고 소비자는 배급량만큼만 소비하였다. 이처럼 시장경제 체제에서는 시장 가격과 각 경제 주체의 의사 결정을 통해 경제 문제를 해결하고, 계획경제 체제에서는 정부의 계획과 명령에 따라 경제 문제를 해결한다.

빈출 선택지로 점검하기

≫ 초성을 참고하여 경제 체제에 대한 옳은 선택지로 완성해 보자.

- ㅅ ㅈ ㄱ ㅈ 체제는 시장 원리와 민간 경제 주체의 경제활동을 통해 경제 문제를 해결하는 경제 체제이다.
- ㄱ ㅎ ㄱ ㅈ 체제는 정부의 계획과 명령에 따라 경제 문제를 해결하는 경제 체제로, 사유 재산권과 경제활동의 자유를 제한한다.

📑 시장경제, 계획경제

함께 보기 · 내신 만점 공략하기 10번

1 다음 빈칸에 들어갈 알맞은 말을 쓰시오.

> 사유 재산 제도를 바탕으로 시장에서 자유로운 경제활동을 보장하는 경제 체제를 (　　　　)(이)라고 한다.

2 다음 설명이 맞으면 ○표, 틀리면 ×표를 하시오.

(1) 상업 자본주의 시기에는 상품의 유통 과정에서 이윤을 추구하였다. (　　　)

(2) 산업 자본주의는 대공황에 따른 경기 침체를 해결하기 위해 등장하였다. (　　　)

(3) 신자유주의는 두 차례의 석유 파동으로 발생한 스태그플레이션을 해결하기 위해 등장하였다. (　　　)

3 자본주의의 유형과 특징을 옳게 연결하시오.

(1) 산업 자본주의 •　　　　　　• ㉠ 큰 정부 추구

(2) 수정 자본주의 •　　　　　　• ㉡ 작은 정부 추구

(3) 신자유주의 •　　　　　　• ㉢ 공기업 민영화 추구

4 다음 내용이 시장경제 체제에 관한 것이면 '시', 계획경제 체제에 관한 것이면 '계'라고 쓰시오.

(1) 국가의 정책 목표를 효과적으로 달성할 수 있다. (　　　)

(2) 급격한 경기 변동으로 실업 및 인플레이션이 발생할 수 있다. (　　　)

(3) 자유로운 경제활동을 바탕으로 개인의 창의성이 발휘될 수 있다. (　　　)

(4) 정부가 개인의 다양한 욕구를 반영하기 어려워 자유로운 선택이 제한된다. (　　　)

5 ㉠, ㉡에 들어갈 알맞은 말을 각각 쓰시오.

> 혼합 경제 체제는 (　㉠　)적 요소와 (　㉡　)적 요소가 혼합된 경제 체제이다. 우리나라는 (　㉠　) 체제를 바탕으로 필요한 경우 정부가 개입하는 혼합 경제 체제를 운용하고 있다.

STEP 2 내신 만점 **공략**하기

01 (가)에 들어갈 내용으로 적절한 것만을 〈보기〉에서 있는 대로 고른 것은?

> 오늘날 우리는 각자의 자유로운 선택에 따라 물건을 생산 또는 소비하며 이익을 추구한다. 이러한 경제생활을 할 수 있는 것은 우리가 ＿＿＿＿＿＿(가)＿＿＿＿＿＿하는 자본주의 사회에 살고 있기 때문이다.

┤보기├
ㄱ. 사유 재산권을 보장
ㄴ. 시장 가격에 따라 상품을 거래
ㄷ. 개인에게 경제활동의 자유를 보장
ㄹ. 자원 배분 시 형평성을 가장 중요시

① ㄱ, ㄴ　　　　② ㄱ, ㄹ　　　　③ ㄷ, ㄹ
④ ㄱ, ㄴ, ㄷ　　　⑤ ㄴ, ㄷ, ㄹ

02 다음 경제사상과 관련 있는 자본주의가 등장한 시기에 대한 설명으로 가장 적절한 것은?

> 우리가 저녁을 먹을 수 있는 것은 …… 빵집 주인이 베푸는 친절이나 자비심 때문이 아니라 그들의 이기심 때문이다. …… 이때 많은 경우에서처럼 개인은 '보이지 않는 손'에 이끌려 자신이 전혀 의도하지 않았던 목적을 달성하게 된다.
> ‒ 애덤 스미스, 「국부론」

① 석유 파동으로 스태그플레이션이 나타났다.
② 정부 실패로 자원이 비효율적으로 배분되었다.
③ 산업 혁명으로 상품의 대량 생산이 가능해졌다.
④ 신항로 개척으로 국제 교역이 확대되고, 중상주의 정책이 추진되었다.
⑤ 소수의 거대 기업이 시장에서 강력한 지배력을 행사하자 경제 주체 간의 자유로운 경쟁이 불가능해졌다.

02-1 다음 빈칸에 들어갈 알맞은 말을 쓰시오.

> 애덤 스미스는 자원의 효율적 배분을 끌어내는 시장의 가격 기능을 '보이지 않는 손'에 비유하며 개인의 자유로운 경제활동을 옹호하는 (　　　　)을/를 주장하였다.

03 밑줄 친 문제를 해결하기 위해 등장한 자본주의에 대한 설명으로 옳은 것은?

> 19세기 후반 자본주의가 고도로 발달함에 따라 기업 간 경쟁이 심화되면서 소수의 거대 기업이 시장을 지배하는 독점 자본주의가 전개되었다. 독점 기업의 횡포로 경제 주체 간 자유로운 경쟁이 불가능해지면서 시장 실패가 나타났고, 1929년 미국의 주가 폭락을 계기로 대공황이 발생하였다. 이에 따라 재고 급증, 물가 폭락, 기업 도산, 대량 실업 등의 문제가 나타났다.

① 공기업 민영화를 추구하였다.
② 국가 주도의 중상주의 정책을 실시하였다.
③ 시장의 기능과 자유로운 경제활동을 강조하였다.
④ 시장의 한계를 보완하기 위해 큰 정부를 추구하였다.
⑤ 자원 배분의 과정에서 '보이지 않는 손'을 강조하였다.

04 ㉠에 대한 옳은 설명만을 〈보기〉에서 있는 대로 고른 것은?

> 1970년대에 들어 두 차례의 석유 파동으로 경기 침체와 물가 상승이 동시에 나타나는 스태그플레이션이 발생하였다. 이를 해결하기 위해 정부가 시행한 정책은 효과를 보지 못했고 오히려 비효율을 초래하였다. 이후 이러한 정부 정책을 비판하며 (㉠)이/가 나타났다.

| 보기 |

ㄱ. 사회 보장 제도의 강화를 추구한다.
ㄴ. 노동 시장의 유연성 강화를 강조한다.
ㄷ. 민간의 자유로운 경제활동을 강조한다.
ㄹ. 정부의 대규모 공공사업을 통한 일자리 창출을 강조한다.

① ㄱ, ㄴ   ② ㄱ, ㄹ   ③ ㄴ, ㄷ
④ ㄱ, ㄷ, ㄹ   ⑤ ㄴ, ㄷ, ㄹ

중요

05 다음은 어느 학생이 작성한 보고서이다. (가)~(라)에 대한 설명으로 옳은 것은? (단, (가)~(라)는 각각 상업 자본주의, 산업 자본주의, 수정 자본주의, 신자유주의 중 하나임.)

〈자본주의의 시기별 양상〉

(가)	유럽 절대 왕정의 중상주의 정책하에서 더욱 발전하였다.
(나)	정부 규제의 완화 및 시장 개방을 통한 효율성을 추구하였다.
(다)	자유방임주의를 근거로 개인의 경제적 자유를 보장할 때 사회 전체의 이익도 커진다고 보았다.
(라)	미국 정부는 케인스의 주장을 받아들여 뉴딜 정책을 통해 극심한 경기 침체를 극복하고자 하였다.

① (가)는 산업 혁명 이후에 나타났다.
② (나) 시기에는 복지 축소, 공기업 민영화를 추진하였다.
③ (다) 시기에는 큰 정부를 지향하였다.
④ (라)는 석유 파동을 계기로 등장하였다.
⑤ (다)는 (라)에 비해 정부의 적극적 역할을 강조하였다.

하나더

05-1 위 자료의 (가)~(라)를 자본주의의 발달 과정에 따라 순서대로 옳게 나열한 것은?
① (가) – (나) – (다) – (라)   ② (가) – (나) – (라) – (다)
③ (가) – (다) – (라) – (나)   ④ (나) – (라) – (가) – (다)
⑤ (다) – (가) – (라) – (나)

06 밑줄 친 '사회문제'에 해당하는 내용으로 적절하지 않은 것은?

① 도시 빈민 발생   ② 빈부 격차 심화
③ 아동 노동 착취   ④ 열악한 노동 환경
⑤ 공기업의 적자 심화

[07~08] 그림은 서로 다른 경제 체제인 A, B를 비교한 것이다. 이를 보고 물음에 답하시오. (단, A, B는 각각 시장경제 체제, 계획경제 체제 중 하나임.)

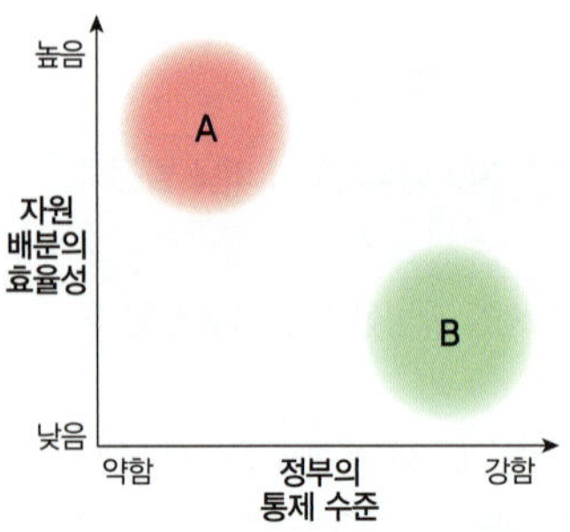

07 A, B에 대한 설명으로 옳은 것은?

① A에서는 개인의 사적 이익 추구가 보장된다.
② A는 분배의 효율성보다 형평성을 더 강조한다.
③ B에서는 경제 주체의 창의성과 근로 의욕이 향상된다.
④ B는 A에 비해 시장 가격의 기능을 중시한다.
⑤ B에서는 A에서와 달리 정부가 국방, 치안 등의 제한된 역할만을 수행한다.

07-1 위 그림의 A에서 B로 경제 체제를 전환할 경우 예상되는 변화로 가장 적절한 것은?

① 빈부 격차가 심화될 것이다.
② 개인의 생산 동기가 강화될 것이다.
③ 급격한 경기 변동에 따른 실업 발생 가능성이 높아질 것이다.
④ 국가의 정책 목표를 더 효과적으로 달성할 수 있게 될 것이다.
⑤ 시장 가격의 작동으로 효율적인 자원 배분이 이루어질 것이다.

08 A에서 나타날 수 있는 경제 행위로 적절한 것만을 〈보기〉에서 고른 것은?

┌ 보기 ┐
ㄱ. 정부가 경제 개발 계획을 수립하여 시행한다.
ㄴ. 정부가 특정 제품의 목표 생산량을 정해 준다.
ㄷ. 기업이 소비자의 선호를 반영하여 새로운 상품을 개발한다.
ㄹ. 소비자가 시장 가격에 따라 자유롭게 상품 소비 여부를 결정한다.
└─────┘

① ㄱ, ㄴ   ② ㄱ, ㄷ   ③ ㄴ, ㄷ
④ ㄴ, ㄹ   ⑤ ㄷ, ㄹ

09 표는 경제 체제 A, B를 구분한 것이다. A, B에 대한 옳은 설명만을 〈보기〉에서 고른 것은? (단, A, B는 각각 시장경제 체제, 계획경제 체제 중 하나임.)

질문 \ 경제 체제	A	B
정부의 계획과 명령에 따라 경제 문제를 해결하는가?	예	아니오
시장 원리와 민간 경제 주체의 경제활동을 통해 경제 문제를 해결하는가?	아니오	예

┌ 보기 ┐
ㄱ. A는 B에 비해 자유로운 경제활동을 중시한다.
ㄴ. 개인의 이윤 추구 동기는 A보다 B에서 강하게 나타날 것이다.
ㄷ. B에서는 A와 달리 기본적인 경제 문제가 나타나지 않을 것이다.
ㄹ. 우리나라의 경제 체제는 A와 B가 혼합된 형태이다.
└─────┘

① ㄱ, ㄴ   ② ㄱ, ㄷ   ③ ㄴ, ㄷ
④ ㄴ, ㄹ   ⑤ ㄷ, ㄹ

10 경제 체제 (가), (나)에 대한 설명으로 옳은 것은? (단, (가), (나)는 각각 시장경제 체제와 계획경제 체제 중 하나임.)

① (가)는 자원 배분의 형평성보다 효율성을 강조한다.
② (나)는 경제 문제 해결에 있어 정부의 역할을 강조한다.
③ (가)에서는 (나)에서보다 기업의 이윤 추구 동기가 더 강하게 나타날 것이다.
④ (나)는 (가)와 달리 생산 수단의 사유화를 금지한다.
⑤ (나)에서는 (가)에서보다 민간 경제 주체 간의 경쟁이 더 많이 나타날 것이다.

중요

11 그림은 질문에 따라 경제 체제를 구분한 것이다. (가), (나)에 들어갈 질문으로 적절한 것은?

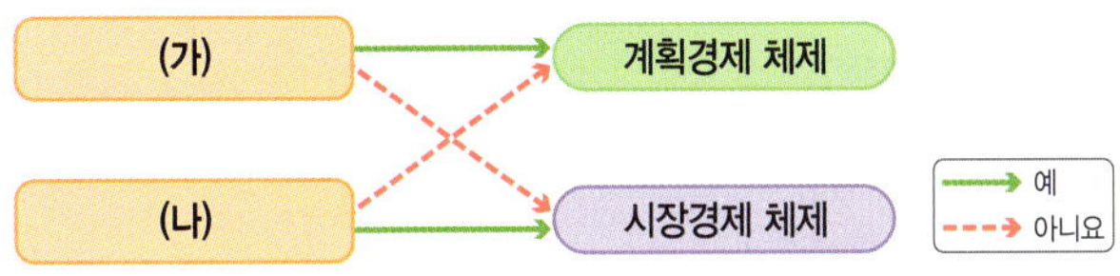

	(가)	(나)
①	빈부 격차가 심화될 수 있는가?	시장 원리에 따른 경제 문제 해결을 중시하는가?
②	기업의 이윤 추구를 중시하는가?	개인의 경제적 자율성을 강조하는가?
③	기본적인 경제 문제가 발생하는가?	급격한 경기 변동이 발생할 수 있는가?
④	생산 수단의 사적 소유를 인정하는가?	생산 수단의 국·공유화가 원칙인가?
⑤	생산물의 종류와 수량을 정부가 결정하는가?	경제 주체의 이윤 추구 동기가 강한가?

12 표는 경제 문제 해결 방식과 생산 수단 소유 주체에 따라 갑국과 을국의 경제 체제를 구분한 것이다. 이에 대한 설명으로 가장 적절한 것은? (단, 갑국, 을국의 경제 체제는 각각 시장경제 체제, 계획경제 체제 중 하나임.)

구분	갑국	을국
경제 문제 해결 방식	정부의 계획과 명령	시장 원리
생산 수단 소유 주체	정부	개인

① 갑국에서는 기본적인 경제 문제가 발생하지 않을 것이다.
② 을국은 생산물의 종류와 수량이 시장에서 결정된다.
③ 갑국은 을국과 달리 경제활동에서 경제적 유인을 강조한다.
④ 을국은 갑국과 달리 민간 경제 주체의 사유 재산권이 제한된다.
⑤ 갑국과 을국은 모두 분배의 형평성보다 효율성을 더 강조할 것이다.

서술형 문제

서술형 감잡기

1 (가), (나)를 계기로 등장한 자본주의 유형을 각각 쓰고, 그 특징을 서술하시오.

> (가) 18세기 중반 영국에서 시작된 산업 혁명으로 전통적인 가내 수공업은 쇠퇴하고 공장제 기계 공업이 확산되었다. 이에 따라 대량 생산 체제가 갖추어지면서 대규모 산업 자본이 축적되었고, 자본주의 경제체제가 확립되었다.
>
> (나) 대공황은 1929년 미국 뉴욕 주식 시장의 주가 대폭락으로 시작되어 전 세계로 확산한 경제 공황이다. 대공황으로 상품이 팔리지 않자 생산량이 대폭 감소하였다. 이에 따라 여러 은행과 기업이 문을 닫았고, 수많은 실업자가 발생하였다.

(1) 초성을 참고하여 서술형 답안에 들어갈 내용을 써 보자.

답안 키워드 ㅈㅇㅈㅂ   ㅋㅈㅂ

(2) (1)의 내용을 포함하여 서술형 답안을 작성해 보자.

실전! 도전하기

2 다음은 우리나라 헌법 조항 중 일부이다. 이를 통해 알 수 있는 우리나라의 경제 체제를 쓰고, 그렇게 판단한 이유를 근거를 들어 서술하시오.

> 제119조 ① 대한민국의 경제 질서는 개인과 기업의 경제상의 자유와 창의를 존중함을 기본으로 한다.
> ② 국가는 균형 있는 국민 경제의 성장 및 안정과 적정한 소득의 분배를 유지하고, 시장의 지배와 경제력의 남용을 방지하며, 경제 주체 간의 조화를 통한 경제의 민주화를 위하여 경제에 관한 규제와 조정을 할 수 있다.

STEP 3 1등급 정복하기

최고난도

01 그림은 자본주의의 역사적 전개 과정을 나타낸다. 이에 대한 설명으로 옳은 것은?

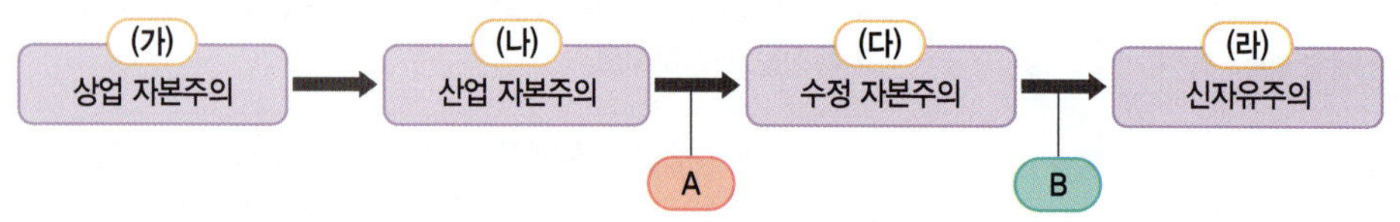

① (가) 시기의 주요 정책으로는 세금 감면, 기업 규제 완화 등을 들 수 있다.
② (다) 시기에는 국가 주도의 대규모 공공사업이 실시되었다.
③ (가) 시기에는 (라) 시기와 달리 국가의 경제 개입이 이루어지지 않았다.
④ (나) 시기에는 (라) 시기와 달리 작은 정부를 지향하였다.
⑤ A는 석유 파동, B는 대공황에 해당한다.

◆ **자본주의의 역사적 전개 과정**

 **완자쌤의 시험꿀팁**

자본주의의 역사적 전개 과정을 순서대로 기억하고, 각 자본주의 유형의 등장 배경과 특징을 잘 정리해 두어야 한다.

02 다음은 경제 체제에 대한 강연 내용이다. 이에 대한 옳은 설명만을 〈보기〉에서 고른 것은?

◆ **경제 체제**

완자 사전

■ **제2차 세계 대전**
대공황 이후 독일, 이탈리아, 일본 등의 군국주의 국가와 미국, 영국, 프랑스 등의 연합국 사이에 일어난 세계적 규모의 전쟁이다.

 **완자쌤의 시험꿀팁**

시장경제 체제와 계획경제 체제의 의미와 장점, 한계를 잘 구분하여 파악해 두어야 한다.

보기

ㄱ. ㉠은 일반적으로 자본주의와 결합한다.
ㄴ. ㉡에서는 민간 경제 주체의 사적 이윤 추구 활동이 보장된다.
ㄷ. (가)에는 '소비자의 다양한 욕구를 반영할'이 들어갈 수 있다.
ㄹ. (가)에는 '분배의 형평성을 실현하여 빈부 격차를 줄일'이 들어갈 수 있다.

① ㄱ, ㄴ   ② ㄱ, ㄷ   ③ ㄴ, ㄷ   ④ ㄴ, ㄹ   ⑤ ㄷ, ㄹ

대표 유형   이렇게 나온다!

경제 체제 A, B에 대한 설명으로 옳은 것은? (단, A, B는 각각 계획경제 체제, 시장경제 체제 중 하나임.)

> 주거 문제를 해결하는 것은 안정적인 경제생활을 위해 필수적이다. A를 채택하고 있는 갑국에서는 사유 재산권을 토대로 주택의 종류와 수량, 생산 방식 및 분배가 시장 가격 기구를 통해 결정된다. 반면 B를 채택하고 있는 을국에서는 토지에 대한 국가 소유권을 토대로 주택 공급과 관련된 모든 사항이 정부의 명령에 따라 결정된다.

① A에서는 경제 문제 해결에 있어 효율성보다 형평성을 강조한다.
② B에서는 '보이지 않는 손'의 기능을 중시한다.
③ B에서는 정부의 계획과 통제에 의한 자원 배분을 중시한다.
④ B에서는 A와 달리 희소성에 따른 경제 문제가 발생하지 않는다.
⑤ A와 B에서는 모두 자유로운 경쟁을 통한 이윤 추구를 보장한다.

대표 유형   문제 풀이

※ 단계별로 문제 풀이에 접근해 보세요!

▣ 1단계 / 자료 분석하기

경제 문제가 시장 원리로 결정되는 A는 **①**[____] 체제, 정부 명령으로 결정되는 B는 **②**[____] 체제임을 파악한다.

▣ 2단계 / 정답 개념 연결하기

③[____] 체제에서는 정부의 계획과 통제에 따라 자원 배분을 결정한다.

▣ 3단계 / 오답 개념 피하기

① 시장경제 체제에서는 경제 문제 해결에 있어 **④**[____] 을/를 강조한다. ②, ⑤ '보이지 않는 손'의 기능을 중시하며 자유로운 경쟁을 통한 이윤 추구를 보장하는 경제 체제는 **⑤**[____] 체제이다. ④ 희소성에 따른 경제 문제는 모든 경제 체제에서 나타난다.

실전 문항으로 수능 준비하기

01 그림에 대한 설명으로 옳은 것은? (단, A, B는 각각 계획경제 체제, 시장경제 체제 중 하나임.)

> **〈형성 평가지〉**
>
> ### 경제 체제의 특징 서술하기
>
> 이름: ○○○
>
> • 문항: A와 구별되는 B의 특징을 2가지 서술하시오.
>   (서술 내용 1개당 옳으면 1점, 틀리면 0점)
>
> | 답란 | 채점 결과 |
> | --- | --- |
> | 가격 기구의 기능을 중요시한다. | 2점 |
> | (가) | |

① A에서는 희소성에 의한 경제 문제가 발생하지 않는다.
② B에서는 개별 경제 주체의 자유로운 의사 결정이 보장된다.
③ A에서는 B와 달리 자원 배분의 효율성이 강조된다.
④ A와 B에서는 모두 사유 재산권이 보장된다.
⑤ (가)에는 '생산물의 종류와 수량을 정부가 결정한다.'가 들어갈 수 있다.

🍀 정답친해 19쪽

완자쌤과 수능 미리 보기

Q 가격 기구의 의미가 궁금해요.

A 가격 기구란 '보이지 않는 손'이라고도 불리는데, 시장에서 수요와 공급을 조절하고, 적정한 자원 배분의 상태를 실현하는 가격의 기능을 말해요. 이때 수요는 일정 기간 어떤 상품을 구매하고자 하는 욕구를, 공급은 일정 기간 어떤 상품을 판매하고자 하는 욕구를 의미합니다.

Q 희소성이란 무엇인가요?

A 희소성이란 인간의 욕구는 무한한 데 비해 이를 충족해 줄 수 있는 자원의 양이 상대적으로 부족한 상태를 말해요. 모든 사회는 자원의 희소성 때문에 기본적인 경제 문제에 직면한답니다.

02 합리적 선택과 경제 주체의 역할

이것이 핵심!

＊ 합리적 선택의 의미와 방법

의미	최소의 비용으로 최대의 편익을 얻을 수 있도록 선택하는 것
방법	편익에서 기회비용을 뺀 순편익이 가장 큰 대안을 선택해야 함

◆ 독과점
독점은 하나의 기업이 시장을 지배하는 것이고, 과점은 소수의 기업이 시장을 지배하는 것이다.

◆ 담합
비슷한 재화나 서비스를 생산하는 기업들이 이윤을 올리기 위해 생산량과 가격을 사전에 협의하여 결정함으로써 경쟁을 피하는 행위

◆ 외부 효과
아무런 경제적 대가를 주고받지 않는 상황에서 어떤 경제 주체의 행위가 다른 경제 주체에게 영향을 주는 현상

1 합리적 선택의 의미와 한계

꼭! 사람의 욕구는 무한하지만 이를 충족해 줄 자원은 상대적으로 부족한 '자원의 희소성' 때문에 합리적 선택이 필요해.

1. 합리적 선택: 최소의 비용으로 최대의 편익을 얻을 수 있도록 선택하는 것

(1) 합리적 선택의 고려 사항 다잡는 자료

① 기회비용: 어떤 것을 선택할 때 실제로 지출하는 비용과 그 선택으로 인해 포기한 대안의 가치 중 가장 큰 가치를 합친 것 └ 명시적 비용 └ 암묵적 비용

② 편익: 경제적 선택을 통해 얻게 되는 이익이나 만족감

(2) 합리적 선택의 방법: 편익에서 기회비용을 뺀 순편익이 가장 큰 대안을 선택해야 함 → 이미 지출하여 회수할 수 없는 비용인 매몰 비용은 고려해서는 안 됨

2. 합리적 선택의 한계(시장 실패)

왜? 기업이 생산량을 줄이고 가격을 올려 이윤을 높이고자 하므로 소비자가 재화나 서비스를 더 높은 가격에 구매하게 돼.

(1) 시장 실패: 시장이 자원을 효율적으로 배분하지 못해 사회 전체의 이익이 커지지 않는 상태

(2) 시장 실패의 유형 → 시장 실패의 유형에는 경제 주체 간 정보에 대한 불균형을 의미하는 '정보의 비대칭성'도 있어.

◆독과점	독점 시장에서는 하나의 기업이 임의로, 과점 시장에서는 소수의 기업이 ◆담합하여 재화나 서비스의 가격과 생산량을 결정할 수 있어 소비자가 피해를 보게 됨
공공재 공급 부족	국방, 치안, 가로등, 등대 등 사람들이 공동으로 사용하는 재화나 서비스인 공공재는 비경합성과 비배제성이 있어 무임승차자 문제가 발생할 수 있음 → 기업은 공공재 생산으로 이윤을 얻기 어려우므로 공공재 공급을 시장에 맡기면 사회적으로 필요한 만큼 충분히 공급되지 않음 자료 ❶
◆외부 효과 발생	• 긍정적 외부 효과: 다른 경제 주체에게 의도하지 않은 이익을 주지만 대가를 받지 않아 사회적 최적 수준보다 적게 생산되거나 소비됨 • 부정적 외부 효과: 다른 경제 주체에게 의도하지 않은 피해를 주지만 대가를 치르지 않아 사회적 최적 수준보다 많이 생산되거나 소비됨

└ 긍정적 외부 효과는 '외부 경제', 부정적 외부 효과는 '외부 불경제'라고도 해.

이것이 핵심!

＊ 지속가능발전을 위한 경제 주체의 역할과 책임

정부	공정한 경쟁 촉진, 공공재 생산, 외부 효과 개선
기업	경제 활성화, 기업가 정신 발휘, 사회적 책임 실천 등
노동자	근로 계약 이행, 사용자와 상생 관계 형성 등
소비자	합리적 소비, 소비자 주권 확립, 윤리적 소비 등

◆ 지속가능발전
미래 세대가 자신들의 필요를 충족시킬 수 있는 능력을 저해하지 않으면서 현세대의 필요를 충족시키는 발전

2 지속가능발전을 위한 경제 주체의 역할과 책임

1. 정부의 역할과 책임

예 「독점 규제 및 공정 거래에 관한 법률」 등

공정한 경쟁 촉진	각종 법과 제도를 통해 담합 등 불공정 거래 행위 규제
공공재 생산	시장에 맡기면 공급되기 어려운 공공재를 생산 및 관리
외부 효과 개선	• 긍정적 외부 효과: 보조금 지급, 세금 감면 등 긍정적 유인을 제공하여 생산·소비 장려 • 부정적 외부 효과: 과징금·세금 부과 등 부정적 유인을 제공하여 생산·소비 감소 유도

└ 꼭! 다양한 경제적 유인으로 생산과 소비를 사회적 최적 수준으로 유지해야 해.

2. 기업의 역할과 책임

예 새로운 상품 및 기술 개발, 시장 개척, 경영 조직 혁신 등

경제 활성화	이윤 창출을 목적으로 소비자가 원하는 재화·서비스 공급, 가계 소득 및 고용 창출
기업가 정신 발휘	통찰력, 창의력 등을 토대로 위험과 불확실성을 무릅쓰고 기업을 성장시키고자 노력
사회적 책임 실천	기업 윤리 및 관련 법규를 준수하고 노동자와 소비자의 권리를 존중하고자 노력

3. 노동자와 소비자의 역할과 책임

꼭! 최근에는 환경 보호, 사회적 책임, 지배 구조 개선 등 비재무적 요소를 고려하는 환경·사회·투명(ESG) 경영이 강조되고 있어.

노동자	근로권, 노동 3권 등 노동자의 권리 인식, 근로 계약의 성실한 이행, 사용자와 상생 관계 형성 등
소비자	비용과 편익을 고려하는 합리적 소비, 소비자 주권 확립, 윤리적 소비 등 자료 ❷

└ 노동자의 권익과 근로 조건의 향상을 위해 헌법상 보장되는 권리인 단결권, 단체 교섭권, 단체 행동권을 말해.

└ 시장에서는 소비자들이 어떤 물건을 얼마나 사느냐에 따라 생산물의 종류와 수량이 결정되므로 생산물과 생산 방식 등이 소비자의 선택에 의해 결정된다는 뜻이야.

📧 **내 교과서** ⁄ 비상, 미래엔, 천재, 지학사, 동아, 창비에서 '합리적 선택과 기회비용' 자료를 다루고 있어요.

내신과 수능을 다 잡는 자료 · 합리적 선택과 기회비용

고등학생 갑은 주말에 시간당 14,000원을 받는 아르바이트를 하고 있다. 그런데 친구가 주말에 연극 공연을 보자고 제안하였다. 연극 공연의 관람료는 30,000원이고, 공연을 보면 네 시간 동안 아르바이트를 할 수 없다. 고민하던 갑은 친구와 공연을 보기로 결정하였다. 연극 공연을 보기로 결정한 갑의 선택이 합리적 선택이 되려면 공연 관람에 따른 갑의 편익이 얼마보다 커야 할까?

제시된 사례에서 연극 공연을 보기로 결정한 갑의 선택에 따른 명시적 비용은 연극 공연 관람료 30,000원이고, 암묵적 비용은 갑이 포기해야 하는 4시간 임금인 56,000원이다. 따라서 연극 공연 관람을 선택하였을 때 갑의 기회비용은 명시적 비용과 암묵적 비용의 합인 86,000원이다. 합리적 선택은 편익에서 기회비용을 뺀 순편익이 큰 대안을 선택하는 것이므로, 공연 관람에 따른 갑의 편익이 86,000원보다 커야 갑의 선택이 합리적 선택이 될 수 있다.

└ 합리적 선택이 되려면 갑이 연극 공연을 관람하여 얻은 편익이 그에 대한 기회비용보다 커야 해.(편익 > 기회비용)

빈출 선택지로 점검하기

≫ 초성을 참고하여 합리적 선택에 대한 잘못된 선택지를 올바르게 고쳐 보자.

- 기회비용은 명시적 비용과 매몰 비용의 합이다.
  → ㅇㅁㅈ
- 합리적 선택은 편익에서 기회비용을 뺀 순편익이 가장 작은 대안을 선택하는 것이다.
  → ㅋ

정답 '암묵적', '큰'

함께 보기 · 내신 만점 공략하기 02번

자료 ① 공공재의 공급이 부족한 이유

등대는 불빛을 비추어 뱃길과 위험한 곳을 알려 줌으로써 수많은 배의 안전한 운항을 돕는다. 하지만 어떤 배가 불빛을 본다고 해서 다른 배가 볼 수 있는 불빛이 줄어드는 것은 아니다. 또한 불빛을 본 배들을 일일이 찾아가 비용을 받는 것은 사실상 불가능하다.

제시된 자료에서 등대는 배를 운항하는 사람들이 공동으로 사용하는 공공재에 해당한다. 등대와 같은 공공재는 많은 사람이 동시에 소비할 수 있고, 한 개인의 소비가 다른 사람의 소비를 감소시키지 않는 성질인 비경합성이 있다. 또한 대가를 지불하지 않아도 누구나 소비할 수 있는 성질인 비배제성이 있어 무임승차자 문제가 발생할 수 있다. 이러한 공공재의 특성 때문에 기업은 공공재 생산을 통해 이윤을 얻기 어렵다. 따라서 공공재의 공급을 시장에 맡기면 사회가 필요로 하는 만큼 충분히 공급되기 어렵다.

비교해서 살펴볼까?

일반 재화·서비스 vs 공공재

일반적인 재화나 서비스는 대가를 지불한 사람만 소비할 수 있고, 한 개인의 소비가 다른 사람의 소비를 감소시킨다. 반면, 공공재는 대가를 지불하지 않아도 누구든지 소비할 수 있고(비배제성), 한 개인의 소비가 다른 사람의 소비를 감소시키지 않는다(비경합성).

구분	일반 재화·서비스	공공재
배제성	○	×
경합성	○	×

자료 ② 지속가능발전을 위한 윤리적 소비

● 예 친환경 상품, 동물 복지 인증 상품, 공정 무역 상품을 구매하거나 불공정 행위를 한 기업의 제품을 사지 않는 것도 윤리적 소비에 해당해.

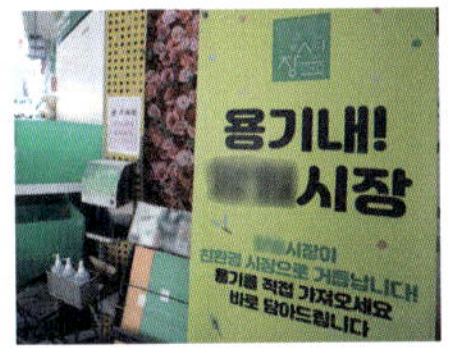

↑ '용기 내! 캠페인'을 시행하는 전통 시장

↑ 로컬 푸드 판매장

'용기 내! 캠페인'은 일회용 포장 용기 사용을 줄이려는 캠페인이다. 많은 소비자는 환경을 보호하고자 캠페인에 동참하고 있으며, 한 전통 시장에서도 다회 용기를 가져와 장을 보면 종량제 봉투를 지급하는 등 캠페인 참여를 독려하고 있다. 또한 운송 과정에서 발생하는 환경 오염을 줄이기 위해 로컬 푸드를 구매하는 소비자도 늘고 있다. 이러한 소비 행위는 모두 윤리적 소비에 해당한다. 윤리적 소비란 상품이 만들어지는 전 과정이 소비와 연결되어 있음을 인식하고 환경과 공동체 등을 고려하는 소비를 의미한다. 소비자가 합리적 소비를 넘어 윤리적 소비를 실천할 때 시장경제의 원활한 작동과 더불어 지속가능발전에 이바지할 수 있다.

└ 반경 50㎞ 이내에서 생산되어 장거리 운송을 거치지 않은 농산물을 말해.

문제로 확인할까?

다음 사례로 설명할 수 있는 소비 행위로 가장 적절한 것은?

- 로컬 푸드를 구매하는 것
- 공정 무역 상품을 구매하는 것
- 동물 실험을 하지 않은 화장품을 구매하는 것

① 과소비
② 과시 소비
③ 모방 소비
④ 윤리적 소비
⑤ 효율적 소비

STEP 1 핵심 개념 **확인**하기

1 (　　　)은/는 어떤 것을 선택할 때 실제로 지출하는 비용과 그 선택으로 인해 포기한 대안의 가치 중 가장 큰 가치를 합친 것이다.

2 다음 괄호 안의 내용 중 알맞은 말에 ○표를 하시오.

(1) (매몰 비용, 암묵적 비용)은 이미 지출하여 회수할 수 없는 비용을 말한다.

(2) 합리적 선택이란 (최소, 최대)의 비용으로 (최소, 최대)의 편익을 얻을 수 있도록 선택하는 것이다.

3 다음 설명이 맞으면 ○표, 틀리면 ×표를 하시오.

(1) 시장 실패는 시장이 자원을 효율적으로 배분하지 못하는 상태이다. (　　　)

(2) 공공재 공급을 시장에 맡기면 사회적으로 필요한 만큼 충분히 공급되지 않는다. (　　　)

(3) 독점 시장에서는 소수의 기업이 담합하여 재화나 서비스의 가격을 결정할 수 있다. (　　　)

(4) 긍정적 외부 효과는 부정적 외부 효과와 달리 시장에서 자원 배분이 효율적으로 이루어지게 한다. (　　　)

4 ㉠, ㉡에 들어갈 알맞은 말을 각각 쓰시오.

(㉠)은/는 다수의 사람이 공동으로 사용할 수 있는 재화나 서비스로, 대가를 지불하지 않아도 소비할 수 있으므로 (㉡) 문제가 발생한다.

5 경제 주체와 지속가능발전을 위해 수행해야 하는 역할을 옳게 연결하시오.

(1) 기업　　　•　　　• ㉠ 기업가 정신 발휘

(2) 정부　　　•　　　• ㉡ 윤리적 소비 실천

(3) 노동자　•　　　• ㉢ 불공정 거래 행위 규제

(4) 소비자　•　　　• ㉣ 사용자와 상생 관계 형성

STEP 2 내신 만점 **공략**하기

01 (가), (나)에 대한 설명으로 옳지 <u>않은</u> 것은?

(가) 이미 지출하여 회수할 수 없는 비용
(나) 어떤 것을 선택할 때 실제로 지출하는 비용과 그 선택으로 인해 포기한 대안의 가치 중 가장 큰 가치를 합친 것

① (가)는 매몰 비용이다.
② 합리적 선택을 하려면 (가)를 고려해서는 안 된다.
③ (나)는 기회비용이다.
④ (나)에는 암묵적 비용이 포함된다.
⑤ 합리적 선택은 편익이 (나)보다 작은 대안을 선택하는 것이다.

02 다음 사례에 대한 옳은 분석만을 〈보기〉에서 고른 것은? (단, 제시된 내용 이외의 다른 조건은 고려하지 않음.)

○○ 고등학교 1학년 1반 학생들은 주말에 함께 야구 경기를 보러 가기로 하였다. 경기 관람료는 1만 원이다. 주말에 하루 임금이 5만 원인 아르바이트를 하고 있는 갑은 ㉠ 임금을 포기하고 야구 경기를 보러 가기로 결정하였다. 반면, 주말에 태권도를 배우고 있는 을은 태권도 수업을 하루 빠진다고 해서 학원비를 돌려 받을 수 있는 것이 아님에도 ㉡ 이미 지불한 태권도 학원비가 아까워 야구 경기를 보지 않기로 결정하였다.

┤보기├
ㄱ. ㉠에 따른 명시적 비용은 1만 원이다.
ㄴ. ㉠에 따른 갑의 편익이 5만 원이라면 ㉠은 합리적 선택이라고 할 수 있다.
ㄷ. ㉡은 합리적 선택이라고 할 수 있다.
ㄹ. 을의 태권도 학원비는 매몰 비용에 해당한다.

① ㄱ, ㄴ　　② ㄱ, ㄹ　　③ ㄴ, ㄷ
④ ㄴ, ㄹ　　⑤ ㄷ, ㄹ

03 (가)에 들어갈 내용으로 가장 적절한 것은?

00 신문 　　　　　　　　　　20○○년 ○○월 ○○일

콩코드와 합리적 선택

프랑스와 영국은 초음속 여객기인 콩코드를 공동으로 개발하였다. 당시 콩코드는 미국에서 널리 사용하던 다른 여객기보다 2배 이상 빠른 속도로 비행할 수 있어 이동 시간을 크게 단축하였다. 그러나 콩코드는 엄청난 소음과 대기 오염을 유발하였고, 비싼 요금 때문에 수익성도 낮았다. 양국 정부는 이러한 문제점을 알면서도 막대한 투자 비용을 회수하고자 콩코드의 운항을 강행하였고, 결국 큰 손실을 본 뒤에야 운항을 중단하였다. 이 사례를 통해 합리적 선택을 하려면 ________(가)________ 을 알 수 있다.

① 암묵적 비용을 고려해야 함
② 매몰 비용을 고려하지 않아야 함
③ 윤리적 가치를 가장 우선적으로 고려해야 함
④ 편익보다 기회비용이 큰 대안을 선택해야 함
⑤ 사회 전체의 이익보다 개인의 편익을 우선시해야 함

04 다음 사례에 대한 옳은 분석만을 〈보기〉에서 있는 대로 고른 것은?

갑은 한 이벤트에 당첨되어 경품으로 A국 여행권을 받게 되었다. 여행권을 수령하려면 ㉠ 본인 부담금을 내야 하고, 여행권 재판매는 불가능하다. 또한 정해진 일정을 변경할 수 없는데, 갑은 해당 날짜에 B국 여행 상품을 예약하여 이미 ㉡ 계약금을 지불하였다. B국 여행 상품을 취소하면 계약금을 환불받을 수 없기 때문에 고민하던 갑은 결국 A국 여행권을 포기하고 ㉢ B국 여행을 가기로 결정하였다.

│ 보기 │
ㄱ. ㉠은 A국 여행의 명시적 비용이다.
ㄴ. ㉡은 매몰 비용이므로 선택 시 고려해서는 안 된다.
ㄷ. B국 여행 선택 시 암묵적 비용은 발생하지 않는다.
ㄹ. ㉢이 합리적 선택이 되려면 B국 여행에 따른 순편익이 A국 여행에 따른 순편익보다 커야 한다.

① ㄱ, ㄷ　　　　② ㄱ, ㄹ　　　　③ ㄴ, ㄷ
④ ㄱ, ㄴ, ㄹ　　　⑤ ㄴ, ㄷ, ㄹ

05 자료에 대한 분석으로 옳은 것은? (단, 제시된 내용 이외의 다른 조건은 고려하지 않음.)

갑은 한정된 용돈으로 분식집에서 쫄면과 떡볶이 중 하나를 선택하여 먹고자 한다. 표는 갑의 선택에 따른 편익과 가격을 화폐 단위로 나타낸 것이다.

구분	쫄면	떡볶이
편익	12,000원	10,000원
가격	8,000원	5,000원

① 쫄면 선택의 기회비용은 8,000원이다.
② 갑은 떡볶이를 선택하는 것이 합리적이다.
③ 떡볶이 선택에 따른 순편익은 5,000원이다.
④ 떡볶이 선택의 암묵적 비용은 5,000원이다.
⑤ 쫄면 선택의 기회비용은 떡볶이 선택의 기회비용보다 작다.

05-1 위 자료의 갑이 합리적 선택을 하기 위한 방법으로 옳은 것만을 〈보기〉에서 고른 것은?

│ 보기 │
ㄱ. 암묵적 비용만을 고려한다.
ㄴ. 명시적 비용은 고려하지 않는다.
ㄷ. 쫄면과 떡볶이 중 순편익이 더 큰 것을 선택한다.
ㄹ. 편익에서 기회비용을 뺀 값이 더 큰 것을 선택한다.

① ㄱ, ㄴ　　② ㄱ, ㄷ　　③ ㄴ, ㄷ　　④ ㄴ, ㄹ　　⑤ ㄷ, ㄹ

06 ㉠에 들어갈 용어의 사례로 적절하지 <u>않은</u> 것은?

시장에서 자원이 효율적으로 배분되지 못하여 사회 전체의 이익이 커지지 않는 상태를 (㉠)(이)라고 한다. (㉠)이/가 발생하면 재화나 서비스가 사회가 최적 수준에 도달하지 못하는 비효율적인 자원 배분이 나타난다.

① 과점 시장에서 기업들이 담합 행위를 한다.
② 독점 기업이 새로운 기업의 시장 진출을 방해한다.
③ 경제 주체 간 정보의 불균형으로 비효율이 발생한다.
④ 공공재가 사회에서 필요로 하는 수준보다 더 많이 공급된다.
⑤ 다른 경제 주체에게 의도하지 않은 이익을 주고도 아무런 경제적 대가를 받지 않는다.

★중요
07 (가), (나)에 대한 설명으로 옳지 <u>않은</u> 것은?

> (가) 독감 백신 접종자가 늘어나면 접종자뿐만 아니라 미접종자도 독감에 걸리지 않을 확률이 높아진다.
> (나) 공장에서 상품을 생산할 때 발생하는 소음과 환경 오염 물질로 인근 지역 주민들은 정신적·육체적 피해를 입지만, 공장 측에서는 별다른 보상을 하지 않는다.

① (가)는 긍정적 외부 효과의 사례이다.
② (가)에서 백신 접종자는 미접종자에게 의도하지 않은 이익을 주었다.
③ (나)는 부정적 외부 효과의 사례이다.
④ (나)에서는 상품이 사회적 최적 수준보다 많이 생산될 것이다.
⑤ (가)는 (나)와 달리 다른 경제 주체에게 피해를 주지 않기 때문에 사회 전체의 이익을 증가시킨다.

하나 더!
07-1 위 자료에 대한 옳은 설명만을 〈보기〉에서 고른 것은?

> ┤보기├
> ㄱ. (가)는 무임승차자의 소비를 배제할 수 없기 때문에 나타난다.
> ㄴ. (가)는 사회적으로 필요한 양보다 적게 소비되는 문제가 발생한다.
> ㄷ. (나)는 시장 원리에 따라 자원 배분이 효율적으로 이루어졌다.
> ㄹ. (가), (나)는 모두 외부 효과의 사례이다.

① ㄱ, ㄴ　② ㄱ, ㄷ　③ ㄴ, ㄷ　④ ㄴ, ㄹ　⑤ ㄷ, ㄹ

08 다음 글에 나타난 시장 실패의 유형으로 옳은 것은?

> 등대는 불빛을 비추어 뱃길과 위험한 곳을 알려 줌으로써 수많은 배의 안전한 운항을 돕는다. 하지만 어떤 배가 불빛을 본다고 해서 다른 배가 볼 수 있는 불빛이 줄어드는 것은 아니며, 불빛을 본 배들을 일일이 찾아가 비용을 받는 것은 사실상 불가능하므로 무임승차자 문제가 나타날 수 있다. 따라서 등대 생산을 시장에 맡기면 사회적으로 필요한 만큼 충분히 공급되지 않는다.

① 독점　　　　　　② 과점
③ 정보의 비대칭성　④ 공공재 공급 부족
⑤ 부정적 외부 효과

09 (가)에 들어갈 자료의 주제로 가장 적절한 것은?

> | 주제: | (가) |
> |---|---|
>
> ○○ 지역 중·고등학교의 교복 입찰 과정에서 12개 교복 대리점이 담합 행위를 하였다. 담합 의혹이 있다는 신고를 받은 공정 거래 위원회는 조사를 통해 해당 대리점들이 교복 구매 입찰에서 낙찰 예정자와 들러리를 정하고, *투찰 가격을 합의하였음을 밝혀내었다. 담합 행위에 따른 가격 인상 등의 피해는 소비자에게 전가되었다. 공정 거래 위원회는 담합 행위를 한 12개 교복 대리점에 시정 명령 및 경고 조치를 하였고, 담합 행위 정도가 심한 두 개 대리점에 과징금 총 700만 원을 부과하였다.
>
> * 투찰: 경매에서 낙찰 희망자가 낙찰 가격을 서면으로 제출하는 일

① 정부 실패의 해결
② 긍정적 외부 효과의 개선
③ 부정적 외부 효과의 개선
④ 불공정 거래 행위의 제재
⑤ 공공재 공급 부족 문제의 해결

10 표는 시장 실패의 유형별 문제점과 이를 개선하기 위한 정부의 역할을 정리한 것이다. (가)~(다)에 대한 옳은 설명만을 〈보기〉에서 있는 대로 고른 것은?

유형	문제점	정부의 역할
(가)	사회적 최적 수준보다 과소 생산	정부가 직접 생산
긍정적 외부 효과	사회적 최적 수준보다 과소 생산	(다)
(나)	사회적 최적 수준보다 과다 생산	세금이나 벌금 부과

> ┤보기├
> ㄱ. (가)에는 '공공재 공급 부족'이 들어갈 수 있다.
> ㄴ. (나)의 사례로 국방, 치안 서비스를 들 수 있다.
> ㄷ. (다)에는 '보조금 지급'이 들어갈 수 있다.
> ㄹ. (가), (나)는 모두 정부의 시장 개입을 축소해야 한다는 주장의 근거가 된다.

① ㄱ, ㄷ　　② ㄱ, ㄹ　　③ ㄴ, ㄹ
④ ㄱ, ㄴ, ㄷ　⑤ ㄴ, ㄷ, ㄹ

11 그림에 제시된 (가)의 구체적인 사례로 적절하지 <u>않은</u> 것은?

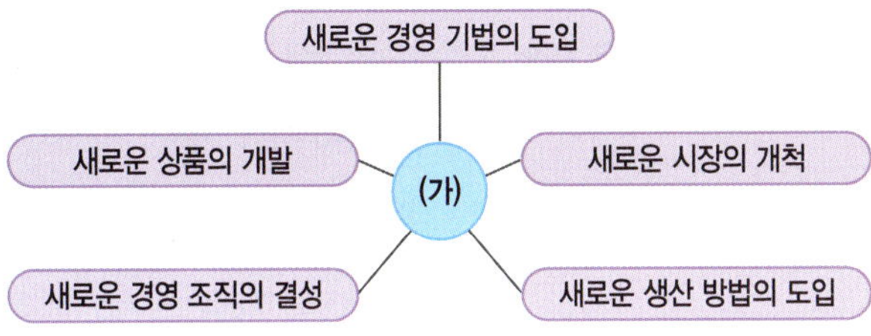

① 새로운 공장을 건설할 때 비용을 들여 친환경 설비로 교체하였다.

② 수요가 급증한 상품을 추가 생산하기 위해 노동자의 임금을 줄였다.

③ 전자 상거래와 홈쇼핑 제도를 도입함으로써 물류 비용을 크게 줄였다.

④ 강력한 구조 조정과 팀제 도입을 통해 기업 경영의 효율성을 향상시켰다.

⑤ 수출 다변화 전략을 통해 중국 시장에 집중되었던 휴대 전화의 수출을 유럽 시장까지 확대시켰다.

12 (가)에 들어갈 수 있는 내용으로 적절한 것은?

> 노동자는 노동력을 제공하고 그 대가로 임금을 받아 경제 생활을 하는 경제 주체로, 경제 성장에 중요한 역할을 담당한다. 시장경제가 원활하게 작동하고 지속가능발전을 실현하는 데 이바지하기 위해 노동자는 ______ (가) ______ 하는 노력이 필요하다.

① 사용자와 거리를 유지

② 노동자의 이익만 중시

③ 사용자와 대립 관계를 유지

④ 근로 계약은 큰 의미가 없음을 인식

⑤ 근로권, 노동 3권 등 노동자의 권리를 인식

서술형 문제

서술형 감잡기

1 다음 사례에 나타난 시장 실패의 유형과 그 의미를 서술하시오.

> 건물 신축 공사를 하는 건설 회사는 의도하지 않았지만 공사 현장에서 소음과 분진이 발생하므로 인근 주민들에게 피해를 준다.

(1) 초성을 참고하여 서술형 답안에 들어갈 내용을 써 보자.

답안 키워드 부정적 ㅇㅂㅎㄱ ㅇㄷ ㄷㄱ

(2) (1)의 내용을 포함하여 서술형 답안을 작성해 보자.

실전! 도전하기

2 다음 글을 읽고 물음에 답하시오.

> 우리나라는 동물 복지 축산 농장 인증 제도를 시행하여 인도적으로 동물을 사육하는 농장에 대해 인증하고, 인증 농장에서 생산되는 축산물에 동물 복지 축산 농장 인증 마크를 표시하도록 하고 있다. 최근에는 동물에게 쾌적한 환경을 제공하고 불필요한 고통을 주지 않고자 하는 제도의 취지에 공감하여 가격이 비싸더라도 동물 복지 축산 농장 인증 마크가 표시되어 있는 달걀과 돼지고기 등을 구매하는 소비자가 늘어나고 있다.

(1) 밑줄 친 소비자가 추구하는 소비 유형을 쓰시오.

----

(2) (1)에서 쓴 소비 유형의 의미와 의의를 서술하시오.

1등급 정복하기

최고난도

01 자료에 대한 분석 및 추론으로 옳은 것만을 〈보기〉에서 고른 것은? (단, 제시된 내용 이외의 다른 조건은 고려하지 않음.)

◆ **합리적 선택**

> 갑과 을은 운동화 A, B 중 하나를 선택하여 구매하려고 한다. 표는 A, B의 가격과 갑, 을이 선택으로 얻는 편익을 나타낸다.

구분	가격	편익	
		갑	을
A	8만 원	12만 원	13만 원
B	10만 원	16만 원	㉠

보기

ㄱ. 갑이 A를 선택할 때 암묵적 비용은 5만 원이다.

ㄴ. 갑은 B를 선택하는 것이 합리적이다.

ㄷ. 을이 B를 선택할 때 기회비용은 15만 원이다.

ㄹ. ㉠이 14만 원일 경우 을은 B를 선택하는 것이 합리적이다.

① ㄱ, ㄴ ② ㄱ, ㄷ ③ ㄴ, ㄷ ④ ㄴ, ㄹ ⑤ ㄷ, ㄹ

🐾 **완자쌤의 시험꿀팁**

합리적 선택은 편익에서 기회비용(명시적 비용＋암묵적 비용)을 뺀 순편익이 가장 큰 대안을 선택하는 것임을 기억해 두어야 한다. 또한 제시된 자료에 두 명의 소비자가 등장하거나 세 개의 재화가 주어지는 경우 각각의 편익과 가격을 잘 구분하여 문제를 풀이해야 한다.

02 ㉠, ㉡에 대한 설명으로 옳은 것은?

◆ **시장 실패**

> • (㉠)은/는 소수의 기업이 시장을 지배하는 것이다. (㉠)과/와 같은 불완전 경쟁 상황에서는 시장 지배력을 가진 기업이 이윤을 올리기 위해 불공정 거래 행위를 하기도 한다.
> • (㉡)의 대표적인 사례로는 과수원 주변에서 양봉업자가 꿀벌을 치는 것을 들 수 있다. 양봉업자의 꿀벌 덕분에 과수원 나무의 수분이 잘 되어 과수원 주인은 더 많은 과일을 수확할 수 있다. 하지만 과수원 주인은 양봉업자에게 아무런 보상을 하지 않는다.

① ㉠ 상황에서는 무임승차자 문제가 발생한다.

② ㉠ 상황에서는 담합이 발생하여 소비자가 재화나 서비스를 더 높은 가격에 구매하게 될 수 있다.

③ ㉡을 유발하는 재화나 서비스는 사회적 최적 수준보다 많이 생산되거나 소비된다.

④ ㉡은 다른 경제 주체에게 의도하지 않은 피해를 주지만 대가를 치르지 않는 상태를 의미한다.

⑤ ㉠, ㉡은 모두 자원의 효율적 배분에 이바지한다.

완자 사전

■ **양봉업자**

꿀을 얻기 위해 벌을 기르는 일을 직업으로 삼는 사람

🐾 **완자쌤의 시험꿀팁**

독과점, 공공재 공급 부족, 외부 효과 등 시장 실패의 유형 사례를 제시하고 그 특징을 묻는 문제가 자주 출제되고 있다. 각 유형의 의미와 대표적인 사례를 기억해 두어야 한다.

수능 첫걸음

┤ 24학년도 수능 경제 10번 ├

다음 자료에 대한 옳은 분석 및 추론만을 〈보기〉에서 있는 대로 고른 것은? (단, 제시된 자료 이외에 다른 조건은 고려하지 않음.)

같은 시간에 열려 둘 중 하나만 관람할 수 있는 아이돌 공연과 뮤지컬 공연이 있다. 표는 갑과 을이 공연 관람으로부터 얻는 편익과 공연 표의 가격을 나타낸다. ㉠ 갑은 두 공연 중 뮤지컬 공연을 선택하여 표를 구입하였으며, 을은 아이돌 공연 표를 무료로 선물 받았다.

(단위: 만 원)

구분	아이돌 공연	뮤지컬 공연
갑의 편익	(가)	9
을의 편익	10	(나)
표 가격	(다)	8

을에게 아이돌 공연 표가 있다는 사실을 알게 된 갑은 ㉡ "나에게 아이돌 공연 표를 5만 원에 팔면 너에게 뮤지컬 공연 표를 그냥 줄게."라고 을에게 제안하였다. 단, 갑과 을은 편익과 기회비용만을 고려하여 합리적으로 결정하고, 모든 공연 표는 환불이 불가능하며, 공연 관람에 따른 추가 비용은 없다.

┤ 보기 ├

ㄱ. (가)가 '13'이라면 갑은 ㉡을 제안하지 않았을 것이다.

ㄴ. (나)가 '4'라면 을은 ㉡을 받아들일 것이다.

ㄷ. ㉠과 ㉡으로부터 판단할 때, (다)는 '12'가 될 수 있다.

① ㄱ ② ㄴ ③ ㄱ, ㄷ ④ ㄴ, ㄷ ⑤ ㄱ, ㄴ, ㄷ

※ 단계별로 문제 풀이에 접근해 보세요!

■ 1단계 / 자료 분석하기

㉠을 통해 '(가)−(다)'가 ① 보다 작다는 것을 파악하고, 모든 공연 표는 환불할 수 없으므로 표 구입 비용은 ② 임을 파악한다.

■ 2단계 / 정답 개념 연결하기

㉡에 따른 갑의 명시적 비용은 을에게 주어야 할 5만 원이다. 또한 뮤지컬 표 가격은 매몰 비용이며, 암묵적 비용은 뮤지컬 공연 관람에 따른 갑의 편익인 ③ 만 원이다. 따라서 (가)가 '14' 이상이어야 갑은 ㉡을 제안했을 것이다.

■ 3단계 / 오답 개념 피하기

ㄴ. (나)가 '4'라면 을이 갑에게 아이돌 공연 표를 5만 원에 팔고 뮤지컬 공연을 관람할 경우 을의 순편익이 −1로 음(−)의 값이다. 따라서 을은 ㉡을 받아들이지 않을 것이다.

ㄷ. ㉠과 ㉡으로부터 판단할 때 (가)는 '14' 보다 ④ 하고 '(가)−(다)'는 1보다 작아야 하므로 (다)는 '12'가 될 수 없다.

정답 ⑤ ⑨ 9 ④ 커야

옐 대표 유형 | ① 공연 표 이익 | ② 매몰 비용 | ⑨ 9 ⑤ 커야

┤ 25학년도 수능 경제 2번 ├

01 다음 두 사례에 공통으로 나타난 시장 실패의 원인으로 가장 적절한 것은?

• 가로등 서비스는 대가를 치르지 않은 사람의 소비를 막을 수 없으므로 민간 기업은 생산에 대한 경제적 유인이 없다.

• 대가를 지불하지 않은 사람도 수산 자원을 채취할 수 있는 공해에서는 남획의 문제가 발생하여 수산 자원은 결국 고갈된다.

① 역선택 ② 도덕적 해이

③ 시장의 진입 장벽 ④ 기업 간 가격 담합

⑤ 재화와 서비스의 비배제성

🖋 정답친해 22쪽

완자쌤과 수능 미리 보기

Q 역선택과 도덕적 해이는 무엇인가요?

A 역선택은 정보를 가지지 못한 쪽이 불리한 선택을 하게 되는 경향을 의미하고, 도덕적 해이는 정보를 가진 쪽이 정보를 가지지 못한 쪽의 이익에 반하는 행동을 하는 경향을 의미해요. 역선택과 도덕적 해이는 모두 정보의 비대칭성, 즉 거래 당사자 간에 정보의 양이 서로 다른 상황의 결과로 나타날 수 있는 현상이에요.

03 자산 관리와 금융 생활

▶ 금융 자산의 종류와 특징
▶ 자산 관리의 원칙
▶ 금융 의사 결정에 영향을 미치는 요인

이것이 핵심!

※ 금융 자산별 수익 형태

예금	이자 수익
주식	배당금, 시세 차익
채권	이자 수익, 시세 차익

◆ 자산
개인이나 단체가 소유한 금전적 가치가 있는 물건 및 권리 등을 말한다. 자산은 크게 금융 자산과 토지, 건물, 예술품 등 실물 자산으로 구분한다.

◆ 예금자 보호 제도
예금 보험 공사가 금융 기관으로부터 예금 보험료를 받아 기금을 적립하였다가 금융 기관이 영업 정지, 파산 등으로 예금자에게 예금을 지급할 수 없게 되면 예금 보험금을 지급하는 제도

◆ 수익성과 안전성

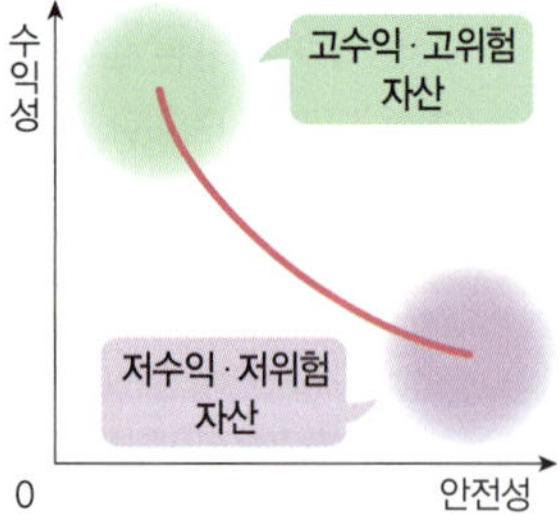

---

1 자산 관리와 금융 생활 설계

1. 금융 자산의 종류

> 꼭! 목돈을 맡기는 정기 예금과 일정 금액을 정기적으로 납입하는 정기 적금으로 나뉘어. 만기 시에 돈을 찾을 수 있으며, 일반적으로 요구불 예금보다 이자 수익이 높아.

예금	• 의미: 금융 기관에 돈을 맡기고 원금과 일정한 이자를 받는 금융 자산 • 종류: 요구불 예금(입출금이 자유로운 상품), 저축성 예금(일정 기간 돈을 맡기고 이자를 받는 상품) • 특징: 예금자 보호 제도의 적용을 받아 원금 손실 위험이 적지만, 이자 수익이 적음
채권	• 의미: 정부, 기업, 금융 기관 등이 자금 마련을 위해 미래의 정해진 시점에 원금과 일정한 이자를 지급할 것을 약속하고 투자자로부터 돈을 빌린 후 발행하는 증서 └ 일종의 차용 증서라고 할 수 있어. • 특징: 보유 시 이자 수익을 얻을 수 있음, 만기 전 매매하여 시세 차익을 얻을 수 있음
주식	• 의미: 주식회사가 경영 자금 마련을 위해 투자자에게 돈을 받고 그 대가로 발행하는 증서 • 특징: 보유 시 주주가 되어 기업의 경영에 관한 의사 결정에 참여할 수 있고, 배당금을 얻을 수 있음, 주식 가격 변화에 따라 사고팔아 시세 차익을 얻을 수 있음 └ 기업이 얻은 이익의 일부를 지분에 따라 주주들에게 나누어 주는 것
펀드	자산 운용 기관이 투자금을 모아 주식, 채권 등에 투자하여 그 수익을 투자자들에게 돌려주는 간접 투자 상품
보험	미래에 발생할 수 있는 위험에 대비하여 보험 회사에 보험료를 납부하고 위험 발생 시 약정한 보험금을 받는 제도 └ 예 사고, 질병, 사망, 화재 등
연금	노후 대비를 위해 소득의 일부를 적립하여 은퇴 이후 일정 금액을 지급받는 상품 또는 제도

2. 자산 관리의 원칙 **다잡는 자료**

> 꼭! 일반적으로 수익성과 안전성은 상충 관계에 있어서 고수익 자산은 안전성이 낮고 저수익 자산은 안전성이 높아.

수익성	투자한 자산으로부터 이익을 기대할 수 있는 정도 → 꼭! 일반적으로 예금보다 채권, 주식의 수익성이 높아.
안전성	투자한 자산의 가치가 줄어들지 않고 안전하게 보호될 수 있는 정도 → 일반적으로 예금은 예금자 보호 제도의 적용을 받아 안전성이 가장 높음 → 꼭! 채권은 예금보다 안전성이 낮고, 주식보다는 안전성이 높아.
유동성	보유한 자산을 필요할 때 쉽게 현금으로 바꿀 수 있는 정도 ┐ 예금은 유동성이 높지만 부동산은 유동성이 낮아. └ '환금성'이라고도 해.

3. 금융 생활 설계 **자료 ①**

의미	재무 목표를 세우고, 목표 달성에 필요한 자금을 마련하기 위해 저축 및 투자 계획을 수립하는 과정
과정	재무 목표 설정 → 재무 상태 파악 → 재무 행동 계획 수립 및 실행 → 검토 및 평가

└ 필요시 재무 계획을 수정 및 보완할 수 있어.

이것이 핵심!

※ 금융 의사 결정에 영향을 미치는 요인

경제적 상황 변화
물가, 금리, 환율 등

\+

정치적·사회적 상황 변화
정부 정책, 국제 관계 변화, 전쟁 등

↓

금융 의사 결정

---

2 경제적·정치적·사회적 상황 변화와 금융 의사 결정 **자료 ②**

1. 경제적 상황 변화의 영향

> 꼭! 한국은행은 물가 상승을 억제하기 위해 기준 금리를 인상하기도 해.

> 왜? 같은 금액으로 살 수 있는 재화나 서비스의 양이 줄어들어 화폐의 실질적 가치가 하락하기 때문이야.

물가	물가 상승 시 금융 자산으로 얻을 수 있는 미래 수익이 감소하므로 실물 자산에 대한 투자가 증가함
금리	금리 상승 시 이자 수익을 얻는 예금 등 안전 자산에 대한 선호가 높아지고, 주식 등 수익성이 높지만 안전성이 낮은 자산에 대한 투자가 위축됨 → 꼭! 대출 이자 부담이 늘어나므로 대출을 줄이기도 해.
환율	• 환율 상승 시: 외국 주식에 투자하거나 외국 화폐를 보유한 사람은 원화로 환산한 수익이 늘어남 • 환율 하락 시: 외국 주식에 투자하거나 외국 화폐를 보유한 사람은 원화로 환산한 수익이 감소함 └ 한 나라의 화폐와 다른 나라 화폐의 교환 비율(외국 화폐의 가격)

2. 정치적·사회적 상황 변화의 영향: 개인은 정치적·사회적 상황이 안정적인 시기에는 수익성에, 불안정한 시기에는 안전성과 유동성에 초점을 두고 금융 의사 결정을 할 가능성이 높음

└ 예 정부 정책, 국제 관계 변화, 전쟁, 테러, 감염병 대유행, 기후위기 등

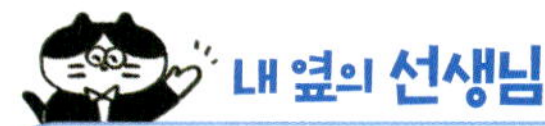

내 교과서 · 비상, 미래엔, 천재, 지학사, 동아에서 '자산 관리에 대한 조언' 자료를 다루고 있어요.

내신과 수능을 **다 잡는 자료** · 자산 관리에 대한 조언

포트폴리오 투자	'100 – 나이' 법칙
"달걀을 한 바구니에 담지 마라."라는 말처럼 한 자산에만 몰아서 투자하면 모든 것을 잃을 수 있으므로 여러 금융 자산에 분산하여 투자하는 포트폴리오 투자가 필요하다.	'100 – 나이' 법칙은 100에서 자신의 나이를 뺀 만큼의 비율을 수익성이 높은 자산에 투자하고, 나머지를 안전성이 높은 자산에 투자하는 것을 말한다.

분산 투자하여 보유한 금융 자산의 목록을 의미해.

달걀을 한 바구니에 담았다가 떨어뜨리면 모두 깨질 수 있는 것처럼 투자를 할 때도 위험을 줄이려면 자금을 여러 금융 자산에 분산하는 포트폴리오를 구성하고, 경제 상황에 따라 포트폴리오를 주기적으로 바꾸어야 한다. 또한 '100 – 나이' 법칙에 따라 나이가 들수록 보수적으로, 젊을수록 공격적으로 투자해야 한다. 젊은 사람은 오랜 기간 투자할 수 있어 투자 위험에 대한 충격이 적고 갑작스러운 가격 변동에 대처하기가 쉽기 때문이다.

빈출 선택지로 점검하기

» 초성을 참고하여 자산 관리에 대한 옳은 선택지로 완성해 보자.

- 투자를 할 때 위험을 줄이려면 여러 금융 자산에 분산하여 투자하는 ㅍㅌㅍㄹㅇ 투자가 필요하다.
- '100–나이' 법칙에 따르면 100에서 자신의 나이를 뺀 만큼의 비율을 ㅅㅇㅅ이 높은 자산에 투자해야 한다.

정답 · 포트폴리오, 수익성

함께 보기 · 내신 만점 공략하기 08번

자료 1 · 생애 주기별 금융 생활 설계

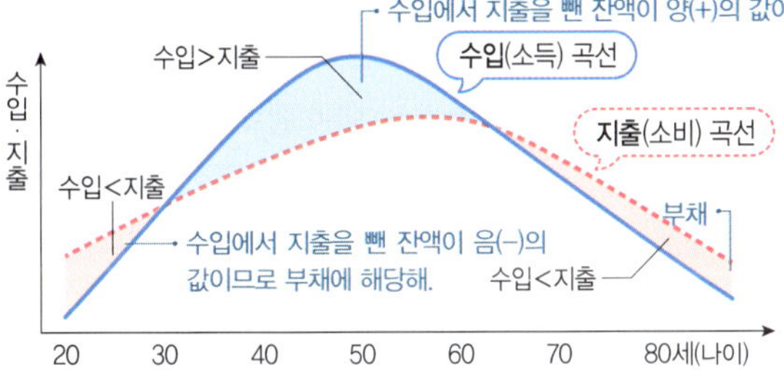

청년기	여행 경비 마련, 자동차 구입 자금 마련 등
중장년기	주택 구입 자금 마련, 노후 대비 자금 마련 등
노년기	노후 대비 자금 운용 등

↑ 생애 주기별 재무 목표의 예

자료는 생애 주기 곡선을 나타낸 것이다. 생애 주기란 시간의 흐름에 따라 삶이 변화하는 일련의 단계를 말한다. 생애 주기의 단계에 따라 수입과 지출의 규모가 달라지고, 수행해야 할 과업과 그에 따른 재무 목표도 달라진다. 일반적으로 사회생활을 시작하는 청년기 이후부터는 수입이 지출보다 많아지며, 은퇴 이후 노년기에는 지출이 수입보다 많아진다. 따라서 장기적인 시각에서 수입과 지출의 변화 흐름을 고려하여 금융 생활을 설계해야 한다.

문제로 확인할까?

㉠, ㉡에 들어갈 알맞은 말을 각각 쓰시오.

> 사회생활을 시작하는 청년기 이후부터는 (㉠)이/가 (㉡)보다 많아지고, 은퇴 이후 노년기에는 (㉡)이/가 (㉠)보다 많아진다.

정답 · ㉠ 수입, ㉡ 지출

자료 2 · 환율과 전쟁이 금융 의사 결정에 미치는 영향

(가) 일본 화폐인 엔화의 가치가 다른 나라 화폐의 가치에 비해 상대적으로 낮아지는 엔저 현상이 나타나자 일본 여행을 가는 우리나라 관광객이 급증하였다.

(나) 러시아–우크라이나 전쟁으로 원유, 천연가스 등 국제 에너지와 원자재 가격이 상승하였다. 이에 따라 전 세계에 인플레이션이 발생하여 투자, 소비가 감소할 것으로 예상된다.

(가)에서 엔저는 원/엔 환율 하락을 의미한다. 환율이 하락하면 동일한 금액을 환전할 때 이전보다 더 적은 원화가 필요하다. 따라서 일본 여행 경비 부담이 감소하였으므로 일본 여행을 가는 우리나라 관광객이 늘어난 것이다. (나)에서는 러시아–우크라이나 전쟁으로 인플레이션이 발생하였다. 인플레이션이 발생하면 화폐의 실질적 가치가 하락하여 투자가 감소하고, 기업의 생산 비용이 늘어나 소비자 물가가 더욱 오를 수 있다.

자료 · 하나 더 알고 가자!

물가 변동과 한국은행의 금리 결정

> 우리나라의 중앙은행인 한국은행은 물가 변동에 대응하기 위해 기준 금리를 조정한다. 한국은행이 물가 상승 억제를 위해 기준 금리를 인상하면 시중 은행들도 예금 금리와 대출 금리를 올린다.

한국은행은 물가 안정을 위해 기준 금리를 인상하거나 인하한다. 금리가 오르면 예금의 수익성이 높아지므로 예금 상품에 가입하는 사람이 늘어나고, 대출 이자 부담이 늘어나므로 대출을 줄이는 사람이 늘어난다.

STEP 1 핵심 개념 **확인**하기

1 ㉠, ㉡에 들어갈 알맞은 말을 각각 쓰시오.

> 예금은 크게 입출금이 자유로운 (㉠) 예금과 일정 기간 돈을 맡기고 이자를 받는 저축성 예금으로 구분된다. 저축성 예금의 종류에는 목돈을 맡기는 정기 예금과 일정 금액을 정기적으로 납입하는 (㉡)이/가 있다.

2 다음 설명이 채권에 해당하면 '채', 주식에 해당하면 '주'를 쓰시오.

(1) 보유 시 배당금을 얻을 수 있다. ( )
(2) 보유 시 이자 수익을 얻을 수 있다. ( )

3 자산 관리의 원칙과 의미를 옳게 연결하시오.

(1) 수익성 •
(2) 안전성 •
(3) 유동성 •

• ㉠ 투자한 자산으로부터 이익을 기대할 수 있는 정도
• ㉡ 보유한 자산을 필요할 때 쉽게 현금으로 바꿀 수 있는 정도
• ㉢ 투자한 자산의 가치가 줄어들지 않고 안전하게 보호될 수 있는 정도

4 다음 설명이 맞으면 ○표, 틀리면 ×표를 하시오.

(1) 예금은 예금자 보호 제도의 적용을 받아 수익성이 높다. ( )
(2) 채권은 예금보다 안전성이 낮고, 주식보다는 안전성이 높다. ( )
(3) 연금은 노후 대비를 위해 소득의 일부를 적립하여 은퇴 이후 일정 금액을 지급받는 금융 자산이다. ( )

5 다음 괄호 안의 내용 중 알맞은 말에 ○표를 하시오.

(1) 금리가 상승하면 예금에 대한 선호가 (높아진다, 낮아진다).
(2) 물가가 상승하면 금융 자산으로 얻을 수 있는 미래 수익이 (감소, 증가)한다.
(3) 개인은 정치적·사회적 상황이 안정적인 시기에는 (수익성, 안전성)에 초점을 두고 금융 의사 결정을 할 가능성이 높다.

STEP 2 내신 만점 **공략**하기

01 그림은 질문에 따라 예금 A, B를 분류한 것이다. 이에 대한 옳은 설명만을 〈보기〉에서 있는 대로 고른 것은? (단, A, B는 각각 정기 예금, 정기 적금 중 하나임.)

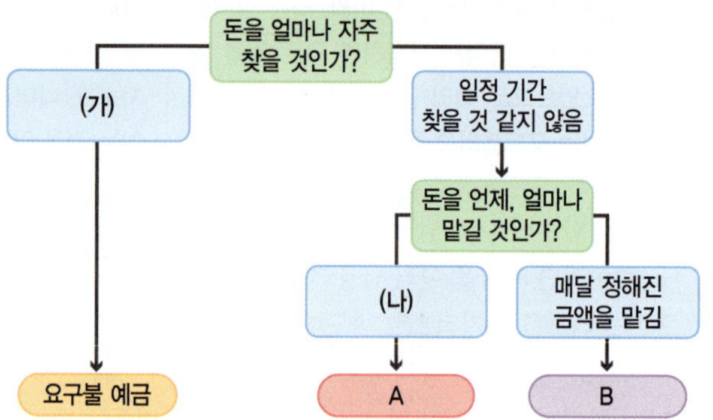

> ┤보기├
> ㄱ. A는 입출금이 자유로운 예금 상품이다.
> ㄴ. B는 목돈을 마련하기 위한 목적으로 가입한다.
> ㄷ. (가)에는 '필요할 때마다 수시로 찾을 것 같음'이 들어갈 수 있다.
> ㄹ. (나)에는 '목돈을 한 번에 맡김'이 들어갈 수 있다.

① ㄱ, ㄷ   ② ㄱ, ㄹ   ③ ㄴ, ㄹ
④ ㄱ, ㄴ, ㄷ   ⑤ ㄴ, ㄷ, ㄹ

02 표는 갑이 보유하고 있는 금융 자산의 내역이다. 이에 대한 설명으로 옳은 것은?

채권	주식	정기 적금	정기 예금
300만 원	200만 원	500만 원	400만 원

① 저축성 예금의 총액은 500만 원이다.
② 이자 수익을 기대할 수 있는 자산의 총액은 900만 원이다.
③ 시세 차익을 기대할 수 있는 자산의 총액은 700만 원이다.
④ 예금자 보호 제도의 적용을 받는 자산의 총액은 900만 원이다.
⑤ 자산 운용 기관이 투자금을 모아 운용하고 그 결과에 따라 수익을 돌려주는 상품의 총액은 500만 원이다.

03 그림은 질문에 따라 금융 자산 A~C를 구분한 것이다. 이에 대한 설명으로 옳은 것은? (단, A~C는 각각 정기 예금, 채권, 주식 중 하나임.)

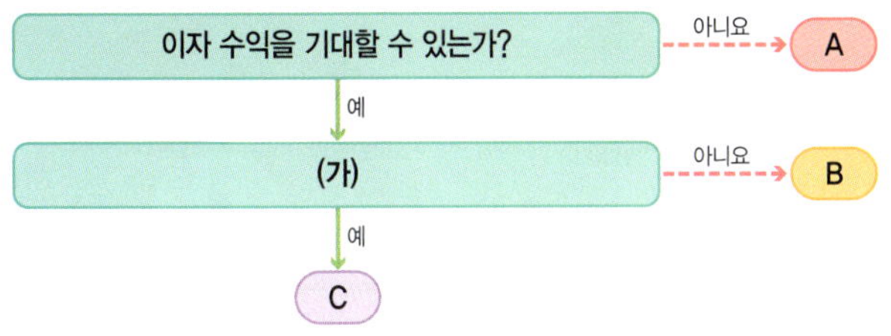

① 일반적으로 A는 B, C에 비해 안전성이 높다.
② A를 보유한 사람은 기업의 경영에 관한 의사 결정에 참여할 수 있다.
③ B가 정부나 기업이 자금 마련을 위해 투자자로부터 돈을 빌린 후 발행하는 증서라면 B는 C와 달리 만기가 존재한다.
④ (가)에는 '배당금을 기대할 수 있는가?'가 들어갈 수 있다.
⑤ (가)에 '예금자 보호 제도의 적용 대상인가?'가 들어가면, B는 정기 예금이다.

04 다음은 어느 고등학생이 생성형 인공지능을 활용하여 학습하는 모습이다. ㉠~㉣ 중 옳은 것만을 고른 것은?

안녕하세요. 생성형 인공지능(AI) 학습 챗봇 완자쌤입니다. 무엇을 알려 드릴까요?

대표적인 금융 자산인 예금, 채권, 주식의 특징에 대해 알려 주세요.

네. 예금, 채권, 주식의 특징에 대해 안내해 드릴게요.

㉠ 예금을 보유하면 이자 수익을 얻을 수 있습니다.
㉡ 채권을 보유하면 이자 수익과 배당금을 얻을 수 있습니다.
㉢ 주식은 예금자 보호 제도의 적용을 받아 원금 손실 위험이 적습니다.
㉣ 주식과 채권은 모두 사고팔 수 있어 시세 차익을 얻을 수 있습니다.

① ㉠, ㉡   ② ㉠, ㉣   ③ ㉡, ㉢
④ ㉡, ㉣   ⑤ ㉢, ㉣

05 (가)~(다)에 대한 설명으로 옳은 것은? (단, (가)~(다)는 각각 수익성, 안전성, 유동성 중 하나임.)

(가) 필요할 때 쉽게 현금으로 바꿀 수 있는 정도
(나) 투자한 자산으로부터 이익을 기대할 수 있는 정도
(다) 투자한 자산의 가치가 줄어들지 않고 안전하게 보호될 수 있는 정도

① 일반적으로 예금은 (가)가 낮다.
② 일반적으로 주식은 예금, 채권에 비해 (나)가 높다.
③ (다)가 낮은 대표적인 금융 자산에는 예금이 있다.
④ (나)가 높은 금융 자산은 대부분 (다)도 높다.
⑤ (가)보다 (나), (다)를 고려하는 것이 합리적인 선택이다.

06 그림에 대한 설명으로 옳은 것은? (단, A, B는 각각 예금, 주식 중 하나임.)

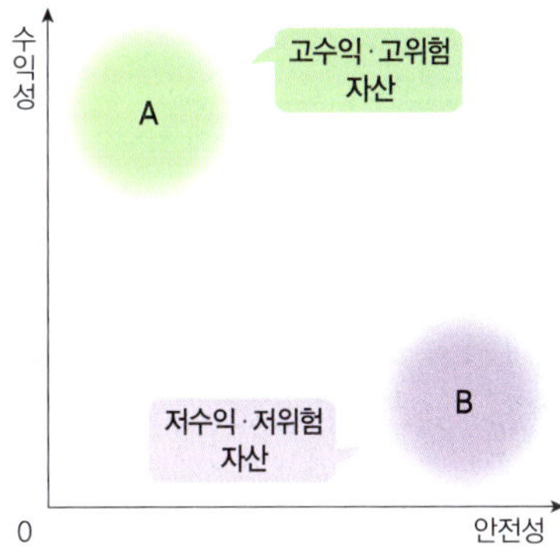

① A를 보유하면 이자 수익을 얻을 수 있다.
② B는 예금자 보호 제도의 적용을 받는다.
③ A는 B보다 원금이 손실될 위험이 적다.
④ B는 A와 달리 시세 차익을 얻을 수 있다.
⑤ A, B는 모두 미래의 위험에 대비할 수 있는 금융 자산이다.

06-1 위 그림의 A, B 중 다음 설명에 해당하는 금융 자산을 골라 쓰시오.

보유 시 주주가 되어 기업의 경영에 관한 의사 결정에 참여할 수 있고, 배당금을 얻을 수 있다.

07 다음은 금융 자산에 대한 대화이다. 이에 대한 설명으로 옳지 <u>않은</u> 것은?

① ㉠은 저축성 예금에 포함된다.
② ㉡을 보유하면 주주로서의 권한을 행사할 수 있다.
③ 일반적으로 ㉠은 ㉡에 비해 안전성이 높다.
④ ㉠, ㉡은 모두 만기가 있는 금융 자산이다.
⑤ (가)에는 '정기 예금을 줄이고 주식에 투자하는 것이 좋겠어요.'가 들어갈 수 있다.

07-1 위 대화의 ㉠, ㉡ 중 다음 설명에 해당하는 금융 자산을 골라 쓰시오.

> 정부, 기업, 금융 기관 등이 자금 마련을 위해 미래의 정해진 시점에 원금과 일정한 이자를 지급할 것을 약속하고 투자자로부터 돈을 빌린 후 발행하는 증서이다.

08 다음 글에서 자산 관리와 관련하여 강조하는 내용으로 가장 적절한 것은?

> 달걀이 담긴 바구니를 떨어뜨리면 달걀이 모두 깨질 수 있기 때문에 모든 달걀을 한 바구니에 담아서는 안 된다.

① 생애 주기를 고려하여 투자해야 한다.
② 여러 자산에 분산하여 투자해야 한다.
③ 수입과 지출을 고려하여 투자해야 한다.
④ 수익성이 높은 자산에 집중 투자해야 한다.
⑤ 단기 목표보다 장기 목표에 맞추어 투자해야 한다.

09 그림은 갑, 을의 투자 포트폴리오이다. 이에 대한 옳은 분석 및 추론만을 〈보기〉에서 있는 대로 고른 것은? (단, 갑, 을의 총 투자 금액은 동일함.)

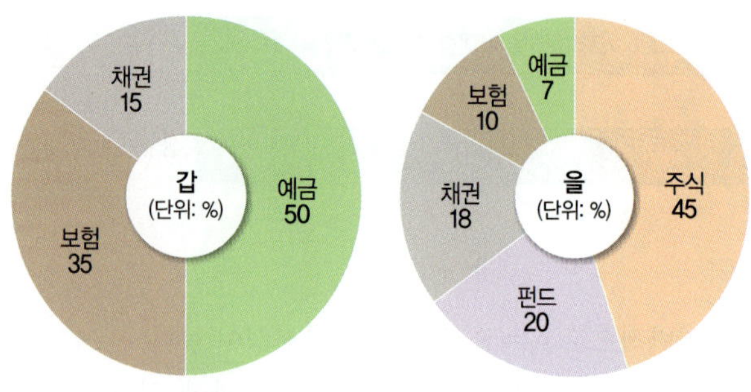

↑ 갑의 투자 포트폴리오 　　↑ 을의 투자 포트폴리오

보기
> ㄱ. 갑은 을에 비해 고수익·고위험 금융 자산의 비중이 크다.
> ㄴ. 갑은 을에 비해 원금 손실의 가능성을 낮추는 투자 성향을 지녔다.
> ㄷ. 갑은 을에 비해 미래의 위험에 대비할 수 있는 금융 자산의 비중이 크다.
> ㄹ. 을은 갑에 비해 예금자 보호 제도의 적용을 받는 금융 자산의 비중이 크다.

① ㄱ, ㄷ　　② ㄱ, ㄹ　　③ ㄴ, ㄷ
④ ㄱ, ㄴ, ㄹ　　⑤ ㄴ, ㄷ, ㄹ

10 (가)~(라)를 금융 생활 설계의 과정에 따라 순서대로 옳게 나열한 것은?

> (가) 갑은 현재 자신의 소득과 보유 자산을 점검하였다.
> (나) 갑은 5년 안에 자동차를 구입하겠다는 목표를 세웠다.
> (다) 주식 가격이 하락할 것으로 예상되자, 갑은 주식을 매도하고 이를 채권에 투자하였다.
> (라) 갑은 보유 자산의 60%를 정기 예금, 40%를 주식에 투자하기로 계획하고 이를 실행하였다.

① (가) - (나) - (라) - (다)
② (가) - (라) - (나) - (다)
③ (나) - (가) - (라) - (다)
④ (나) - (라) - (가) - (다)
⑤ (다) - (나) - (가) - (라)

11 그림은 생애 주기별 수입과 지출의 변화를 나타낸 것이다. 이에 대한 분석 및 추론으로 옳지 <u>않은</u> 것은?

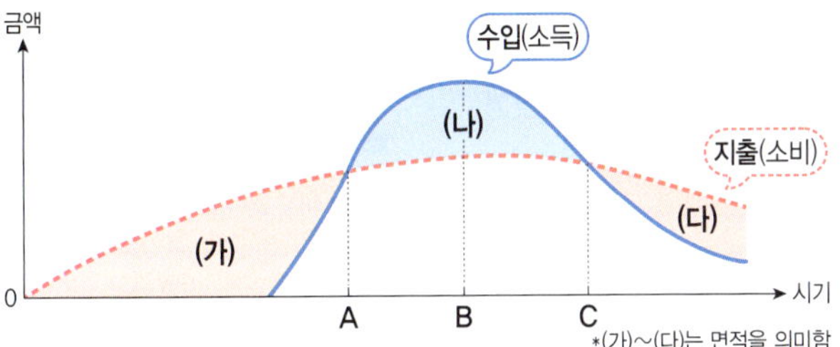

① (가)는 부채에 해당한다.
② 취업 시기가 빨라질수록 (나) 면적이 넓어질 것이다.
③ (다) 면적이 넓을수록 은퇴 이후 시기를 안정적으로 보낼 수 있다.
④ 일반적으로 누적 저축액은 C 시기에 가장 많다.
⑤ 정년이 연장되면 B 시기와 C 시기 간의 거리가 길어진다.

★ 중요
12 교사의 질문에 옳은 답변을 한 학생만을 〈보기〉에서 고른 것은?

┌ 보기 ┐
갑: 금리가 상승하면 개인은 소비와 대출을 줄이고, 예금을 늘릴 것입니다.
을: 원/달러 환율이 상승하면 미국 주식에 투자한 사람의 원화 환산 수익이 늘어날 것입니다.
병: 원/달러 환율이 상승하면 달러를 쓰는 국가로의 여행을 계획하는 사람이 늘어날 것입니다.
정: 금리가 상승하면 개인은 예금을 줄이고 주식 등 수익성이 높은 금융 자산에 투자할 것입니다.

① 갑, 을
② 갑, 정
③ 을, 병
④ 을, 정
⑤ 병, 정

📖 서술형 문제

서술형 감잡기

1 표는 질문에 따라 금융 자산 A, B를 구분한 것이다. A, B를 쓰고 (가), (나)에 들어갈 수 있는 질문을 각각 한 가지씩 서술하시오. (단, A, B는 각각 주식, 채권 중 하나임.)

질문	A	B
만기가 존재하는가?	아니요	예
(가)	예	예
(나)	예	아니요

(1) 초성을 참고하여 서술형 답안에 들어갈 내용을 써 보자.

답안 키워드　 ㅈㅅ 　 ㅊㄱ 　 ㅅㅅㅊㅇ

(2) (1)의 내용을 포함하여 서술형 답안을 작성해 보자.

실전! 도전하기

2 다음 글을 읽고 물음에 답하시오.

'100-나이' 법칙은 투자를 할 때 100에서 자신의 나이를 뺀 만큼의 비율을 (㉠)이/가 높은 자산에 투자하고, 나머지를 (㉡)이/가 높은 자산에 투자하는 것을 말한다. 젊은 사람은 오랜 기간 투자할 수 있어 투자 위험에 대한 충격이 적고 갑작스러운 가격 변동에 대처하기가 쉽다. 따라서 나이가 젊을수록 공격적으로 투자하고, 나이가 들수록 보수적으로 투자해야 한다는 것이다.

(1) ㉠, ㉡에 들어갈 자산 관리의 원칙을 각각 쓰시오.

(2) 30세 갑이 '100-나이'의 법칙에 따라 자신의 여유 자금 3,000만 원을 정기 예금과 주식에만 나누어 투자한다면 각각 얼마씩 투자해야 하는지 서술하시오.

STEP 3 1등급 정복하기

최고난도

01 표는 자산 관리의 원칙에 따라 금융 자산 A~C를 구분한 것이다. 이에 대한 설명으로 옳은 것은? (단, A~C는 각각 요구불 예금, 채권, 주식 중 하나이고, (가), (나)는 각각 수익성, 안전성 중 하나임.)

구분	A	B	C
유동성	++	+++	++
(가)	+++	+	++
(나)	+	+++	++

* +의 개수가 많을수록 해당 특징이 강함 또는 높음을 의미함

① A는 B에 비해 안전성이 높다.
② 정부는 A를 발행할 수 없지만, C는 발행할 수 있다.
③ B는 C와 달리 이자 수익을 얻을 수 있다.
④ (가)는 보유한 자산을 필요할 때 쉽게 현금으로 바꿀 수 있는 정도를 의미한다.
⑤ (나)는 투자한 자산으로부터 이익을 기대할 수 있는 정도를 의미한다.

◆ **금융 자산과 자산 관리의 원칙**

🧑‍🏫 **완자쌤의 시험꿀팁**

주식, 채권, 예금의 특징과 자산 관리의 원칙인 수익성, 안전성, 유동성의 의미를 정확하게 파악하고, 각 금융 자산과 자산 관리 원칙의 관계를 알아 두어야 한다.

02 자료는 경제적·사회적 상황 변화가 금융 의사 결정에 영향을 미치는 과정을 예측한 것이다. ㉠~㉢에 들어갈 내용을 옳게 연결한 것은?

감염병 대유행 상황에서 정부가 전 국민을 대상으로 생활 지원금을 지급하였다.

⬇

시중에 돈이 많아지면서 물가가 급격하게 (㉠)하였다.

⬇

물가 (㉠)을/를 억제하기 위해 한국은행이 금리를 (㉡)하였다.

⬇

투자금을 회수하여 대출금을 갚는 사람이 증가하였다.	예금 상품에 가입하는 사람이 (㉢)하였다.

	㉠	㉡	㉢			㉠	㉡	㉢
①	상승	인상	감소		②	상승	인상	증가
③	상승	인하	감소		④	하락	인상	증가
⑤	하락	인하	감소					

◆ **금융 의사 결정과 경제적·사회적 상황 변화**

완자 사전

■ **한국은행**
우리나라의 중앙은행으로, 일반 금융 기관에 대한 예금·대출 업무, 발권 업무, 국고 업무, 외국환 업무 등을 수행한다.

🧑‍🏫 **완자쌤의 시험꿀팁**

경제적 상황 변화 요인에는 물가, 금리, 환율 등이 있고, 정치적·사회적 상황 변화 요인에는 정부 정책, 전쟁, 테러, 감염병 대유행 등이 있음을 알아 두어야 한다. 또한 이러한 요인들이 경제 주체의 금융 의사 결정에 어떤 영향을 미치는지 구체적으로 파악해야 한다.

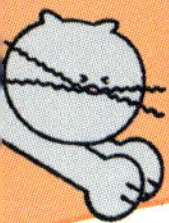

대표 유형 | 이렇게 나온다!

|22학년도 수능 경제 13번|

그림은 투자 상품 설명서의 일부이다. A, B의 일반적인 특징에 대한 설명으로 옳은 것은? (단, A, B는 각각 주식과 채권 중 하나이다.)

> **△△ 투자 상품 설명서**
>
> • 투자 대상: 국가나 회사 등에서 발행한 채무 증서인 A와 회사가 경영 자금의 조달을 위해 발행한 투자자의 지분을 표시해 주는 증서인 B에 투자
> • 투자 전략: 철저한 분석과 가치 평가에 따라 포트폴리오 구성

① A는 이자 수익을 기대할 수 있다.
② B는 만기가 있으며 원금이 보장된다.
③ A는 B와 달리 시세 차익을 기대할 수 있다.
④ B는 A와 달리 채권자로서의 지위를 부여한다.
⑤ A와 B는 모두 발행 주체의 부채를 증가시킨다.

대표 유형 | 문제 풀이

※ 단계별로 문제 풀이에 접근해 보세요!

✖ 1단계 / 자료 분석하기

A는 국가나 회사 등이 투자자에게 돈을 빌린 뒤 발행하는 증서이므로 ❶ , B는 회사가 경영 자금 조달을 위해 발행하는 증서이므로 ❷ 임을 파악한다.

✖ 2단계 / 정답 개념 연결하기

채권을 보유하면 ❸ 과/와 시세 차익을 얻을 수 있다.

✖ 3단계 / 오답 개념 피하기

②, ④ 보유 시에 채권자의 지위를 얻고, 만기 시에 원금과 일정한 이자를 받을 수 있는 것은 ❹ 이다. ③ 채권과 주식은 모두 시세 차익을 얻을 수 있다. ⑤ 채권은 발행 주체의 부채를, 주식은 발행 주체의 자본금을 증가시킨다.

답 대표 유형 ① / 오답 풀이 ❶ 정답 ② 주식 ③ 이자 수익 ④ 채권

실전 문항으로 수능 준비하기

|23학년도 수능 경제 13번|

01 표는 금융 상품의 일반적인 특징에 대한 질문과 학생의 답변을 나타낸다. 모두 옳게 답변한 학생은?

(예: ○, 아니요: ×)

질문	학생의 답변				
	갑	을	병	정	무
요구불 예금은 예금자 보호 제도의 적용을 받는가?	○	×	○	○	×
주식은 이자 소득을 기대할 수 있는가?	×	○	○	×	○
채권은 시세 차익을 기대할 수 있는가?	○	○	×	×	×
펀드는 직접 투자 상품에 해당하는가?	×	×	○	×	○

① 갑　　② 을　　③ 병　　④ 정　　⑤ 무

🖋 정답친해 24쪽

1등급 전략

금융 자산의 종류와 의미를 잘 파악해야 한다. 특히 예금, 채권, 주식 등 자주 출제되는 금융 자산의 경우 수익 형태를 포함한 구체적인 특징을 잘 알아 두어야 한다.

출제 전망

• 전망 1 질문에 따라 금융 자산을 구분한 표를 제시하고 각 금융 자산의 특징을 묻는 문제가 출제될 수 있다.
• 전망 2 투자 포트폴리오를 표나 그래프로 제시하고, 보유하고 있는 금융 자산의 비율 변화를 분석하여 투자 성향을 파악하는 문제가 출제될 수 있다.

04 국제 무역과 지속가능발전

이것이 핵심!

＊ 무역과 국제 분업이 발생하는 이유

국가 간 생산비 차이	+	비교 우위

↓

무역과 국제 분업 발생

◆ 생산 요소
재화나 서비스의 생산 과정에 투입되는 요소 예 노동, 자본, 토지 등

◆ 특화
경제 주체들이 생산에 유리한 재화와 서비스만을 전문적으로 생산하는 것

◆ 규모의 경제
생산 규모가 커질수록, 즉 생산량이 증가할수록 단위당 평균 생산 비용이 더 낮아지는 현상

1 무역과 국제 분업의 의미와 필요성

1. 무역과 국제 분업의 의미와 발생 이유

(1) 무역과 국제 분업의 의미

무역	국가 간에 상품, 서비스, ◆생산 요소 등을 사고파는 국제 거래
국제 분업	각 국가가 무역에 유리한 상품을 ◆특화하여 생산하는 것

(2) 무역과 국제 분업이 발생하는 이유 ┌ 예 기후, 지형 등

① **국가 간 생산비 차이**: 세계 각국은 자연환경이나 보유한 자원의 종류, 생산 요소의 분포, 기술 수준이 달라 같은 상품을 생산하더라도 생산비에 차이가 있음 자료 1

② **절대 우위와 비교 우위** 다잡는 자료

절대 우위	한 나라가 어떠한 상품의 생산 비용이 다른 나라보다 절대적으로 작은 것
비교 우위	• 비교 우위: 한 나라가 어떠한 상품 생산의 기회비용이 다른 나라보다 상대적으로 작은 것 • 비교 우위론: 세계 각국이 비교 우위가 있는 상품을 특화하여 무역을 하면 거래 당사국 모두 이익을 얻을 수 있음 → 꾁 한 나라가 다른 나라보다 모든 상품의 생산에서 절대 우위에 있더라도 비교 우위에 따라 무역을 하는 것이 양국 모두에게 이익이야.

2. 무역과 국제 분업의 이익

소비자	다양한 상품을 저렴하게 소비할 수 있음 → 소비자의 상품 선택의 폭 확대
기업	세계 시장을 상대로 대량 생산을 함으로써 ◆규모의 경제를 이룰 수 있음
국가	부족한 자원을 확보하고 선진 기술을 얻을 수 있음

이것이 핵심!

＊ 지속가능발전을 위한 국제 무역 방안

국가 간 불평등 완화	• 개발 도상국의 경제적 자립 지원 • 공정 무역 활성화
자원 절약 및 환경 보호	• 대체 에너지 사용 및 자원 재활용 • 지속가능한 소비·생산 촉진

◆ 자유 무역 협정(FTA)
국가 간 상품의 자유로운 이동을 위해 무역 장벽을 완화하거나 제거하는 협정

◆ 공정 무역
생산자와 노동자에게 정당한 대가를 지불하여 불평등을 해소하려는 무역

2 지속가능발전에 이바지하는 국제 무역 방안

1. 국제 무역의 확대와 문제점

세계의 교역 증진과 경제 발전을 목적으로 설립된 국제기구야.

(1) 국제 무역의 흐름: 교통·통신 수단의 발달과 세계화에 따라 국제 교역량 증가 → 세계 무역 기구(WTO)가 출범하고 국가 간 ◆자유 무역 협정(FTA) 체결이 활성화되면서 자유 무역이 더욱 확대됨 → 자유 무역이 활성화되면서 지리적으로 인접한 국가 간의 경제적 상호 의존성이 강화되었어.

(2) 국제 무역 확대에 따른 문제점

국가 간 불평등 심화	불공정한 무역 구조로 무역 이익이 선진국의 소수 기업에 돌아가고 개발 도상국의 생산자와 노동자는 빈곤에 시달림 → 꾁 일부 지역에서는 아동 노동, 강제 노동 등 인권 침해가 발생하기도 해.
자원 고갈 및 환경 오염	• 상품의 대량 생산으로 자원 고갈, 환경 오염 등의 문제가 발생함 • 상품을 유통하는 과정에서 온실가스가 배출되어 기후변화가 나타남

2. 지속가능발전을 위한 국제 무역 방안 자료 2

꾁 공정 무역을 통해 아동 및 노동자에 대한 인권 침해가 발생하지 않도록 노동 조건과 노동 환경을 개선할 수 있어.

국가 간 불평등 완화	• 선진국은 기술 지원을 통해 개발 도상국의 경제적 자립을 도와야 함 • ◆공정 무역을 활성화하여 무역 이익이 기업뿐 아니라 개발 도상국의 생산자와 노동자에게도 돌아가도록 해야 함
자원 절약 및 환경 보호	• 대체 에너지 사용 비율을 늘리고 자원을 재활용해야 함 • 환경을 고려하여 소비하는 지속가능한 소비, 환경친화적 상품을 개발 및 생산하는 지속가능한 생산을 촉진해야 함

자료 ① 세계 여러 국가의 주요 수출품(2022년)

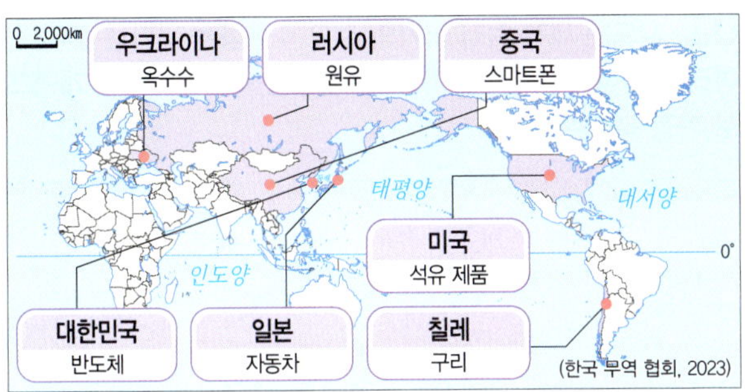

세계 각국은 자연환경, 보유 자원, 생산 요소 분포, 기술 수준 등이 달라 같은 상품을 만들더라도 생산비가 다르다. 자본이 풍부한 나라는 대규모 기술 투자를 하여 반도체, 통신 기기 등을 수출하고, 부존자원이 풍부한 나라에서는 원유, 구리 등을 수출한다. 이처럼 각 나라는 생산비가 작은 상품은 수출하고, 생산비가 큰 상품은 수입하여 경제적 이득을 볼 수 있다.

└ 경제적 목적으로 이용할 수 있는 자원을 의미해. ┘

자료 하나 더 알고 가자!

우리나라의 시대별 주요 수출 품목 변화

연대	주요 수출 품목
1960년대	생사, 중석, 선어 등
1970년대	섬유, 합판, 가발 등
1990년대	의류, 반도체, 신발 등
2000년대	반도체, 컴퓨터, 자동차 등
2000년대 이후	반도체, 선박, 자동차 등

(한국 무역 협회, 2023)

1960년대에는 노동 집약적 상품을 주로 수출하였지만, 자본과 기술이 축적되어 첨단 산업이 발달하면서 2000년대부터는 반도체 등을 주로 수출하고 있다.

📖 **내 교과서** / 비상, 미래엔, 천재, 지학사, 동아, 창비에서 '비교 우위' 자료를 다루고 있어요.

내신과 수능을 다 잡는 자료 비교 우위와 무역 이익

꼭 X재 생산의 기회비용은 X재 1단위를 생산할 때 포기해야 하는 Y재의 수량이야.

구분	갑국	을국
X재	40개	20개
Y재	80개	10개

⬆ 상품별 하루 최대 생산량

구분	갑국	을국
X재	Y재 2개	Y재 1/2개
Y재	X재 1/2개	X재 2개

⬆ 각 상품 1단위 생산의 기회비용

갑국은 을국보다 X재 생산과 Y재 생산에 모두 절대 우위를 가지지만, 비교 우위에 따라 무역을 하는 것이 이익이다. 위 표를 통해 갑국은 Y재, 을국은 X재 생산에 비교 우위가 있음을 알 수 있다. 예를 들어 갑국은 Y재 70개, X재 5개를 생산하여 소비하고, 을국은 X재 10개, Y재 5개를 생산하여 소비하고 있으며, 무역을 하면 양국이 비교 우위를 가지는 상품을 특화한 뒤 이를 1:1의 비율로 교환한다고 가정해 보자. 갑국이 Y재, 을국이 X재를 특화하여 생산한 뒤 X재 10개와 Y재 10개를 교환하면, 갑국은 Y재 70개, X재 10개를 소비할 수 있고 을국은 X재 10개, Y재 10개를 소비할 수 있다. 즉, 무역 후 갑국은 X재 5개, 을국은 Y재 5개의 이익이 발생하여 양국 모두 이익을 얻을 수 있다.

빈출 선택지로 점검하기

» 무역과 국제 분업이 발생하는 이유에 대한 잘못된 선택지를 올바르게 고쳐 보자.

- 한 나라가 어떠한 상품의 생산 비용이 다른 나라보다 절대적으로 작은 것을 비교 우위라고 한다.
  → ㅈ ㄷ ○ ○

- 세계 각국이 절대 우위에 있는 상품을 특화하여 생산한 뒤 무역을 하면 거래 당사국 모두 이익을 얻을 수 있다.
  → ㅂ ㄱ ○ ○

📖 답은 비교 우위, 절대 우위

함께 보기 · 1등급 정복하기 01번

자료 ② 공정 무역의 원칙

(세계 공정 무역 기구, 2023)

국제 무역의 확대로 많은 국가가 이익을 얻고 경제 성장을 이루었다. 그러나 그 과정에서 분배의 불평등, 인권 침해, 환경 오염 등의 문제가 발생하였다. 이러한 불공정한 무역 구조를 개선하고 지속가능발전을 추구하기 위해 공정 무역이 등장하였고, 생산자와 노동자에게 정당한 대가를 보장하고 환경을 보호하는 것 등을 내용으로 하는 공정 무역의 원칙이 확립되었다.

문제로 확인할까?

밑줄 친 '이것'에 해당하는 무역 방식을 쓰시오.

> 오늘날 국제 무역의 확대로 분배의 불평등, 인권 침해, 환경 오염 등의 문제가 발생하였다. 이러한 문제를 개선하기 위해 이것이 등장하였다. 이것은 생산자와 노동자에게 정당한 대가를 보장하고 환경을 보호함으로써 지속가능발전을 추구하는 무역 방식이다.

📖 답은 공정 무역

STEP 1 핵심 개념 **확인**하기

1 다음 괄호 안의 내용 중 알맞은 말에 ○표를 하시오.

(1) 각 국가가 무역에 유리한 상품을 특화하여 생산하는 것을 (무역, 국제 분업)이라고 한다.

(2) 국가 간에 상품, 서비스, 생산 요소 등을 사고파는 국제 거래를 (무역, 국제 분업)이라고 한다.

2 다음 설명이 맞으면 ○표, 틀리면 ×표를 하시오.

(1) 세계 각국이 다른 나라보다 생산의 기회비용이 큰 상품을 특화하여 무역하면 거래 당사국 모두 이익을 얻을 수 있다. ( )

(2) 세계 각국은 자연환경, 생산 요소의 분포 등이 다르지만 같은 상품을 생산할 때는 생산비 차이가 없다. ( )

3 경제 주체와 무역 및 국제 분업의 이익을 옳게 연결하시오.

(1) 국가 •

(2) 기업 •

(3) 소비자 •

• ㉠ 다양한 상품을 저렴하게 소비할 수 있음

• ㉡ 대량 생산을 통해 규모의 경제를 이룰 수 있음

• ㉢ 부족한 자원을 확보하고 선진 기술을 얻을 수 있음

4 ㉠, ㉡에 들어갈 알맞은 말을 각각 쓰시오.

국제 무역의 확대로 많은 국가가 이익을 얻었다. 하지만 상품의 (㉠)(으)로 자원이 고갈되고 환경이 오염되거나, 상품을 유통하는 과정에서 (㉡)이/가 배출되어 기후변화가 나타나는 등 국제 무역의 확대에 따른 여러 문제점도 발생하고 있다.

5 다음 빈칸에 들어갈 알맞은 말을 각각 쓰시오.

(1) 국제 무역 과정에서 발생하는 환경 오염 문제를 개선하려면 ( ) 에너지 사용 비율을 늘리고 자원을 재활용해야 한다.

(2) 국제 무역에서 국가 간 불평등을 완화하려면 ( )을/를 활성화하여 무역 이익이 개발 도상국의 생산자와 노동자에게도 돌아가도록 해야 한다.

STEP 2 내신 만점 **공략**하기

중요

01 지도는 세계 여러 국가의 주요 수출품을 나타낸 것이다. 이러한 현상이 나타나는 이유를 설명할 수 있는 경제 개념으로 가장 적절한 것은?

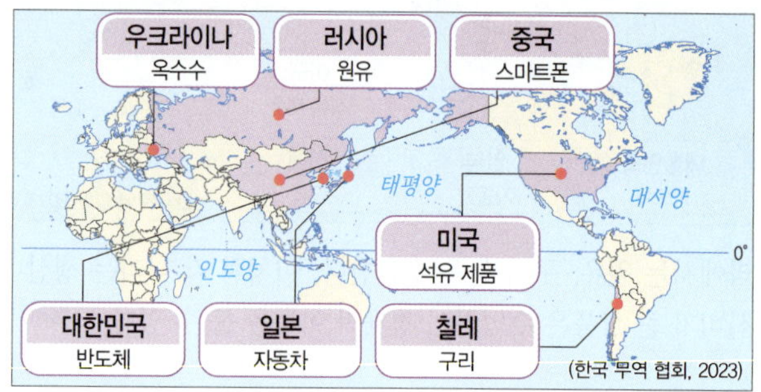

① 독과점   ② 생산비   ③ 외부 효과

④ 정부 실패   ⑤ 윤리적 소비

하나 더!

01-1 ㉠에 들어갈 알맞은 말을 쓰시오.

세계 각국은 노동, 자본과 같이 재화나 서비스의 생산 과정에 투입되는 요소인 (㉠)의 분포 등이 달라 같은 상품을 생산하더라도 생산비에 차이가 있다.

02 자료는 우리나라의 시대별 주요 수출 품목 변화를 나타낸 것이다. 이에 대한 옳은 분석 및 추론만을 〈보기〉에서 있는 대로 고른 것은?

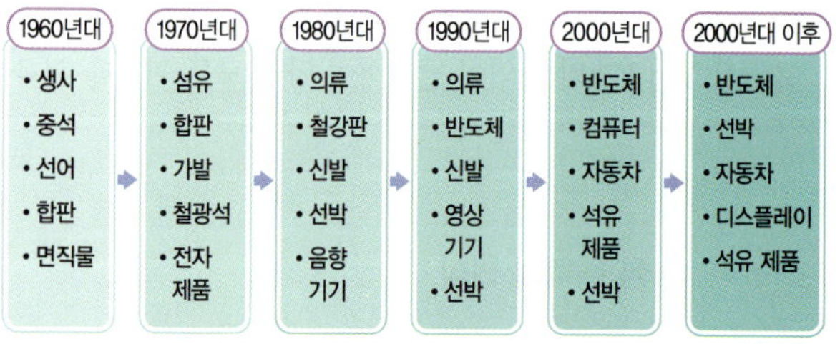

보기

ㄱ. 자본 규모가 작아지고 기술이 퇴보하고 있다.

ㄴ. 시대별로 수출에 유리한 상품이 변화하고 있다.

ㄷ. 1960년대에는 노동 집약적 상품을 주로 생산하였다.

ㄹ. 2000년대에는 첨단 산업의 국제 경쟁력이 향상되었다.

① ㄱ, ㄷ   ② ㄱ, ㄹ   ③ ㄴ, ㄷ

④ ㄱ, ㄴ, ㄹ   ⑤ ㄴ, ㄷ, ㄹ

03 ㉠, ㉡에 대한 옳은 설명만을 〈보기〉에서 고른 것은?

> • 한 나라가 어떠한 상품의 생산 비용이 다른 나라보다 절대적으로 작은 것을 (㉠)(이)라고 한다.
> • 한 나라가 어떠한 상품 생산의 기회비용이 다른 나라보다 상대적으로 작은 것을 (㉡)(이)라고 한다.

┤보기├
> ㄱ. 한 나라가 모든 상품의 생산에 ㉠을 가지더라도 무역이 발생할 수 있다.
> ㄴ. 한 나라가 모든 상품의 생산에서 ㉡을 가지는 것이 일반적이다.
> ㄷ. 국가별로 ㉡이 있는 상품을 특화한 뒤 무역을 하면 무역 당사국 모두 동일한 이익을 얻을 수 있다.
> ㄹ. 같은 상품이라도 나라마다 생산의 기회비용이 다르기 때문에 ㉡에 따라 무역과 국제 분업이 발생한다.

① ㄱ, ㄷ 　　② ㄱ, ㄹ 　　③ ㄴ, ㄷ
④ ㄴ, ㄹ 　　⑤ ㄷ, ㄹ

04 자료에 대한 분석으로 옳은 것은?

> X재와 Y재만을 생산하는 갑국과 을국은 비교 우위를 가지는 재화를 특화하여 두 국가끼리만 교역하고자 한다. 표는 갑국과 을국이 각각 하루에 최대한 생산할 수 있는 X재와 Y재의 양을 나타낸 것이다.
>
> | 구분 | 갑국 | 을국 |
> | --- | --- | --- |
> | X재 | 50만 개 | 30만 개 |
> | Y재 | 100만 개 | 90만 개 |

① 갑국은 Y재 생산에 대해 비교 우위를 가진다.
② 갑국의 X재 1개 생산의 기회비용은 Y재 1/2개이다.
③ 을국의 Y재 1개 생산의 기회비용은 X재 3개이다.
④ 을국은 X재와 Y재 생산에 대해 모두 절대 우위를 가진다.
⑤ 갑국은 X재, 을국은 Y재를 특화하여 교역하면 양국 모두에게 이익이 된다.

05 자료에 대한 분석으로 옳지 <u>않은</u> 것은?

> 표는 갑국과 을국이 X재, Y재를 한 개씩 생산하는 데 드는 비용을 나타낸다. 갑국과 을국은 X재와 Y재만을 생산하고 양국의 유일한 생산 요소인 노동의 질과 양은 같으며, 교역에 따른 거래 비용은 존재하지 않는다.
>
> | 구분 | 갑국 | 을국 |
> | --- | --- | --- |
> | X재 | 100만 원 | 600만 원 |
> | Y재 | 200만 원 | 300만 원 |

① 갑국은 X재 생산에 비교 우위를 가진다.
② 갑국은 X재 생산과 Y재 생산에 모두 절대 우위를 가진다.
③ 을국은 Y재를 특화하여 생산하는 것이 유리하다.
④ X재 1단위 생산의 기회비용은 을국이 갑국보다 작다.
⑤ Y재 1단위 생산의 기회비용은 갑국이 을국의 4배이다.

05-1 위 자료를 바탕으로 ㉠, ㉡에 들어갈 숫자를 각각 쓰시오.

> 갑국과 을국이 특화한 상품을 각각 2단위 생산한 뒤 1단위씩을 1:1 교역 조건으로 교역한다면, 갑국은 생산비 (㉠)만 원을, 을국은 생산비 (㉡)만 원을 절감하는 효과를 거둘 수 있다.

06 (가)에 들어갈 내용으로 가장 적절한 것은?

> 무인도에 둘만 남게 된 갑과 을은 사과와 감만을 생산하고 소비할 수 있다. 갑은 사과 1개를 따는 데 1시간, 감 1개를 따는 데 3시간이 걸린다. 을은 사과 1개를 따는 데 2시간, 감 1개를 따는 데 4시간이 걸린다. 갑은 을보다 사과 생산과 감 생산을 모두 더 빠르게 할 수 있지만, ________(가)________ 때문에 하나의 재화를 특화하여 교환하는 것이 이익이다.

① 갑이 사과 생산에 대해서만 절대 우위를 가지기
② 갑은 감, 을은 사과 생산에 대해 비교 우위를 가지기
③ 갑은 사과, 을은 감 생산에 대해 비교 우위를 가지기
④ 을이 사과와 감 생산 모두에 대해 절대 우위를 가지기
⑤ 갑과 을이 사과와 감 생산에 소요하는 시간에 큰 차이가 없기

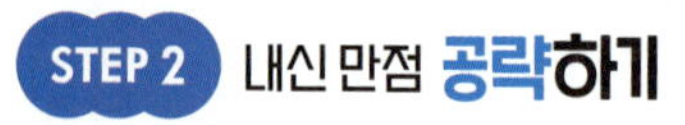

정답친해 26쪽

07 다음은 국제 무역 확대의 영향을 정리한 노트 필기의 일부이다. ㉠~㉤ 중 옳지 <u>않은</u> 것은?

〈국제 무역의 영향〉

1. 국제 무역 확대에 따른 이익
㉠ 소비자의 상품 선택의 폭이 확대됨
㉡ 국가 차원에서는 자원 부족 문제를 해결할 수 있음
㉢ 대량 생산을 통해 환경 오염 문제를 개선할 수 있음

2. 국제 무역 확대에 따른 문제점
㉣ 불공정한 무역 구조로 개발 도상국의 생산자와 노동자가 빈곤에 시달림
㉤ 수출을 위해 상품을 유통하는 과정에서 배출된 온실가스로 기후변화가 나타남

① ㉠　　② ㉡　　③ ㉢　　④ ㉣　　⑤ ㉤

서술형 문제

서술형 감잡기

1 자료를 읽고 갑국과 을국이 교역한다면 어느 재화를 특화하여 생산할 것인지와 그 이유를 추론하여 서술하시오.

표는 갑국과 을국이 X재, Y재 1단위를 생산하는 데 필요한 노동량을 나타낸다. 갑국과 을국은 X재와 Y재만 생산하고 양국의 유일한 생산 요소인 노동의 질과 양은 같으며, 교역에 따른 거래 비용은 존재하지 않는다.

구분	갑국	을국
X재	10명	5명
Y재	6명	9명

(1) 초성을 참고하여 서술형 답안에 들어갈 내용을 써 보자.

답안 키워드　ㄱㅎㅂㅇ　ㅂㄱㅇㅇ

(2) (1)의 내용을 포함하여 서술형 답안을 작성해 보자.

---

08 그림에서 (가), (나)에 들어갈 내용으로 가장 적절한 것은?

① (가) – 무역 이익이 선진국에게만 돌아가도록 노력
② (가) – 개발 도상국은 선진국의 경제적 지원에 의존
③ (나) – 자원을 재활용
④ (나) – 화석 연료 사용 비율을 확대
⑤ (나) – 환경보다는 경제적 이윤만을 고려하여 소비

실전! 도전하기

2 다음 자료를 읽고 물음에 답하시오.

세계화에 따라 국제 무역이 확대되면서 여러 가지 문제점이 발생하였다. 이에 국제 무역이 경제적 성장뿐만 아니라 (㉠)에 이바지할 수 있도록 하는 방안을 모색해야 한다는 목소리가 높아졌다. (㉠)(이)란 미래 세대가 자신들의 필요를 충족시킬 수 있는 능력을 저해하지 않으면서 현세대의 필요를 충족시키는 발전을 말한다.

(1) ㉠에 들어갈 말을 쓰시오.

(2) 밑줄 친 방안의 구체적인 내용을 <u>두 가지만</u> 서술하시오.

STEP 3 1등급 정복하기

01 다음 자료에 대한 설명으로 옳은 것은?

갑국과 을국은 모두 노동만을 생산 요소로 사용하여 쌀과 밀을 생산하고 소비한다. 갑국과 을국의 노동자 수는 모두 24명으로, 양국은 각각 쌀 2단위, 밀 2단위를 생산 및 소비하고 있다. 갑국과 을국은 각각 비교 우위에 있는 재화를 특화하여 교역을 하고자 한다. 표는 쌀과 밀 1단위를 생산하는 데 필요한 노동자 수를 나타낸다.

구분	갑국	을국
쌀	8명	3명
밀	4명	9명

① 갑국의 쌀 1단위 생산에 대한 기회비용은 밀 1/2단위이다.
② 을국은 밀 생산에 대해 절대 우위와 비교 우위를 모두 가진다.
③ 노동자 1명당 쌀 생산량은 갑국이 을국보다 많다.
④ 쌀과 밀의 교환 비율이 1:1이라면 양국 모두 이익을 얻는다.
⑤ 갑국은 쌀을, 을국은 밀을 특화하여 교역하면 양국 모두에 이익이 된다.

02 다음은 대한민국과 유럽 연합 간의 자유 무역 협정문의 일부이다. 이에 대한 분석 및 추론으로 옳은 것만을 고른 것은?

대한민국과 유럽 연합 및 그 회원국 간의 자유 무역 협정

제13.6조 ① 양 당사자는 무역이 모든 측면에서 지속가능한 발전을 증진해야 할 것임을 재확인한다. 양 당사자는 핵심 노동 기준과 양질의 일자리가 경제적 효율성, 혁신 및 생산성에 갖는 유익한 역할을 인정하고, 한편으로 무역 정책과 다른 한편으로 고용 및 노동 정책 간의 더 나은 정책적 일관성이 갖는 가치를 강조한다.
② 양 당사자는 관련 비관세 장벽의 처리를 통한 것을 포함하여 환경 기술, 지속가능하고 재생 가능한 에너지, 에너지 효율적 제품 및 서비스와 에코라벨이 부착된 상품을 포함한 환경 상품 및 서비스의 무역과 해외 직접 투자를 촉진하고 증진하도록 노력한다. 양 당사자는 공정하고 윤리적인 무역과 기업의 사회적 책임을 수반하는 것과 같은 체제의 대상이 되는 상품을 포함하여 지속가능한 발전에 기여하는 상품의 무역을 촉진하고 증진하도록 노력한다.
                                              – 자유 무역 협정(FTA) 포털

보기
ㄱ. 국가 간 무역 장벽을 완화하기 위해 체결되었다.
ㄴ. 지속가능발전을 위해 화석 연료 사용을 장려하고 있다.
ㄷ. 노동 환경의 개선보다 경제적 효율성의 증진을 더 중시하고 있다.
ㄹ. 국제 무역 과정에서 나타나는 환경 오염 문제를 개선하기 위한 내용을 포함하고 있다.

① ㄱ, ㄴ　　② ㄱ, ㄹ　　③ ㄴ, ㄷ　　④ ㄴ, ㄹ　　⑤ ㄷ, ㄹ

◆ **절대 우위와 비교 우위**

 **완자쌤의 시험꿀팁**

각국에서 생산하는 재화의 기회비용을 구하여 비교 우위 상품을 찾고, 두 국가 모두에게 이익이 되는 교역 조건을 파악해야 한다.

◆ **지속가능발전과 자유 무역 협정**

완자 사전

■ 에코라벨
생산 및 소비 과정에서 자원 및 에너지 소비나 오염 물질의 배출이 적은 친환경 제품에 부여하는 품질 인증 마크

 **완자쌤의 시험꿀팁**

지속가능발전의 의미와 지속가능발전에 이바지하는 국제 무역 방안에 대해 파악해 둔다.

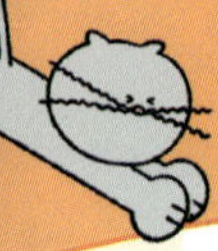 

수능 첫걸음

| 24학년도 10월 고1 학평 12번 |

다음 자료에 대한 분석으로 옳은 것은?

갑국과 을국은 각각 쌀과 반도체만을 생산한다. 표는 갑국과 을국의 각 재화 1단위 생산에 필요한 노동자 수를 나타낸다. 단, 양국의 생산 요소는 노동뿐이며, 노동자 수는 동일하다.

구분	갑국	을국
쌀	2명	3명
반도체	4명	5명

① 쌀의 최대 생산 가능량은 갑국이 을국보다 적다.
② 을국은 쌀과 반도체 생산에 모두 절대 우위를 가진다.
③ 갑국의 쌀 1단위 생산의 기회비용은 반도체 2단위이다.
④ 반도체 1단위 생산의 기회비용은 갑국이 을국보다 작다.
⑤ 갑국은 쌀 생산에, 을국은 반도체 생산에 비교 우위를 가진다.

※ 단계별로 문제 풀이에 접근해 보세요!

1단계 / 자료 분석하기
비교 우위를 가지는 재화를 특화하여 무역을 하면 양국 모두에게 이익이 된다.

2단계 / 정답 개념 연결하기
갑국은 ❶ 생산의 기회비용이 을국보다 작고, 을국은 ❷ 생산의 기회비용이 갑국보다 작다.

3단계 / 오답 개념 피하기
①, ② 갑국은 을국보다 쌀과 반도체의 최대 생산 가능량이 많으며, 두 재화의 생산에 대해 모두 절대 우위를 가진다. ③ 갑국의 쌀 1단위 생산의 기회비용은 반도체 ❸ 단위이다. ④ 반도체 1단위 생산의 기회비용은 갑국이 을국보다 ❹ .

답 ⑤ / 정답 유형 / ❶ 쌀 ❷ 반도체 / ❸ 1/2 ❹ 크다

📍 정답친해 26쪽

| 21학년도 11월 고1 학평 16번 |

01 다음 자료에 대한 분석으로 옳은 분석만을 〈보기〉에서 고른 것은?

쌀과 옷만을 생산하는 갑국과 을국은 비교 우위를 가지는 재화만을 특화하여 두 국가끼리만 교역하고자 한다. 표는 쌀 1단위 또는 옷 1단위를 생산하는 데 필요한 노동 시간을 나타낸 것이다. 단, 양국은 모두 노동만을 생산 요소로 사용한다.

구분	갑국	을국
쌀	1시간	2시간
옷	2시간	6시간

보기

ㄱ. 갑국에서 쌀 1단위 생산에 대한 기회비용은 옷 2단위이다.
ㄴ. 을국의 노동 시간이 10시간일 경우 쌀 2단위와 옷 2단위를 동시에 생산할 수 있다.
ㄷ. 갑국은 쌀과 옷 생산에 대해 모두 절대 우위를 가진다.
ㄹ. 을국은 쌀 생산에 대해 비교 우위를 가진다.

① ㄱ, ㄴ ② ㄱ, ㄷ ③ ㄴ, ㄷ ④ ㄴ, ㄹ ⑤ ㄷ, ㄹ

1등급 전략
각 나라는 기회비용이 더 적은 재화에 비교 우위를 가진다는 점을 이해해야 한다. 또한 자료에 제시된 정보에 따라 기회비용을 구하는 방법이 다르므로 이를 주의해야 한다.

출제 전망
• **전망 1** 두 국가가 각각 재화 1단위를 생산하는 데 필요한 노동자의 수를 제시하고 기회비용을 묻는 문제가 출제될 수 있다.
• **전망 2** 두 국가가 각각 재화 1단위를 생산하는 데 필요한 비용을 제시하고, 양국이 각각 어느 재화에 비교 우위를 가지는지 묻는 문제가 출제될 수 있다.

Ⅲ단원 되돌아보기

① 자본주의의 전개 과정과 경제 체제

자본주의의 전개 과정
상업 자본주의 → 산업 자본주의 → 수정 자본주의 → (❶)

경제 체제의 분류
- (❷) 체제: 시장 원리와 민간 경제 주체의 경제활동을 통해 경제 문제를 해결하는 경제 체제
- (❸) 체제: 정부의 계획과 명령에 따라 경제 문제를 해결하는 경제 체제
- 혼합 경제 체제: 시장경제적 요소와 계획경제적 요소가 혼합된 경제 체제

② 합리적 선택과 경제 주체의 역할

합리적 선택의 방법과 한계

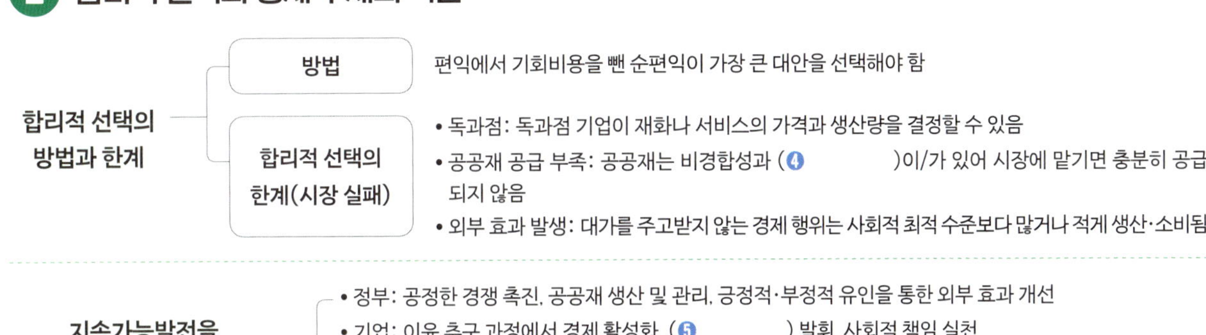

방법
- 편익에서 기회비용을 뺀 순편익이 가장 큰 대안을 선택해야 함

합리적 선택의 한계(시장 실패)
- 독과점: 독과점 기업이 재화나 서비스의 가격과 생산량을 결정할 수 있음
- 공공재 공급 부족: 공공재는 비경합성과 (❹)이/가 있어 시장에 맡기면 충분히 공급되지 않음
- 외부 효과 발생: 대가를 주고받지 않는 경제 행위는 사회적 최적 수준보다 많거나 적게 생산·소비됨

지속가능발전을 위한 경제 주체의 역할
- 정부: 공정한 경쟁 촉진, 공공재 생산 및 관리, 긍정적·부정적 유인을 통한 외부 효과 개선
- 기업: 이윤 추구 과정에서 경제 활성화, (❺) 발휘, 사회적 책임 실천
- 노동자: 근로권, 노동 3권 등 노동자의 권리 인식, 근로 계약 이행, 사용자와 상생 관계 형성
- 소비자: 합리적 소비, 소비자 주권 확립, 윤리적 소비

③ 자산 관리와 금융 생활

금융 자산과 자산 관리의 원칙

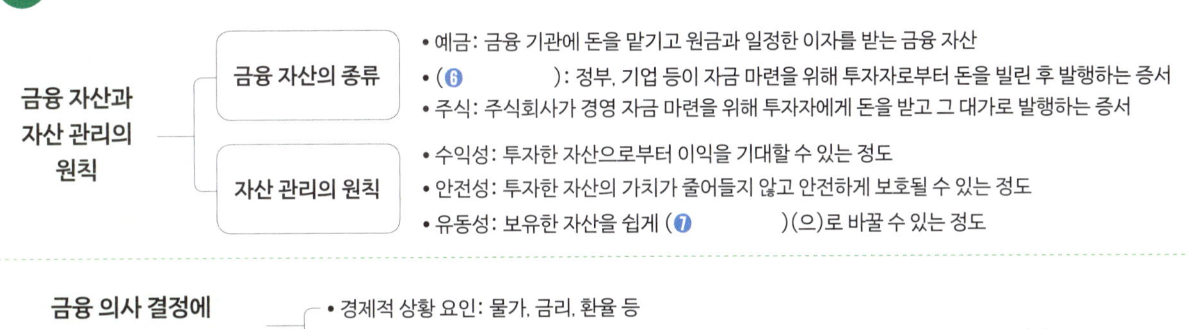

금융 자산의 종류
- 예금: 금융 기관에 돈을 맡기고 원금과 일정한 이자를 받는 금융 자산
- (❻): 정부, 기업 등이 자금 마련을 위해 투자자로부터 돈을 빌린 후 발행하는 증서
- 주식: 주식회사가 경영 자금 마련을 위해 투자자에게 돈을 받고 그 대가로 발행하는 증서

자산 관리의 원칙
- 수익성: 투자한 자산으로부터 이익을 기대할 수 있는 정도
- 안전성: 투자한 자산의 가치가 줄어들지 않고 안전하게 보호될 수 있는 정도
- 유동성: 보유한 자산을 쉽게 (❼)(으)로 바꿀 수 있는 정도

금융 의사 결정에 영향을 미치는 요인
- 경제적 상황 요인: 물가, 금리, 환율 등
- 정치적·사회적 상황 변화: 정부 정책, 국제 관계 변화, 전쟁, 테러, 감염병 대유행, 기후위기 등

④ 국제 무역과 지속가능발전

무역과 국제 분업의 발생 원인

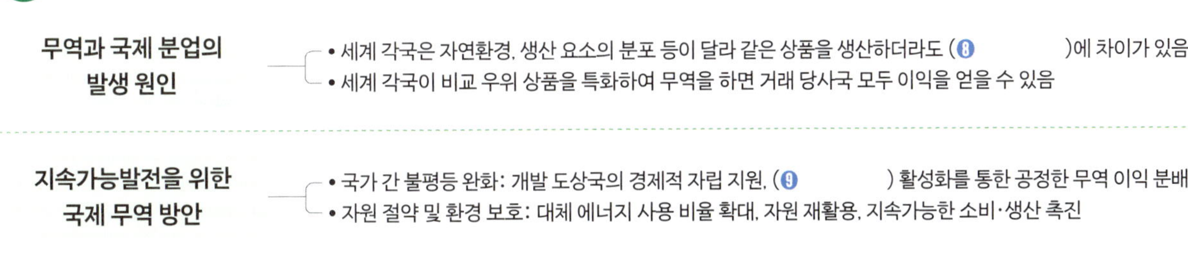

- 세계 각국은 자연환경, 생산 요소의 분포 등이 달라 같은 상품을 생산하더라도 (❽)에 차이가 있음
- 세계 각국이 비교 우위 상품을 특화하여 무역을 하면 거래 당사국 모두 이익을 얻을 수 있음

지속가능발전을 위한 국제 무역 방안
- 국가 간 불평등 완화: 개발 도상국의 경제적 자립 지원, (❾) 활성화를 통한 공정한 무역 이익 분배
- 자원 절약 및 환경 보호: 대체 에너지 사용 비율 확대, 자원 재활용, 지속가능한 소비·생산 촉진

답 ❶ 신자유주의 ❷ 시장경제 ❸ 계획경제 ❹ 비배제성 ❺ 기업가 정신 ❻ 채권 ❼ 현금 ❽ 생산비 ❾ 공정 무역

실력 굳히기

교과서 쏙 창의 융합 #미술

01 ㉠에 들어갈 자본주의 유형에 대한 설명으로 옳은 것은?

↑ 면직물을 대량 생산하는 영국의 방직 공장

↑ 탄광에서 석탄 수레를 끄는 아이들

> 위 그림은 각각 상품을 대량 생산하는 공장의 모습과 고된 노동을 하는 아이들의 모습으로, 모두 산업 혁명의 영향으로 나타난 양상이다. 18세기 중반 영국에서 시작된 산업 혁명으로 공장제 기계 공업이 확산하고 대규모 산업 자본이 축적되면서 (㉠)이/가 등장하였다. 사람들의 생활은 이전보다 풍요롭고 편리해졌지만, 아동 노동을 비롯하여 도시 빈민, 빈부 격차 심화 등의 문제가 나타나기도 하였다.

① 중상주의 정책에 힘입어 발달하였다.
② 시장의 한계를 극복하기 위해 큰 정부를 추구하였다.
③ 대공황에 따른 경기 침체를 극복하기 위해 등장하였다.
④ 애덤 스미스의 자유방임주의를 근거로 경제활동의 자유를 보장하였다.
⑤ 정부 실패를 극복하기 위해 세금 감면, 공기업 민영화, 노동 시장 유연화 등의 정책을 추진하였다.

02 밑줄 친 '이 경제 체제'에 대한 설명으로 옳은 것은?

> 이 경제 체제에서는 개별 경제 주체가 사익을 추구하는 과정에서 경제 문제가 시장을 통해 자율적으로 해결되도록 한다. 그 결과 자원 배분이 효율적으로 이루어지고, 개인의 능력과 창의성이 발휘될 수 있다.

① 민간 경제 주체의 경제적 자율성을 중시한다.
② 사회 발전이 지연되는 문제가 나타날 수 있다.
③ 자원의 희소성에 따른 경제 문제가 발생하지 않는다.
④ 원칙적으로 생산 수단의 사적 소유를 허용하지 않는다.
⑤ 정부 주도의 자원 배분으로 불공정한 경쟁을 예방한다.

03 다음은 고등학생 갑의 일기이다. 이에 대한 옳은 분석만을 〈보기〉에서 있는 대로 고른 것은?

> **20○○년 ○○월 ○○일 토요일, 맑음**
>
> 오늘은 시급이 13,000원인 아르바이트를 하는 날이었다. 그런데 아침에 친구로부터 영화를 같이 보자는 연락이 왔다. 영화 관람료는 12,000원인데, 친구와 영화를 보면 세 시간 동안 아르바이트를 할 수 없어서 고민이 되었다. 하지만 모처럼 친구와 함께 영화를 보며 휴일을 보내고 싶어서 ㉠ 영화를 보기로 결정하였다.

┤ 보기 ├
ㄱ. ㉠에 따른 기회비용은 25,000원이다.
ㄴ. ㉠에 따른 명시적 비용은 12,000원이다.
ㄷ. ㉠에 따른 암묵적 비용은 39,000원이다.
ㄹ. ㉠이 합리적 선택이 되기 위해서는 영화 관람의 편익이 51,000원보다 커야 한다.

① ㄱ, ㄷ　　② ㄱ, ㄹ　　③ ㄴ, ㄷ
④ ㄱ, ㄴ, ㄹ　　⑤ ㄴ, ㄷ, ㄹ

04 다음 사례에 대한 옳은 분석만을 〈보기〉에서 고른 것은?

> ○○ 마을 주민들은 밤에도 주민들이 안전하게 다닐 수 있도록 가로등을 설치하기로 합의하였다. 그런데 가로등 설치 비용을 모으려고 하니 대부분의 주민들이 비용을 부담하려 하지 않아 가로등을 설치하지 못하였다. 가로등의 특성상 어떤 사람이 불빛을 본다고 해서 다른 사람이 볼 수 있는 불빛이 줄어드는 것도 아니고, 설치 비용을 지불하지 않아도 불빛을 볼 수 있기 때문이다.

┤ 보기 ├
ㄱ. 시장 실패의 사례에 해당한다.
ㄴ. 공공재가 원활하게 공급되지 않고 있다.
ㄷ. 정부의 적극적 시장 개입이 오히려 비효율을 초래하고 있다.
ㄹ. 하나의 기업이 임의로 재화나 서비스의 가격과 생산량을 결정하고 있다.

① ㄱ, ㄴ　　② ㄱ, ㄷ　　③ ㄴ, ㄷ
④ ㄴ, ㄹ　　⑤ ㄷ, ㄹ

05 다음은 금융 자산 A~C를 구분하는 기준을 정리한 노트 필기의 일부이다. A~C에 대한 설명으로 옳은 것은? (단, A~C는 각각 주식, 채권, 정기 예금 중 하나임.)

〈금융 자산의 종류〉
• A와 B는 배당금의 기대 가능성 여부로 구분할 수 있다.
• A와 C는 시세 차익의 기대 가능성 여부로 구분할 수 없다.
• B와 C는 주주로서의 지위 부여 여부로 구분할 수 없다.

① A는 원칙적으로 만기가 있는 금융 자산이다.
② B는 예금자 보호 제도의 적용을 받는다.
③ C에 투자한 사람은 기업의 경영에 권리를 행사할 수 있다.
④ 일반적으로 B는 A보다 수익성이 높다.
⑤ 일반적으로 C는 B보다 안전성이 높다.

06 그림은 생애 주기에 따른 수입과 지출의 변화를 나타낸 것이다. 이에 대한 분석으로 옳지 <u>않은</u> 것은?

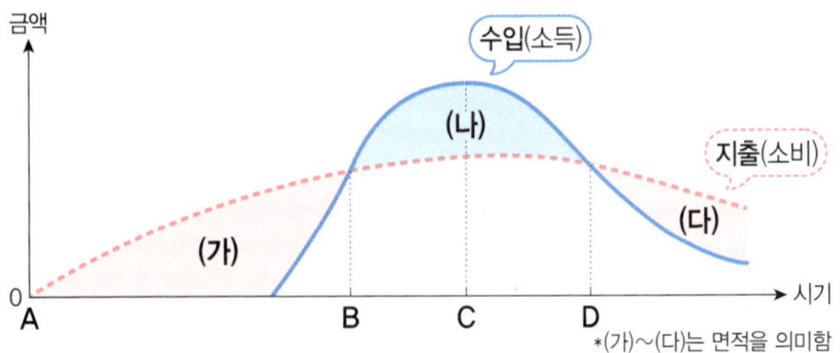

① A~B 시기에는 수입 대비 지출의 비중이 크다.
② 누적 소비액이 최대가 되는 시기는 C 시기이다.
③ 누적 저축액이 최대가 되는 시기는 D 시기이다.
④ 연금 수령액이 늘어날수록 (다) 면적이 좁아질 것이다.
⑤ 안정적인 금융 생활을 위해서는 (가), (다)의 합이 (나)보다 작도록 재무 계획을 세워야 한다.

07 자료에 대한 옳은 분석만을 〈보기〉에서 고른 것은?

갑과 을은 함께 빙수 가게를 열어 팥빙수와 딸기빙수만을 만들어 판매하기로 하였다. 표는 갑과 을이 각각 1시간 동안 최대한 만들 수 있는 팥빙수와 딸기빙수의 양을 나타낸 것이다.

구분	갑	을
팥빙수	12인분	5인분
딸기빙수	6인분	5인분

┌ 보기 ┐
ㄱ. 갑의 팥빙수 1인분 생산에 대한 기회비용은 딸기빙수 2인분이다.
ㄴ. 갑은 팥빙수 생산과 딸기빙수 생산 모두에 대해 절대 우위를 가진다.
ㄷ. 을의 딸기빙수 1인분 생산에 대한 기회비용은 팥빙수 1인분이다.
ㄹ. 갑은 딸기빙수 생산, 을은 팥빙수 생산에 대해 비교 우위를 가진다.

① ㄱ, ㄴ　　② ㄱ, ㄷ　　③ ㄴ, ㄷ
④ ㄴ, ㄹ　　⑤ ㄷ, ㄹ

교과서 쏙 통합 주제 #윤리 #경제

08 자료는 어느 무역 방식의 원칙을 나타낸 것이다. 이 무역 방식에 대한 설명으로 적절하지 <u>않은</u> 것은?

(세계 공정 무역 기구, 2023)

① 불공정한 무역 구조 개선에 이바지한다.
② 선진국의 정당한 이익 추구를 저해한다.
③ 개발 도상국의 노동자의 인권 개선에 이바지한다.
④ 국제 무역 확대에 따른 환경 문제 해결에 이바지한다.
⑤ 생산자와 노동자에게 정당한 대가를 지불하여 불평등을 해소하려는 무역 방식이다.

IV

세계화와 평화

01 세계화의 양상과 문제

이것이 핵심!

❋ 세계화의 의미와 양상

의미	생활권의 범위가 국경을 넘어 전 지구로 확대되고, 세계가 하나로 통합되어 가는 현상
양상	• 세계도시의 형성 • 다국적 기업의 등장 • 활발한 문화 교류 • 보편적 가치 확산

◆ 지리적 표시제
상품의 품질이 지역의 지리적 특성에서 비롯될 경우 그 지역의 생산품임을 표시하는 제도

◆ 장소 마케팅
특정 장소를 하나의 상품으로 인식하여 매력적으로 보이도록 이미지와 시설 등을 개발하는 것

◆ 지역 브랜드
지역 상품과 서비스, 축제 등을 특별한 브랜드로 인식시켜 지역 이미지를 높이고 지역 경제를 활성화하는 전략

◆ 생산자 서비스
금융, 보험, 부동산업, 회계 서비스, 연구 개발 등 상품의 생산 및 유통 과정에 필요한 서비스

① 세계화에 따른 다양한 양상

1. 세계화와 지역화 [자료 ❶]

(1) 세계화와 지역화의 의미

└→ 이동 시간과 비용이 줄어들면서 물리적 거리의 중요성이 감소하고 있어.

세계화	• 의미: 생활권의 범위가 국경을 넘어 전 지구로 확대되고, 세계가 하나로 통합되어 가는 현상 • 배경: 교통·통신의 발달로 상품, 자본, 기술, 문화, 가치 등의 교류가 활발해짐 → 국가 간·지역 간 상호 의존성 증대, 세계 무역 기구(WTO) 출범 및 자유 무역 확대
지역화	• 의미: 특정 지역의 고유한 사회·문화적 특성이 지역을 넘어 세계적으로 그 가치를 인정받는 현상 • 배경: 세계화로 각 지역이 다른 지역과 관계를 맺는 범위가 넓어짐 → 지역 간 경쟁이 치열해지며 각 지역은 지역화 전략(예 ◆지리적 표시제, ◆장소 마케팅, ◆지역 브랜드 등)을 통해 경쟁력을 확보하기도 함

(2) 세계화와 지역화의 관계: 세계화와 지역화는 동시에 이루어지며 상호 보완적인 관계에 있음

2. 세계화의 양상

(1) 세계도시의 형성

콕 세계도시는 전 세계의 자본과 정보가 집중되는 곳으로, 대체로 경제활동, 연구 개발, 문화 교류 등이 골고루 발달하였어. 대표적인 세계도시에는 뉴욕, 런던, 도쿄, 파리 등이 있어.

세계도시	정치, 경제, 문화 등 다양한 측면에서 세계의 중심지 역할을 하는 도시
세계도시의 기능	• 국제 금융 업무 기능, ◆생산자 서비스 기능, 다국적 기업의 본사 등이 집중됨 • 국제기구 본부가 위치함, 국제회의를 개최함, 다양한 분야의 문화 활동을 주도함

(2) 다국적 기업의 등장 **다 잡는 자료**

① 다국적 기업: 세계 각지에 자회사, 지점, 생산 공장을 두고 생산·판매 활동을 하는 기업

② 다국적 기업의 공간적 분업 └→ 기업의 규모가 커지면서 기업의 각 기능이 공간적으로 분리되는 현상이야.

본사	경영 전략을 세우고 기업을 관리함 → 본국의 대도시에 입지
연구소	연구 및 개발을 담당함 → 우수한 연구 인력 확보와 정보 수집에 유리한 선진국에 설립
생산 공장	임금이 저렴하고 판매 시장이 넓은 개발 도상국에 입지 └→ 관세 부과 등과 같은 무역 장벽을 극복하려고 선진국에 세우기도 해.

(3) 활발한 문화 교류: 국가 간 인적 이동 확대 및 인터넷 발달에 따른 문화 교류 기회 증대

(4) 보편적 가치 확산: 물리적 장벽이 허물어지면서 인권, 자유, 평등 등의 보편적 가치 확산

이것이 핵심!

❋ 세계화에 따른 문제점과 해결 방안

문제점	해결 방안
문화의 획일화와 소멸 →	외래문화의 비판적 수용
빈부 격차의 심화 →	분배 정의 실현, 공정 무역 확대
보편 윤리와 특수 윤리 간 갈등 →	보편 윤리를 존중하며 각 사회의 특수 윤리 성찰

② 세계화에 따른 문제점과 해결 방안

1. 문화의 획일화와 소멸

왜? 문화적 영향력이 큰 선진국의 제도나 생활양식이 확산되면서 선진국 문화가 보편화되고 있기 때문이야.

양상	전 세계 문화가 획일화되어 소수 민족이나 약소국의 고유한 문화가 사라질 수 있음
해결 방안	자문화의 정체성 유지, 외래문화의 비판적 수용, 문화의 고유성과 다양성 보존 등을 위해 노력해야 함

2. 빈부 격차의 심화 [자료 ❷]

└→ 정부를 비롯한 공공 기관이 개발 도상국의 경제 발전과 사회 복지 증진을 목표로 제공하는 원조를 말해.

양상	자본과 기술력이 풍부한 선진국과 경쟁력을 갖추지 못한 개발 도상국 간 빈부 격차가 커짐
해결 방안	• 선진국들이 개발 도상국으로의 공적 개발 원조(ODA)나 기술 이전 등을 강화해야 함 • 불공정한 무역 구조를 개선하려는 노력이 필요함 예 공정 여행, 공정 무역 등

3. 보편 윤리와 특수 윤리 간 갈등

└→ 무역으로 발생한 이익이 개발 도상국의 기업과 생산자에게 정당하게 돌아가게 하는 무역 방식으로, 기존 무역 방식에 비해 유통 구조가 단순해.

양상	인권, 자유, 평등 같은 보편 윤리와 특정 사회에서만 중시되는 특수 윤리가 충돌하기도 함
해결 방안	특수 윤리를 존중하되 이것이 인류의 보편적인 가치를 훼손하지 않는지 비판적으로 성찰해야 함

자료 1 세계의 다양한 지역화 전략

→ 지역의 고유한 전통에 세계적이고 보편적인 가치를 접목하여 경쟁력을 갖추는 것을 말해.

→ 장소 마케팅의 대표적인 사례야.

→ 지역 브랜드의 대표적인 사례야.

→ 지역 축제의 대표적인 사례야.

↑ 로마의 콜로세움(이탈리아)

↑ 뉴욕의 슬로건을 이용한 상징물(미국)

↑ 삿포로 눈 축제(일본)

지역화는 세계화 시대에 각 지역이 경쟁력을 지니는 밑거름이 된다. 장소 마케팅, 지역 브랜드, 지역 축제 등의 지역화 전략을 통해 세계의 각 지역은 지역이 지닌 특수한 요소들을 전 세계에 알리며 지역이 지닌 가치를 세계적인 가치로 성장시키려는 노력을 하고 있다.

→ 지역화의 의의를 강조하는 표현으로는 "가장 지역적인 것이 가장 세계적인 것이다."라는 말이 있어.

정리 비법을 알려 줄게!

지역화 전략의 종류

장소 마케팅	특정 장소를 상품으로 인식하고 매력적으로 보일 수 있도록 개발하는 전략
지역 브랜드	지역 상품, 축제 등을 브랜드로 인식시켜 지역 이미지를 높이고 지역 경제를 활성화하는 전략
지리적 표시제	상품의 품질이나 명성이 지역의 지리적 특성에서 비롯되는 경우 그 지역의 생산품임을 증명하고 표시하는 제도

예 우리나라의 제주 한라봉 등 →

📖 내 교과서 ┌ 비상, 미래엔, 천재, 동아, 창비에서 '다국적 기업의 공간적 분업' 자료를 다루고 있어요.

내신과 수능을 다 잡는 자료 다국적 기업의 공간적 분업

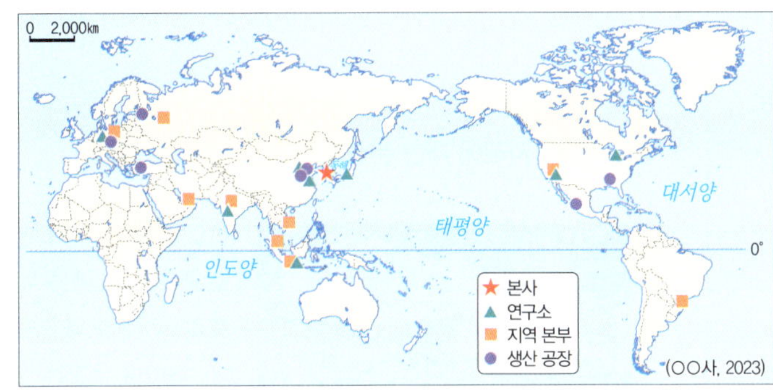

◑ ○○사의 공간적 분업

제시된 지도는 우리나라에 본사를 둔 다국적 기업 ○○사가 전 세계 곳곳에 연구소, 생산 공장 등을 두고 있다는 것을 보여 준다. 다국적 기업들은 경영 효율성 증대, 이윤 극대화 등을 위해 본사와 연구소, 생산 공장 등 기업의 각 기능을 공간적으로 분리하고 있다.

빈출 선택지로 점검하기

≫ 초성을 참고하여 다국적 기업의 공간적 분업에 대한 잘못된 선택지를 올바르게 고쳐 보자.

• 생산과 판매 활동을 하는 범위가 좁은 기업을 의미한다.
→ ㄴ ㅇ

• 본사, 연구소 등의 기능을 공간적으로 집중하여 운영하였다.
→ ㅂ ㄹ

• 생산비 절감을 위해 주로 임금 수준이 낮고 노동력이 풍부한 선진국에 생산 공장을 설립한다.
→ ㄱ ㅂ ㄷ ㅅ ㄱ

국배 '녑콜' ᄂ유가 'ᄅ배 '도유국 B

함께 보기 • 내신 만점 공략하기 06번

자료 2 국가 간 빈부 격차 심화

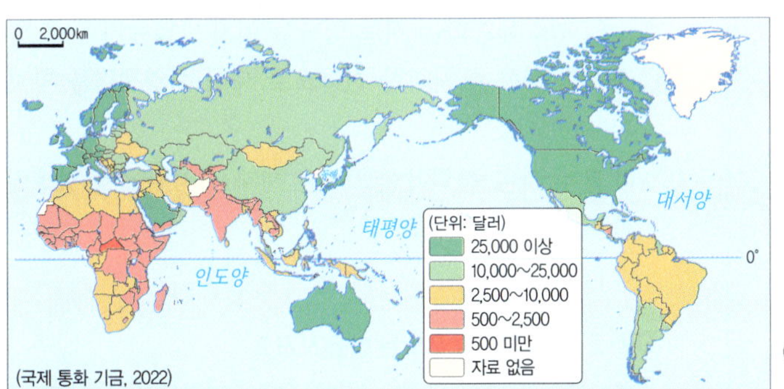

◑ 국가별 1인당 국내 총생산(GDP)

세계화로 자본 및 기술력이 풍부한 선진국은 경쟁에서 우위를 차지하지만, 그러지 못한 개발 도상국은 경쟁에서 밀려 빈부 격차가 커졌다. 또한 선진국은 첨단 산업이나 생산자 서비스업 등 높은 부가 가치를 창출하는 산업이 발달한 반면, 개발 도상국은 주로 저렴한 노동력이 필요한 제조업이나 농업을 기반으로 하여 그 격차가 더욱 커지기도 한다.

문제로 확인할까?

세계화에 따른 문제점으로 적절하지 않은 것은?

① 문화의 획일화
② 계층 간 양극화
③ 세계 전체의 부 감소
④ 국가 간 빈부 격차의 심화
⑤ 보편 윤리와 특수 윤리 간 갈등

③ 📘

STEP 1 · 핵심 개념 **확인**하기

1 다음 빈칸에 들어갈 알맞은 말을 쓰시오.

(1) (　　　)은/는 생활권의 범위가 국경을 초월하여 전 지구로 확대되는 현상이다.

(2) 특정 지역의 고유한 특성이 세계적인 차원에서 가치를 지니는 현상을 (　　　)(이)라고 한다.

(3) 상품의 품질이나 명성이 지역의 지리적 특성에서 비롯되는 경우 그 지역의 생산품임을 증명하고 표시하는 제도를 (　　　)(이)라고 한다.

2 다음 설명이 맞으면 ○표, 틀리면 ×표를 하시오.

(1) 세계화와 지역화는 동시에 이루어지며 상호 보완적 관계에 있다. (　　　)

(2) 다국적 기업의 연구소는 주로 임금 수준이 낮은 개발 도상국에 설립한다. (　　　)

(3) 세계화로 문화의 획일화 현상이 나타나면서 각 지역 고유 문화의 정체성이 약화되기도 한다. (　　　)

3 빈칸에 들어갈 말로 알맞은 것을 〈보기〉에서 골라 기호를 쓰시오.

┌ 보기 ┐
ㄱ. 세계도시　　　ㄴ. 개발 도상국　　　ㄷ. 다국적 기업

(1) 다국적 기업의 생산 공장은 임금이 저렴하고 판매 시장이 넓은 (　　　)에 입지하는 경우가 많다.

(2) 세계화 시대에 정치, 경제, 문화 등 다양한 측면에서 세계의 중심지 역할을 하는 도시를 (　　　)(이)라고 한다.

(3) (　　　)은/는 세계 각지에 자회사와 생산 공장 등을 두며, 생산과 판매 활동이 세계적으로 이루어지는 기업을 말한다.

4 세계화에 따른 문제점과 해결 방안을 옳게 연결하시오.

(1) 문화의 획일화　　・　　・㉠ 불공정한 무역 구조 개선

(2) 국가 간 빈부 격차 심화　　・　　・㉡ 문화의 고유성과 다양성 보존

(3) 보편 윤리와 특수 윤리 간 갈등　　・　　・㉢ 보편 윤리를 존중하며 각 사회의 특수 윤리 성찰

STEP 2 · 내신 만점 **공략**하기

01 다음과 같이 변화된 사회 모습이 나타난 배경으로 적절한 것만을 〈보기〉에서 고른 것은?

- 미국에 본사를 둔 ○○ 커피 전문점은 전 세계에 지점을 두고 있어 세계 각지에서 이용할 수 있다.
- 우리나라 선수가 출전하는 해외 프로축구 리그의 축구 경기를 우리나라에서 실시간으로 볼 수 있다.

┌ 보기 ┐
ㄱ. 자유 무역의 확산　　　ㄴ. 무역 장벽의 강화
ㄷ. 교통·통신의 발달　　　ㄹ. 국가 간 상호 의존성 감소

① ㄱ, ㄴ　　　② ㄱ, ㄷ　　　③ ㄴ, ㄷ
④ ㄴ, ㄹ　　　⑤ ㄷ, ㄹ

중요

02 다음 사례에 대한 분석으로 가장 적절한 것은?

이탈리아 로마의 콜로세움은 로마를 대표하는 랜드마크이다. 해마다 수많은 사람이 방문하는 콜로세움은 로마가 세계적 경쟁력을 갖춘 도시가 되는 밑바탕이 되었다.

① 세계화로 국제적 분업이 확대되었다.

② 지역 문화의 고유성이 사라지고 있다.

③ 지역화와 세계화는 서로 영향을 미치지 않는다.

④ 장소를 활용한 지역화 전략으로 세계적 경쟁력을 확보할 수 있다.

⑤ 개별 국가의 문화유산으로는 세계적 차원에서 경쟁력을 확보하기 어렵다.

하나 더!

02-1 ㉠에 들어갈 알맞은 말을 쓰시오.

일본의 삿포로는 눈이 많이 내리는 지역적 특성을 살려 해마다 세계 3대 축제 중 하나로 손꼽히는 삿포로 눈 축제를 개최하고 있다. 지역의 고유한 전통에 세계적 가치를 접목하여 경쟁력을 높이려는 노력인 (　㉠　) 전략의 대표적인 사례이다.

03 ㉠, ㉡에 들어갈 알맞은 말을 옳게 연결한 것은?

세계화의 흐름 속에서 정치, 경제, 문화 등 다양한 측면에서 세계의 중심지 역할을 하는 (㉠)이/가 영향력을 강화하고 있다. (㉠)에는 금융, 보험, 부동산업, 회계 서비스, 연구 개발 등 상품의 생산 및 유통 과정에 필요한 서비스인 (㉡)가 집중되어 있어 전 세계 경제에 큰 영향력을 행사하고 있다.

	㉠	㉡
①	세계도시	소비자 서비스
②	세계도시	생산자 서비스
③	국제기구	소비자 서비스
④	다국적 기업	소비자 서비스
⑤	다국적 기업	생산자 서비스

04 자료를 보고 ㉠에 대한 옳은 설명만을 〈보기〉에서 있는 대로 고른 것은?

- 학습 주제: (㉠)(으)로 발전한 뉴욕
- 학습 목표: 런던, 파리 등과 함께 대표적인 (㉠)(으)로 꼽히는 뉴욕의 정치, 경제, 문화적 위상이 나타나는 사례를 조사한다.
- 사례: 뉴욕 증권 거래소

세계 금융 시장의 중심지인 월가에 있는 세계 최대 규모의 증권 거래소이다.

┌ 보기 ┐
ㄱ. 세계 경제의 중심지 역할을 한다.
ㄴ. 다양한 국제회의와 행사가 개최된다.
ㄷ. 세계화의 과정에서 영향력이 감소하고 있다.
ㄹ. 저렴한 노동력을 이용한 생산 활동이 발달하였다.

① ㄱ, ㄴ ② ㄴ, ㄹ ③ ㄷ, ㄹ
④ ㄱ, ㄴ, ㄷ ⑤ ㄱ, ㄷ, ㄹ

05 밑줄 친 ㉠~㉤에 대한 설명으로 옳지 않은 것은?

㉠ 세계화에 따라 지역 간 교류와 협력이 강화되면서 ㉡ 세계도시들이 등장하였다. 이들 세계도시는 ㉢ 세계 자본의 흐름을 주도하며, ㉣ 국제 정치의 중심지 역할을 하고 있다. 또한 세계도시는 기능적으로 ㉤ 유기적 관계를 맺고 있다.

① ㉠ – 생활권의 범위가 전 지구로 확대되는 현상이다.
② ㉡ – 대표적으로 뉴욕, 런던, 도쿄 등이 있다.
③ ㉢ – 주로 다국적 기업의 생산 공장이 밀집해 있다.
④ ㉣ – 다양한 국제회의 및 행사를 개최한다.
⑤ ㉤ – 한 세계도시에서 일어나는 변화가 전 세계적으로 영향을 미치기도 한다.

★중요
06 지도는 ○○사의 기능별 입지 분포를 나타낸 것이다. 이에 대한 분석으로 가장 적절한 것은?

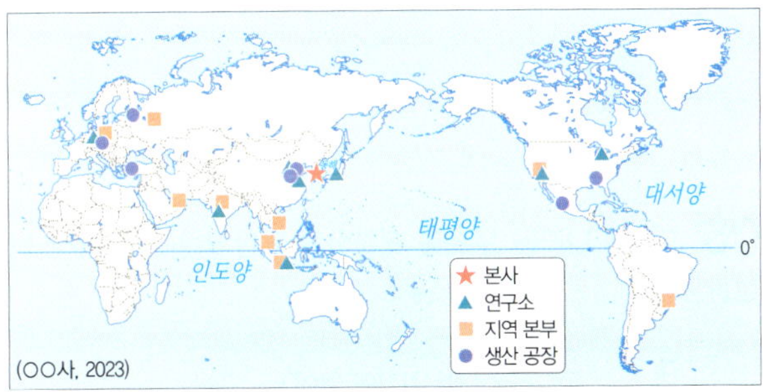

① 유럽 지역에 연구소가 많이 입지하고 있다.
② 본사는 지역 본부에 비해 공간적으로 분산되어 있다.
③ 연구소는 모두 생산 공장과 같은 지역에 입지하고 있다.
④ ○○사는 세계 여러 국가에서 상품을 생산하고 판매한다.
⑤ ○○사는 기업의 기능이 지역적으로 분산되는 것을 막고 있다.

하나 더!
06-1 다국적 기업에 대한 설명으로 옳은 것만을 〈보기〉에서 있는 대로 고른 것은?

┌ 보기 ┐
ㄱ. 보호 무역의 흐름에서 등장하였다.
ㄴ. 경쟁력 확보를 위해 공간적 분업을 지향한다.
ㄷ. 기업의 생산 공장이 들어서는 지역의 경제를 활성화한다.

① ㄱ ② ㄷ ③ ㄱ, ㄴ ④ ㄴ, ㄷ ⑤ ㄱ, ㄴ, ㄷ

07 교사의 질문에 옳게 답변한 학생만을 〈보기〉에서 있는 대로 고른 것은?

보기
갑: 다국적 기업이 점차 쇠퇴하고 있어요.
을: 국가 간 경제 불평등이 확대되고 있어요.
병: 선진국 문화로 전 세계 문화가 획일화되고 있어요.
정: 보편 윤리와 특수 윤리 간 갈등이 증가하고 있어요.

① 갑　　　　② 정　　　　③ 을, 병
④ 갑, 정　　　⑤ 을, 병, 정

08 자료에 나타난 문제를 해결하기 위한 방안으로 가장 적절한 것은?

〈소멸 위기의 언어〉

(단위: 개)

소멸 위험도	2011년	2023년
취약	115	1,163
확실히 위험	220	2,362
상당히 위험	249	463
치명적 위험	189	383
소멸	141	1,191

(유네스코, 2023)

① 다른 사회의 문화를 배척한다.
② 소수 민족이 사용하는 언어를 배척한다.
③ 선진국의 문화를 적극적으로 받아들인다.
④ 문화의 다양성을 유지하기 위해 노력한다.
⑤ 사용자가 적은 언어는 교육을 실시하지 않는다.

★ 중요
09 자료는 세계 빈부 격차 현황을 나타낸 것이다. 이에 대한 옳은 분석 및 추론만을 〈보기〉에서 고른 것은?

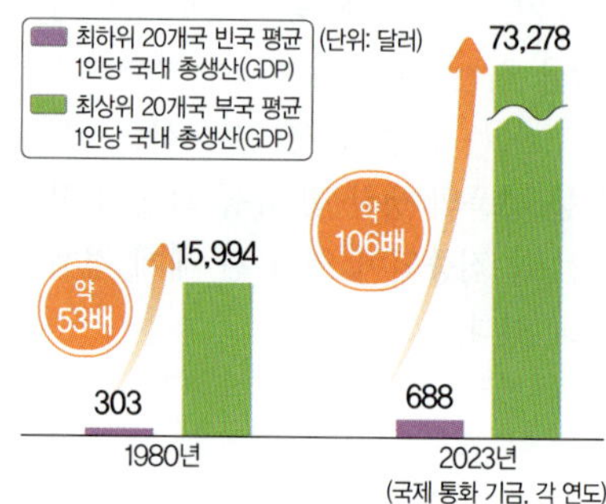

보기
ㄱ. 국가 간 빈부 격차가 심화되고 있다.
ㄴ. 세계의 부가 공평하게 분배되고 있다.
ㄷ. 2023년 최상위 20개국 부국의 평균 1인당 국내 총생산은 1980년에 비해 증가하였다.
ㄹ. 2023년 최하위 20개국 빈국의 평균 1인당 국내 총생산은 1980년에 비해 감소하였다.

① ㄱ, ㄴ　　　② ㄱ, ㄷ　　　③ ㄴ, ㄷ
④ ㄴ, ㄹ　　　⑤ ㄷ, ㄹ

하나 더!
09-1 위 자료에 나타난 세계화에 따른 문제를 해결하기 위한 방안으로 가장 적절한 것은?
① 국가 간 자유 무역을 확대한다.
② 각 국가의 고유한 문화를 배척한다.
③ 국제적 차원에서 분배적 정의를 실현한다.
④ 개발 도상국의 기술력을 선진국에 집중한다.
⑤ 공적 개발 원조를 통해 선진국에 대한 지원을 확대한다.

10 ㉠에 대한 설명으로 옳지 **않은** 것은?

(㉠)은/는 개발 도상국의 생산자에게 정당한 대가가 돌아가도록 하여 생산자들이 자립할 수 있도록 돕는 무역 방식이다. (㉠)의 주요 제품으로는 개발 도상국에서 생산하는 커피, 초콜릿, 설탕 등이 있다.

① 생산지의 노동 조건을 개선한다.
② 생산지의 지속가능한 발전을 추구한다.
③ 기존 방식에 비해 유통 과정이 복잡하다.
④ 생산자에게 정당한 이윤이 돌아가도록 한다.
⑤ 기존의 불공정한 무역 구조를 바꾸기 위한 것이다.

11 (가)에 들어갈 제목으로 가장 적절한 것은?

> **(가)**
>
> • 사례: 인도네시아의 반다아체는 이슬람 관습법이 적용되는 곳으로 성폭력, 음주, 도박 등이 적발되면 공개 태형을 선고한다. 국제 인권 단체들은 인권 보장 등을 이유로 공개 태형 중단을 촉구하지만, 이 지역 주민들은 오히려 적극 지지하고 있다.

① 세계도시의 형성
② 빈부 격차의 심화
③ 문화의 획일화와 소멸
④ 다국적 기업의 현지화 전략
⑤ 보편 윤리와 특수 윤리 간 갈등

★중요

12 밑줄 친 ㉠~㉣에 대한 설명으로 옳은 것만을 〈보기〉에서 고른 것은?

> 오늘날 세계화에 따라 다양한 문제가 나타나고 있다. 첫째, 국가 간 교류가 활발해짐에 따라 전 세계적으로 획일화된 문화가 나타나면서 ㉠ 문화 다양성이 감소하고 있다. 둘째, 자유 무역의 확대로 경쟁이 치열해지면서 ㉡ 선진국과 개발 도상국의 빈부 격차는 점차 심화되고 있다. 셋째, 사람들의 국가 간 이동 증가로 다양한 문화적 배경을 가진 사람들이 자주 만나게 되면서 ㉢ 보편 윤리와 ㉣ 특수 윤리 간의 갈등이 발생하고 있다.

> **보기**
>
> ㄱ. ㉠ – 대부분 국가에서 격식이 요구되는 자리에 갈 때 양복을 입는 것을 사례로 들 수 있다.
> ㄴ. ㉡ – 개발 도상국의 노력만으로 해결할 수 있다.
> ㄷ. ㉢ – 인권 존중, 자유와 평등의 보장 등을 중시한다.
> ㄹ. ㉣ – 이슬람 사회에서 여성의 히잡 착용 의무화에 반대하는 것은 이에 따른 가치를 강조하는 의견이다.

① ㄱ, ㄴ
② ㄱ, ㄷ
③ ㄴ, ㄷ
④ ㄴ, ㄹ
⑤ ㄷ, ㄹ

🐱 서술형 문제

서술형 감잡기

1 밑줄 친 '다양한 전략'의 구체적인 사례를 두 가지 이상 서술하시오.

> 교통·통신의 발달과 국가 간 교류의 확대 등으로 세계화가 진전되면서 각 지역은 다른 지역과 차별화된 경쟁력을 가질 필요가 생겼다. 이에 각 지역은 다양한 전략을 통해 지역의 고유한 특성을 전 세계에 알리기 위해 노력하고 있다.

(1) 초성을 참고하여 서술형 답안에 들어갈 내용을 써 보자.

답안 키워드 ㅈㅇㅎ ㅈㄹ ㅈㅇ ㅂㄹㄷ ㅈㅅ ㅁㅋㅌ

(2) (1)의 내용을 포함하여 서술형 답안을 작성해 보자.

____

____

실전! 도전하기

2 다음 글을 읽고 물음에 답하시오.

> 세계화로 무역이 활발해지면서 국경을 넘어 세계적인 규모로 생산과 판매 활동을 하는 다국적 기업이 성장하고 있다. 다국적 기업의 규모가 커지면서 각 기업은 생산과 판매 활동을 하기에 가장 적합한 곳을 찾아 기업의 본사, 연구 및 개발 기능, 생산 기능 등을 지역적으로 분리하는 (㉠)이/가 나타난다. 이는 기업 활동에 유리한 곳을 찾아 산업 시설을 옮기는 것으로, 세계 각 지역의 경제에 다양한 영향을 미친다.

(1) ㉠에 들어갈 알맞은 말을 쓰시오.

____

(2) 밑줄 친 '다양한 영향'에 해당하는 내용을 두 가지 이상 서술하시오.

____

1등급 정복하기

01 (가)에 들어갈 내용으로 가장 적절한 것은?

○○사, △△사 등 세계적인 다국적 기업들이 중국에 두고 있던 생산 공장을 베트남, 인도 등 다른 나라로 옮기고 있다. ○○사는 몇 년 전만 해도 중국에서 생산하던 태블릿 피시를 베트남 북부에서 생산 중이며, ○○사의 주력 상품인 스마트폰은 인도에서 조립할 계획이다. 여러 다국적 기업의 공장은 오랜 기간 동안 중국에 위치했지만, 지난 10년 동안 중국 제조업 근로자들의 연간 소득이 3배나 증가하는 등의 상황 속에서 여러 기업들은 베트남, 인도 등으로 생산 공장을 이전하고 있다. 이는 ________________ (가) ________________ 때문이다.

① 무역 장벽을 극복할 수 있기
② 저임금 노동력 확보에 유리하기
③ 자본 유통 및 정보 수집이 용이하기
④ 연구 개발을 위한 전문 기술 인력 확보가 쉽기
⑤ 본사가 위치한 국가에 대한 경제적 의존도를 높일 수 있기

◆ 다국적 기업의 공간적 분업

완자쌤의 시험꿀팁

자료에 나타난 다국적 기업의 생산 공장이 원래 자리 잡은 지역에서 다른 지역으로 이동하는 까닭을 파악할 수 있는지 묻고 있다. 다국적 기업의 공간적 분업을 이해하고, 다국적 기업이 본사, 연구소, 생산 공장 등을 세우는 곳의 특징을 비교하여 정확히 알아 두어야 한다.

최고난도

02 ㉠~㉤에 대한 설명으로 옳은 것은?

↑ 부르키니를 입은 여성들

프랑스 법원은 ㉠이슬람 율법에 따라 신체를 완전히 가리는 이슬람식 여성 수영복인 부르키니를 ㉡종교적 중립성을 위반했다는 이유로 공공장소에서 입을 수 없다고 판결하였다. 이후 ㉢"공공 수영장에서 부르키니 착용을 허용해 달라."라는 주장에 대해 법원은 ㉣"종교적 요구를 충족해야 한다는 이유로 부르키니를 금지하는 규정에 선택적 예외를 허용할 수 없다."라고 판결하였다. 부르키니에 대한 논란은 프랑스 사회에서 계속 ㉤논쟁이 되고 있다.

① ㉠은 보편 윤리에 해당한다.
② ㉡은 특수 윤리에 해당한다.
③ ㉢은 특수 윤리보다 보편 윤리를 중시한 것이다.
④ ㉣은 보편 윤리보다 특수 윤리를 중시한 것이다.
⑤ ㉤은 보편 윤리와 특수 윤리 간의 갈등 사례에 해당한다.

◆ 보편 윤리와 특수 윤리 간 갈등

완자 사전

■ 부르키니
신체를 완전히 가리는 이슬람의 여성의 전통 의상인 '부르카'와 수영복 '비키니'의 합성어로, 여성의 신체를 드러내지 않도록 얼굴과 손, 발만 나오게 고안된 수영복이다.

완자쌤의 시험꿀팁

제시된 사례에서 보편 윤리와 특수 윤리는 무엇인지 파악하고, 보편 윤리와 특수 윤리 간 갈등을 평화적으로 해결하려면 어떤 노력을 해야 하는지 정리해 두어야 한다.

수능 첫걸음

밑줄 친 ㉠~㉣에 대한 옳은 설명만을 〈보기〉에서 고른 것은?

> 세계화가 가속화되면서 ㉠ 다국적 기업의 활동이 활발해졌고, ㉡ 세계도시가 등장하였다. 이로 인해 자본, 상품, 노동력뿐만 아니라 문화 교류가 더욱 활발해졌다. 하지만 보편 윤리와 특수 윤리 간의 갈등, ㉢ 국가 간 빈부 격차 심화, ㉣ 문화의 획일화 등의 문제가 나타날 수 있다.

보기
- ㄱ. ㉠의 본사는 주로 저임금 노동력이 풍부한 국가에 입지한다.
- ㄴ. ㉡은 정치, 경제 등의 측면에서 세계의 중심지 역할을 한다.
- ㄷ. ㉢을 해결하기 위한 노력으로 공정 무역을 들 수 있다.
- ㄹ. ㉣로 인해 각 지역 고유문화의 정체성이 강화된다.

① ㄱ, ㄴ ② ㄱ, ㄷ ③ ㄴ, ㄷ ④ ㄴ, ㄹ ⑤ ㄷ, ㄹ

대표 유형 문제 풀이

※ 단계별로 문제 풀이에 접근해 보세요!

1단계 / 자료 분석하기

[①]에 따른 여러 양상을 파악한다.

2단계 / 정답 개념 연결하기

ㄴ. 세계의 중심지 역할을 하는 세계도시에는 [②] 서비스 기능이 집중되어 있다. ㄷ. 개발 도상국 생산자에게 [③] 대가를 지불하는 공정 무역 등을 통해 국가 간 빈부 격차를 완화할 수 있다.

3단계 / 오답 개념 피하기

ㄱ. 다국적 기업의 본사는 주로 본국의 대도시에 위치한다. ㄹ. 문화의 획일화로 각 지역 고유문화의 정체성이 [④]되기도 한다.

정답 ❶ 세계화 / 곰에 풀이 ❷ 생산자 서비스 ❸ 정당한 ❹ 약화

정답친해 30쪽

01 다음은 세계지리 수업 장면이다. 교사의 질문에 옳게 답한 학생만을 고른 것은?

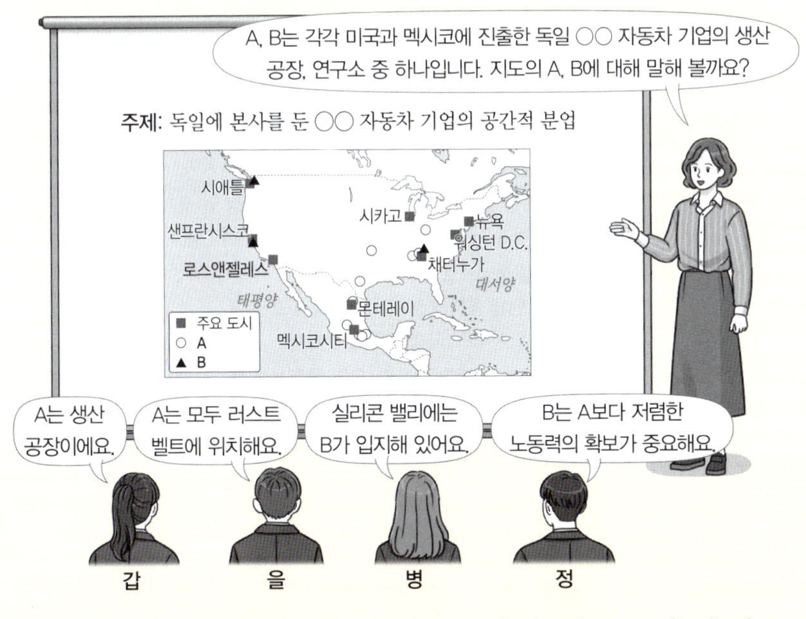

① 갑, 을 ② 갑, 병 ③ 을, 병 ④ 을, 정 ⑤ 병, 정

완자쌤과 수능 미리 보기

Q 러스트 벨트가 어디인가요?

A 제조업이 쇠락한 미국의 중서부 지역과 북동부 지역의 일부 영역을 일컫는 말이에요. 디트로이트, 피츠버그, 필라델피아, 볼티모어, 멤피스 등이 이에 속해요.

Q 실리콘 밸리의 위치가 궁금해요.

A 실리콘 밸리는 미국 캘리포니아주의 샌프란시스코와 그 인근 지역에 위치해요.

02 평화를 위한 국제 사회의 노력

이것이 핵심!

❋ 평화의 의미

소극적 평화	직접적·물리적 폭력이 없는 상태
적극적 평화	직접적·물리적 폭력뿐만 아니라 구조적·문화적 폭력까지 모두 제거된 상태

1 평화의 의미와 중요성

1. 평화의 의미 다잡는 자료

• 구조적 폭력: 빈곤, 정치적 독재, 경제적 착취 등 불공정한 사회 구조나 제도로 인해 발생하는 폭력
• 문화적 폭력: 물리적 폭력이나 구조적 폭력을 정당화하는 데 종교, 예술, 언어 등의 영역이 이용되는 폭력

소극적 평화	• 의미: 전쟁이나 테러, 범죄와 같은 직접적이고 물리적인 폭력이 없는 상태
	• 한계: 직접적이고 물리적인 폭력이 제거되었다고 해서 진정한 평화가 실현된 것은 아님
적극적 평화	• 의미: 직접적·물리적 폭력뿐만 아니라 구조적 폭력, 문화적 폭력 등 간접적 폭력까지 제거된 상태
	• 의의: 모든 사회 구성원이 인간의 존엄성을 보장받으며, 인간다운 삶을 누릴 수 있게 됨

꼭! 물리적 폭력이 없더라도 구조적·문화적 폭력이 존재한다면 적극적 평화의 상태라고 할 수 없어. 적극적 평화가 실현되어야 진정한 의미의 평화라고 할 수 있어.

2. 평화의 중요성

(1) **인류의 안전 보장**: 인류가 폭력의 공포에서 벗어나 안전하게 살 환경을 조성해야 함

(2) **국제 정의 실현**: 인간이 누려야 할 기본적 권리를 보장하여 정의를 실현해야 함

(3) **인류의 삶의 질 향상**: 전쟁, 빈곤, 기아 등을 제거하여 인간답게 살 권리를 보장해야 함

이것이 핵심!

❋ 국제 사회의 행위 주체

국가	기본적인 행위 주체
국제기구	각국 정부를 회원으로 하는 행위 주체
비정부 기구	개인과 민간단체를 회원으로 하는 행위 주체
그 밖의 행위 주체	국제적 영향력이 큰 개인, 다국적 기업 등

◆ 주권

국가의 의사를 최종적으로 결정하는 권력으로, 대내적으로는 최고의 힘을, 대외적으로는 자주적 독립성을 지닌다.

◆ 국제 연합(UN)

제2차 세계 대전 이후 지구촌의 평화 유지와 전쟁 방지 등을 위해 만들어졌다. 국제 연합 난민 기구(UNHCR), 세계 식량 계획(WFP) 등 산하에 다양한 기구를 두어 지구촌 갈등 문제를 해결하려고 노력한다.

◆ 그린피스

핵무기 반대와 환경 보호를 목표로 하여 국제적 활동을 벌이고 있는 비정부 기구

2 평화 실현을 위한 국제 사회 행위 주체의 역할

1. 국제 사회의 갈등과 협력 자료 ①

(1) **국제 사회 갈등의 원인과 특징**

→ 국제 사회는 국제기구를 통한 갈등 조정, 정상 회담 개최, 국제법 제정 및 국제 협약 체결, 국제 스포츠 대회 개최 등으로 연대하고 협력해.

원인	각 국가가 자국의 이익을 우선적으로 추구하고 경쟁하기 때문임
특징	영토, 자원, 민족, 인종, 종교, 문화 등이 복합적으로 작용하여 발생함

(2) **국제 사회 협력**: 전쟁, 전염병, 자연재해 등 어느 한 국가의 노력만으로 해결하기 어려운 문제가 늘어남에 따라 국제 사회의 연대와 협력의 필요성이 커짐

2. 국제 사회 행위 주체의 역할 자료 ②

꼭! 각국은 자국의 이익을 최우선으로 추구하며, 자국의 이익을 추구하는 과정에서 다른 국가와 경쟁하기도 해.

국가	• 의미: 일정한 영토와 국민을 바탕으로 ◆주권을 가진 국제 사회의 기본적인 행위 주체
	• 역할: 다른 국가와의 분쟁 발생 시 외교 활동으로 갈등 해결, 재난이나 빈곤 상황에 처한 국가에 대한 구호 활동에 참여하는 등 다른 국가와 협력 예 당사국 간 합의나 국가 간 협약 등
국제기구 (정부 간 국제기구)	• 의미: 각국 정부를 회원으로 하는 국제 사회의 행위 주체 왜? 국제 사회의 갈등을 해결하고 평화를 유지하기 위해서야.
	• 역할: 국가 간 이해관계 조정 및 분쟁 중재, 국제 사회 규범 제정 및 국가들의 행위 규율
	• 종류: ◆국제 연합(UN), 세계 보건 기구(WHO), 국제 통화 기금(IMF) 등
비정부 기구 (국제 비정부 기구)	• 의미: 개인이나 민간단체를 중심으로 구성된 조직
	• 역할: 인권, 보건, 환경 등 인류 공통의 문제에 관심을 두고 활동
	• 종류: 국경 없는 의사회, ◆그린피스, 국제 사면 위원회 등
그 밖의 행위 주체	전직 국가 원수나 노벨상 수상자, 종교 지도자, 유명 운동선수 등 국제적 영향력이 큰 개인, 다국적 기업, 개별 국가 내 지방 정부 등

3. 국제 평화를 지속하기 위한 세계시민의 역할

(1) **세계시민**: 자신의 정체성을 세계적인 차원에서 이해하고, 지구촌 문제에 관심을 가지고 이를 해결하고자 적극적으로 노력하는 사람

(2) **세계시민의 역할**: 국가와 국제기구 활동 지지 또는 비판, 국제 활동 및 정책 수립 참여, 빈곤과 기후위기 등 전 세계의 문제를 해결하는 일(캠페인, 자원봉사, 기부 등)에 동참 등

📋 **내 교과서** · 비상, 미래엔, 천재, 지학사, 창비에서 '갈퉁의 적극적 평화' 자료를 다루고 있어요.

　　갈퉁의 적극적 평화

폭력은 직접적·물리적 행위만이 아니라 비의도적이고 간접적이며 집합적인 계기, 즉 구조와 문화의 요소를 포함한다. 따라서 직접적·물리적 폭력이 제거된 소극적 평화 상태뿐만 아니라 구조적·문화적 폭력까지 모두 사라진 적극적 평화 상태를 추구해야 한다. 또한 목적이 수단을 정당화할 수 없듯이, 평화는 평화적 수단으로만 이루어져야 한다.　　– 갈퉁(Galtung, J.)

제시된 글은 평화학자인 갈퉁(Galtung, J.)이 폭력과 평화에 대해 고찰한 내용이다. 갈퉁은 평화를 소극적 평화와 적극적 평화로 구분하였으며, 직접적 폭력뿐만 아니라 구조적 폭력, 문화적 폭력도 제거하여 적극적 평화를 이루는 것이 진정한 평화라고 주장하였다.

빈출 선택지로 점검하기

» 초성을 참고하여 평화의 의미에 대한 옳은 선택지로 완성해 보자.

- ㅅㄱㅈ 평화는 직접적 폭력이 제거된 상태이다.
- ㄱㅈㅈ 폭력은 사회 구조나 제도에서 비롯되는 폭력이다.
- ㅈㄱㅈ 평화가 실현되어야 진정한 의미의 평화가 이루어졌다고 할 수 있다.

정답 소극적, 구조적, 적극적

함께 보기 · 내신 만점 공략하기 02번

자료 1　국제 사회의 다양한 갈등 양상

↑ 세계의 주요 분쟁 지역

오늘날 국제 사회에서는 영토, 자원, 민족, 종교, 문화 등 다양한 원인으로 인해 갈등이 나타난다. 국제 갈등은 대체로 두 개 이상의 원인이 복합적으로 작용하여 발생하며, 역사적 배경과 현재의 이해관계, 국제적 상황 등의 영향을 받는다.

자료 하나 더 알고 가자!

국제 사회의 분쟁 상황

카슈미르 분리 분쟁	주민 대부분이 이슬람교를 믿는 카슈미르 지역이 힌두교를 믿는 사람이 많은 인도에 편입되면서 발생한 분쟁
남중국해 분쟁	중국, 베트남 등이 자원을 둘러싸고 벌이는 영유권 분쟁
에티오피아 내전	80여 개 민족으로 이루어진 에티오피아에서 민족 간 종교와 언어 차이, 경제적·정치적 차별로 내전 발생
북극해 갈등	북극해 자원을 둘러싼 러시아, 미국, 캐나다, 노르웨이, 덴마크 간 갈등

자료 2　국제 사회 행위 주체의 역할

(가) 국제 사법 재판소는 국제 연합 산하의 국제 기관으로 제2차 세계 대전 이후 국제 연합 회원국 간 분쟁을 취급하기 위해 설립되었으며, 주로 조약과 협약에 기반해 판단을 내린다.

(나) 국경 없는 의사회는 분쟁, 전염병, 영양실조, 자연재해로 고통받는 사람들을 위해 긴급 구호를 하며, 인종, 종교, 성별, 정치적 이익에 관계없이 독립적으로 활동하고 있다.

비교해서 살펴볼까?

국제기구의 종류 vs 비정부 기구의 종류

국제기구	비정부 기구
세계 보건 기구(WHO), 국제 통화 기금(IMF), 국제 노동 기구(ILO), 국제 연합(UN) 등	국경 없는 의사회(MSF), 그린피스, 국제 사면 위원회, 국제 앰네스티 등

국제기구와 비정부 기구의 회원은 각각 다르지만, 모두 인권 존중, 자유와 평등, 평화 등 인류의 보편적 가치와 국제 평화를 실현하기 위해 노력하고 있다.

(가)의 국제 사법 재판소는 국제기구에, (나)의 국경 없는 의사회는 비정부 기구에 해당한다. 국제기구는 국제 사회의 평화를 유지하고 국가들의 경제적·사회적 협력을 이끌어 낸다. 한편, 비정부 기구는 개별 국가의 이해관계와 상관없이 인류 공통의 문제에 관심을 두고 활동하며, 오늘날 시민사회의 영향력이 강화되면서 그 역할이 확대되고 있다.

↳ 국제기구는 국제 사회에서 공통으로 준수해야 할 규범을 제정하여 국가들의 행위를 규율하는 역할을 해.

핵심 개념 **확인**하기

정답친해 30쪽

1 다음 괄호 안의 내용 중 알맞은 말에 ○표를 하시오.

(1) 빈곤, 기아, 억압, 차별 등은 (구조적, 물리적) 폭력에 해당한다.

(2) (소극적, 적극적) 평화를 실현하기 위해서는 직접적 폭력을 제거하는 것이 중요하다.

(3) 갈퉁은 (소극적, 적극적) 평화를 이루는 것이야말로 진정한 평화를 누리는 것이라고 강조하였다.

2 다음 설명이 맞으면 ○표, 틀리면 ×표를 하시오.

(1) 영토나 자원 등 국가의 이익을 둘러싸고 국제 갈등이 발생할 수 있다. ( )

(2) 국제 사회의 갈등은 일반적으로 여러 원인에 의해 복합적으로 나타난다. ( )

(3) 특정 지역에서 발생한 국제 갈등은 전 지구적으로 영향을 미치기도 한다. ( )

(4) 국가 간 상호 의존성이 높아져 한 국가만의 노력으로 해결할 수 없는 문제가 줄어들고 있다. ( )

3 국제 사회의 행위 주체와 그 종류를 옳게 연결하시오.

(1) 국가 • • ㉠ 그린피스

(2) 국제기구 • • ㉡ 대한민국

(3) 비정부 기구 • • ㉢ 국제 연합(UN)

4 다음에서 설명하는 국제 사회의 행위 주체를 〈보기〉에서 골라 기호를 쓰시오.

> **보기**
> ㄱ. 국가 ㄴ. 국제기구 ㄷ. 비정부 기구

(1) 각국의 정부를 회원으로 하는 행위 주체이다. ( )

(2) 개인이나 민간단체를 회원으로 하는 행위 주체이다. ( )

(3) 독립된 주권을 행사하는 국제 사회의 가장 기본적인 행위 주체이다. ( )

내신 만점 **공략**하기

01 밑줄 친 ㉠, ㉡에 대한 설명으로 옳은 것은?

> 평화는 ㉠ 소극적 평화와 ㉡ 적극적 평화로 구분할 수 있다. 전쟁과 테러가 지속되는 국제 사회에서 소극적 평화는 중요한 목표이다. 그러나 소극적 평화는 직접적 폭력의 원인이 근본적으로 해결되지 않은 상태라는 점에서 한계가 있다.

① ㉠은 인권 침해가 발생하지 않는 상태이다.

② ㉠은 모든 인류가 인간의 존엄성을 보장받는 상태이다.

③ ㉡은 종교와 사상에 의한 차별이 없는 상태이다.

④ ㉡은 빈곤, 정치적 독재, 사회적 차별 등으로 인한 고통이 존재하는 상태이다.

⑤ ㉡은 ㉠과 달리 물리적 폭력이 제거된 상태이다.

중요

02 다음 사상가가 지지할 입장으로 가장 적절한 것은?

① 소극적 평화만으로도 진정한 평화가 실현된다.

② 소극적 평화는 문화적 폭력이 제거된 상태이다.

③ 구조적 폭력은 물리적 폭력으로 이어지지 않는다.

④ 전쟁만 종식되면 적극적 평화가 완전하게 실현된다.

⑤ 진정한 평화는 적극적 평화를 달성함으로써 이루어진다.

하나 더!

02-1 위 사상가가 긍정의 대답을 할 질문만을 〈보기〉에서 있는 대로 고른 것은?

> **보기**
> ㄱ. 모든 사람은 평화로운 삶을 누려야 하는가?
> ㄴ. 제도나 구조에 따른 것은 폭력으로 볼 수 없는가?
> ㄷ. 적극적 평화는 불평등한 구조를 제거하는 것도 포함하는가?

① ㄱ ② ㄴ ③ ㄱ, ㄷ ④ ㄴ, ㄷ ⑤ ㄱ, ㄴ, ㄷ

03 다음 글에 나타난 상황에 대한 평가로 가장 적절한 것은?

전 세계 카카오 생산량의 60% 이상을 차지하는 서아프리카 지역의 카카오 농장에서는 약 200만 명의 아이들이 노동을 착취당하고 있다. 카카오 농장의 아이들은 안전 장비도 없이 무거운 짐을 나르고, 화학 물질이 포함된 살충제를 살포하는 등 가혹한 환경 속에서 노동하고 있다.

① 적극적 평화가 실현되었다.
② 구조적 폭력이 나타나고 있다.
③ 인간답게 살 권리를 보장받고 있다.
④ 물리적이고 직접적인 폭력이 나타나고 있다.
⑤ 사회 제도에 인한 폭력이 근본적으로 사라졌다.

04 다음은 어느 고등학생이 생성형 인공지능을 활용하여 학습하는 모습이다. (가)에 들어갈 내용으로 가장 적절한 것은?

안녕하세요. 생성형 인공지능(AI) 학습 챗봇 완자쌤입니다. 무엇을 알려 드릴까요?

진정한 평화의 의미에 대해 어떻게 설명할 수 있는지 알고 싶어요.

네. 진정한 평화의 의미를 안내해 드릴게요.
진정한 평화란 ______ (가) ______ (이)라고 설명할 수 있습니다.

① 적극적 평화를 이루지 않아도 실현되는 것
② 모든 인류가 인간의 존엄성을 보장받는 상태
③ 사상, 언어 등 문화적 요인이 가하는 폭력이 남아 있는 상태
④ 직접적 폭력의 원인이 근본적으로 해결되지 않아도 실현되는 것
⑤ 빈곤, 정치적 독재, 사회적 차별 등으로 인한 고통은 남아 있어도 되는 상태

05 교사의 질문에 적절하게 대답한 학생만을 있는 대로 고른 것은?

① 갑, 을 　　② 갑, 병 　　③ 을, 정
④ 갑, 을, 정 　　⑤ 을, 병, 정

06 (가), (나)에 나타난 분쟁이 발생하는 지역을 지도의 A~D에서 고른 것은?

(가) 남대서양에 있는 포클랜드(말비나스) 제도를 두고 아르헨티나와 영국이 영유권을 주장하며 대립하였다.
(나) 유대인과 팔레스타인 사람들 간 영토 분쟁에서 시작되어 민족적, 종교적 정체성에 따른 갈등으로 분쟁이 심화되었다.

	(가)	(나)		(가)	(나)
①	A	B	②	B	C
③	C	D	④	D	A
⑤	D	B			

07 대화를 보고, (가)에 들어갈 내용으로 적절하지 <u>않은</u> 것은?

① 국제 갈등은 한 국가의 노력만으로는 해결이 어려워.
② 국제 갈등은 국제기구의 중재를 통해서만 해결할 수 있어.
③ 국제 갈등은 여러 가지 원인이 복잡하게 얽혀 발생하는 경우가 많아.
④ 국가 간 상호 의존도가 높아짐에 따라 국제 협력의 필요성이 증가하고 있어.
⑤ 국제 갈등은 갈등 당사자 간의 대화와 양보를 통해 평화적으로 해결할 수 있어.

★중요

08 밑줄 친 '이것'에 해당하는 국제 사회의 행위 주체의 사례로 적절한 것만을 옳은 것만을 〈보기〉에서 고른 것은?

> 이것은 개인이나 민간단체를 중심으로 구성된 조직이다. 개별 국가의 이해관계와 상관없이 전 세계가 실현해야 할 보편적 가치를 추구하고, 국제적 협력이 필요한 문제들을 해결하고자 노력한다.

보기
ㄱ. 국제 노동 기구   ㄴ. 세계 보건 기구
ㄷ. 국제 사면 위원회   ㄹ. 국경 없는 의사회

① ㄱ, ㄴ   ② ㄱ, ㄷ   ③ ㄴ, ㄷ
④ ㄴ, ㄹ   ⑤ ㄷ, ㄹ

하나 더!

08-1 밑줄 친 '이것'에 대한 설명으로 옳은 것은?
① 주권 국가들을 구성원으로 한다.
② 국제 사회에서 법적 지위를 가지고 있다.
③ 정상 회담이나 국교 수립 등의 역할을 한다.
④ 자국민 보호를 위한 외교 활동을 최우선으로 한다.
⑤ 환경 보호나 인권 보장 등 인류 공동의 이익을 위해 활동한다.

09 (가), (나)에 해당하는 국제 사회의 행위 주체를 옳게 연결한 것은?

> (가) 국제 사회의 기본적인 행위 주체로서 일정한 영토와 국민을 바탕으로 독립적인 주권을 행사한다.
> (나) 각국의 정부를 회원으로 하는 국제 사회의 행위 주체로 국제 사회의 평화 유지와 경제적·사회적 협력을 목적으로 활동한다.

	(가)	(나)
①	국가	국제기구
②	국가	비정부 기구
③	국제기구	국가
④	국제기구	비정부 기구
⑤	비정부 기구	국제기구

10 밑줄 친 ㉠, ㉡에 대한 설명으로 옳은 것은?

- 국제 인권 단체인 ㉠ 국제 앰네스티는 A국 군부로 공급되는 항공 연료의 운송을 막아야 한다고 밝혔다. 일부 기업이 A국 항공 연료 공급망에 포함되어 A국 군부의 전쟁과 관련되어 있음이 드러났기 때문이다.
- ㉡ B국 정부는 A국 석유 가스 회사에 대한 제재를 발표하였다. B국 국무부에 따르면 A국의 국영 기업인 석유 가스 회사는 매년 수억 달러의 수입을 군부 정권에 제공하고 있고, 군부 정권은 이를 무기를 구매하는 데 사용하고 있었기 때문이다.

① ㉠은 비정부 기구에 해당한다.
② ㉡은 현대 사회에서 새롭게 등장한 국제 사회의 행위 주체이다.
③ ㉠, ㉡은 모두 궁극적으로 소극적 평화를 지향한다.
④ ㉡은 ㉠과 달리 개인이나 민간단체의 주도로 만들어졌다.
⑤ ㉠은 ㉡과 달리 독립적인 주권을 행사한다.

11 밑줄 친 ㉠, ㉡에 대한 설명으로 옳은 것만을 〈보기〉에서 있는 대로 고른 것은?

> • 파키스탄에서 태어난 ㉠ 갑은 10살 때부터 여성 교육 운동을 하고 있다. 특히 갑은 세계의 모든 아동이 학교에 다닐 수 있게 하자는 운동을 지속하여 많은 사람의 지지를 받고 있다.
> • 전쟁, 자연재해, 전염병 등으로 모두가 피하는 곳에서 마지막까지 긴급 구호 활동을 펼치던 ㉡ 국경 없는 의사회는 인종·종교·이념과 관계없이 인도주의적 의료 서비스를 제공한 공로로 1999년에 노벨 평화상을 수상하였다.

> **보기**
> ㄱ. ㉠은 국가 내부에 속해 있지만 국제 사회에 영향을 발휘하는 개인에 해당한다.
> ㄴ. ㉡은 국제 연합(UN)의 회원으로 활동한다.
> ㄷ. ㉠, ㉡은 모두 국제 사회의 행위 주체이다.
> ㄹ. ㉠, ㉡은 모두 국제 사회에서 법적 지위를 가진다.

① ㄱ, ㄴ   ② ㄱ, ㄷ   ③ ㄷ, ㄹ
④ ㄱ, ㄴ, ㄹ   ⑤ ㄴ, ㄷ, ㄹ

12 (가)에 들어갈 내용으로 가장 적절한 것은?

> ▶ 검색어:　　　　　(가)
>
> ○○ 고등학교 학생들은 난민들을 돕기 위한 모금 활동을 하였다. 이들은 세계 곳곳에서 전쟁 때문에 의료 시설이 붕괴되고 구호물자의 공급이 중단되어 임산부, 어린이, 노약자들이 적절한 의료 서비스를 받지 못하는 현실을 알리고, 모인 기부금을 난민들에게 전달하였다.

① 국제기구의 평화 유지 활동
② 비정부 기구의 인도적 활동
③ 세계화를 주도하는 다국적 기업의 활동
④ 평화적인 갈등 해결을 위한 국가 간 협력
⑤ 세계 평화를 실현하려는 세계시민의 노력

🐱 서술형 문제

서술형 감잡기

1 갑과 을이 강조하는 평화를 쓰고, 을의 입장에서 갑의 입장에 대한 비판을 서술하시오.

> • 갑: 국가 간 무력 충돌이 없고 각 국가의 주권이 외부의 간섭을 받지 않는 상태가 평화입니다. 이를 실현하기 위해 직접적·물리적 폭력의 제거가 필요합니다.
> • 을: 하지만 물리적 폭력이 제거되었다고 해서 진정한 평화가 실현된 것은 아닙니다. 인간에게 가해지는 사회적 차별, 문화적 차별까지 제거된 상태가 평화입니다.

(1) 초성을 참고하여 서술형 답안에 들어갈 내용을 써 보자.

답안 키워드   [ㅅㄱㅈ 평화]   [ㄱㅈㅈ 폭력]   [ㅁㅎㅈ 폭력]

(2) (1)의 내용을 포함하여 서술형 답안을 작성해 보자.

____

____

실전! 도전하기

2 다음 글을 읽고 물음에 답하시오.

> • 내전 중인 수단 서부 지역에서 식량 위기의 최고 단계인 기근이 발생했다. 이에 ㉠ 국제 연합(UN)은 수단이 세계 최악의 기아 위기에 직면해 있다고 경고하였다.
> • ㉡ 그린피스는 북극의 생태계를 보호하기 위해 북극의 석유 및 가스 탐사, 유전 개발을 막기 위한 캠페인을 진행하고 있으며 전 세계에 북극을 보호 구역으로 지정할 것을 요구하고 있다.

(1) ㉠, ㉡과 같은 국제 사회 행위 주체를 각각 쓰시오.

____

(2) ㉠, ㉡과 같은 국제 사회 행위 주체가 하는 역할을 각각 두 가지 이상 서술하시오.

____

____

STEP 3 1등급 정복하기

최고난도

01 다음은 폭력의 의미와 종류에 관한 보고서이다. 밑줄 친 ㉠~㉢에 대한 설명으로 옳은 것만을 〈보기〉에서 있는 대로 고른 것은?

> **〈폭력의 의미와 종류〉**
>
> 폭력은 인간의 가장 기본적인 욕구를 모독하는 것이다. ㉠ <u>직접적 폭력</u>이란 직접 물리적 힘을 가하는 폭력으로 폭력의 결과를 의도한 행위자(가해자)가 있는 폭력이다. ㉡ <u>구조적 폭력</u>이란 불공정한 사회 구조나 제도로 인해 발생하는 폭력이다. ㉢ <u>문화적 폭력</u>이란 다른 폭력을 정당화하는 데 종교나 사상, 언어와 예술, 과학과 법, 대중 매체와 교육 등의 영역이 이용되는 폭력이다.

보기

ㄱ. ㉠은 ㉡, ㉢의 폭력을 정당화하는 배경이 된다.
ㄴ. ㉡의 사례에는 빈곤과 정치적 독재 등이 해당한다.
ㄷ. ㉡, ㉢은 소극적 평화를 이루기 위해 제거되어야 한다.
ㄹ. ㉠, ㉡, ㉢이 모두 제거될 때 진정한 평화가 이루어진다고 할 수 있다.

① ㄱ, ㄷ　　② ㄴ, ㄹ　　③ ㄷ, ㄹ　　④ ㄱ, ㄴ, ㄷ　　⑤ ㄴ, ㄷ, ㄹ

◆ **폭력의 의미와 종류**

완자쌤의 시험꿀팁

직접적 폭력, 구조적 폭력, 문화적 폭력의 개념을 활용하여 소극적 평화와 적극적 평화를 구분할 수 있는지 묻고 있다. 소극적 평화와 적극적 평화의 의미와 특징을 비교하여 기억하고 있어야 한다.

02 국제 사회의 행위 주체인 ㉠~㉢에 대한 설명으로 옳은 것은?

> - 스위스 제네바에서 열린 ㉠ <u>국제 노동 기구</u> 총회에서 '양질의 도제 제도에 대한 권고'가 새로운 국제 노동 기준으로 채택되었다. 이 권고는 도제 제도에 참여하는 견습생의 노동권을 보장하기 위한 내용을 담고 있다.
> - ㉡ <u>국제 사면 위원회</u>가 시위대를 향해 실탄을 발포한 ㉢ <u>이란</u> 당국을 규탄하였다. 위원회는 이날 성명에서 "이란 당국이 시위대에 실탄을 포함한 불법적인 총기 사용을 했다."라고 지적하였다. 그러면서 "국제 연합 인권 이사회의 모든 회원국은 더 이상의 인명 손실을 막기 위해 지금 당장 결정적 조치를 취하고, 이란에 대한 특별 회의를 소집해야 한다."라고 강조하였다.

① ㉠은 국가 내부에 속해 있지만 국제 사회에 영향을 발휘하는 개인에 해당한다.
② ㉡은 시민사회의 영향력이 커짐에 따라 그 역할이 점차 축소되고 있다.
③ ㉡은 ㉢의 정부를 회원으로 하는 행위 주체이다.
④ ㉢은 ㉡과 달리 개별 국가의 이익을 최우선으로 추구한다.
⑤ ㉠~㉢은 모두 궁극적으로 소극적 평화를 지향한다.

◆ **국제 사회의 행위 주체**

완자 사전

■ **도제 제도**
중세 시대에 상공업자들이 만든 상호 부조적인 동업 조합에서 수공업자가 후계자를 양성하던 제도

완자쌤의 시험꿀팁

자료에 제시된 국제 사회의 행위 주체를 국가, 국제기구, 비정부 기구로 구분할 수 있는지 묻고 있다. 각 주체의 의미와 특징에 대해 정리해 두어야 한다. 특히 국제기구와 비정부 기구는 구체적인 사례로 제시되는 경우가 많으므로, 국제기구와 비정부 기구에 해당하는 단체들을 파악해 두어야 한다.

| 25학년도 6월 모평 생활과 윤리 10번 |

갑, 을 사상가들의 입장으로 적절한 것만을 〈보기〉에서 있는 대로 고른 것은?

- 갑: 어떤 종류의 폭력이라도 또 다른 폭력을 낳는다. 직접적 폭력은 구조적 폭력을 형성하고, 문화적 폭력은 이러한 모든 폭력을 합법화시킬 수 있다. 반면, 어떤 종류의 평화라도 또 다른 평화를 낳는다.
- 을: 평화 상태는 국가 상호 간의 계약 없이는 구축될 수 없고 보장될 수도 없다. 국제법은 자유로운 국가들의 연방에 기초해야 한다. 국가 간 평등한 관계에 기반을 둔 세계시민법은 보편적 우호의 조건들에 국한되어야 한다.

┌ 보기 ┐
ㄱ. 갑: 평화적이지 않은 수단으로는 결코 평화를 실현할 수 없다.
ㄴ. 갑: 구조적 착취를 정당화하는 수단으로 활용되는 예술도 있다.
ㄷ. 을: 강제력을 갖춘 평화 조약은 영구적 평화를 보장할 수 있다.
ㄹ. 갑과 을: 정치 체제의 개선 없이는 진정한 평화가 보장될 수 없다.

① ㄱ, ㄴ   ② ㄱ, ㄷ   ③ ㄷ, ㄹ   ④ ㄱ, ㄴ, ㄹ   ⑤ ㄴ, ㄷ, ㄹ

※ 단계별로 문제 풀이에 접근해 보세요!

1단계 / 자료 분석하기

갑은 평화를 이루려면 ❶ [   ] 폭력은 물론 구조적·문화적 폭력까지 사라져야 한다고 주장하므로 갈퉁이다. 을은 평화를 유지하려면 국가 간 신뢰를 정착시키는 게 중요하다고 보므로 칸트이다.

2단계 / 정답 개념 연결하기

ㄱ, ㄴ. 갈퉁은 ❷ [   ] 폭력이 구조적·직접적 폭력을 정당화하는 수단으로 활용될 수도 있지만, 어떤 경우에도 폭력은 허용될 수 없다고 본다. ㄹ. 진정한 평화가 보장되려면 갈퉁은 정치와 경제 영역에서 나타나는 억압과 착취를 없애야 함을, 칸트는 모든 국가가 공화정체이어야 함을 주장한다.

3단계 / 오답 개념 피하기

ㄷ. 칸트는 평화 조약은 ❸ [   ] 평화를 보장할 수 없다고 보고, 모든 국가는 자유로운 국가들 간의 연맹에 참여해야 한다고 주장한다.

❸ 영구적

[기出 포인트] ④ / 정답 풀이 ❶ 직접적 ❷ 문화적

🐾 정답친해 32쪽

| 21학년도 11월 고1 학평 7번 |

01 ⑦, ⓒ에 대한 설명으로 옳지 <u>않은</u> 것은?

평화는 [⑦] 과 [ⓒ] 으로 구분할 수 있다. [⑦] 은 직접적 폭력이 없는 상태로 국내외적으로 전쟁, 분쟁, 테러 등이 발생하지 않는 상태를 뜻한다. [ⓒ] 은 직접적 폭력이 없을 뿐 아니라 구조적 폭력과 문화적 폭력까지 제거된 상태를 가리킨다.

① ⑦은 무력 충돌이 없는 상태를 포함한다.
② ⑦의 실현은 빈곤 문제의 해결을 보장한다.
③ ⓒ은 각종 억압과 차별이 사라진 상태를 포함한다.
④ ⓒ을 실현하기 위해 사회 제도의 개선이 요구된다.
⑤ ⑦, ⓒ은 모두 물리적 폭력이 제거된 상태를 포함한다.

1등급 전략

직접적 폭력, 물리적 폭력, 구조적 폭력, 문화적 폭력이 존재하는지, 모두 사라졌는지를 기준으로 소극적 평화, 적극적 평화를 구분하는 연습을 해야 한다.

출제 전망

- **전망 1** 평화에 대한 어떤 사람의 입장을 제시하고 소극적 평화를 강조하는지, 적극적 평화를 강조하는지를 구분하는 문제가 출제될 수 있다.
- **전망 2** 진정한 평화를 이루려면 어떤 조건을 충족해야 하는지를 묻는 문제가 출제될 수 있다.

03 남북 분단 및 동아시아 역사 갈등과 세계 평화

이것이 핵심!

✽ 남북 분단의 배경

국제적 배경	• 냉전 체제 심화 • 한반도의 지정학적 특징
국내적 배경	• 민족 내부의 응집력 부족 • 6·25 전쟁 발발

◆ 냉전

제2차 세계 대전 이후 미국 중심의 자유주의 진영과 소련 중심의 공산주의 진영이 이념적으로 대립한 국제 관계

◆ 신탁 통치

일정한 지역이 자체적인 통치 능력을 갖출 때까지 대신 통치하는 것

① 남북 분단과 평화 통일

1. 남북 분단의 배경

국제적 배경	• 냉전 체제 심화: 미국 중심의 자유주의 진영과 소련 중심의 공산주의 진영 간의 이념적 갈등 심화 • 한반도의 지정학적 특징: 유라시아 대륙과 태평양을 연결하는 지정학적 요충지에 위치
국내적 배경	• 민족 내부의 응집력 부족: 광복 후 신탁 통치에 대한 찬반 논쟁과 민족 내부의 이념적 갈등 발생 • 6·25 전쟁 발발: 북한의 남침으로 인한 전쟁 발발로 오늘날까지 남북 분단을 고착화함

> 꼭! 미국과 소련은 일본군의 무장 해제를 위해 38도선을 경계로 하여 한반도를 분할 점령하였어.

2. 남북 분단의 과정: 8·15 광복(1945) → 모스크바 3국 외상 회의(1945) → 남한만의 5·10 총선거 실시 및 대한민국 정부 수립(1948) → 6·25 전쟁 발발(1950) → 정전 협정 체결(1953)

> 국제 연합(UN)이 총선거를 통해 통일 정부를 구성하는 결의안을 채택했지만, 소련과 북한이 이를 거부하면서 남한에서만 총선거가 이루어졌어.

3. 평화 통일을 위한 노력

(1) **통일의 필요성**: 군사 대립으로 손실되는 분단 비용 활용, 북한 주민의 삶 개선, 이산가족의 아픔 해소, 한반도 평화 실현 및 세계 평화 정착, 생활공간의 확장 등

(2) **통일을 위한 노력**: 남북한 교류·협력 지속, 통일에 우호적인 국제 환경 조성 [자료 ①]

> 예 남과 북은 국가적 차원에서 7·4 남북 공동 성명, 남북 기본 합의서, 6·15 남북 공동 선언 등의 내용에 합의하였어.

이것이 핵심!

✽ 동아시아의 역사 갈등

중국과의 역사 갈등	동북 공정: 고조선, 부여, 고구려, 발해의 역사를 중국사의 일부라고 주장
일본과의 역사 갈등	• 일본 역사 교과서 왜곡 • 일본의 독도 영유권 주장 • 야스쿠니 신사 참배

◆ 일본의 역사 교과서 왜곡

일본 정부는 1945년 이전에 한반도에서 일본으로 온 조선인 중 자신의 의지로 온 사람도 있기 때문에 '종군 위안부'나 '강제 연행'이라는 표현이 부적절하다고 주장하고 있다.

◆ 동아시아 영토 문제

↑ 동아시아의 주요 영토 분쟁 지역

② 동아시아 역사 갈등과 세계 평화

1. 동아시아의 역사 갈등과 해결 노력 [다잡는 자료]

(1) **중국과의 역사 갈등**: 중국이 동북 공정을 통해 고조선, 부여, 고구려, 발해의 역사를 중국사의 일부라고 주장함 → 소수 민족을 통합하여 자국의 영토를 공고히 하고자 함

(2) **일본과의 역사 갈등**

> 꼭! 옛 문헌인 『세종실록지리지』, 태정관 지령문, 대한 제국 칙령 제41호(1900) 등을 통해 독도가 우리 영토라는 것을 확인할 수 있어.

역사 교과서 왜곡	일제 강점기 징용·징병 및 일본군 '위안부' 동원의 강제성을 축소·은폐하여 자신들의 침략 행위를 정당화함
독도 영유권 주장	독도는 역사적, 지리적, 국제법적으로 명백한 우리나라 고유의 영토이나, 독도가 일본의 영토로 편입되었다는 왜곡된 주장을 함
야스쿠니 신사 참배	일본의 주요 정치인들이 제2차 세계 대전의 전쟁 범죄자가 합사된 신사에 참배함

(3) **동아시아 영토 문제**: 역사적 배경과 해양 자원을 둘러싼 해양 영토 분쟁 발생

(4) **동아시아 역사 갈등의 해결 노력**

정부 차원	역사 왜곡에 대한 외교 대처, 동북아 역사 재단 설립 등 공동 역사 연구 진행
민간 차원	3국 공동 역사 편찬 위원회, 동아시아 청소년 역사 체험 캠프 등 다양한 문화 교류 행사 개최

> 공동으로 역사 교재를 발간했어.

2. 우리나라의 국제적 위상과 세계 평화를 위한 노력

(1) **우리나라의 위상**

지정학적 측면	유라시아 대륙과 태평양을 연결하는 위치 → 동아시아의 전략적 관문
경제적 측면	1960년대 이후 정부 주도의 개발 정책으로 고도의 경제 발전 → 경제 협력 개발 기구(OECD), 아시아·태평양 경제 협력체(APEC) 등 각종 국제기구에서 주도적으로 활동

(2) **세계 평화를 위한 우리나라의 노력** [자료 ②]

정부 차원	개발 원조 위원회(DAC) 회원으로 공적 개발 원조(ODA) 확대, 국제 연합(UN)의 평화 유지군 파견 등
민간 차원	비정부 기구 가입, 식량이나 구호 물품 발송 등

자료 ① 통일을 위한 노력

↑ 제1차 남북 정상 회담(2000년)

↑ 이산가족 상봉

↑ 남북 단일 하키팀(2018년)

국가적 차원에서 남과 북은 남북 정상 회담의 개최와 남북 공동 성명서 등을 통해 통일을 위한 노력을 이어 가고 있다. 또한 이산가족 상봉, 대북 지원 등의 인도주의적 협력과 함께 「겨레말큰사전」 편찬, 남북 스포츠 단일팀 구성, 남북 예술단 합동 공연 개최 등 다양한 분야에서 교류를 확대하고 있다.

자료 하나 더 알고 가자!

독일의 통일 사례

동독과 서독은 분단 초기부터 비교적 자유롭게 교류하고, 장벽이 세워진 후에도 해마다 합법 이주가 이루어졌다. 서독 정부는 동독과 꾸준히 교류를 추진하였고 냉전 체제가 붕괴하면서 독일을 분할 점령하였던 국가들을 설득하여 독일 통일을 추진할 수 있었다.

독일처럼 평화 통일을 이루려면 남북한의 평화적 교류 및 협력과 함께 통일에 우호적인 국제 환경을 조성하기 위해 노력하며 장기적인 관점에서 접근해야 한다.

🖥 **내 교과서** · 비상, 미래엔, 천재, 지학사, 동아, 창비에서 '중국과 일본의 역사 왜곡' 자료를 다루고 있어요.

내신과 수능을 다 잡는 자료 ◆ 중국과 일본의 역사 왜곡

↑ 중국의 동북 공정

↑ 독도를 일본 땅이라고 주장하는 일본 교과서

중국은 동북 3성, 즉 랴오닝성, 지린성, 헤이룽장성의 역사, 지리 민족에 대한 문제를 연구하면서 고구려의 성을 만리장성의 일부로 주장하고 있다. 한편, 일본은 근거가 불명확한 「시마네현 고시 제40호」를 근거로 독도가 일본의 영토로 편입되었다고 주장하면서 독도를 일본의 영토라고 왜곡하여 가르치고 있다. 또한 세계 유산으로 등재된 군함도와 관련하여 군함도에서 자행된 강제 징용 및 조선인 차별 등의 역사적 사실을 부정하고 있다.

빈출 선택지로 점검하기

» 중국과 일본의 역사 왜곡에 대한 잘못된 선택지를 올바르게 고쳐 보자.

• 중국은 고조선, 부여, 고구려, 발해의 역사를 일본 역사의 일부라고 주장하고 있다.
→ ㅈ ㄱ

• 일본은 강화도 영유권을 주장하고 있다.
→ ㄷ ㄷ

• 일본은 일본군 '위안부' 동원의 강제성을 인정하고 있다.
→ ㅂ ㅈ

圓 중국, 독도, 부정 : 답음

함께 보기 · 내신 만점 공략하기 07번

자료 ② 세계 평화를 위한 우리나라의 노력

↑ 한국 국제 협력단이 탄자니아의 가뭄이 심각한 지역에 설치한 빗물 저장 탱크

한국 국제 협력단(KOICA)은 우리나라 외교부 산하의 공공 기관으로, 정부 차원에서 인도적 대외 무상 협력 사업을 전담하여 실시한다. 교육, 보건, 농촌 개발 등의 분야를 지원하며, 르완다의 교사 정보 통신 기술(ICT) 교육 역량 사업, 피지의 태양광 발전 사업, 요르단의 난민 대상 학교 설립 사업, 탄자니아의 빗물 저장 탱크 설치 사업 등 다양한 사업을 진행하였다.

문제로 확인할까?

우리나라의 외교부 산하 기관으로, 인도적 대외 무상 협력 사업을 전담하는 기관의 이름은?

圓 한국 국제 협력단(KOICA)

STEP 1 핵심 개념 **확인**하기

1 다음 빈칸에 들어갈 알맞은 말을 쓰시오.

> 제2차 세계 대전 이후 미국을 중심으로 한 자유주의 진영과 소련을 중심으로 한 공산주의 진영이 이념으로 대립한 국제 관계를 (   )(이)라고 한다.

2 다음 설명이 맞으면 ○표, 틀리면 ×표를 하시오.

(1) 광복 이후 미군과 소련은 북위 38도선을 경계로 남북에 각각 군대를 주둔하였다. (   )

(2) 정부 수립을 위해 치러진 5·10 총선거는 남북에서 동시에 시행되었다. (   )

(3) 남한과 북한은 2000년에 처음으로 남북 정상 회담을 개최하였다. (   )

3 다음 괄호 안의 내용 중 알맞은 말에 ○표를 하시오.

(1) 「겨레말큰사전」 편찬은 (국가적, 개인적) 차원의 통일 노력이라고 할 수 있다.

(2) 평화 통일을 위해서 남한과 북한 간 교류와 협력을 (중단, 지속)해야 한다.

4 다음 국가와 역사적 갈등을 옳게 연결하시오.

(1) 일본 •　　　　　　　• ㉠ 독도에 대한 영유권 주장

(2) 중국 •　　　　　　　• ㉡ 고구려를 자국의 역사로 규정

5 다음 설명에 해당하는 것을 〈보기〉에서 골라 기호를 쓰시오.

> **보기**
> ㄱ. 독도　　　ㄴ. 동북 공정　　　ㄷ. 야스쿠니 신사

(1) 중국이 자국 내 소수 민족의 통합 등을 위해 동북 3성의 역사, 지리, 민족 문제에 대해 연구한 사업 (   )

(2) 일본의 침략 과정에서 천황을 위해 전사한 사람들을 신으로 숭배하는 곳으로, 제2차 세계 대전의 주요 전범들이 합사되어 있는 곳 (   )

STEP 2 내신 만점 **공략**하기

01 밑줄 친 '국내적 배경'으로 적절한 것만을 〈보기〉에서 고른 것은?

> 한반도에서는 70년 넘게 남북 분단 상황이 지속되고 있다. 이렇게 분단이 이루어진 배경에는 자유주의 진영과 공산주의 진영 간의 이념적 갈등 심화 등 국제적 배경뿐만 아니라 <u>국내적 배경</u>도 작용하였다.

> **보기**
> ㄱ. 미국과 소련 간의 냉전 체제 심화
> ㄴ. 북한의 남침으로 인한 6·25 전쟁의 발발
> ㄷ. 신탁 통치에 대한 찬반 논쟁으로 인한 갈등
> ㄹ. 유라시아와 태평양을 연결하는 지정학적 요충지에 위치

① ㄱ, ㄴ　　　② ㄱ, ㄷ　　　③ ㄴ, ㄷ
④ ㄴ, ㄹ　　　⑤ ㄷ, ㄹ

02 (가) 시기에 발생한 역사적 사건으로 옳은 것은?

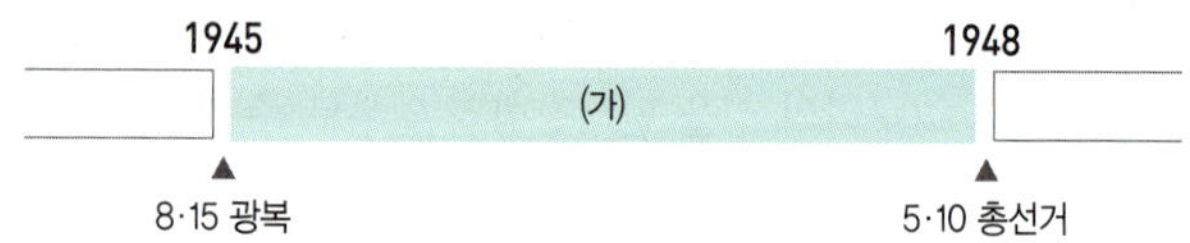

① 정전 협정이 체결되었다.
② 6·25 전쟁이 발발하였다.
③ 대한민국 정부가 수립되었다.
④ 미국과 소련이 한반도를 분할 점령하였다.
⑤ 제2차 세계 대전에서 일본이 항복을 선언하였다.

02-1 대한민국 정부 수립 이후에 발생한 역사적 사실로 옳은 것은?

① 5·10 총선거가 실시되었다.
② 일본이 한반도를 식민 지배하였다.
③ 미국과 소련이 군정을 실시하였다.
④ 판문점에서 정전 협정이 체결되었다.
⑤ 모스크바 3국 외상 회의가 개최되었다.

03 (가)~(라) 사건을 시기 순으로 옳게 나열한 것은?

> (가) 소련의 지원을 받은 북한이 남한을 침공하면서 전쟁이 발발하였다.
> (나) 정전 협정이 체결되고, 이후 남북 분단이 고착화되었다. 이는 오늘날까지 이르고 있다.
> (다) 일본이 제2차 세계 대전에 패배하면서 우리나라가 일본의 식민 지배에서 벗어나 광복을 맞이하였다.
> (라) 국제 연합(UN)이 총선거를 통해 통일 정부를 구성하는 결의안을 채택하였으나, 냉전의 영향으로 소련과 북한이 거부하면서 남한에서만 총선거가 이루어지고, 대한민국 정부가 수립되었다.

① (가) – (나) – (다) – (라)
② (가) – (라) – (다) – (나)
③ (나) – (가) – (다) – (라)
④ (다) – (라) – (가) – (나)
⑤ (다) – (라) – (나) – (가)

04 다음은 어느 고등학생이 생성형 인공지능을 활용하여 학습하는 모습이다. 생성형 인공지능의 답변으로 적절하지 <u>않은</u> 것은?

안녕하세요. 생성형 인공지능(AI) 학습 챗봇 완자쌤입니다. 무엇을 알려 드릴까요?

한반도 통일의 필요성에 대해 알고 싶어요.

네, 한반도 통일의 필요성에 대해 안내해 드릴게요.

㉠ 우리 민족의 생활공간을 축소할 수 있습니다.
㉡ 우리 민족의 경제적 발전을 가져올 수 있습니다.
㉢ 우리 민족의 대립과 갈등을 극복할 수 있습니다.
㉣ 한반도 전체에 높아진 군사적 긴장을 완화할 수 있습니다.
㉤ 한반도와 동아시아는 물론 세계 평화 실현에 이바지할 수 있습니다.

① ㉠　　② ㉡　　③ ㉢　　④ ㉣　　⑤ ㉤

05 다음 사례를 통해 얻을 수 있는 교훈으로 가장 적절한 것은?

> 독일은 통일 후 동독 재건을 위한 통일 비용 문제, 불법 행위 청산 작업이나 재산권 문제, 주민 간 갈등 등 여러 가지 시행 착오와 갈등을 겪었다. 이에 독일 정부는 동독 주민의 생활 수준 향상과 동독 지역의 경쟁력 강화를 위한 정책을 추진하면서 동서독 간 격차를 줄이고자 노력하였다. 그 결과, 통일 후 동독 지역의 경제는 실질 국내 총생산이 매년 7~9% 정도 성장하며 발전하였고, 통일을 이룬 지 30년이 지난 오늘날 독일은 유럽에서 경제 규모가 가장 큰 나라가 되었다.

① 통일은 주변 나라와 갈등의 요소가 된다.
② 급진적인 방식으로 통일을 이루어야 한다.
③ 통일은 강력한 군사력이 뒷받침되어야만 한다.
④ 남한이 북한을 흡수하는 방식으로 통일해야 한다.
⑤ 통일은 장기적인 관점을 가지고 추진되어야 한다.

중요
06 (가)에 들어갈 내용으로 가장 적절한 것은?

① 남북 분단의 배경
② 남북 통일의 필요성
③ 바람직한 통일의 방법
④ 우리나라의 국제적 위상
⑤ 통일을 위한 노력의 사례

06-1 (가) 탐구 주제에 대한 조사 내용으로 적절한 것만을 〈보기〉에서 고른 것은?

> **보기**
> ㄱ. 북위 38도선의 설정
> ㄴ. 남북 정상 회담의 실시
> ㄷ. 남북 예술단 합동 공연 추진
> ㄹ. 모스크바 3국 외상 회의 개최

① ㄱ, ㄴ　② ㄱ, ㄷ　③ ㄴ, ㄷ　④ ㄴ, ㄹ　⑤ ㄷ, ㄹ

07 ㉠에 대한 옳은 설명만을 〈보기〉에서 고른 것은?

중국은 2002년부터 5년간 동북 3성에 대한 역사 등을 연구하는 (㉠)을/를 전개하였다. 이 과정에서 중국은 고구려의 성을 만리장성의 동쪽 끝이라고 하며 옛 고구려 땅을 중국의 고유 영토라고 주장하였다.

ㅡ 보기 ㅡ
ㄱ. 소수 민족을 독립시키기 위한 시도이다.
ㄴ. 발해사를 중국사의 일부로 만들려고 한다.
ㄷ. 고구려를 한반도의 독립 정권으로 인정한다.
ㄹ. 중국의 국경 지역을 공고히 하기 위한 목적이 있다.

① ㄱ, ㄴ   ② ㄱ, ㄷ   ③ ㄴ, ㄷ
④ ㄴ, ㄹ   ⑤ ㄷ, ㄹ

08 교사의 질문에 옳게 대답한 학생은?

① 갑: 독도가 자국의 영토라고 주장하고 있어요.
② 을: 정치인들이 야스쿠니 신사에 참배하고 있어요.
③ 병: 고구려와 발해를 자국 역사의 일부라고 주장하고 있어요.
④ 정: 러일 전쟁을 배경으로 섬의 영유권을 두고 갈등하고 있어요.
⑤ 무: 역사 교과서에서 징용과 징병에 관한 내용을 왜곡하여 서술하고 있어요.

09 다음 글에 나타난 중국과의 갈등을 극복하기 위한 노력으로 적절하지 <u>않은</u> 것은?

중국 국가 박물관이 고구려를 뺀 한국사 연대표를 전시하여 논란이다. 한·중 수교 30주년과 중·일 국교 정상화 50주년을 계기로 개막한 전시회에서 중국은 한국의 고대 연표를 '신라 – 백제 – 가야 – 통일신라 – 고려 – 조선'의 순서로 구분하였지만, 고구려와 발해는 표시하지 않았다.

① 국가 간 민간 교류를 축소한다.
② 학자 간의 공동 연구를 진행한다.
③ 우리의 역사 연구 성과를 알린다.
④ 양국 공동의 역사 교재를 발간한다.
⑤ 청소년 역사 체험 캠프를 개최한다.

10 ㉠ 지역에 대한 옳은 설명만을 〈보기〉에서 고른 것은?

00 신문   20〇〇년 〇〇월 〇〇일

일본, (㉠)을/를 자국의 영토로 주장한 교과서 발간
일본 정부는 동해에 위치한 섬인 (㉠)을/를 자국의 영토라고 표기한 교과서를 검정 통과시켰다. 이로 인해 일본의 학생들은 (㉠)이/가 일본의 영토라고 배우게 될 것이므로 양국 정부 간 갈등이 커질 것으로 보인다.

ㅡ 보기 ㅡ
ㄱ. 현재 일본이 실효 지배하고 있다.
ㄴ. 국제법상 명백한 대한민국의 영토이다.
ㄷ. 중국과 일본 간의 영토 분쟁이 있는 지역이다.
ㄹ. 일본이 시마네현 고시를 근거로 영유권을 주장하고 있다.

① ㄱ, ㄴ   ② ㄱ, ㄷ   ③ ㄴ, ㄷ
④ ㄴ, ㄹ   ⑤ ㄷ, ㄹ

하나 더! 10-1 ㉠ 지역에 대한 탐구 활동으로 적절하지 <u>않은</u> 것은?
① 시마네현 고시의 내용을 찾아본다.
②『세종실록지리지』의 내용을 조사한다.
③ 일본 태정관 지령문의 내용을 파악한다.
④ 대한 제국 칙령 제41호의 내용을 알아본다.
⑤ 유네스코 세계 유산에 등재된 지역을 찾아본다.

11 대화의 (가)에 들어갈 내용으로 적절하지 <u>않은</u> 것은?

① 동북아 역사 재단을 설립해요.
② 역사 왜곡에 대해 외교적으로 대처해요.
③ 동아시아 청소년 역사 체험 캠프를 개최해요.
④ 동아시아 국가 간 공동 역사 연구를 추진해요.
⑤ 다른 나라의 역사 연구 결과를 모두 받아들여요.

12 다음 사례와 같은 목적으로 이루어지는 우리나라의 노력으로 적절하지 <u>않은</u> 것은?

> 한국 국제 협력단(KOICA)은 우리나라 외교부 산하의 공공 기관으로, 정부 차원에서 인도적 대외 무상 협력 사업을 전담하여 실시한다. 교육, 보건, 농촌 개발 등의 분야를 지원하며 가뭄이 심각하게 발생한 지역에 빗물 저장 탱크를 설치하는 활동 등을 하고 있다.

① 공적 개발 원조의 축소
② 한반도의 평화 유지 노력
③ 재해 및 재난 피해국 구호 지원
④ 식량 위기국의 난민과 이주민 지원
⑤ 국제 연합(UN)의 평화 유지군 활동 참여

서술형 문제

서술형 감잡기

1 ㉠에 해당하는 명칭을 쓰고, 밑줄 친 '참배'의 문제점이 무엇인지 서술하시오.

> (㉠)은/는 일본의 침략 과정에서 일본의 천황을 위해 전사한 사람들을 신으로 숭배하는 곳이다. 하지만 주변국들은 일본 정치인의 (㉠) <u>참배</u>에 반대 목소리를 내고 있다.

(1) 초성을 참고하여 서술형 답안에 들어갈 내용을 써 보자.

답안 키워드 | ㅇㅅㅋㄴ ㅅㅅ | ㅅㄱ ㄷㅈ |

(2) (1)의 내용을 포함하여 서술형 답안을 작성해 보자.

실전! 도전하기

2 다음 글을 읽고 물음에 답하시오.

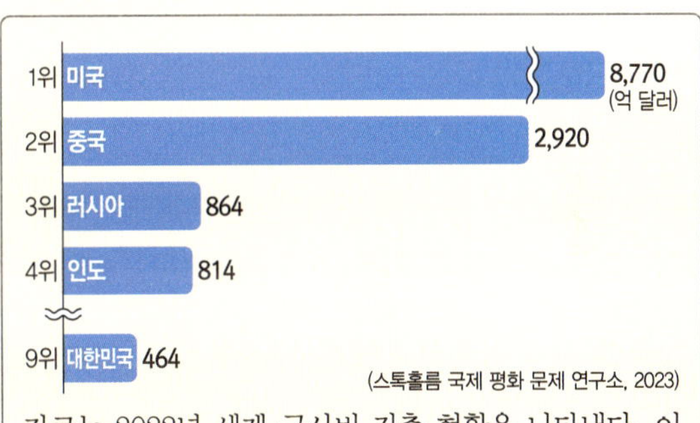

자료는 2022년 세계 군사비 지출 현황을 나타낸다. 이 자료에 따르면 우리나라는 전 세계에서 9번째로 많은 군사비를 지출한 국가이고, 북한은 전 세계에서 국내 총생산 대비 군사비 지출이 가장 많은 국가이다.

(1) 자료에 나타난 문제점이 무엇인지 쓰시오.

---

(2) (1)을 고려하여 한반도에 통일이 필요한 이유를 <u>두 가지</u> 서술하시오.

1등급 정복하기

01 (가) 시기와 (나) 시기 사이에 있었던 사실로 옳은 것은?

> (가) 미국 태평양 방면 육군 총사령관으로서 이에 다음과 같이 포고한다. 일본 제국 정부의 연합국에 대한 무조건 항복은 아래 여러 국가 군대 간에 오래 행해져 왔던 무력 투쟁을 끝나게 하였다. …… 본관의 지휘하에 있는 승리에 빛나는 군대는 금일 북위 38도 이남의 조선 영토를 점령한다.
>
> (나) 조선의 국회 의원 선거는 지난 5월 10일 오전 7시부터 남조선의 전 지역에서 시작되었다. 800만의 남녀 유권자는 그들의 대표를 선출하기 위해서 큰 희망을 내비치며 투표장으로 향하였다. 유엔 한국 임시 위원단은 선거 감시를 결정하고 각 도에 감시단을 파견하였다.

① 판문점에서 정전 협정이 조인되었다.
② 북한군의 남침으로 6·25 전쟁이 발발하였다.
③ 신탁 통치를 둘러싼 찬반 갈등이 발생하였다.
④ 일제의 식민 지배에서 벗어나 광복을 맞이하였다.
⑤ 국제 연합의 인정하에 대한민국 정부가 수립되었다.

02 밑줄 친 ㉠, ㉡의 사례로 적절한 것만을 〈보기〉에서 고른 것은?

> 남한과 북한은 오랜 분단 구조 속에서 많은 갈등을 겪었으나, 남북한 간의 상호 신뢰를 바탕으로 화해와 협력을 계속하면서 분단으로 인한 비극과 갈등을 해소하기 위해 노력해 왔다. 남북 대화는 1971년 8월 20일 이산가족 문제 해결을 위한 적십자 회담의 파견원 접촉이 성사되면서 시작되었다. ㉠ 1970년대와 1980년대에 개최된 남북 간의 분야별 회담은 주로 사회 문화 및 인도주의 분야에서 이루어졌으나, ㉡ 2000년 이후에는 여러 분야로 확대되어 다양하게 개최되었다.

┌ 보기 ┐
ㄱ. ㉠ – 7·4 남북 공동 성명 발표
ㄴ. ㉠ – 제1차 남북 정상 회담 개최
ㄷ. ㉡ – 「겨레말큰사전」 편찬
ㄹ. ㉡ – 남북 공동 역사 교과서 개발

① ㄱ, ㄴ ② ㄱ, ㄷ ③ ㄴ, ㄷ ④ ㄴ, ㄹ ⑤ ㄷ, ㄹ

◆ **남북 분단의 과정**

완자 사전

■ 포고(布告)
결정 사항을 일반 국민에게 널리 알리는 행위

완자쌤의 시험꿀팁

남북 분단의 과정은 구체적으로 시간의 흐름에 따라 정리해 두고, 대한민국 정부 수립 이전과 이후의 사실들을 구별해서 알아 두어야 한다.

◆ **통일을 위한 노력**

완자 사전

■ 인도주의
인간의 존엄성을 최고의 가치로 여기고 인종, 민족, 국가, 종교 따위의 차이를 초월하여 인류의 안녕과 복지를 꾀하는 것을 이상으로 하는 사상이나 태도

완자쌤의 시험꿀팁

평화 통일을 위한 여러 차원의 다각적인 노력에 대해 정리해 두어야 한다. 특히, 남북 간에 개최된 회담의 경우 대표적인 남북 회담의 사례와 시기, 주요 내용을 정리해 둘 필요가 있다.

03 밑줄 친 '이 지역'에 대한 설명으로 옳지 <u>않은</u> 것은?

① 일본이 부당하게 영유권을 주장하고 있다.
② 역사적·국제법적으로 명확한 대한민국의 영토이다.
③ 대한 제국의 칙령 제41호를 통해 관할권을 명확히 하였다.
④ 조선인 강제 동원을 통한 광산 노동이 이루어졌던 지역이다.
⑤ 일본이 시마네현 고시를 근거로 하여 불법 편입하고자 하였다.

◆ **일본의 독도 영유권 주장**

완자 사전

■ 영유권
일정한 영토에 대한 해당 국가의 관할권

 **완자쌤의 시험꿀팁**

독도와 관련한 역사적 사실은 자주 출제되는 주제이다. 독도에 대한 일본의 부당한 주장과 우리 측의 근거들을 정리해서 알아 둘 필요가 있다.

04 다음은 통합사회 시간에 다룬 학습지의 일부이다. 이를 읽고 학생들이 설명한 내용 중 적절하지 <u>않은</u> 것은?

〈통합사회 학습지〉

• 주제: 동아시아의 역사 갈등
• 자료: 일본 초등학교 교과서의 내용 비교

구분	현행 2019년 검정 통과	새 교과서 2023년 검정 통과
A 교과서	다수의 조선인들과 중국인들이 강제적으로 끌려와서 ……	다수의 조선인들과 중국인이 강제적으로 동원되어 ……
	병사가 된 조선의 젊은이를	지원해서 병사가 된 조선의 젊은이들
B 교과서	일본군 병사로 징병하여 전쟁터에 보내거나 했습니다.	일본군 병사로 전쟁터에 보내거나 했습니다.

(동북아 역사 재단, 2023)

① 갑: 한일 공동 역사 연구의 결과를 반영하였어.
② 을: 젊은이들이 일본군에 징병된 사실을 삭제하였어.
③ 병: 조선인이 강제로 끌려간 사실을 동원으로 순화하였어.
④ 정: 일본 정부가 역사 교과서를 왜곡한 사실을 확인할 수 있어.
⑤ 무: 조선의 젊은이들이 지원하여 병사가 된 것으로 표현하였어.

◆ **일본의 역사 교과서 왜곡**

 **완자쌤의 시험꿀팁**

동아시아의 역사 갈등 중 한국과 일본이 빚고 있는 역사 갈등의 주요 내용을 정리해 둘 필요가 있다. 또한 각 사례에 맞게 해당 문제를 해결하기 위한 노력들도 연결하여 파악해야 한다.

수능 첫걸음

| 23학년도 3월 고2 생활과 윤리 학평 9번 |

㉠에 들어갈 진술로 적절하지 않은 것은?

> 남북한의 분단 상황은 국가 발전 및 세계 평화를 저해한다. 우리는 독일 통일의 사례에서 남북 통일을 위한 시사점을 얻을 수 있다. 통일 전 독일은 사회 통합 기반 마련을 위한 교류 활성화, 안보 불안 축소를 위한 대화, 상호 간 편견과 불신 해소를 위한 통일 교육을 하였다. 또한 독일의 통일이 주변국에 위협이 아닌 평화를 촉진시킬 것임을 설득하여 통일을 이룩할 수 있었다. 따라서, 우리는 ㉠

① 분단 상황에서도 남북한이 교류하는 기회를 마련해야 한다.
② 남북 통일에 우호적인 국제 환경 조성을 위해 노력해야 한다.
③ 통일 이전이 아닌 통일 이후에 사회 통합을 위해 힘써야 한다.
④ 남북한 대화를 통해 안보 및 평화 구축을 위해 노력해야 한다.
⑤ 상호 이해와 적대감 해소를 위한 통일 교육을 활성화해야 한다.

대표 유형 　문제 풀이

※ 단계별로 문제 풀이에 접근해 보세요!

1단계 / 자료 분석하기
제시된 자료는 독일의 통일 과정에서 이루어진 평화 통일을 위한 **❶** 임을 파악한다.

2단계 / 정답 개념 연결하기
제시된 글에서 독일의 평화 통일을 위한 노력으로 교류 **❷** , 통일 교육, 주변국 설득 등을 제시하였음을 파악한다.

3단계 / 오답 개념 피하기
③ 통일 이전부터 **❸** 을/를 위해 힘써 장기적으로 노력해야 평화 통일을 실현할 수 있다.

❸ 사회 통합
❶ 대표 유형 / ⓒ 정단 ❸ 곰세 둘이 ❶ 노력 ❷ 활성화

🖊 정답친해 34쪽

| 24학년도 3월 고3 동아시아사 학평 20번 |

01 밑줄 친 '이 지역'을 지도에서 옳게 고른 것은?

프로젝트형 봉사 활동 보고서				
활동명	동아시아 평화 공존 캠페인	학년–반	3–1	이름　○○○
활동 기간	2024. 3. 11.~2024. 3. 28. 총 (5)시간	활동 영역	캠페인 활동	

〈주요 활동 내용〉
이 지역을 둘러싼 세 나라의 갈등을 다룬 신문 기사를 활용하여 동아시아 평화 공존을 촉구하는 짧은 영상을 만들고 누리 소통망(SNS)에 게시하였다.

▶ 활용한 신문 기사의 제목
• 타이완, '영유권 수호' 무력 불사(○○○신문)
• 중국, 군사 조치 가능성 검토(○○○○신문)
• 일본, 접근하는 타국 선박 실력 저지(○○일보)

① (가)
② (나)
③ (다)
④ (라)
⑤ (마)

완자쌤과 수능 미리 보기

Q 지도에 제시된 (가)~(마) 지역은 각각 어디인가요?

A (가)는 난시 군도(스프래틀리 군도), (나)는 시사 군도(파라셀 군도), (다)는 센카쿠 열도(댜오위다오), (라)는 일본의 오키나와, (마)는 쿠릴 열도(북방 도서)입니다.

Q '이 지역'에 대한 단서는 어떻게 찾을 수 있을까요?

A '이 지역'과 관련된 세 나라가 영유권 분쟁을 할 만한 지리적 위치를 고려하여 유추할 수 있어요.

❶ 세계화의 양상과 문제

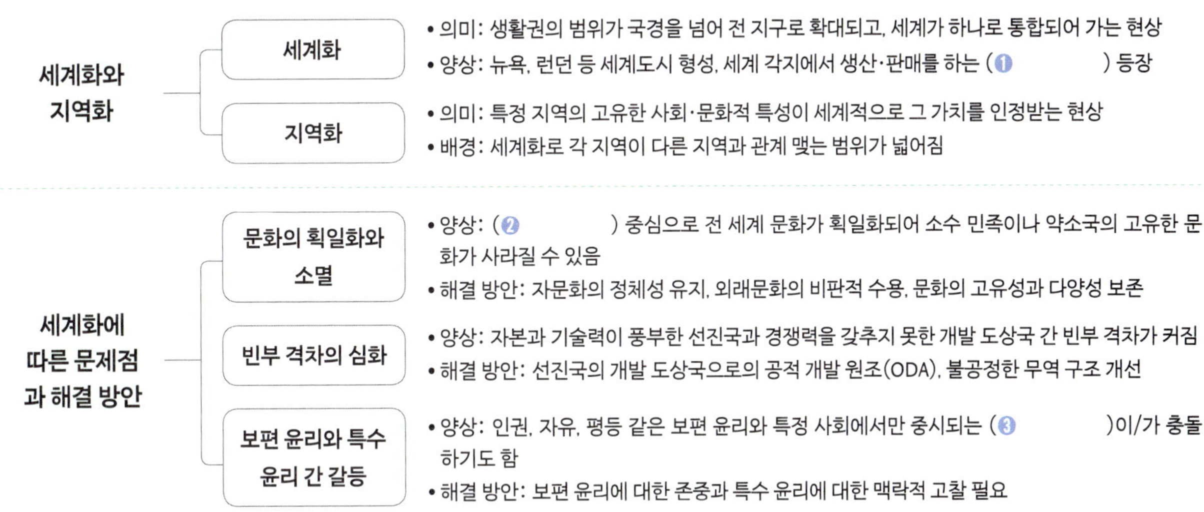

세계화와 지역화

- **세계화**
  - 의미: 생활권의 범위가 국경을 넘어 전 지구로 확대되고, 세계가 하나로 통합되어 가는 현상
  - 양상: 뉴욕, 런던 등 세계도시 형성, 세계 각지에서 생산·판매를 하는 (❶) 등장
- **지역화**
  - 의미: 특정 지역의 고유한 사회·문화적 특성이 세계적으로 그 가치를 인정받는 현상
  - 배경: 세계화로 각 지역이 다른 지역과 관계 맺는 범위가 넓어짐

세계화에 따른 문제점과 해결 방안

- **문화의 획일화와 소멸**
  - 양상: (❷) 중심으로 전 세계 문화가 획일화되어 소수 민족이나 약소국의 고유한 문화가 사라질 수 있음
  - 해결 방안: 자문화의 정체성 유지, 외래문화의 비판적 수용, 문화의 고유성과 다양성 보존
- **빈부 격차의 심화**
  - 양상: 자본과 기술력이 풍부한 선진국과 경쟁력을 갖추지 못한 개발 도상국 간 빈부 격차가 커짐
  - 해결 방안: 선진국의 개발 도상국으로의 공적 개발 원조(ODA), 불공정한 무역 구조 개선
- **보편 윤리와 특수 윤리 간 갈등**
  - 양상: 인권, 자유, 평등 같은 보편 윤리와 특정 사회에서만 중시되는 (❸)이/가 충돌하기도 함
  - 해결 방안: 보편 윤리에 대한 존중과 특수 윤리에 대한 맥락적 고찰 필요

❷ 평화를 위한 국제 사회의 노력

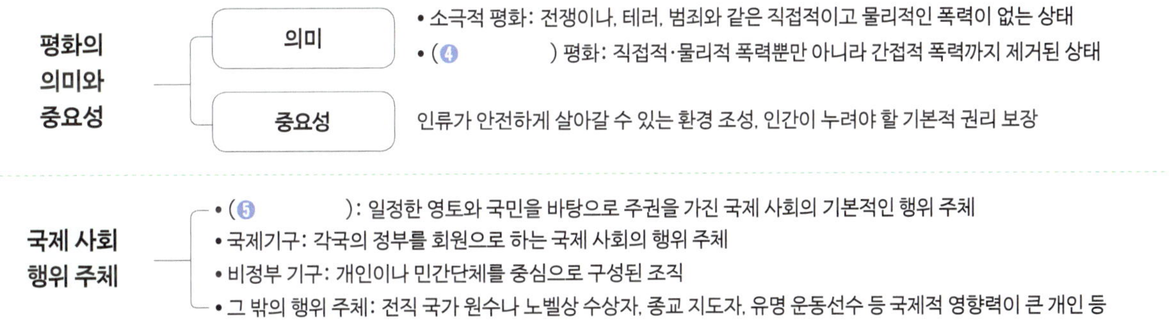

평화의 의미와 중요성

- **의미**
  - 소극적 평화: 전쟁이나, 테러, 범죄와 같은 직접적이고 물리적인 폭력이 없는 상태
  - (❹) 평화: 직접적·물리적 폭력뿐만 아니라 간접적 폭력까지 제거된 상태
- **중요성**
  - 인류가 안전하게 살아갈 수 있는 환경 조성, 인간이 누려야 할 기본적 권리 보장

국제 사회 행위 주체

- (❺): 일정한 영토와 국민을 바탕으로 주권을 가진 국제 사회의 기본적인 행위 주체
- 국제기구: 각국의 정부를 회원으로 하는 국제 사회의 행위 주체
- 비정부 기구: 개인이나 민간단체를 중심으로 구성된 조직
- 그 밖의 행위 주체: 전직 국가 원수나 노벨상 수상자, 종교 지도자, 유명 운동선수 등 국제적 영향력이 큰 개인 등

❸ 남북 분단 및 동아시아 역사 갈등과 세계 평화

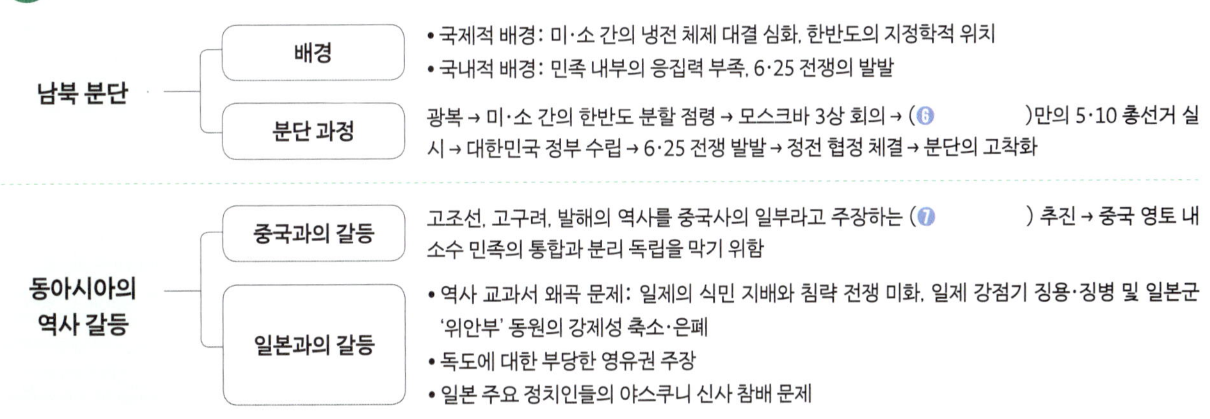

남북 분단

- **배경**
  - 국제적 배경: 미·소 간의 냉전 체제 대결 심화, 한반도의 지정학적 위치
  - 국내적 배경: 민족 내부의 응집력 부족, 6·25 전쟁의 발발
- **분단 과정**
  - 광복 → 미·소 간의 한반도 분할 점령 → 모스크바 3상 회의 → (❻)만의 5·10 총선거 실시 → 대한민국 정부 수립 → 6·25 전쟁 발발 → 정전 협정 체결 → 분단의 고착화

동아시아의 역사 갈등

- **중국과의 갈등**
  - 고조선, 고구려, 발해의 역사를 중국사의 일부라고 주장하는 (❼) 추진 → 중국 영토 내 소수 민족의 통합과 분리 독립을 막기 위함
- **일본과의 갈등**
  - 역사 교과서 왜곡 문제: 일제의 식민 지배와 침략 전쟁 미화, 일제 강점기 징용·징병 및 일본군 '위안부' 동원의 강제성 축소·은폐
  - 독도에 대한 부당한 영유권 주장
  - 일본 주요 정치인들의 야스쿠니 신사 참배 문제

정답 ❶ 다국적 기업 ❷ 선진국 ❸ 특수 윤리 ❹ 적극적 ❺ 국가 ❻ 남한 ❼ 동북 공정

01 ㉠, ㉡에 대한 설명으로 옳지 <u>않은</u> 것은?

> 교통·통신의 발달로 국가 간·지역 간에 교류와 이동이 활발해지면서, 생활권의 범위가 전 세계로 확대되고 세계가 하나로 통합되어 가는 (㉠)이/가 진행되었다. 이러한 흐름 속에서 특정 지역의 독특한 사회적·문화적 특성이 세계적인 차원에서 독자적 가치를 지니게 되는 (㉡)도 나타나고 있다.

① ㉠은 국가 간 의존성이 높아지면서 나타난다.

② ㉠은 세계 무역 기구(WTO)의 등장으로 자유 무역이 확산되면서 더욱 빠르게 진행되고 있다.

③ ㉡에 따라 국가 간 문화 교류가 활발해지면서 문화의 획일화 현상이 나타나고 있다.

④ ㉡을 바탕으로 지역 축제 개최, 지역 브랜드 개발 등이 이루어지면 지역 경제가 활성화되기도 한다.

⑤ ㉠, ㉡은 동시에 이루어져 상호 보완적인 관계를 맺는 경우가 많다.

02 자료는 국가별 1인당 국내 총생산을 나타낸 것이다. 이를 통해 알 수 있는 세계화의 문제점에 대한 해결 방안으로 적절한 것만을 〈보기〉에서 고른 것은?

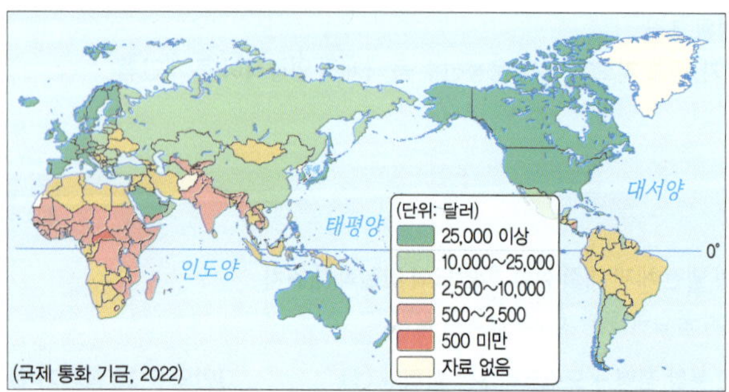

> **보기**
> ㄱ. 공정 무역 및 공정 여행을 확대한다.
> ㄴ. 세계화로 발생한 이익을 선진국에 집중한다.
> ㄷ. 선진국과 개발 도상국 간의 자유 무역을 확대한다.
> ㄹ. 선진국의 개발 도상국에 대한 기술 이전을 장려한다.

① ㄱ, ㄴ   ② ㄱ, ㄹ   ③ ㄴ, ㄷ
④ ㄴ, ㄹ   ⑤ ㄷ, ㄹ

03 다음 영화의 내용을 바탕으로 평화가 실현되지 않을 때 나타날 수 있는 문제를 적절하게 말한 학생만을 〈보기〉에서 있는 대로 고른 것은?

> **영화 「더 스위머스」(2022)**
> 영화의 주인공인 두 자매 중 A는 시리아의 촉망받는 수영 선수로 올림픽 참가를 꿈꾸며 열심히 노력하지만, 전쟁과 분쟁으로 인해 올림픽 참가의 꿈이 좌절된다. 이후 20명 남짓의 사람들과 시리아를 탈출하고자 작은 보트에 올랐지만, 바다 한가운데에서 엔진이 멈추며 모두의 목숨이 위험해지기도 한다.

> **보기**
> 갑: 인류 전체의 삶의 질이 높아질 것입니다.
> 을: 안전과 생명을 위협받는 사람이 증가할 것입니다.
> 병: 많은 사람이 자아실현의 기회를 잃게 될 것입니다.
> 정: 개별 국가의 문제가 국제 사회에 미치는 영향이 감소할 것입니다.

① 갑, 을   ② 을, 병   ③ 병, 정
④ 갑, 을, 병   ⑤ 갑, 병, 정

04 밑줄 친 '남극 조약'에 대한 분석으로 가장 적절한 것은?

> 00 신문   2000년 00월 00일
> 전 세계 에너지 위기로 남극의 풍부한 자원과 지리적 중요성이 주목받으며 남극의 영유권을 주장하는 국가들이 생겨났다. 이에 1959년 12월 영국, 프랑스 등 영유권을 주장하던 국가 등 12개국 주도로 <u>남극 조약</u>이 체결되었다. 남극의 어떠한 주권도 영구히 인정하지 않으며, 남극의 평화적 이용, 남극에서 채굴된 모든 자원을 연구용으로만 사용할 수 있다는 등의 내용을 담고 있다.

① 각국이 자국의 이해관계만을 강조하였다.

② 인종과 종교를 둘러싸고 갈등이 발생하였다.

③ 비정부 기구가 주도적으로 갈등을 해결하였다.

④ 국가 간의 협의에 따라 국제 협약을 통해 갈등을 해결하였다.

⑤ 개별 국가를 초월하는 국제기구의 중재로 갈등이 완화되었다.

05 국제 사회의 행위 주체인 ㉠, ㉡에 대한 설명으로 옳은 것은?

- 튀르키예에서 강진이 발생하자 과거 튀르키예에서 뛰었던 우리나라의 ㉠ 유명 운동선수는 자신의 사회 관계망 서비스(SNS)에 튀르키예 지진 피해 회복을 위한 도움과 관심을 호소하는 글을 올렸다.
- 아프리카 소말리아의 수도 모가디슈 중심가에서 차량 폭탄 테러가 발생하자 ㉡ 국제 연합(UN) 안전 보장 이사회는 테러를 규탄하고, 테러 공격을 가한 조직에 국제법상 책임을 물어야 한다고 강조하였다.

① ㉠은 국제기구에 참여할 공식적인 자격을 가진다.
② ㉠은 국제 규범을 정립하여 국제 관계에 영향을 준다.
③ ㉡은 각국의 정부를 회원으로 하고 있다.
④ ㉡은 국제 사면 위원회와 같은 국제 사회의 행위 주체에 속한다.
⑤ ㉠, ㉡은 모두 주권을 가지고 외교 활동을 하며, 자국의 이익 증진에 힘쓴다.

06 다음은 통합사회 시간에 한 낱말 맞히기 놀이의 한 장면이다. ㉠에 들어갈 사건 이후에 일어난 역사적 사건으로 옳은 것은?

① 6·25 전쟁이 발발하였다.
② 신탁 통치를 둘러싼 논쟁이 일어났다.
③ 모스크바 3국 외상 회의가 개최되었다.
④ 일본이 제2차 세계 대전에서 패배하였다.
⑤ 소련과 북한이 국제 연합의 결의안에 반대하였다.

07 밑줄 친 내용과 관련된 활동으로 옳은 것만을 〈보기〉에서 고른 것은?

2002년에 만들어진 한·중·일 3국 공동 역사 편찬 위원회는 세 국가의 학자, 교사, 시민 운동가 등으로 이루어졌다. 이 위원회에서는 과거의 전쟁과 침략을 반성하고, 평화와 인권이 보장되는 동아시아를 지향하는 취지로 3국 공동의 역사 교재를 발간했다.

┤ 보기 ├
ㄱ. 중국이 동북 공정을 추진하였다.
ㄴ. 일본이 독도의 영유권을 주장하였다.
ㄷ. 일본 정치인이 야스쿠니 신사를 참배하였다.
ㄹ. 동아시아 청소년 역사 체험 캠프를 운영하였다.

① ㄷ
② ㄹ
③ ㄱ, ㄹ
④ ㄴ, ㄷ
⑤ ㄱ, ㄴ, ㄷ

교과서 쏙 통합 주제 #역사 #윤리

08 (가)에 들어갈 내용으로 가장 적절한 것은?

〈탐구 활동 학습지〉
- 단원명: 세계화와 평화
- 탐구 주제: ___________________(가)___________________
- 조사 사례
  - 한국 국제 협력단(KOICA)은 르완다 교사 정보 통신 기술(ICT) 교육 역량 사업, 피지 농업 공존형 태양광 발전 사업 등 대외 무상 협력 사업을 전개하고 있다.
  - 우리나라 농촌 진흥청은 케냐에 무병 씨감자를 지원하고 이를 재배하는 기술을 교육하여 농가의 소득 증대를 하는 등 개발 도상국의 맞춤형 농업 기술을 개발 및 보급하고 있다.

① 세계도시의 등장에 따른 변화
② 남북한의 평화 통일을 위한 노력
③ 세계 평화를 위한 우리나라의 노력
④ 세계화에 따라 발생하는 다양한 문제점
⑤ 동아시아의 역사적 갈등을 해결하기 위한 방안

V

미래와 지속가능한 삶

01 세계의 인구와 인구 문제

학습 내용
▶ 세계의 인구 성장과 인구 분포
▶ 세계의 인구 구조와 인구 이동
▶ 지역별 인구 문제와 해결 방안

이것이 핵심!

※ 세계의 인구 성장과 인구 분포

인구 성장	• 선진국: 낮은 사망률과 낮은 출생률 → 인구 정체 및 감소 • 개발 도상국: 낮은 사망률과 높은 출생률 → 인구의 급격한 증가
인구 분포	• 자연적 요인: 기후, 지형 조건이 좋은 지역에 인구 밀집 • 사회·경제적 요인: 산업이 발달한 도시에 인구 밀집

◆ **기대 수명**
0세 출생자가 앞으로 생존할 것으로 기대되는 평균 생존 연수

① 세계의 인구 성장과 인구 분포

1. 인구 성장

(1) **세계의 인구 성장**: 산업 혁명 이후 의학 기술 발달, 생활 수준 향상 → 사망률 감소, ◆기대 수명 연장으로 세계 인구가 급격히 증가함

> 예 우리나라의 기대 수명은 1970년에 약 62세였고, 2022년에는 약 82세로 늘어났어.

(2) **선진국과 개발 도상국의 인구 성장**

선진국	산업화가 일찍 시작되어 18세기 말에서 20세기 초까지 인구가 빠르게 성장 → 20세기 중·후반 출생률이 감소하면서 인구 정체 또는 감소
개발 도상국	제2차 세계 대전 이후 20세기 중반부터 산업화로 인구가 빠르게 증가 → 사망률 감소, 높은 출생률 유지에 따라 인구 증가율이 높음

2. 인구 분포 `자료 ①`

(1) **세계의 인구 분포**: 자연적 요인과 사회·경제적 요인에 따라 지역적으로 불균등하게 나타남

(2) **인구 분포의 요인**

> 꼭 전 세계 인구의 90% 이상이 북반구에 거주하고, 대륙별로는 아시아에 절반 이상 거주하고 있어.

자연적 요인	• 기후, 지형, 식생, 토양 등 자연환경 → 전통적인 인구 분포에 영향을 미침 • 인구 밀집 지역: 북반구 중위도의 냉·온대 기후 지역, 해발 고도가 낮은 하천 주변의 평야 및 해안 지역 예 자연환경 조건이 농업에 유리한 동부 아시아, 동남 및 남부 아시아 등 • 인구 희박 지역: 건조 기후 지역, 한대 기후 지역, 해발 고도가 높은 산지 지역
사회·경제적 요인	• 산업, 교통, 교육, 문화 등 인문환경 → 오늘날 인구 분포에 영향을 미침 • 인구 밀집 지역: 산업화·도시화로 교통이 발달하고 일자리가 많은 지역, 사회 기반 시설이 갖추어진 대도시와 선진국 예 일찍부터 공업이 발달한 유럽, 미국 북동부 지역 등

이것이 핵심!

※ 세계의 인구 이동

경제적 이동	주로 개발 도상국에서 선진국으로 이동
비경제적 이동	정치적, 환경적 요인으로 인한 난민 이동

◆ **인구 구조**
어떤 인구 집단의 연령별, 성별 인구 구성 상태

◆ **중위 연령**
특정 지역의 인구를 연령 순서로 세웠을 때 그 중앙에 위치한 사람의 연령

◆ **성비**
여자 100명당 남자의 수. 성비가 100보다 크면 남초 현상, 100보다 작으면 여초 현상이라고 한다.

② 세계의 인구 구조와 인구 이동

1. 세계의 ◆인구 구조

(1) **선진국과 개발 도상국의 인구 구조** `다 잡는 자료`

> 꼭 10~14세는 유소년층, 15~64세는 청장년층, 65세 이상은 노년층으로 구분해.

선진국	유소년층 인구 비율이 낮고, 노년층 인구 비율이 높음 → 기대 수명이 길고 ◆중위 연령이 높음
개발 도상국	유소년층 인구 비율이 높고, 노년층 인구 비율이 낮음 → 기대 수명이 짧고 중위 연령이 낮음

(2) **산업 발달에 따른 인구 구조**: 광업, 중화학 공업이 발달한 지역은 ◆성비가 높음

> 꼭 한 국가 안에서도 1차 산업이 발달한 촌락 지역은 노년층 인구 비율이 높고, 2·3차 산업이 발달한 도시 지역은 청장년층 인구 비율이 높아.

2. 세계의 인구 이동

(1) **인구 이동의 유형** `자료 ②`

> 꼭 오늘날 세계 인구 이동의 대부분에 해당하는 유형이야.

경제적 이동	개발 도상국에서 임금 수준이 높고 고용 기회가 많은 선진국으로 이동
비경제적 이동	• 정치적 이동: 전쟁, 분쟁 등을 피해 다른 국가로 이주하는 난민의 이동 • 환경 난민(기후 난민): 기후변화에 따른 자연재해를 피하기 위한 환경적 이동

(2) **인구 이동의 영향**

> 예 남태평양의 키리바시 국민들은 해수면 상승으로 국토가 잠겨 생존권을 위협받았기 때문에 기후 난민으로 공식 인정받았어.

구분	긍정적 영향	부정적 영향
인구 유입국	노동력 확보, 문화적 다양성 증대	기존 주민과 이주민 간 경제적·문화적 갈등
인구 유출국	외화 유입으로 국가 자본 확충	청장년층 노동력 유출

자료 1 · 세계의 인구 분포

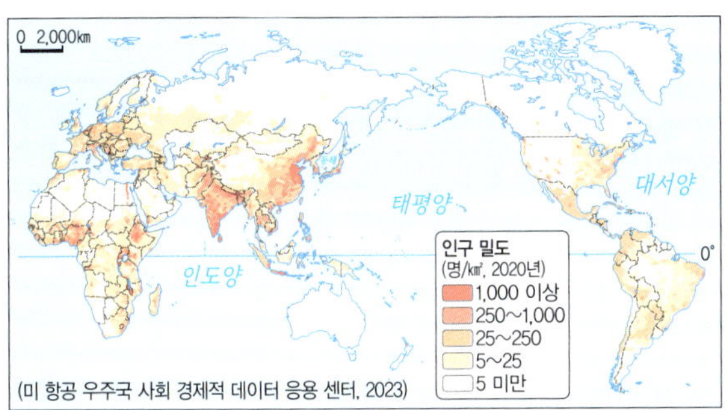

↑ 세계의 인구 밀도

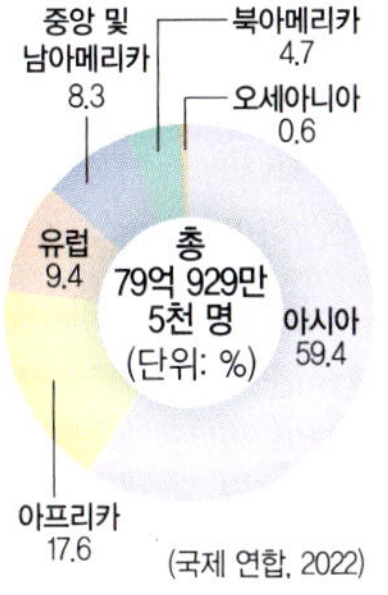

↑ 대륙별 인구 비율

세계의 인구는 대부분 북반구에 살고 있으며, 중국, 인도 등 아시아 지역에 약 60%가 거주하고 있다. 특히 동부 아시아와 동남 및 남부 아시아는 계절풍의 영향으로 벼농사가 발달하여 인구가 밀집해 있다. 또 서부 유럽과 미국 북동부 지역은 일찍부터 산업화·도시화가 이루어져 인구가 집중해 있다. 대륙별 인구 비율은 아시아가 가장 높고, 그 다음으로 아프리카, 유럽 등의 순으로 높다.

> 꾁! 인구 피라미드는 인구의 성별, 연령별 구성을 피라미드 모양으로 나타낸 그래프야. 인구 피라미드로 현재와 미래의 인구 구성을 유추할 수 있지.

자료 · 하나 더 알고 가자!

인구 변천 모형과 단계별 특징

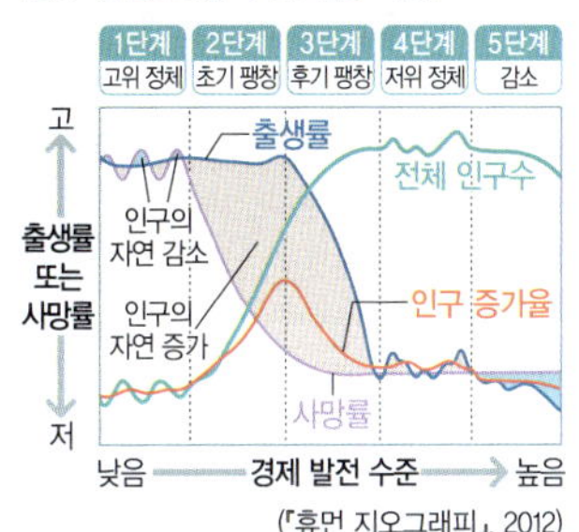

1단계	높은 출생률과 사망률
2단계	사망률 감소
3단계	출생률 감소
4단계	낮은 출생률과 사망률
5단계	인구의 자연적 감소

> 📖 내 교과서 · 비상, 미래엔, 천재, 지학사, 동아, 창비에서 '선진국과 개발 도상국의 인구 구조' 자료를 다루고 있어요.

내신과 수능을 다 잡는 자료 · 선진국과 개발 도상국의 인구 구조

선진국인 프랑스는 유소년층의 비율이 낮고 노년층의 비율이 높은 방추형(종형) 인구 구조가 나타난다. 이는 선진국의 생활 수준이 높고 의료 기술이 발달하여 사망률이 낮으며, 출산과 자녀에 대한 가치관 변화 등으로 출생률이 낮은 영향이 크다. 한편, 개발 도상국인 가나는 유소년층 비율이 높고, 노년층의 비율이 낮은 피라미드형 인구 구조가 나타난다. 이는 개발 도상국이 상대적으로 생활 수준이 낮아 사망률이 높으며, 농업 사회의 특성이 나타나 출생률이 높은 영향을 받았기 때문이다.

빈출 선택지로 점검하기

≫ 개발 도상국과 비교한 선진국의 인구 구조에 대한 잘못된 선택지를 올바르게 고쳐 보자.

• 노년층 인구의 비율이 낮다.
  → ㅇㅅㄴㅊ

• 중위 연령이 낮은 편이다.
  → ㄴㅇ

함께 보기 · 내신 만점 공략하기 06번

자료 2 · 세계의 주요 인구 이동

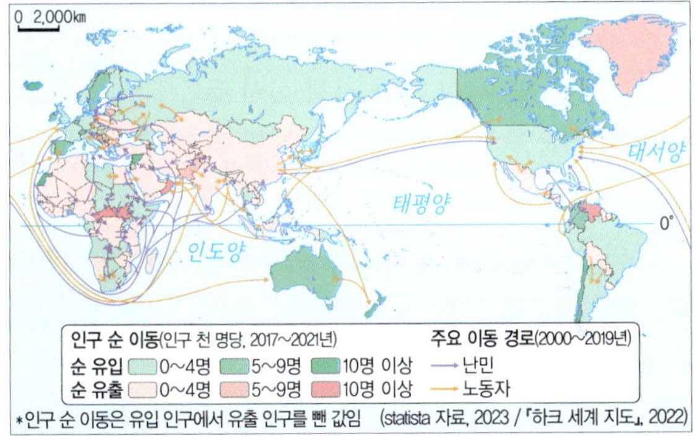

↑ 국가별 인구 순 이동과 주요 인구 이동 경로

세계의 인구 이동은 대부분 경제적 이동이며, 아시아, 중앙 및 남아메리카, 북부 아프리카 등의 개발 도상국에서 북아메리카, 유럽 등의 선진국으로 이동하는 경우가 많다. 한편, 정치적 이동으로 인한 난민은 전쟁이 일어나는 아프리카, 서남아시아 등지에서 인근 국가로 이동하는 경우가 많다.

비교해서 살펴볼까?

순 유입 대륙 vs 순 유출 대륙

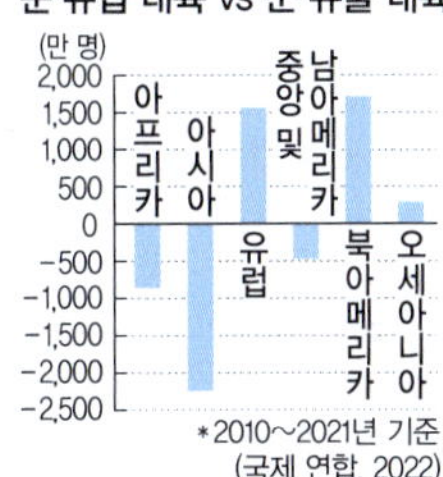

아프리카, 아시아, 중앙 및 남아메리카는 인구 순 유출이, 유럽, 북아메리카, 오세아니아는 인구 순 유입이 많은 편이다.

❋ 선진국과 개발 도상국의 인구 문제

선진국	저출생·고령화 문제 → 청장년층 감소로 노동력 부족, 노년층 증가로 사회적 부담 증가, 세대 간 갈등 심화 등
개발 도상국	인구 과잉 문제 → 기아, 빈곤, 인구 급증과 도시 인구 집중에 따른 주택 부족 등 도시 문제

◆ **고령화**
전체 인구 중 65세 이상 노년층 인구가 차지하는 비율이 높아지는 현상

◆ **생산 연령 인구**
생산 활동을 할 수 있는 15~64세의 청장년층 인구

◆ **노년 인구 부양비**
노년층 인구를 청장년층 인구로 나눈 뒤 100을 곱한 값이다. 유소년 부양비는 유소년 인구를 청장년층 인구로 나눈 뒤 100을 곱한 값이며, 인구 부양비는 노년 부양비와 유소년 부양비를 합한 값이다.

❸ 세계의 다양한 인구 문제

1. 선진국의 저출생·◆고령화 문제 [자료 ❸]

구분	원인	문제점 및 영향
저출생	결혼 및 자녀에 대한 가치관 변화, 출산과 양육 비용에 대한 부담, 평균 초혼 연령의 상승 등	◆생산 연령 인구의 감소로 노동력 부족, 소비 감소에 따른 경제 성장 둔화 및 경기 침체 우려
고령화	생활 수준의 향상과 의학 기술의 발달에 따른 사망률 감소, 기대 수명 연장 등	◆노년 인구 부양비 증가, 노인 복지를 위한 사회적 비용 증가 → 세대 간 일자리 경쟁 및 갈등 심화

2. 개발 도상국의 인구 과잉 문제

(1) **원인**: 의학 발달과 생활 수준 향상에 따라 사망률은 급격하게 감소하였지만, 출생률은 여전히 높아 인구 부양력보다 인구가 더 빨리 증가함

(2) **문제점 및 영향** └ 한 나라에 있는 자원으로 그 나라의 인구가 생활할 수 있는 능력을 말해. 인구를 수용할 수 있는 능력이라고 볼 수 있어.

① 인구 과잉에 따른 기아, 빈곤, 실업 문제 등

② 급속한 산업화로 일자리를 찾아 대도시로 이동하는 이촌 향도 현상 → 도시에 인구가 과도하게 집중하면서 주택 부족, 환경 오염 등의 도시 문제 발생

3. 우리나라의 인구 문제 [다잡는 자료]

(1) **저출생·고령화 문제**

저출생	1960년대 이후 추진된 산아 제한 정책의 영향으로 합계 출산율 감소 → 2022년 기준 합계 출산율 0.78명으로 초저출산 국가에 해당
고령화	경제 수준 향상과 의학 기술 발달, 저출생의 영향 → 유소년층 인구 비율 감소, 노년층 인구 비율 증가

(2) **지역 격차 문제**: 수도권과 도시 지역에는 인구가 과도하게 집중된 반면, 비수도권과 촌락 지역은 인구 유출로 고령화 현상이 심각함 └ 인구가 집중된 수도권에서도 과밀화로 인한 각종 도시 문제나 환경 문제가 발생해.

❋ 저출생·고령화 문제의 해결 방안

저출생	출산 및 육아 지원, 보육 시설 확충 등 출산 장려 정책 시행
고령화	노인에 대한 경제적 자립 지원, 사회 보장 제도 강화

◆ **세대 간 정의**
현재 세대와 미래 세대 간의 형평성을 고려하는 것

❹ 다양한 인구 문제의 해결 방안

1. 사회적 해결 방안 [자료 ❹]

(1) **저출생·고령화 문제의 해결 방안** ┌ 꼭! 인구 관련 정책뿐만 아니라 수도권과 비수도권 간 격차를 완화하는 정책도 필요해.

저출생	• 출산 장려 정책 실시: 출산 및 육아 비용 지원, 보육 시설 확충, 출산 휴가 및 육아 휴직 보장 • 청년층 지원 정책: 주택 특별 공급, 청년 일자리 확충 등
고령화	• 노년층의 경제활동 지원: 정년 연장, 일자리 창출, 직업 훈련 지원 등 • 사회 보장 제도 강화: 노후 소득 보장을 위한 정책 마련, 사회 복지 시설 확충 등

(2) **인구 과잉 문제의 해결 방안**

① 경제 발전과 식량 증산으로 인구 부양력 증대, 산아 제한 정책 실시 등

② 도시 인구 집중 문제를 해결하기 위한 중소 도시 육성, 촌락의 생활 환경 개선 등

2. 가치관의 변화

(1) **가족 친화적 가치관 확대**: 결혼과 가족의 소중함 인식, 양성평등 문화 확립, 정서적 지지자로서 자녀의 가치 이해, 일과 삶의 균형 추구를 위한 사회적 인식 개선, 노년층을 삶의 지혜와 경험을 나누는 사회 구성원으로 인식

(2) ◆**세대 간 정의 실현**: 세대 간의 형평성 고려 → 사회 복지 비용에 대한 미래 세대의 부담을 줄이려는 배려, 청장년층의 권리를 침해하지 않으면서 노년층의 인간다운 삶을 보장

자료 3 세계의 합계 출산율과 노년층 인구 비율

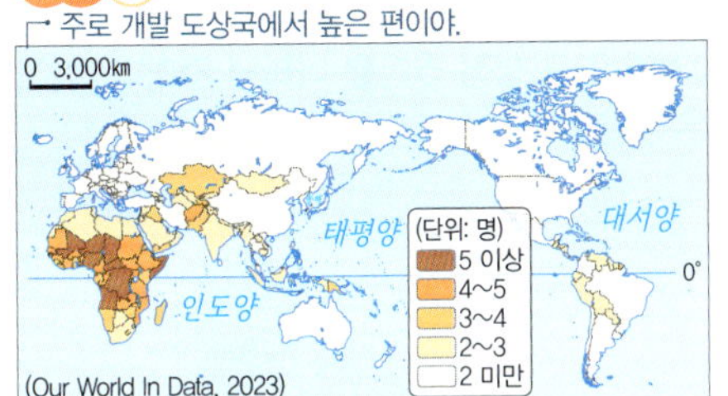

↑ 국가별 합계 출산율(2021년)

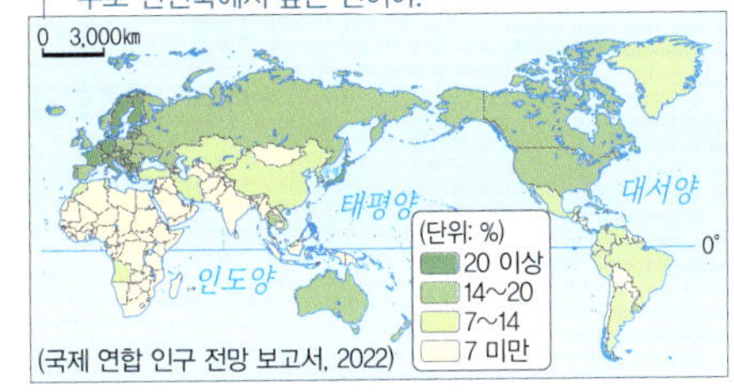

↑ 국가별 노년층 인구 비율(2021년)

합계 출산율은 한 여성이 가임 기간(15~49세)에 낳을 것으로 예상되는 평균 출생아 수를 의미한다. 합계 출산율이 높은 중남부 아프리카, 남부 아시아 등은 인구 과잉 문제를 겪고 있다. 반면, 합계 출산율이 낮은 유럽, 앵글로아메리카의 선진국들은 저출생·고령화 문제를 겪으며 생산 연령 인구가 줄어들고 노년층 인구 비율이 높아지면서 경기 침체 위기에 놓여 있다.

자료 하나 더 알고 가자!

고령화의 기준

고령화 사회	전체 인구 중 노년층 인구가 7% 이상
고령 사회	전체 인구 중 노년층 인구가 14% 이상
초고령 사회	전체 인구 중 노년층 인구가 20% 이상

📋 **내 교과서** / 비상, 미래엔, 지학사, 동아, 창비에서 '우리나라의 저출생 현상' 자료를 다루고 있어요.

내신과 수능을 다 잡는 자료 ♦ 우리나라의 저출생 현상

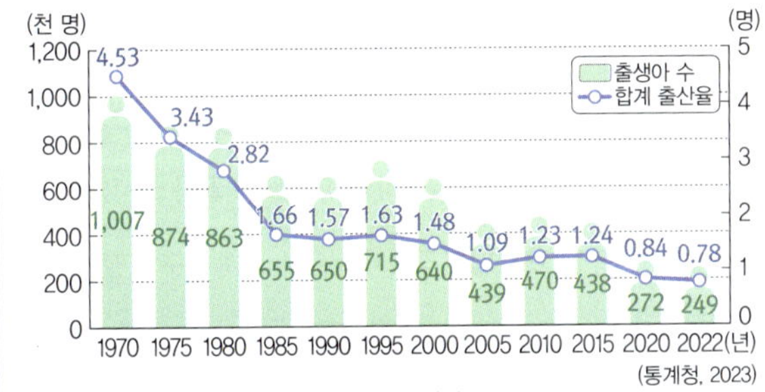

↑ 우리나라 출생아 수와 합계 출산율의 변화

우리나라의 합계 출산율은 2022년 기준 0.78명으로, 경제 개발 협력 기구(OECD) 회원국 중 최하위이다. 이에 따라 전체 인구 중 65세 이상 고령 인구 비율이 증가하면서 2025년에는 초고령 사회로 진입할 것으로 보인다. 우리나라의 저출생 현상은 청장년층의 고용 불안, 높은 주택 비용, 출산과 육아에 대한 부담 등으로 그 정도가 심화하고 있다.

빈출 선택지로 점검하기

» 우리나라의 인구 문제에 대한 잘못된 선택지를 올바르게 고쳐 보자.

- 우리나라는 출생률이 급감하면서 유소년층 인구 비율이 증가하였다.
  → ㄴ ㄴ ㅊ
- 우리나라 인구 문제를 해결하려면 산아 제한 정책을 시행해야 한다.
  → ㅊ ㅅ ㅈ ㄹ ㅈ ㅊ

정답은 책 뒤쪽 참고

함께 보기 · 서술형 문제 2번

자료 4 저출생·고령화 대책 사례

〈독일의 저출생 대책〉

독일은 2006년에 육아 휴직 관련 법안을 개정하였다. 이후 양성평등이 존중되는 분위기로 전환되었다는 평을 받았으며, 남성의 육아 휴직 비율이 3.5%에서 40%까지 상승하고 합계 출산율은 1.24명에서 1.5명까지 올랐다.

〈일본의 고령화 대책〉

일본은 고령화로 경제 성장이 둔화하는 문제를 겪고 있다. 이에 따라 아동 관련 정책 예산을 2배 확대하고, 고령화 전문 정부 기관을 신설하였으며, 노인 돌봄 로봇 개발에 투자를 늘리는 등의 정책을 추진하였다.

독일은 양성평등 의식 확립을 바탕으로 육아 휴직을 보장하는 제도를 시행해 출생률을 높이고자 노력하고 있다. 고령화 문제를 겪고 있는 일본은 아동 관련 정책 예산을 확대하고, 로봇 기술을 활용해 고령화에 따른 문제에 대응하고 있다.

문제로 확인할까?

저출생·고령화의 대책으로 적절하지 <u>않은</u> 것은?

① 정년 단축
② 노후 생활 보장
③ 청년층 주택 특별 공급
④ 고령 친화적 주거 환경 조성
⑤ 아동 돌봄의 사회적 책임 강화

STEP 1 핵심 개념 **확인**하기

1 다음 괄호 안의 내용 중 알맞은 말에 ○표를 하시오.

(1) 20세기 중반 이후 (선진국, 개발 도상국)의 인구가 빠르게 증가하고 있다.

(2) 세계 인구의 약 90%는 (남반구, 북반구)에 거주하고 있으며, 대륙별로는 (유럽, 아시아)에 절반 정도가 분포하고 있다.

(3) 세계 인구가 급격하게 증가한 것은 의학 기술의 발달 및 생활 수준의 향상 등으로 (출생률, 사망률)이 낮아졌기 때문이다.

2 국가군과 인구 구조 특징을 옳게 연결하시오.

(1) 선진국 •　　　　　• ㉠ 낮은 노년층 인구 비율

　　　　　　　　　　• ㉡ 높은 노년층 인구 비율

(2) 개발 도상국 •　　　• ㉢ 낮은 유소년층 인구 비율

　　　　　　　　　　• ㉣ 높은 유소년층 인구 비율

3 다음 설명이 맞으면 ○표, 틀리면 ✕표를 하시오.

(1) 선진국은 개발 도상국보다 고령화 문제가 심각한 편이다. （　　）

(2) 저출생·고령화 문제가 심화되면 유소년 부양비가 노년 부양비보다 높아진다. （　　）

(3) 개발 도상국은 급속한 산업화와 도시화로 주택 부족 등 다양한 도시 문제가 발생하고 있다. （　　）

4 다음 설명에 해당하는 용어를 〈보기〉에서 골라 기호를 쓰시오.

┌ 보기 ┐
ㄱ. 고령화　　ㄴ. 중위 연령　　ㄷ. 생산 연령 인구

(1) 생산 활동을 할 수 있는 15~64세의 청장년층 인구 （　　）

(2) 전체 인구 중 65세 이상 노년층 인구가 차지하는 비율이 높아지는 현상 （　　）

(3) 특정 지역의 인구를 연령 순서로 세웠을 때 그 중앙에 위치한 사람의 연령 （　　）

STEP 2 내신 만점 **공략**하기

중요

01 그래프는 세계의 인구 성장 추이를 나타낸 것이다. 이에 대한 설명으로 옳은 것은?

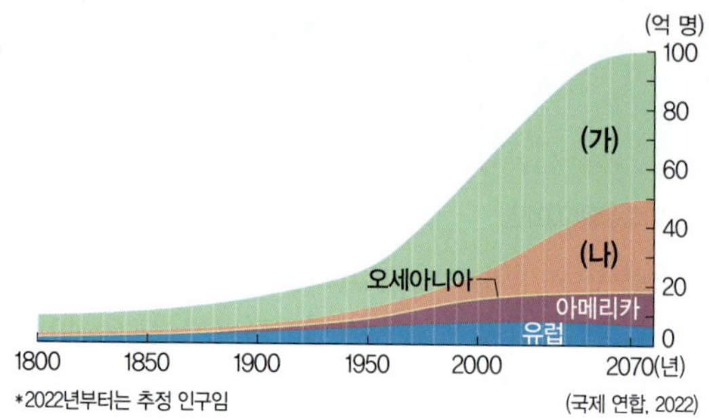

① (가)는 북반구에만 위치한다.

② (가)는 아프리카, (나)는 아시아이다.

③ 2000년에 유럽은 아프리카보다 총인구가 많다.

④ 인구 증가율은 1850~1900년이 2000~2050년보다 높았다.

⑤ 20세기 중반 이후 세계 인구의 성장은 개발 도상국이 주도하고 있다.

하나 더!

01-1 다음 지역을 위 그래프의 (가), (나) 중 골라 쓰시오.

세계에서 인구가 가장 많은 국가가 있으며, 세계 인구의 절반 이상이 거주하고 있다.

02 인구 변천 모형의 (가)~(마) 단계에 대한 설명으로 옳은 것은?

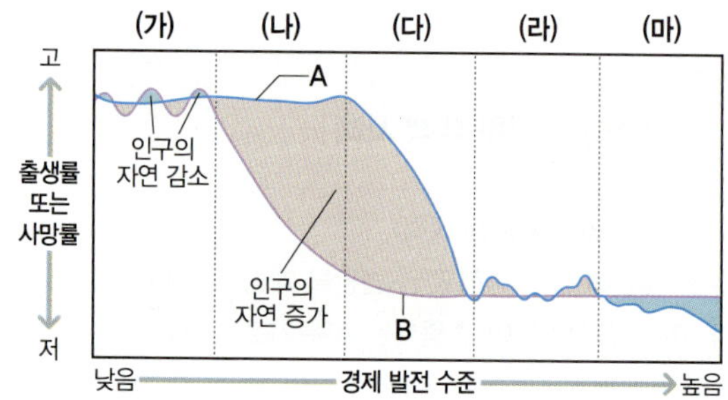

① (가) 단계에서는 사망률이 가장 낮다.

② (다) 단계에서는 인구가 자연 감소한다.

③ (라) 단계는 주로 개발 도상국에서 나타난다.

④ (마) 단계보다 (나) 단계에서 인구 증가율이 높다.

⑤ (가) 단계에서 (라) 단계로 갈수록 총인구는 감소한다.

03 지도는 세계의 인구 분포를 나타낸 것이다. A~E 지역에 대한 설명으로 옳은 것은?

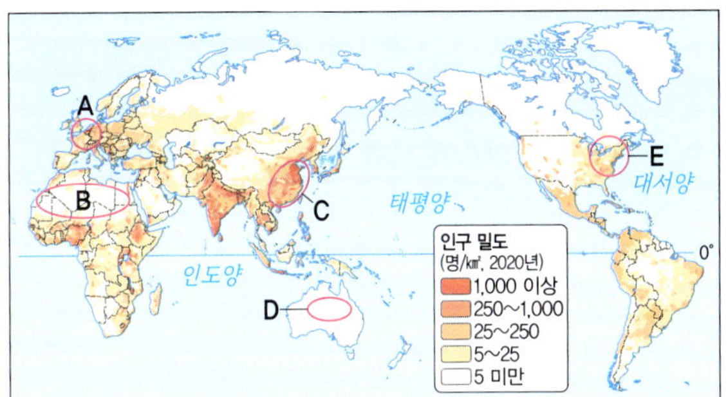

① A – 도시보다 촌락에 거주하는 인구가 많다.
② B – 해발 고도가 높아 인간 거주에 불리하다.
③ C – 일찍 산업화가 이루어져 인구가 밀집해 있다.
④ D – 한대 기후 지역으로 인간이 거주하기 불리하다.
⑤ E – 일자리가 많은 대도시에 인구가 밀집해 있다.

★중요 04 그래프는 대륙별 인구 비율을 나타낸 것이다. A~C 대륙을 옳게 연결한 것은?

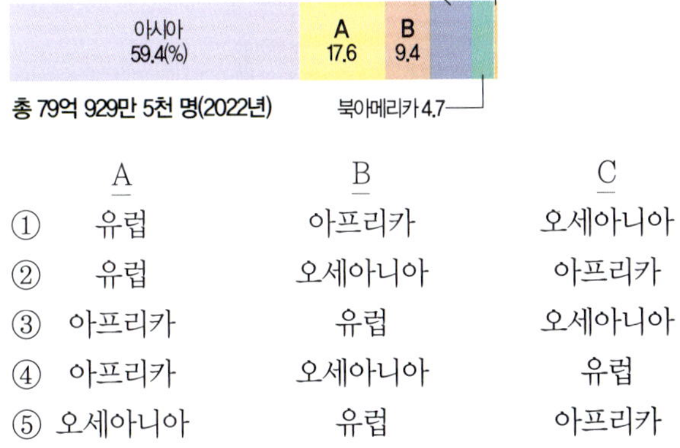

	A	B	C
①	유럽	아프리카	오세아니아
②	유럽	오세아니아	아프리카
③	아프리카	유럽	오세아니아
④	아프리카	오세아니아	유럽
⑤	오세아니아	유럽	아프리카

한개 더! 04-1 A~C 대륙에 대한 설명으로 옳은 것만을 〈보기〉에서 고른 것은?

┤보기├
ㄱ. A는 B보다 총면적이 넓다.
ㄴ. A는 B보다 경제가 발달해 있다.
ㄷ. B는 A보다 출생률이 높다.
ㄹ. B는 C보다 총인구가 많다.

① ㄱ, ㄴ   ② ㄱ, ㄹ   ③ ㄴ, ㄷ   ④ ㄴ, ㄹ   ⑤ ㄷ, ㄹ

★중요 05 ㉠~㉣에 대한 설명으로 옳은 것만을 〈보기〉에서 있는 대로 고른 것은?

인구 구조란 한 지역의 인구를 _____㉠_____ 등에 따라 분류한 결과이다. 기본적인 인구 구조는 ㉡ 인구 피라미드로 표현한다. 인구 피라미드는 ㉢ 연령별 인구 구조를 파악하는데 용이하다. 또한 여성과 남성의 비율을 동시에 표현하기 때문에 ㉣ 성별 인구 변화를 파악할 수 있다.

┤보기├
ㄱ. ㉠에는 '성, 연령'이 들어갈 수 있다.
ㄴ. ㉡은 가로축에 연령, 세로축에 성별 인구를 나타낸다.
ㄷ. ㉢을 통해 인구 부양비, 노령화 지수 등을 파악할 수 있다.
ㄹ. ㉣을 통해 성비 불균형을 파악할 수 있다.

① ㄱ, ㄴ   ② ㄱ, ㄷ   ③ ㄴ, ㄹ
④ ㄱ, ㄷ, ㄹ   ⑤ ㄴ, ㄷ, ㄹ

06 다음은 (가), (나) 국가의 인구 피라미드이다. (나) 국가와 비교한 (가) 국가의 특징을 그림의 A~E에서 고른 것은? (단, (가), (나)는 각각 가나와 프랑스 중 하나임.)

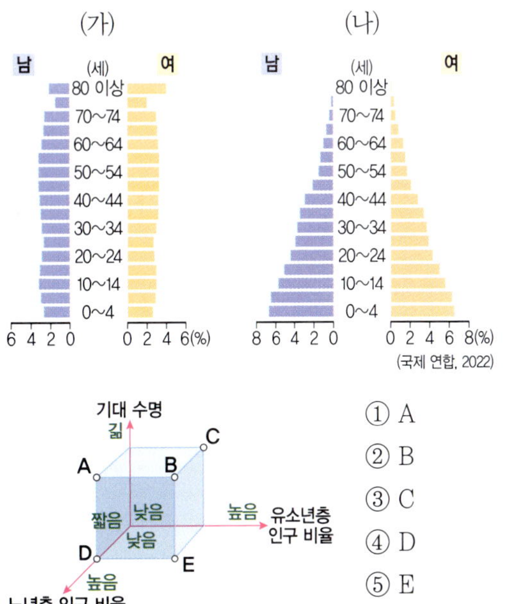

① A
② B
③ C
④ D
⑤ E

★중요
07 지도는 세계의 인구 이동을 나타낸 것이다. 이에 대한 설명으로 옳은 것은? (단, (가), (나)는 각각 난민, 노동자 중 하나임.)

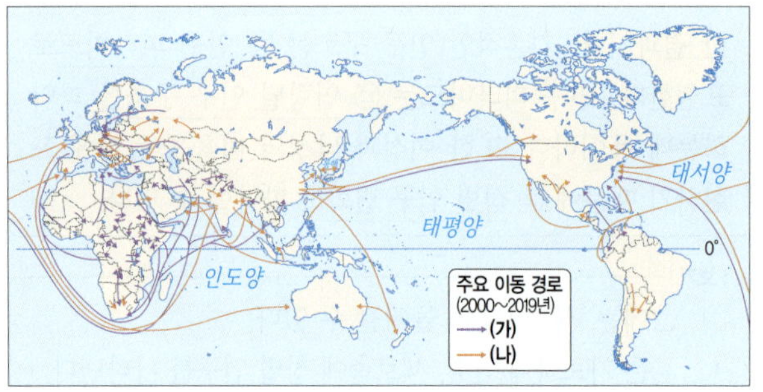

① (가)는 양질의 일자리를 찾기 위한 이동이다.
② (나)는 주로 정치적 요인에 의해 나타난다.
③ (가)는 노동자, (나)는 난민이다.
④ (나)는 (가)에 비해 이동하는 인구수가 많다.
⑤ (가), (나) 모두 선진국에서 개발 도상국으로만 이동한다.

08 (가), (나)는 ㉠ 인구 이동의 유형과 관련한 국가별 순위를 나타낸 것이다. 이에 대한 설명으로 옳은 것만을 〈보기〉에서 있는 대로 고른 것은?

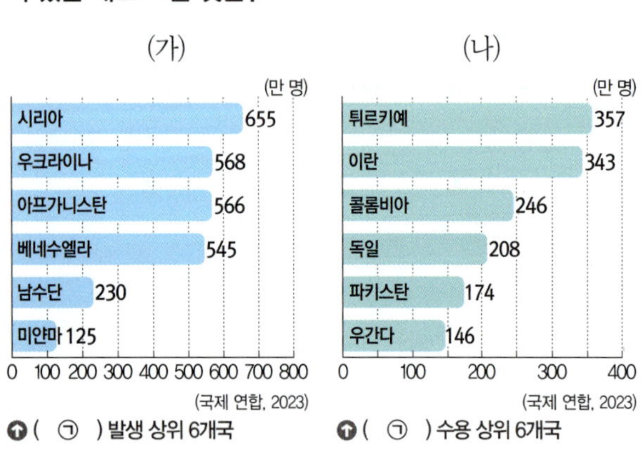

┌ 보기 ┐
ㄱ. (가)와 (나)의 국가들은 지리적으로 인접해 있다.
ㄴ. (가)는 주로 전쟁, 테러, 자연재해가 발생한 지역이다.
ㄷ. 우크라이나는 최근 전쟁으로 단기간에 많은 수의 ㉠이 발생했다.

① ㄱ ② ㄷ ③ ㄱ, ㄴ
④ ㄴ, ㄷ ⑤ ㄱ, ㄴ, ㄷ

09 밑줄 친 '○○국'에서 나타날 것으로 예상되는 인구 문제로 적절한 것만을 〈보기〉에서 고른 것은?

일찍 산업화를 이룬 ○○국은 2021년 기준 노년층 인구 비율이 22.2%로 이미 초고령 사회이며, 2050년에는 노년층 인구 비율이 30%에 달할 것으로 예상된다. 이는 급격히 낮아진 출생률과 함께 의학 기술의 발달로 기대 수명이 늘어났기 때문으로 풀이된다.

┌ 보기 ┐
ㄱ. 급속한 도시화로 각종 도시 문제가 발생할 것이다.
ㄴ. 생산 연령 인구 감소로 노동력이 부족해질 것이다.
ㄷ. 노인 복지에 필요한 사회적 비용이 증가할 것이다.
ㄹ. 인구 부양력이 인구보다 느리게 증가해 빈곤이 발생할 것이다.

① ㄱ, ㄴ ② ㄱ, ㄷ ③ ㄴ, ㄷ
④ ㄴ, ㄹ ⑤ ㄷ, ㄹ

★중요
10 (가), (나) 국가에서 시행할 인구 정책으로 가장 적절한 것은? (단, (가), (나)는 각각 독일과 니제르 중 하나임.)

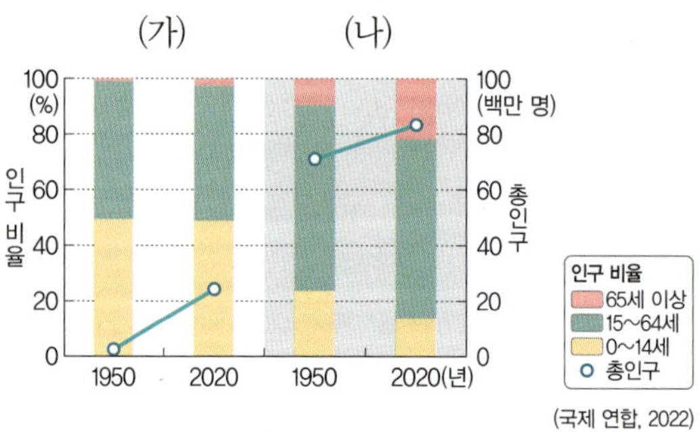

① (가) – 정년을 연장한다.
② (가) – 출산 장려 정책을 실시한다.
③ (가) – 부족한 노동력을 확보하고자 이민을 장려한다.
④ (나) – 경제 발전과 식량 증산을 추진한다.
⑤ (나) – 출산 휴가와 육아 비용을 지원한다.

하나 더!
10-1 (가) 국가에서 발생할 인구 문제로 옳은 것만을 〈보기〉에서 고른 것은?

┌ 보기 ┐
ㄱ. 기아 문제 ㄴ. 경제 성장 둔화
ㄷ. 노년 부양비 증가 ㄹ. 도시 과밀화 문제

① ㄱ, ㄴ ② ㄱ, ㄹ ③ ㄴ, ㄷ ④ ㄴ, ㄹ ⑤ ㄷ, ㄹ

11 밑줄 친 정책이 시행된 배경으로 가장 적절한 것은?

> 독일은 2006년 육아 휴직 관련법 개정 후 남성의 육아 휴직 비율이 3.5%에서 40%까지 상승하였다. 법의 개정으로 가부장적 사회 분위기가 양성평등이 존중되는 분위기로 전환되었다는 평가이다. 과거 합계 출산율이 1.24명까지 떨어졌지만 현재는 1.5명을 웃돈다.

① 가치관의 변화로 출생률이 급감하였다.
② 기대 수명이 늘어났지만 빈곤 노년층이 늘어났다.
③ 도시의 인구 부양력 부족으로 도시 빈민층이 늘어났다.
④ 노동력 부족에 따른 인구 유입으로 사회적 갈등이 심화되었다.
⑤ 보육 시설 관련 예산이 부족해지면서 청년 세대의 부담이 늘어났다.

12 그래프를 통해 알 수 있는 인구 문제의 해결 정책을 옳게 말한 학생만을 〈보기〉에서 고른 것은?

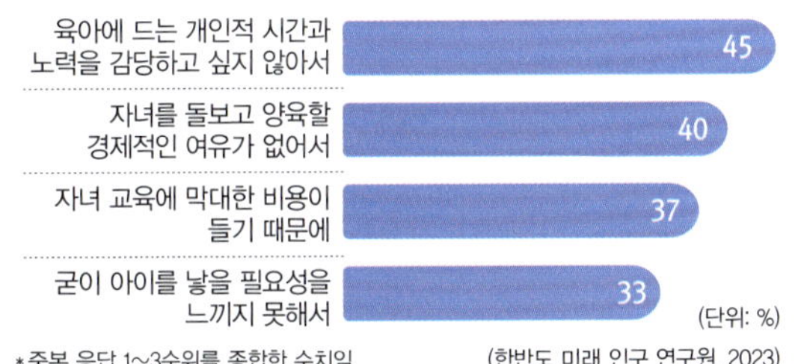

*중복 응답 1~3순위를 종합한 수치임 (한반도 미래 인구 연구원, 2023)

🔼 2030세대가 아이를 낳고 싶어 하지 않는 이유

> **보기**
> 갑: 공공 보육 시설을 확대합니다.
> 을: 도시에 기반 시설을 확충합니다.
> 병: 결혼 관련 지원 대책을 마련합니다.
> 정: 가족계획을 통해 인구 증가 억제 정책을 시행합니다.

① 갑, 을　　② 갑, 병　　③ 을, 병
④ 을, 정　　⑤ 병, 정

서술형 문제

서술형 감잡기

1 그래프는 대륙별 인구 순 이동을 나타낸 것이다. 인구 이동으로 (가) 국가들에 나타날 수 있는 긍정적, 부정적 영향을 서술하시오.

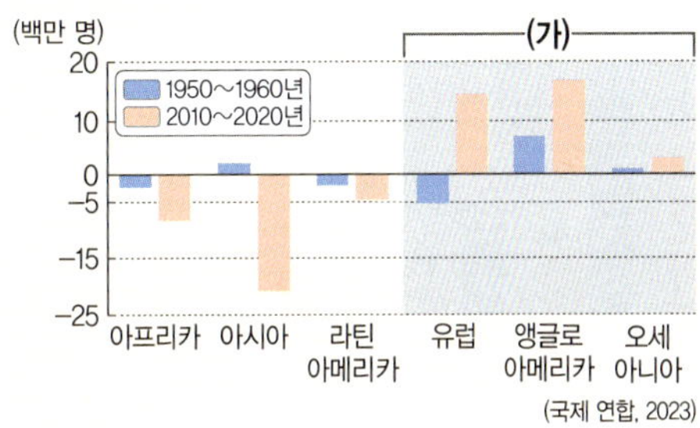

(1) 초성을 참고하여 서술형 답안에 들어갈 내용을 써 보자.

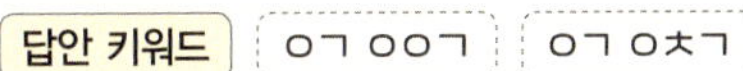
답안 키워드　ㅇㄱ ㅇㅇㄱ　ㅇㄱ ㅇㅊㄱ

(2) (1)의 내용을 포함하여 서술형 답안을 작성해 보자.

실전! 도전하기

2 그래프는 우리나라의 출생아수와 합계 출산율의 변화를 나타낸 것이다. 이를 보고 물음에 답하시오.

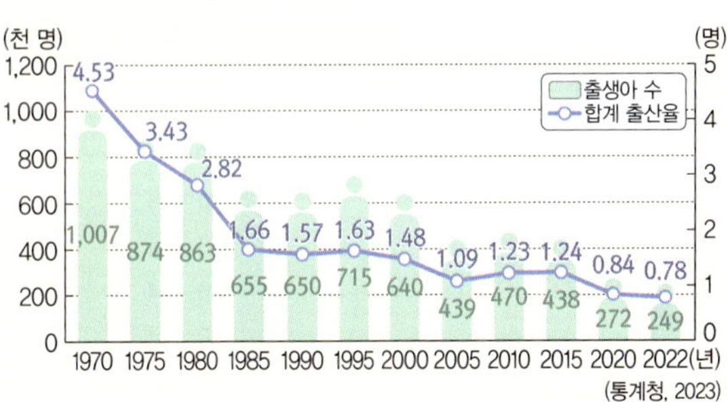

(1) 그래프로 예측할 수 있는 우리나라의 인구 문제를 쓰시오.

(2) (1)의 인구 문제를 해결하기 위한 대책을 사회적 측면과 가치관 측면에서 서술하시오.

STEP 3 · 1등급 정복하기

최고난도 ✦

01 그래프는 대륙별 합계 출산율 변화를 나타낸 것이다. (가)~(라) 대륙에 대한 옳은 설명만을 〈보기〉에서 고른 것은? (단, (가)~(라)는 각각 유럽, 아시아, 아프리카, 라틴 아메리카 중 하나임.)

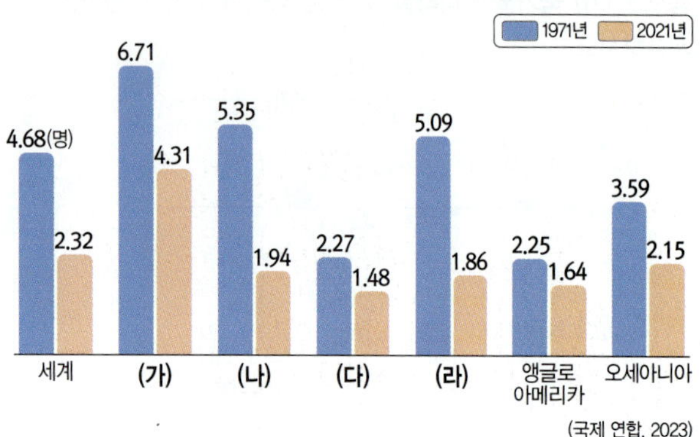

┌ 보기 ├
ㄱ. (나)에는 세계 인구의 절반 이상이 분포한다.
ㄴ. (다)는 18세기 후반부터 산업화와 도시화가 이루어졌다.
ㄷ. (가)는 (다)보다 1인당 국민 소득이 높다.
ㄹ. (라)는 (다)보다 중위 연령이 높다.

① ㄱ, ㄴ   ② ㄱ, ㄷ   ③ ㄴ, ㄷ   ④ ㄴ, ㄹ   ⑤ ㄷ, ㄹ

◆ **대륙별 인구 특성**

〔완자 사전〕
■ 합계 출산율
한 여성이 가임 기간(15~49세) 동안 낳을 것으로 예상되는 평균 출생아 수

 **완자쌤의 시험꿀팁**
대륙별 인구 분포와 인구 규모 산업화 정도나 산업화 시기를 바탕으로 합계 출산율 변화를 유추한다.

---

02 그래프는 서로 다른 시기의 우리나라 인구 구조를 나타낸 것이다. 이에 대한 설명으로 옳은 것만을 〈보기〉에서 고른 것은? (단, (가), (나)는 1960년, 2020년 중 하나임.)

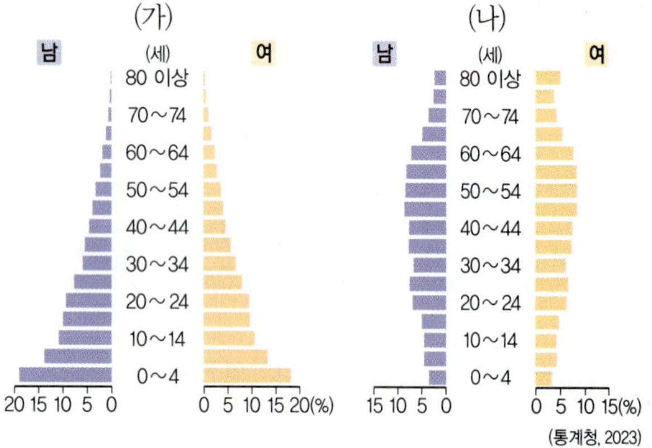

┌ 보기 ├
ㄱ. (가) 시기에는 출산 장려 정책이 시행되었다.
ㄴ. (나) 시기에는 노인의 경제활동을 지원하는 정책이 시행되었다.
ㄷ. (가) 시기보다 (나) 시기에 합계 출산율이 더 높다.
ㄹ. (나) 시기보다 (가) 시기에 노년 인구 부양비가 더 크다.

① ㄴ   ② ㄱ, ㄴ   ③ ㄱ, ㄹ   ④ ㄱ, ㄴ, ㄹ   ⑤ ㄴ, ㄷ, ㄹ

◆ **우리나라의 인구 구조**

〔완자 사전〕
■ 노년 인구 부양비
노년층 인구를 청장년층 인구로 나눈 뒤 100을 곱한 값

 **완자쌤의 시험꿀팁**
인구 피라미드에 나타난 인구 구조를 파악하고 우리나라의 시기를 연결한 뒤, 각 시기별 인구 구조 특징과 그에 따른 인구 문제를 추론한다.

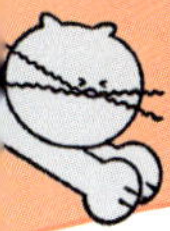 

수능 첫걸음

그래프는 세 국가의 인구 특성을 나타낸 것이다. 이에 대한 설명으로 옳지 <u>않은</u> 것은? (단, (가)~(다)는 각각 나이지리아, 멕시코, 일본 중 하나임.)

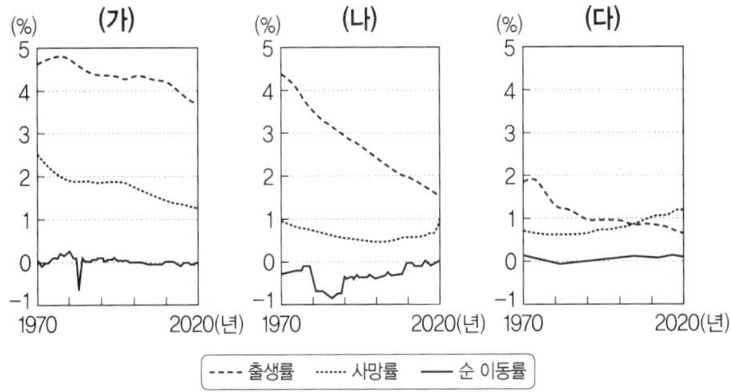

① 2020년 일본은 인구가 감소하였다.

② 1970년 인구의 자연 증가율은 나이지리아가 멕시코보다 높다.

③ (나)는 2020년 인구가 1970년 인구보다 많다.

④ (가)~(다) 중 2020년 인구가 가장 많은 국가는 (가)이다.

⑤ 2020년 중위 연령은 (다) > (나) > (가) 순으로 높다.

대표 유형 ― 문제 풀이

※ 단계별로 문제 풀이에 접근해 보세요!

✖ **1단계** / 자료 분석하기

❶ ________이/가 가장 높은 (가)는 나이지리아, 가장 낮은 (다)는 일본이다. 출생률이 빠르게 감소한 (나)는 멕시코이다.

✖ **2단계** / 정답 개념 연결하기

② 1970년 인구의 ❷ ________은/는 출생율과 사망률의 차이가 큰 멕시코가 나이지리아보다 높다.

✖ **3단계** / 오답 개념 피하기

① 2020년 일본은 인구의 자연적 감소로 전체 인구는 감소한다. ③ (나)는 멕시코로 인구의 자연적 증가가 크다. ④ 세 국가 중 인구가 가장 많은 국가는 ❸ ________이다. ⑤ 중위 연령은 일본, 멕시코, 나이지리아 순으로 높다.

정답친해 38쪽

01 다음 자료의 (가)~(라)에 대한 설명으로 옳은 것만을 <보기>에서 있는 대로 고른 것은? (단, (가)~(라)는 각각 라틴 아메리카, 아시아, 아프리카, 유럽 중 하나임.)

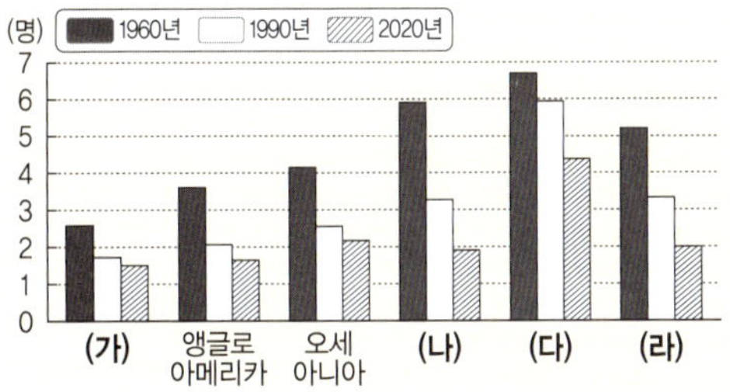

〈인구의 순 이주〉

지역(대륙)	순 이주(천 명)
(가)	1,436
앵글로아메리카	871
오세아니아	151
(나)	-164
(다)	-202
(라)	-2,092

(2020)

*러시아는 유럽에 포함됨　　**인구의 순 이주 = 유입 인구 − 유출 인구
***순 이주는 해당 대륙에 속한 모든 국가의 순 이주를 합산한 값임

│ 보기 │

ㄱ. (다)에는 전 세계에서 인구가 가장 많은 국가가 있다.

ㄴ. 2020년 기준 (가)는 (나)보다 인구가 많다.

ㄷ. (라)는 (다)보다 인구 밀도가 높다.

ㄹ. 1960년 합계 출산율은 아프리카 > 라틴 아메리카 > 아시아 순으로 높다.

① ㄱ, ㄴ　② ㄱ, ㄷ　③ ㄷ, ㄹ　④ ㄱ, ㄴ, ㄹ　⑤ ㄴ, ㄷ, ㄹ

1등급 전략

유출 인구와 유입 인구를 토대로 대륙별 순 이주 인구를 분석하여 각 대륙을 유추할 수 있어야 한다.

출제 전망

• 전망 1 각 대륙을 유추하는 것을 넘어, 각 대륙별 인구 문제를 묻는 문제가 출제될 수 있다.

• 전망 2 인구의 순 이주 데이터를 그래프가 아닌 표나 지도로 제시하는 문제가 출제될 수 있다.

세계의 에너지 자원과 지속가능한 발전 ~ 미래 사회와 세계시민으로서의 삶

학습 내용
- 주요 에너지 자원의 분포와 소비
- 기후변화 대응과 지속가능한 발전
- 세계시민으로서의 삶의 방향 탐구

이것이 핵심!

※ 주요 에너지 자원의 특징

석탄	• 비교적 고르게 분포 • 산업용으로 주로 이용
석유	• 서남아시아에 절반 이상 분포 • 수송용, 산업용으로 이용
천연 가스	• 대기 오염 물질 배출량이 적은 청정 에너지 • 가정용, 산업용 연료로 이용

◆ 가채 연수

현재 확인된 자원의 매장량을 지금과 같은 생산 수준으로 채굴할 때 생산할 수 있다고 예상하는 연수

◆ 석탄의 생산과 소비

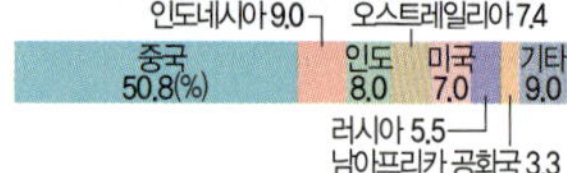

◆ 석유의 생산과 소비

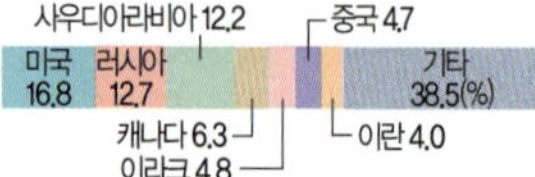

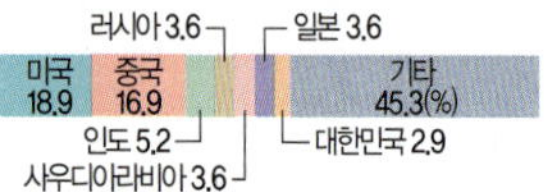

◆ 천연가스의 생산과 소비

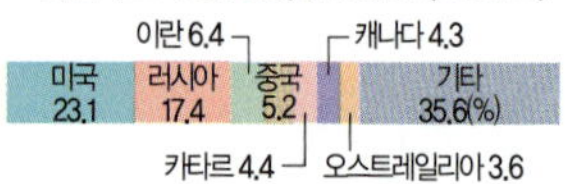

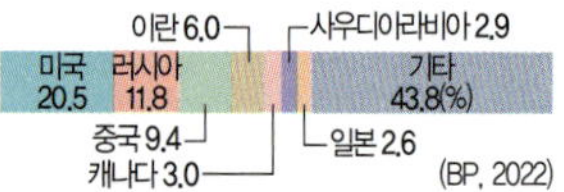

---

① 세계의 에너지 자원

1. 자원의 의미와 특성

꼭! 자원 중에서 인간이 기본적인 생활을 유지하고 생산 활동을 하는데 필요한 에너지를 얻을 수 있는 자원을 에너지 자원이라고 해.

(1) **자원**: 자연에서 얻을 수 있는 것 중에서 인간에게 유용하면서 기술적·경제적으로 개발이 가능한 것

(2) **자원의 특성**

예 석유는 내연 기관이 발명되기 전까지 끈적한 검은 액체에 불과했지만, 현재는 매우 중요한 에너지 자원이야.

유한성	매장량이 한정되어 있어 가채 연수에 도달하면 고갈됨
편재성	지구상에 고르게 분포하지 않고 특정 지역에 집중하여 분포함
가변성	자원의 가치는 고정되어 있지 않고, 기술의 발달과 사회적·문화적 배경에 따라 변화함

(3) **에너지 자원의 종류**: 화석 에너지, 원자력 에너지, 신·재생 에너지 등

예 신 에너지에는 수소, 연료 전지 에너지 등이 있고, 재생 에너지에는 수력, 태양광, 태양열, 풍력, 지열 에너지 등이 있어.

2. 에너지 자원의 분포와 소비 **자료 ①**

(1) **분포와 소비 특성**: 생산지와 소비지가 일치하지 않고, 화석 에너지 자원의 소비 비중이 큼

(2) **주요 화석 에너지 자원의 특징** **다 잡는 자료**

① **◆석탄**

분포	주로 고생대 지층에 매장되어 있으며, 비교적 세계 곳곳에 고르게 매장되어 있음 → 국제 이동량이 상대적으로 적음
주요 생산국 및 소비국	• 주요 생산국: 중국, 인도네시아, 인도, 오스트레일리아, 미국 등 • 주요 소비국: 중국, 인도, 미국, 일본 등
특징	• 산업 혁명 시기 증기 기관의 연료로 사용되면서 소비 증가 • 연소 시 이산화 탄소 등 대기 오염 물질 배출량이 비교적 많음 • 주로 화력 발전과 제철 공업 등 산업용으로 이용

② **◆석유**

지층이 횡압력에 밀려 형성된 습곡에서 볼록한 모양으로 솟은 부분을 말해.

분포	주로 신생대 제3기층 배사 구조에 매장되어 있으며, 세계 매장량의 절반 정도가 서남아시아의 페르시아만 주변에 분포함 → 국제 이동량이 많음
주요 생산국 및 소비국	• 주요 생산국: 미국, 러시아, 사우디아라비아, 캐나다, 이라크 등 • 주요 소비국: 미국, 중국, 인도, 러시아, 사우디아라비아 등
특징	• 19세기 내연 기관의 발명과 자동차 생산량 증가로 수요 증가 • 주로 수송용 연료 및 석유 화학 공업의 원료로 이용

③ **◆천연가스**

왜? 냉동 액화 기술은 기체 상태인 물질을 냉각해 액체 상태로 만드는 기술이야. 천연가스를 액체로 냉각하면 부피가 크게 줄어 운반하거나 사용할 때 편리하지.

분포	주로 석유와 함께 매장되어 있음
주요 생산국 및 소비국	• 주요 생산국: 미국, 러시아, 이란, 중국, 카타르, 캐나다 등 • 주요 소비국: 미국, 러시아, 중국, 이란, 캐나다, 사우디아라비아 등
특징	• 냉동 액화 기술의 발달, 수송관 건설로 운반이 편리해지면서 소비 증가 • 가정용으로 많이 이용되며, 대기 오염 물질의 배출량도 비교적 적음

(3) **화석 에너지 자원의 생산과 소비에 따른 문제**

① **자원 고갈**: 인구 증가와 산업 발달에 따른 소비량 증가로 자원 고갈 문제 발생

② **환경 문제**: 화석 에너지의 소비 증가로 탄소 배출 증가 → 기후변화 가속화

③ **자원 확보 갈등**: 자원 민족주의 심화, 자원 개발을 둘러싼 국가 간 갈등 발생 **자료 ②**

예 석유 수출국 기구(OPEC)가 생산량을 조절하여 원유 가격에 영향을 미치기도 해.

자료 ① 세계 에너지 소비 구조의 특징

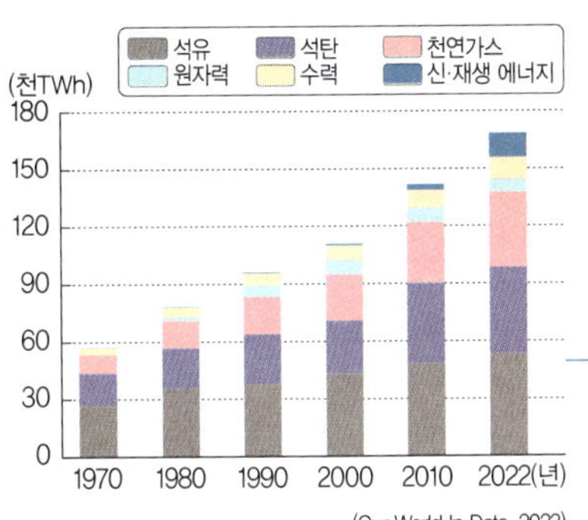

◑ 세계의 에너지 소비량 변화

전 세계적인 범위의 인구 성장, 산업 발달로 에너지 자원의 소비량은 지속적으로 증가하고 있다. 세계 에너지 소비에서 가장 큰 비중을 차지하는 것은 화석 에너지이며, 그 비중은 석유, 석탄, 천연가스 순으로 높다.

→ 꼭! 오늘날 세계 에너지 소비 구조에서 석유가 가장 큰 비중을 차지해.

문제로 확인할까?

석탄과 비교한 석유의 상대적인 특징으로 옳은 것은?

① 국제 이동량이 적다.
② 자원의 편재성이 크다.
③ 상용화된 시기가 이르다.
④ 세계의 소비 비중이 적다.
⑤ 대기 오염 물질 배출량이 많다.

② 📖

📧 내 교과서 · 비상, 미래엔, 천재, 지학사, 동아, 창비에서 '화석 에너지의 분포와 이동' 자료를 다루고 있어요.

내신과 수능을 다 잡는 자료

화석 에너지의 분포와 이동

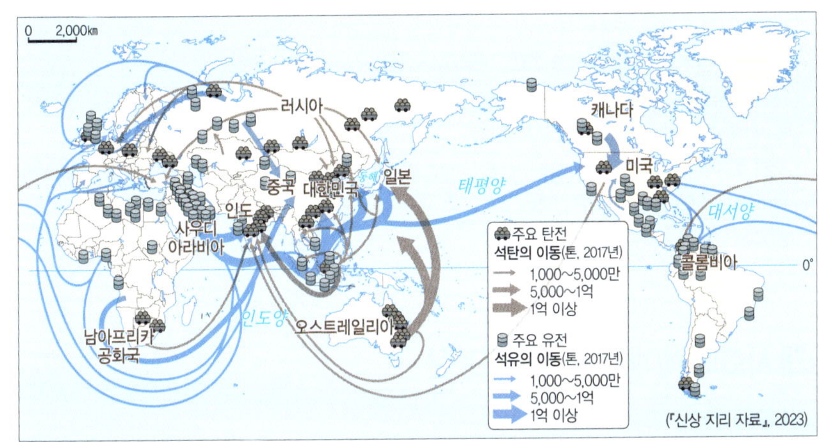

↑ 석탄과 석유의 분포 및 이동

석탄은 비교적 세계 곳곳에 고르게 분포하며, 제철 산업이 발달하거나 화력 발전량이 많은 국가로 이동한다. 석유는 석탄에 비해 편재성이 커 일부 지역에만 분포하며, 세계적으로 사용량이 많아 국제 이동량도 많다.

빈출 선택지로 점검하기

≫ 화석 에너지의 생산과 이동에 관한 잘못된 선택지를 올바르게 고쳐 보자.

- 석탄의 생산량은 인도가 가장 많다.
  → ㅈ ㄱ ㅇ
- 석탄은 석유보다 국제 이동량이 많다.
  → ㅈ ㄷ
- 석유는 석탄보다 가변성이 크다.
  → ㅍ ㅈ ㅅ

유재료 '11각 '이약면 📖

함께 보기 · 내신 만점 공략하기 06번

자료 ② 자원 확보와 이동을 둘러싼 국가 간 갈등

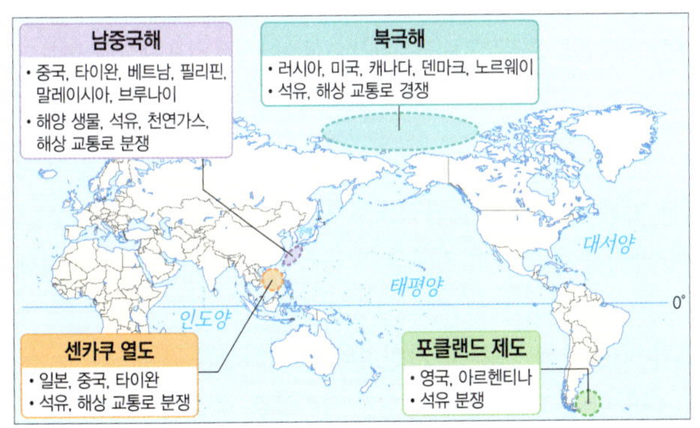

◑ 자원을 둘러싼 분쟁 지역

석유, 석탄, 천연가스 등 주요 에너지 자원은 지역적으로 편재해 있고 매장량이 한정되어 있다. 그리고 화석 에너지의 생산지와 소비지가 불일치하면서 이를 확보하기 위한 국가 간, 지역 간 갈등이 날로 심해지고 있다.

자료 하나 더 알고 가자!

자원 갈등의 해결 방안

효율적인 자원 활용	자원 절약형 산업으로의 전환, 자원 절약의 생활화
신·재생 에너지 개발	화석 연료 고갈 및 환경 문제에 대처하기 위한 신·재생 에너지 개발 예 풍력, 태양광, 지열, 수소, 바이오 에너지 등
자원 외교 강화	자원의 안정적 확보를 위한 자원 보유국과의 협력 강화

이것이 핵심!

✳ **지속가능한 발전을 위한 노력**

국제적 차원	• 국제 연합, 경제 협력 개발 기구의 노력과 국가 간의 협정 체결 • 비정부 기구 활동
국가적 차원	관련 법률 제정, 위원회 설치 등 제도적 노력
개인적 차원	일상에서 환경 보호를 위한 노력 실천

◆ **윤리적 소비**

윤리적인 가치 판단에 따라 상품이나 서비스를 구매하는 것으로, 인간과 동물, 환경에 해를 가하지 않고 윤리적으로 생산된 상품을 구매하려는 것

2 기후변화 대응과 지속가능한 발전

1. 기후변화의 원인과 피해

(1) **기후변화**: 일정한 지역에서 나타나는 기후의 평균적인 상태가 장기간에 걸쳐 변화하는 것

(2) **발생 원인과 피해**

발생 원인	• 자연적 원인: 태양 활동의 변화, 대규모 화산 활동, 태양과 지구의 위치 변화 등 • 인위적 원인: 화석 에너지 사용 증가에 따른 온실가스의 배출량 증가 등
피해	• 태풍, 폭염, 폭설, 가뭄 등 기상 이변이 자주 발생함 • 빙하와 만년설이 녹아 해수면이 상승함 → 해안 저지대 침수 피해 증가

2. 지속가능한 발전 **다잡는자료**

(1) **지속가능한 발전의 의미**: 미래 세대가 살아가는 데 필요한 자원을 낭비하거나 환경을 손상하지 않으면서 현재 세대의 필요를 동시에 충족하는 것

(2) **지속가능한 발전을 위한 노력** **자료 3**   꼭! 교토 의정서에서는 선진국에만 온실가스 감축 의무를 부여한 반면, 파리 협정에서는 195개 당사국 모두에 온실가스 감축 의무를 부여했어.

국제적 차원	• 국제 연합(UN)의 기후변화에 관한 정부 간 협의체(IPCC) 조직 및 운영 • 경제 협력 개발 기구(OECD)의 공적 개발 원조(ODA) 실시 • 국제 사회의 교토 의정서 채택(1997), 파리 협정 체결(2015) • 그린피스(Greenpeace), 세계 자연 기금(WWF) 등 비정부 기구의 활동
국가적 차원	「지속가능발전 기본법」 등의 법률 제정, 지속가능발전 위원회를 설치·운영하여 각종 법률과 정책 시행, 사회 취약 계층 지원 제도 실시 등
개인적 차원	자원 및 에너지 절약, 일상생활에서 환경 보호를 위한 노력 실천, 윤리적 소비 실천, 사회 정의와 형평성을 위한 시민 의식 함양 등 예 일회용품 소비 줄이기, 대중교통 이용하기 등

이것이 핵심!

✳ **미래 사회의 변화 양상**

국가 간 갈등과 협력	• 국가 간 영토 분쟁, 무역 경쟁 심화 • 빈부 격차 심화 → 갈등뿐만 아니라 협력도 강화
과학기술 발달에 따른 공간과 삶의 변화	• 자율 주행 자동차, 생명 공학 발달 • 정보 격차 및 전자 감시, 윤리적 가치관 혼란 문제
생태환경의 변화	자원 고갈 및 환경 문제 해결을 위한 노력

◆ **미래학**

과거와 현재를 바탕으로 미래 사회의 모습을 예측하고 변화 모형을 제시하는 학문

3 미래 사회와 세계시민으로서의 삶

1. 미래 사회의 모습

(1) **미래학과 미래 사회 예측의 필요성**: 미래에 다가올 변화를 예측함으로써 변화에 유연하게 대응하면서 발전 방향을 찾기 위함   └ 미래 사회는 더욱 복잡해지고 변화 속도도 빨라 불확실성이 커졌어.

(2) **미래 사회의 변화 양상**

국가 간 갈등과 협력	국가 간 영토 분쟁, 문화 갈등 심화, 자유 무역 확대로 국가 간의 무역 경쟁 심화 → 빈부 격차 심화, 갈등을 해결하려는 국가 간의 협력 강화
과학기술 발달에 따른 공간과 삶의 변화	• 자율 주행 자동차와 무인기(드론) 기술의 발달, 생명 공학과 유전 공학 발달 • 정보 격차 및 전자 감시 등의 문제 심화, 생명 공학의 발전으로 윤리적 가치관 혼란
생태환경의 변화	자원 소비 증가로 인한 자원 고갈, 지구 온난화에 따른 기후변화, 신·재생 에너지 및 친환경 교통수단 확대, 생태계를 효과적으로 관리하기 위한 생태환경 자료 수집 및 분석

└ 지구 온도가 상승하면서 추운 지역에서도 농사를 짓거나 북극 항로를 이용할 수 있게 되었지만, 전반적인 생태환경은 악화되었어.

2. 세계시민으로서의 삶

(1) **세계시민**: 상호 의존성이 높아가는 지구촌의 구성원으로, 개별 국가에 속한 국민을 넘어 세계적 시각에서 지구의 문제를 이해하고 이를 합리적으로 생각하는 사람

(2) **세계시민의 자세**: 다양한 문화와 가치를 존중하며 지구촌의 긍정적 변화를 추구하기 위해 노력함

(3) **세계시민으로서의 삶의 방향**: 인류의 보편적 가치에 기반하여 사회현상을 비판적으로 분석, 개방성과 관용의 정신으로 다양한 문화와 배경을 가진 사람들을 존중함 **자료 4**

> 📘 **내 교과서** · 비상, 미래엔, 천재, 동아에서 '지속가능발전 목표(SDGs)' 자료를 다루고 있어요.

내신과 수능을 다 잡는 자료 — 지속가능발전 목표(SDGs)

지속가능발전 목표(SDGs)는 2015년 국제 연합(UN) 정상 개발 회의에서 지속가능한 발전을 위해 제시한 것으로, 2030년까지 모든 국가가 공동으로 추진해 나가기로 결의하였다. 지속가능발전 목표의 세부 내용은 빈곤 퇴치, 경제·사회의 양극화, 각종 사회적 불평등 문제, 정의, 기후변화, 인권, 양성평등, 환경 지속성, 평화와 안보 등을 아우르고 있다. 이를 위해 각국의 정부뿐만 아니라, 기업과 비영리 기구 등 다양한 개발 주체들의 협력도 강조하고 있다.

빈출 선택지로 점검하기

» 지속가능발전 목표(SDGs)에 대한 잘못된 선택지를 올바르게 고쳐 보자.

- 2015년 경제 ~~협력 개발 거구(OECD)~~ 정상 개발 회의에서 제시하였다.
  → ㄱㅈ ㅇㅎ(UN)
- 2030년까지 ~~참여하고 싶은 국가들만~~ 공동으로 추진해 나가기로 결의하였다.
  → ㅁㄷ ㄱㄱㄱ

정답 국제 연합(UN), 모든 국가가

함께 보기 · 내신 만점 공략하기 11번

자료 3 정부 간 협의체(IPCC)의 기후변화 시나리오

지구의 온도가 1℃ 오르면	지구의 온도가 2℃ 오르면	지구의 온도가 3℃ 오르면	지구의 온도가 4℃ 오르면
· 지속되는 가뭄 · 물 부족 인구 약 5천만 명 · 육상 생물 약 10% 멸종 위기 · 기후변화에 따른 사망 약 30만 명	· 사용 가능한 물 20~30% 감소 · 해빙이 녹아 해수면 약 7m 상승 · 북극 생물 15~40% 멸종 위기 · 말라리아 노출 4~6만 명	· 기근에 따른 사망 100~300만 명 · 해안 침수 피해 연간 1억 6천만 명 · 20~50% 생물 멸종 위기 · 아마존 열대 우림 파괴	· 사용 가능한 물 30~50% 감소 · 해안 침수 피해 연간 약 3억 명 · 아프리카 농산물 15~35% 감소 · 서남극 빙상 붕괴 위험

기후변화에 관한 정부 간 협의체(IPCC) 6차 평가 보고서에서는 온실가스 배출량, 인구, 경제 발전, 복지 등 다층적인 인위적 원인을 분석하여 미래 기후를 전망하였다. 이는 기후변화에 따른 영향을 평가하고, 예상되는 피해를 최소화하려고 노력하는 데 활용된다.

문제로 확인할까?

지구의 온도가 오르면 나타나는 현상으로 옳지 않은 것은?

① 전염병 확산
② 해수면 상승
③ 열대 우림 파괴
④ 생물종 다양성 증가
⑤ 자연재해 빈도 증가

정답 ④

자료 4 미래에 성장이 기대되는 직업

환경	사회
· 기후변화 대응 전문가: 기후변화를 예측하고 이에 대응하기 위한 대책 마련 · 신·재생 에너지 전문가: 자연에서 지구를 살리는 에너지를 연구	· 도시 재생 전문가: 쇠퇴하거나 낙후된 도시를 활성화 · 문화 콘텐츠 전문가: 다양한 문화 콘텐츠 생성
기술	**보안**
· 무인 자동차 엔지니어: 운전자의 조작 없이 스스로 움직이는 자동차 연구 · 사물 인터넷 전문가: 모든 사물에 인터넷을 연결하여 새로운 가치와 서비스 창출	· 정보 보호 전문가: 정보 보호 수준을 진단하고 정보 보호를 위한 해결 방안 제시 · 생체 인식 전문가: 사람 몸의 특정 부분을 이용하여 비밀번호 장치 생성

세계 경제 포럼(WEF)에 따르면 앞으로 인공지능(AI)과 같은 기술이 적용되는 범위가 늘어나면서 약 1,400만 개의 일자리가 감소할 것으로 예측된다. 반면, 빅 데이터 분석, 머신 러닝, 사이버 보안 등과 관련한 분야는 일자리가 증가할 것으로 예측된다. 이에 따라 미래에 성장이 기대되는 직업을 살펴보고 세계시민으로서 직업을 탐색해야 한다.

자료 하나 더 알고 가자!

세계시민 의식

(『나라를 사랑한다는 것』, 2003)

세계화의 흐름 속에서 세계는 하나의 공동체로서의 성격이 강해지고 있다. 따라서 나, 지역, 국가, 지구촌이 상호 연결되었음을 인지하고 세계시민으로서의 바람직한 자세를 가져야 한다.

STEP 1 핵심 개념 확인하기

1 밑줄 친 '이것'의 명칭을 쓰시오.

> 이것은 자연에서 얻을 수 있는 것 중에서 인간에게 유용하면서 기술적·경제적으로 이용 가능한 것을 의미한다.

2 자원의 특성과 그 의미를 옳게 연결하시오.

(1) 가변성 •　　　　　• ㉠ 매장량이 한정되어 있음

(2) 유한성 •　　　　　• ㉡ 기술, 사회·문화적 배경에 따라 가치가 변화함

(3) 편재성 •　　　　　• ㉢ 지구상에 고르게 분포하지 않고 일부 지역에 집중 분포함

3 다음 설명에 해당하는 자원을 〈보기〉에서 골라 기호를 쓰시오.

> **보기**
> ㄱ. 석탄　　　ㄴ. 석유　　　ㄷ. 천연가스

(1) 냉동 액화 기술의 발달로 이용량이 증가하였다. (　　　)

(2) 세계 매장량의 절반 정도가 서남아시아에 분포한다.
(　　　)

(3) 주로 고생대 지층에 매장되어 있으며 비교적 세계 곳곳에 고르게 분포한다. (　　　)

4 다음 괄호 안의 내용 중 알맞은 말에 ○표를 하시오.

(1) 오늘날의 기후변화는 (자연적, 인위적) 요인의 영향이 크다.

(2) 지속가능한 발전이란 (현재, 미래) 세대가 살아가는 데 필요한 자원을 낭비하거나 환경을 손상하지 않으면서 (현재, 미래) 세대의 필요를 동시에 충족하는 것이다.

5 다음 설명이 맞으면 ○표, 틀리면 ✕표를 하시오.

(1) 지속가능한 발전은 경제 성장, 환경 보전, 사회 안정 등의 통합의 균형을 추구한다. (　　　)

(2) 윤리적 소비의 실천을 위해 친환경 제품이나 공정 무역 제품을 구매하는 것이 바람직하다. (　　　)

(3) 경제 협력 개발 기구(OECD)는 개발 도상국의 빈곤 문제 해결과 경제·사회 발전, 복지 증진을 목적으로 온실가스 배출권 거래제를 시행하고 있다. (　　　)

STEP 2 내신 만점 공략하기

중요

01 기사의 내용에서 알 수 있는 자원의 특성으로 옳은 것은?

> 00 신문　　　　　　　　　　2000년 00월 00일
>
> 석탄은 과거 우리나라의 대표적인 에너지 자원이었다. 그러나 생산할수록 산지의 더 깊은 곳까지 들어가야 하는 특성 때문에 석탄의 생산 원가는 오르는 반면, 석탄의 수요는 감소하면서 산업이 쇠락하였다. 이에, 대한 석탄 공사는 현재 운영 중인 탄광을 모두 폐쇄하기로 하였다. 연탄의 수요가 감소하면서 2030년이면 모든 광산이 자연 폐광할 예정이었으나, 국가 재정 절감을 위해 시기를 앞당기는 것이다.

① 가변성　　　② 생산성　　　③ 유한성
④ 편재성　　　⑤ 효율성

하나 더!

01-1 다음 사례와 관련된 자원의 특성을 쓰시오.

> 자원 민족주의란 특정 자원을 보유한 국가들이 자원을 무기화하여 자국의 이익을 극대화하려는 움직임을 말한다. 특히 석유가 생산되는 석유 수출국 기구(OPEC)를 예로 들 수 있는데, 이는 지구상에 석유의 절반 정도가 이들 국가에 분포하기 때문이다.

02 ㉠~㉣에 대한 설명으로 옳은 것은?

> 인간이 살아가면서 자연에서 얻을 수 있는 것 중에서 인간에게 유용하면서 기술적·경제적으로 개발이 가능한 것을 (㉠)(이)라고 한다. 특히, 인간이 기본적인 생활을 유지하고 생산 활동을 하는 데 필요한 에너지를 얻을 수 있는 자원을 (㉡)(이)라고 한다. (㉡)에는 ㉢ 화석 에너지와 ㉣ 신·재생 에너지 등이 있다.

① ㉠에는 '동력'이 들어갈 수 있다.
② ㉡에는 '에너지 자원'이 들어갈 수 있다.
③ ㉢에는 태양광, 지열, 풍력 등이 있다.
④ ㉣에는 석탄, 석유, 천연가스 등이 있다.
⑤ ㉣이 ㉢보다 경제성이 좋은 편이다.

[03~04] 그래프는 세계 에너지 소비량 변화를 나타낸 것이다. 이를 보고 물음에 답하시오.

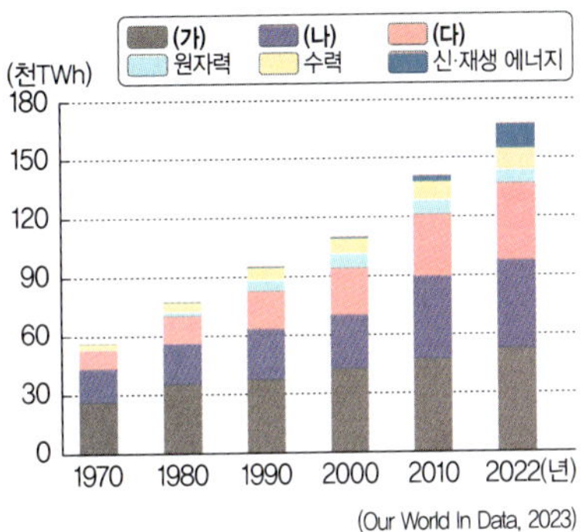

03 (가)~(다)에 해당하는 에너지 자원을 옳게 연결한 것은?

	(가)	(나)	(다)
①	석유	석탄	천연가스
②	석유	천연가스	석탄
③	석탄	석유	천연가스
④	석탄	천연가스	석유
⑤	천연가스	석탄	석유

중요

04 (가)~(다) 에너지 자원에 대한 설명으로 옳은 것은?

① (가)는 주로 고생대 지층에 매장되어 있다.
② (나)는 세계에서 소비량이 가장 많다.
③ (다)는 내연 기관의 발명으로 소비량이 증가했다.
④ (나)는 (다)보다 연소 시 대기 오염 물질 배출량이 많은 편이다.
⑤ (가)~(다)는 대표적인 신·재생 에너지이다.

하나 더!

04-1 (가)~(다) 에너지 자원에 대한 설명으로 옳은 것은?

① (가)는 국제 이동량이 적은 편이다.
② (나)는 주로 신생대 제3기층에 매장되어 있다.
③ (다)는 연소 시 대기 오염 배출량이 많은 편이다.
④ (가)는 (나)보다 편재성이 작다.
⑤ (다)는 (가)보다 가정용으로 사용되는 비중이 높다.

05 다음은 (가) 에너지 자원에 대한 노트 필기의 일부이다. ㉠~㉤ 중 옳지 않은 것은?

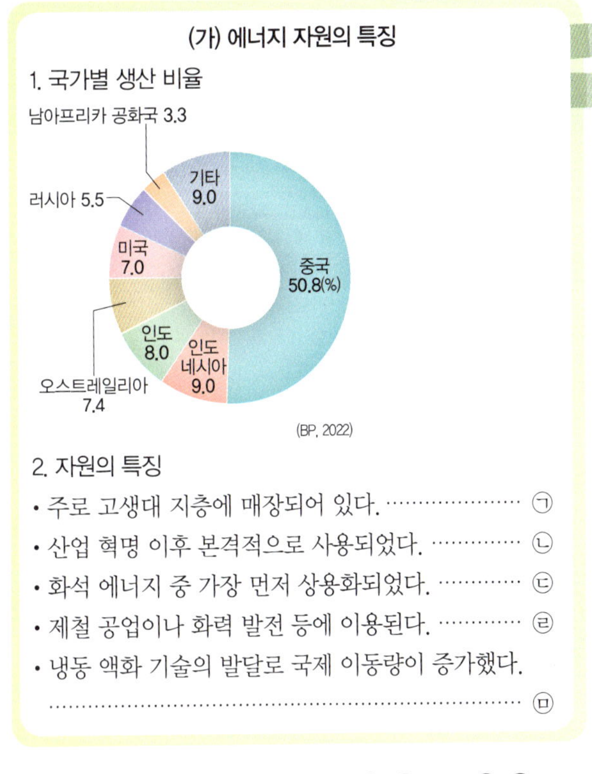

2. 자원의 특징
• 주로 고생대 지층에 매장되어 있다. ···················· ㉠
• 산업 혁명 이후 본격적으로 사용되었다. ·········· ㉡
• 화석 에너지 중 가장 먼저 상용화되었다. ········· ㉢
• 제철 공업이나 화력 발전 등에 이용된다. ········· ㉣
• 냉동 액화 기술의 발달로 국제 이동량이 증가했다.
  ···················· ㉤

① ㉠ ② ㉡ ③ ㉢ ④ ㉣ ⑤ ㉤

06 지도는 어느 에너지 자원의 분포와 이동을 나타낸 것이다. 이 에너지 자원에 대한 설명으로 옳은 것은?

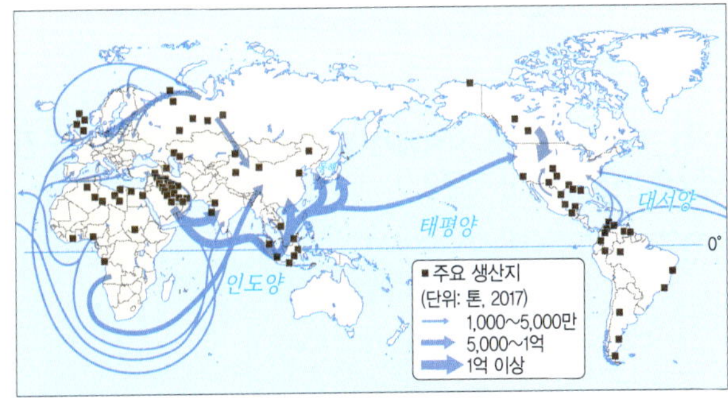

① 고생대 지층에 주로 매장되어 있다.
② 서남아시아의 페르시아만에 주로 분포한다.
③ 주요 수출국은 인도네시아와, 오스트레일리아 등이다.
④ 화석 에너지 가운데 연소 시 대기 오염 물질 배출이 가장 적다.
⑤ 다른 화석 에너지 자원에 비해 가정용으로 이용되는 비율이 높다.

07 그래프는 (가), (나) 에너지 자원의 소비량을 나타낸 것이다. (나) 자원에 대한 (가) 자원의 상대적 특징을 그림의 A~E에서 고른 것은?

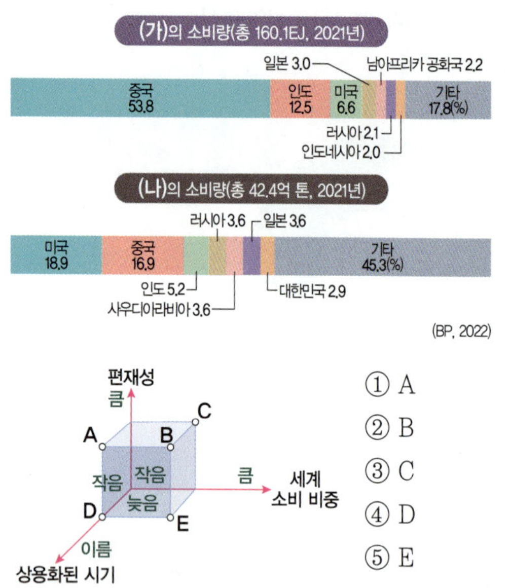

① A
② B
③ C
④ D
⑤ E

07-1 위 그래프의 (가), (나) 자원에 대한 설명으로 옳은 것만을 〈보기〉에서 고른 것은?

┤보기├
ㄱ. (가)는 주로 신생대 제3기층 배사 구조에 매장되어 있다.
ㄴ. (나)는 증기 기관의 발명으로 소비량이 증가하였다.
ㄷ. (가)는 (나)에 비해 산업용으로 쓰이는 비중이 높다.
ㄹ. (나)는 (가)에 비해 국제 이동량이 많은 편이다.

① ㄱ, ㄴ ② ㄱ, ㄷ ③ ㄴ, ㄷ ④ ㄴ, ㄹ ⑤ ㄷ, ㄹ

08 지도에 표시된 지역에서 발생하는 갈등의 공통적인 원인으로 가장 적절한 것은?

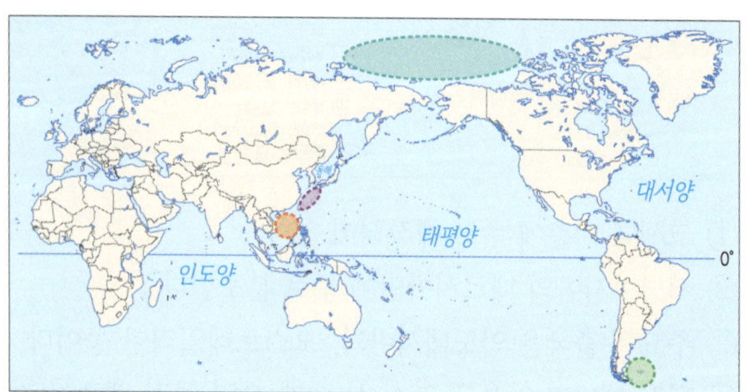

① 환경 오염
② 민족 갈등
③ 종교의 차이
④ 수산 자원의 확보
⑤ 에너지 자원의 확보

09 ㉠~㉣에 대한 옳은 설명만을 〈보기〉에서 있는 대로 고른 것은?

(㉠)(이)란 일정한 지역에서 나타나는 기후의 평균적인 상태가 장기간에 걸쳐 변화하는 것을 의미한다. (㉠)의 원인에는 ㉡ 자연적 요인과 인위적 요인이 있다. 특히, 오늘날의 (㉠)은/는 (㉢) 사용 증가에 따른 ㉣ 온실가스 증가 등의 인위적 요인의 영향을 많이 받고 있다.

┤보기├
ㄱ. ㉠에는 '기후변화'가 들어갈 수 있다.
ㄴ. ㉡에는 태양 활동의 변화, 화산 활동 등이 있다.
ㄷ. ㉢에는 '신·재생 에너지'가 들어갈 수 있다.
ㄹ. ㉣에는 이산화 탄소와 메탄 등이 있다.

① ㄱ, ㄴ ② ㄱ, ㄷ ③ ㄷ, ㄹ
④ ㄱ, ㄴ, ㄹ ⑤ ㄴ, ㄷ, ㄹ

10 다음은 어느 고등학생이 생성형 인공지능을 활용하여 학습하는 모습이다. (가)에 들어갈 내용으로 옳지 <u>않은</u> 것은?

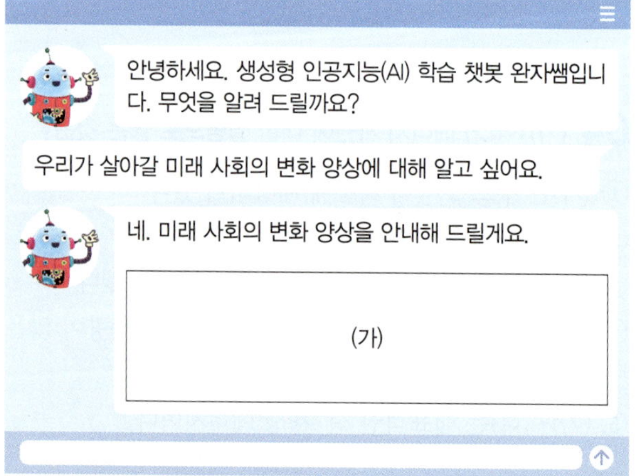

① 자유 무역이 확대됩니다.
② 국가 간 빈부 격차가 사라질 것입니다.
③ 자율 주행 자동차나 드론 기술이 발달합니다.
④ 로봇이 발달하여 인간의 일자리를 일부 대신합니다.
⑤ 생명 공학의 발전으로 윤리적 가치관이 흔들릴 수 있습니다.

11 ㉠에 대한 옳은 설명만을 〈보기〉에서 고른 것은?

세계와 인류의 행복을 위한 (㉠)의 17개 목표

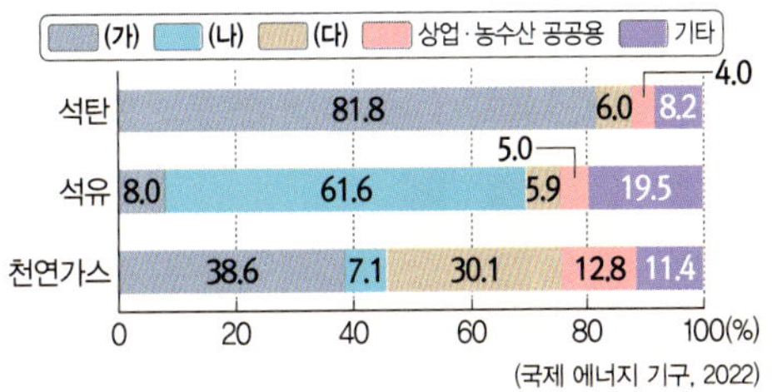

보기

ㄱ. 사회 취약 계층을 지원한다.
ㄴ. 시장경제 체제를 공고히한다.
ㄷ. 빠른 경제 성장을 위한 것이다.
ㄹ. 2015년 국제 연합(UN) 총회에서 결정하였다.

① ㄱ, ㄴ   ② ㄱ, ㄹ   ③ ㄴ, ㄷ
④ ㄴ, ㄹ   ⑤ ㄷ, ㄹ

12 다음 자료를 통해 알 수 있는 미래 사회의 변화에 대한 설명으로 적절하지 <u>않은</u> 것은?

(가)

↑ 스마트 팜

(나)

↑ 무인기(드론) 택배

① (가)는 미래 식량 문제 해결을 도와 줄 것이다.
② (가)를 통해 기후로 인한 제약을 극복할 것이다.
③ (나)는 지역 간 교류를 도와줄 것이다.
④ (나)를 통해 사람들의 활동 범위가 증가할 것이다.
⑤ (나)로 인해 국가 간 무역 분쟁이 심각해질 것이다.

서술형 문제

서술형 감잡기

1 그래프는 세계의 에너지 자원별 사용 분야를 나타낸 것이다. (가)~(다)에 들어갈 사용 분야를 쓰고, 각 자원의 사용 분야 특징을 서술하시오. (단, (가)~(다)는 각각 가정용, 산업용, 수송용 중 하나임.)

(1) 초성을 참고하여 서술형 답안에 들어갈 내용을 써 보자.

답안 키워드 : ㄱㅈㅇ ㅅㅅㅇ ㅅㅇㅇ

(2) (1)의 내용을 포함하여 서술형 답안을 작성해 보자.

실전! 도전하기

2 다음 글을 읽고 물음에 답하시오.

'지구의 허파'라고 불리는 아마존 열대 우림을 보호하기 위해 남아메리카 8개 국가가 나섰다. 아마존 삼림 벌채를 멈추고 (㉠)에 적극적으로 대응하겠다는 것이다. 또한 세계 주요 선진국에 (㉠) 대응과 생물 다양성 보존을 위한 기금 지원도 촉구했다.

(1) ㉠에 들어갈 용어를 쓰시오.

----

(2) ㉠을 해결하기 위해 1997년과 2015년에 채택된 각각의 국가 간 협약의 특징을 서술하시오.

1등급 정복하기

01 그래프의 (가)~(다)에 해당하는 에너지 자원을 그림의 A~C에서 찾아 옳게 연결한 것은? (단, (가)~(다), A~C는 각각 석유, 석탄, 천연가스임.)

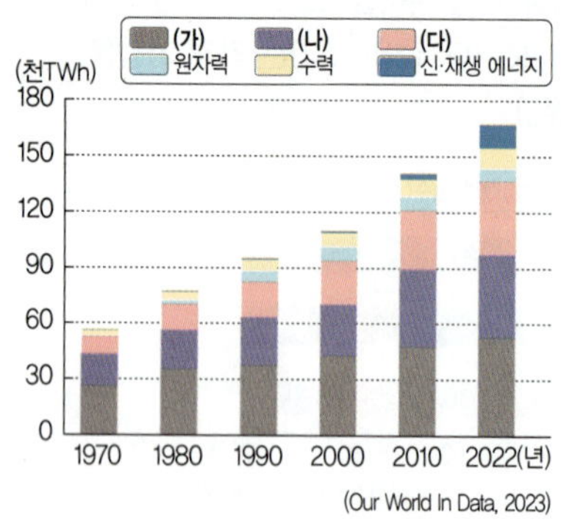

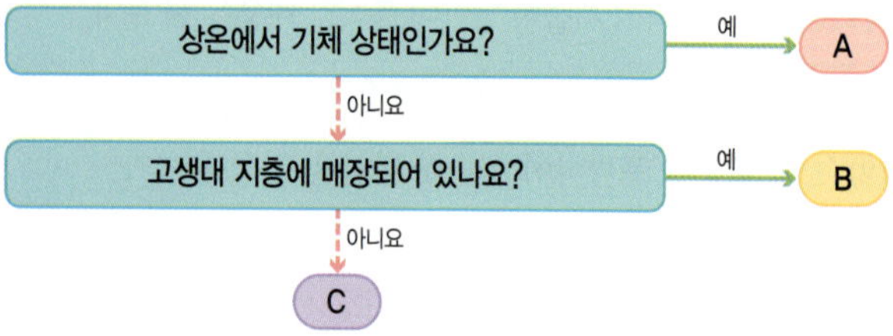

	(가)	(나)	(다)
①	A	B	C
②	A	C	B
③	B	A	C
④	B	C	A
⑤	C	B	A

최고난도

02 밑줄 친 '이 자원'의 국가별 생산 비중을 나타낸 그래프로 옳은 것은?

아부무사섬은 좁은 면적에 인구도 2천 여 명에 불과하지만 많은 양의 이 자원이 매장되어 있다. 또 이 자원의 해상 수송로로 지리적 이점이 있는 곳으로, 페르시아만의 관문인 호르무즈 해협을 통과하는 선박은 반드시 아부무사섬 주변을 통과해야 한다. 현재 이란이 실효적으로 지배하고 있지만 아랍 에미리트 또한 아부무사섬의 영유권을 주장하며 두 국가 간의 갈등이 이어지고 있다.

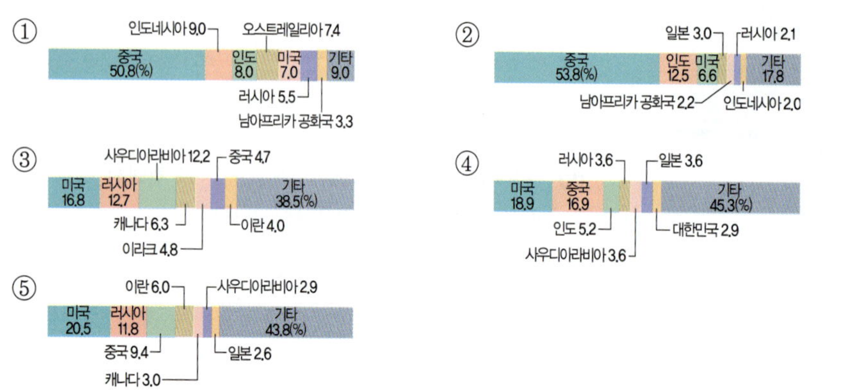

◆ 에너지 자원의 특징

완자쌤의 시험꿀팁

제시된 단서 조항에서 석유, 석탄, 천연가스를 찾고 그래프의 소비 구조 변화에서 석유, 석탄 천연가스를 유추한 뒤 정확하게 연결해야 한다.

◆ 에너지 자원의 생산 비중

완자 사전

■ 관문(關門)
다른 지역이나 국가로 나아가는 중요한 통로가 되는 지점

완자쌤의 시험꿀팁

서남아시아의 페르시아만 주변에 석유 자원이 많이 매장되어 있음을 알고, 석유의 주요 생산 국가와 소비 국가, 수출 국가를 파악해 두도록 한다.

03 표의 ㉠~㉤에 들어갈 내용으로 적절하지 <u>않은</u> 것은?

〈미래 사회의 변화 양상〉

국가 간 갈등과 협력	협력 강화	㉠
	갈등 심화	㉡
과학기술의 발전에 따른 공간과 삶의 변화	긍정적 영향	㉢
	부정적 영향	㉣
생태환경의 변화	긍정적 영향	㉤
	부정적 영향	기후변화로 인한 생태환경 악화

① ㉠: 빈부 격차 해결을 위한 국가 간 협력
② ㉡: 자유 무역 확대로 인한 국가 간 무역 경쟁 심화
③ ㉢: 로봇과 인공지능에 의한 인력 대체
④ ㉣: 인간의 정체성과 윤리적 가치관 혼란
⑤ ㉤: 북극 항로의 이용 가능

미래 사회는 우리의 노력과 선택에 의해 다양한 모습으로 나타날 수 있다. 정치적·경제적 문제에 따른 국가 간 협력과 갈등, 과학기술의 발전에 따른 공간과 삶의 변화, 생태환경의 변화에서 각각 긍정적 영향과 부정적 영향을 정리해 두어야 한다.

04 다음은 수업 장면의 일부이다. 교사의 질문에 옳게 대답한 학생만을 있는 대로 고른 것은?

① 갑　　② 을　　③ 갑, 병　　④ 병, 정　　⑤ 갑, 을, 병

세계시민으로서의 자세

완자 사전

■ 세계시민
상호 의존성이 높아가는 지구촌의 구성원으로, 개별 국가에 속한 국민을 넘어 세계적 시각에서 지구의 문제를 이해하고 이를 합리적으로 해결하려고 노력하는 사람

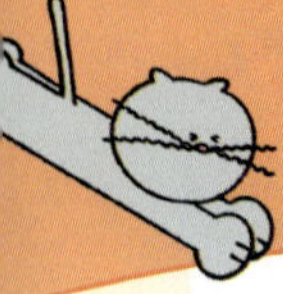

수능 첫걸음

| 24학년도 6월 모평 세계지리 10번 |

그래프의 A~D에 대한 설명으로 옳은 것은? (단, A~D는 각각 석유, 석탄, 수력, 천연가스 중 하나임.)

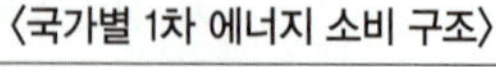

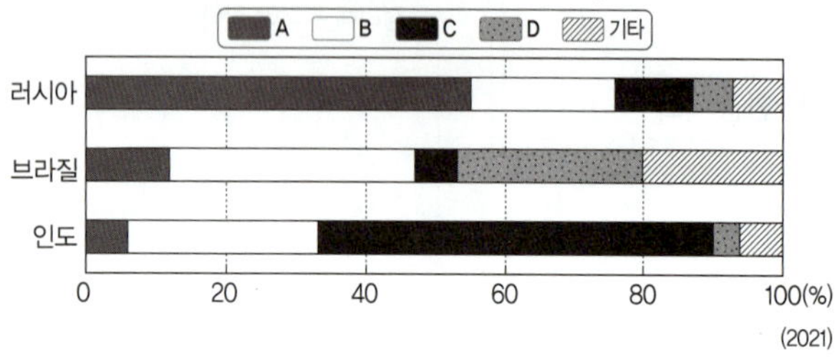

① A는 산업 혁명 초기의 주요 에너지 자원이었다.
② C는 신생대 제3기층의 배사 구조에 주로 매장되어 있다.
③ B는 C보다 국제 이동량이 많은 에너지 자원이다.
④ C는 B보다 수송용으로 이용되는 비율이 높다.
⑤ D는 B보다 세계 1차 에너지 소비량에서 차지하는 비율이 높다.

※ 단계별로 문제 풀이에 접근해 보세요!

1단계 / 자료 분석하기

러시아에서 절반 이상을 차지하는 A는 ❶ ____, 세 국가에서 모두 비율이 높은 편인 B는 ❷ ____, 인도에서 절반 이상을 차지하는 C는 ❸ ____, D는 ❹ ____임을 알 수 있다.

2단계 / 정답 개념 연결하기

국제 이동량은 편재성이 큰 석유가 석탄보다 ❺ ____.

3단계 / 오답 개념 피하기

⑤ 세계 1차 에너지 소비량에서 차지하는 비율은 석유가 가장 높으며, A~D 중 수력이 가장 낮다.

❸ 석탄 ❹ 수력 ❺ 많음
❶ 풀이 문제 / © ① 표지 유형
❷ 천연가스 ❶ 풀이 문제 / © ① 표지 유형

정답친해 42쪽

| 24학년도 9월 모평 세계지리 14번 |

01 다음 글은 세 국가의 1차 에너지 자원에 대한 설명이다. (가)~(라)에 대한 설명으로 옳은 것은?

> • 아랍 에미리트는 풍부하게 매장된 (가) 의 수출을 통해 막대한 자본을 축적하고, 이를 관광 및 금융 산업에 투자하고 있다. (가) 은/는 천연가스와 함께 신생대 제3기층 배사 구조에 매장되어 있는 경우가 많다.
> • 중국은 (나) 의 세계 최대 생산국으로 전 세계 생산량의 절반 정도를 차지한다. 그러나 최근 경제가 발전하면서 국내 수요를 감당하지 못해 많은 양을 수입하고 있다.
> • '얼음과 불의 땅'으로 불리는 아이슬란드는 신·재생 에너지 생산에 천혜의 자연환경을 갖추고 있다. 섬의 곳곳에 나타나는 화산 활동은 (다) 발전에, 빙하와 융빙수는 (라) 발전에 유리한 환경을 제공한다.

① (가)는 냉동 액화 기술의 발달로 소비량이 급증하였다.
② (나)는 전체 사용량 중 산업용보다 수송용으로 사용되는 비중이 높다.
③ (다) 발전은 스위스의 신·재생 에너지 발전량 중 가장 높은 비율을 차지한다.
④ (라) 발전은 노르웨이의 전체 발전량 중 가장 높은 비율을 차지한다.
⑤ 전 세계에서 (다) 발전량은 뉴질랜드, (라) 발전량은 러시아가 가장 많다.

Q 스위스의 신·재생 에너지 발전량 중 가장 높은 비율을 차지하는 것은 무엇인가요?

A 수력 발전이에요. 스위스뿐만 아니라 수력 발전은 많은 국가에서 신·재생 에너지 발전량 중 가장 높은 비율을 차지하지요. 특히 노르웨이는 전체 발전량의 대부분이 수력 발전일 정도로 그 비율이 높아요.

1 세계의 인구와 인구 문제

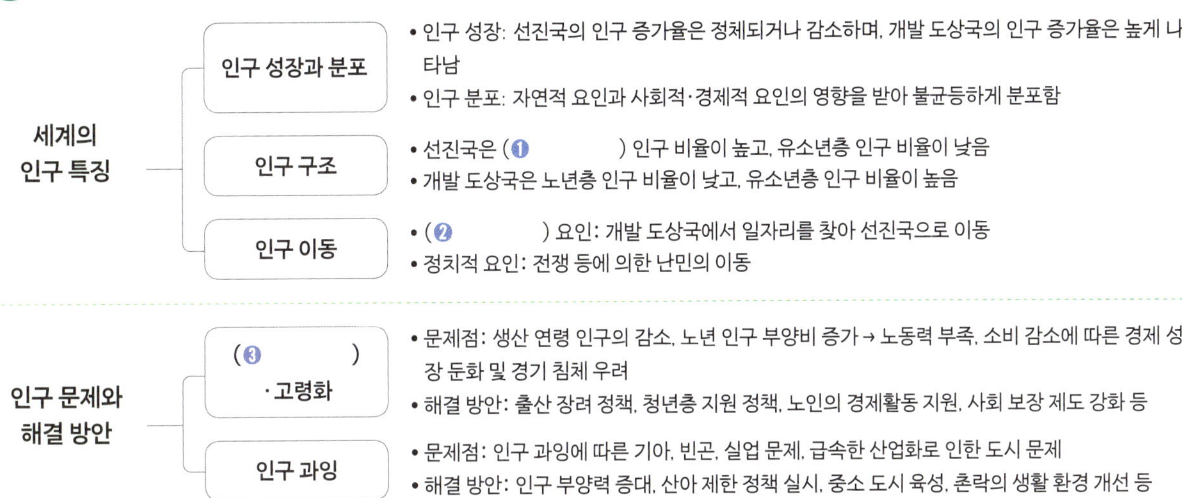

세계의 인구 특징

인구 성장과 분포
- 인구 성장: 선진국의 인구 증가율은 정체되거나 감소하며, 개발 도상국의 인구 증가율은 높게 나타남
- 인구 분포: 자연적 요인과 사회적·경제적 요인의 영향을 받아 불균등하게 분포함

인구 구조
- 선진국은 (❶　　　　) 인구 비율이 높고, 유소년층 인구 비율이 낮음
- 개발 도상국은 노년층 인구 비율이 낮고, 유소년층 인구 비율이 높음

인구 이동
- (❷　　　　) 요인: 개발 도상국에서 일자리를 찾아 선진국으로 이동
- 정치적 요인: 전쟁 등에 의한 난민의 이동

인구 문제와 해결 방안

(❸　　　　)·고령화
- 문제점: 생산 연령 인구의 감소, 노년 인구 부양비 증가 → 노동력 부족, 소비 감소에 따른 경제 성장 둔화 및 경기 침체 우려
- 해결 방안: 출산 장려 정책, 청년층 지원 정책, 노인의 경제활동 지원, 사회 보장 제도 강화 등

인구 과잉
- 문제점: 인구 과잉에 따른 기아, 빈곤, 실업 문제, 급속한 산업화로 인한 도시 문제
- 해결 방안: 인구 부양력 증대, 산아 제한 정책 실시, 중소 도시 육성, 촌락의 생활 환경 개선 등

2 세계의 에너지 자원과 지속가능한 발전

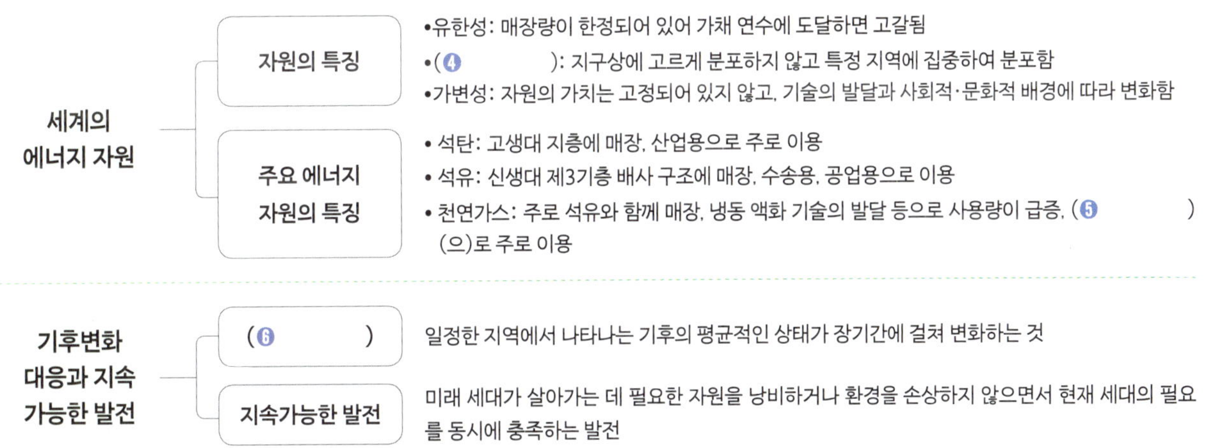

세계의 에너지 자원

자원의 특징
- 유한성: 매장량이 한정되어 있어 가채 연수에 도달하면 고갈됨
- (❹　　　　): 지구상에 고르게 분포하지 않고 특정 지역에 집중하여 분포함
- 가변성: 자원의 가치는 고정되어 있지 않고, 기술의 발달과 사회적·문화적 배경에 따라 변화함

주요 에너지 자원의 특징
- 석탄: 고생대 지층에 매장, 산업용으로 주로 이용
- 석유: 신생대 제3기층 배사 구조에 매장, 수송용, 공업용으로 이용
- 천연가스: 주로 석유와 함께 매장, 냉동 액화 기술의 발달 등으로 사용량이 급증. (❺　　　　)(으)로 주로 이용

기후변화 대응과 지속 가능한 발전

(❻　　　　)
일정한 지역에서 나타나는 기후의 평균적인 상태가 장기간에 걸쳐 변화하는 것

지속가능한 발전
미래 세대가 살아가는 데 필요한 자원을 낭비하거나 환경을 손상하지 않으면서 현재 세대의 필요를 동시에 충족하는 발전

3 미래 사회와 세계시민으로서의 삶

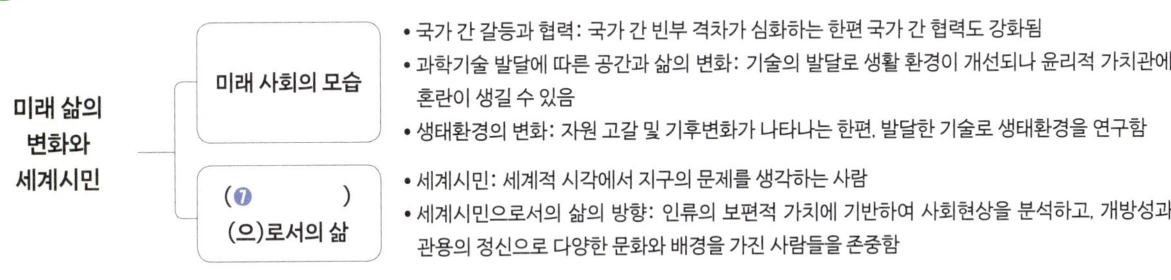

미래 삶의 변화와 세계시민

미래 사회의 모습
- 국가 간 갈등과 협력: 국가 간 빈부 격차가 심화하는 한편 국가 간 협력도 강화됨
- 과학기술 발달에 따른 공간과 삶의 변화: 기술의 발달로 생활 환경이 개선되나 윤리적 가치관에 혼란이 생길 수 있음
- 생태환경의 변화: 자원 고갈 및 기후변화가 나타나는 한편, 발달한 기술로 생태환경을 연구함

(❼　　　　)(으)로서의 삶
- 세계시민: 세계적 시각에서 지구의 문제를 생각하는 사람
- 세계시민으로서의 삶의 방향: 인류의 보편적 가치에 기반하여 사회현상을 분석하고, 개방성과 관용의 정신으로 다양한 문화와 배경을 가진 사람들을 존중함

답 ❶ 노년층　❷ 경제적　❸ 저출생　❹ 편재성　❺ 가정용　❻ 기후변화　❼ 세계시민

01 그래프는 대륙별 인구 비중 변화를 나타낸 것이다. (가)~(다)를 옳게 연결한 것은?

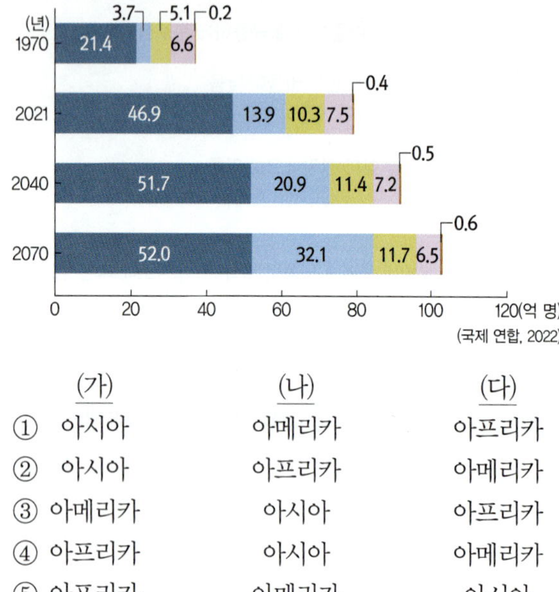

	(가)	(나)	(다)
①	아시아	아메리카	아프리카
②	아시아	아프리카	아메리카
③	아메리카	아시아	아프리카
④	아프리카	아시아	아메리카
⑤	아프리카	아메리카	아시아

02 다음 사례에 나타난 인구 이동 유형에 대한 옳은 설명만을 〈보기〉에서 있는 대로 고른 것은?

□□국 사람들은 내전이 발생한 이후, 삶의 터전을 잃고 기아와 빈곤에 시달리고 있다. 내전 이후 전 세계적으로 □□국에서 이동한 인구수는 약 600만 명이 넘는다. 이들은 대부분 국경을 맞댄 국가로 이동한 상태이지만, 보다 안전한 환경을 찾아 이동하려는 사람들이 늘어나면서 주변 국가에 마찰이 발생하고 있다.

┤ 보기 ├
ㄱ. 기후변화로 인한 환경적 이동이다.
ㄴ. 인근 국가로 이동하는 경우가 많다.
ㄷ. 오늘날 세계 인구 이동의 대부분이다.
ㄹ. 임금 수준과 고용 기회로 인한 인구 이동이다.

① ㄱ   ② ㄴ   ③ ㄱ, ㄷ
④ ㄴ, ㄹ   ⑤ ㄱ, ㄴ, ㄷ

03 다음은 두 국가의 연령별 인구 피라미드를 나타낸 것이다. (가), (나) 국가에 대한 설명으로 옳은 것은? (단, (가), (나)는 각각 가나와 프랑스 중 하나임.)

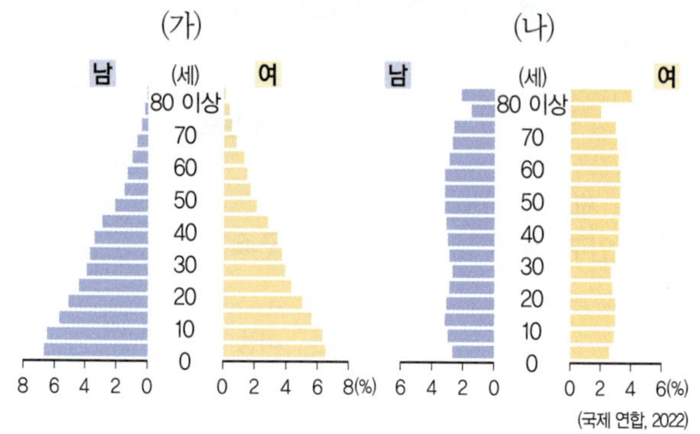

① (가)는 노년층 인구가 유소년층 인구보다 많다.
② (나)는 노년층에서 남초 현상이 나타난다.
③ (가)는 (나)보다 중위 연령이 높다.
④ (가)는 (나)보다 3차 산업 종사자 비율이 높다.
⑤ (나)는 (가)보다 유소년 부양비가 낮다.

04 ㉠에 들어갈 용어로 가장 적절한 것은?

(㉠) 대책에 성공한 나라들

스웨덴은 1995년부터 '아빠 육아 휴직 할당 제도'를 도입하였다. 그리고 480일의 육아 휴직 중 부부 한쪽이 반드시 90일을 사용하도록 의무화하였다. 프랑스는 '모든 아이는 국가가 키운다'라는 목표 아래 2세부터 공교육 과정을 받을 수 있도록 하고 있다. 또한 3세 이상 아동에 대해 의무 교육을 받을 수 있도록 시스템을 정비하였으며, 자녀 수에 따라 소득 공제액을 크게 늘리고, 세금도 차등 부과하였다.

① 고령화
② 저출생
③ 난민 문제
④ 인구 과잉
⑤ 지역 불균등 발전

정답친해 42쪽

05 지도는 어느 에너지 자원의 분포와 이동을 나타낸 것이다. 이 에너지 자원에 대한 설명으로 옳은 것은?

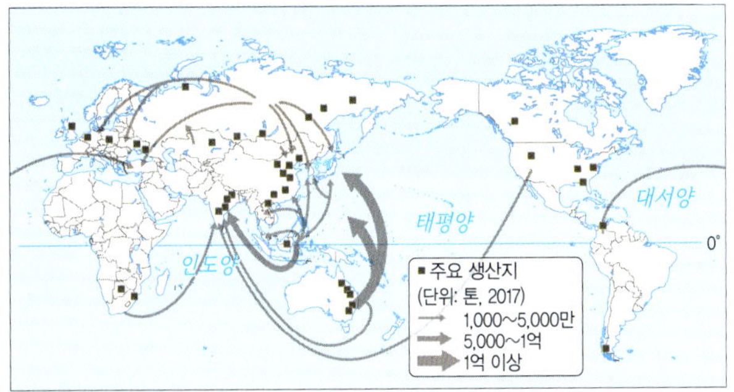

① 신생대 제3기층 배사 구조에 주로 매장되어 있다.
② 우리나라는 주로 서남아시아 지역에서 수입한다.
③ 세계 에너지 소비 구조에서 차지하는 비중이 가장 높다.
④ 다른 화석 에너지 자원에 비해 산업용으로 이용되는 비율이 높다.
⑤ 화석 에너지 가운데 연소 시 대기 오염 물질 배출이 가장 적은 편이다.

06 (가)에 들어갈 내용으로 가장 적절한 것은?

〈수행 평가 보고서〉

주제: (가)

- **지열 발전**: 화산 활동이 활발한 신기 조산대 등에서 주로 이루어진다.
- **태양광(열) 발전**: 일사량이 풍부하고 비가 적게 내리는 지역에서 주로 이루어진다.
- **수력 발전**: 빙하나 산지 지형이 발달한 지역, 하천의 유량이 풍부한 지역에서 주로 이루어진다.
- **풍력 발전**: 바람이 강하게 부는 해안 지역이나 해발 고도가 높은 고원 지대에서 주로 이루어진다.

① 원자력 발전의 특징
② 재생 에너지의 종류
③ 화석 에너지와 탄소 배출
④ 온실가스 배출권 거래 제도의 특징
⑤ 지속가능한 발전을 위한 국제 협약

교과서 쏙 **통합 주제** #지리 #윤리

07 다음은 통합사회 온라인 수업 장면의 일부이다. 교사의 질문에 적절하게 답한 학생만을 고른 것은?

① 갑, 을   ② 갑, 병   ③ 을, 병
④ 을, 정   ⑤ 병, 정

교과서 쏙 **창의 융합** #영화

08 자료는 미래 사회를 다룬 영화의 일부 내용이다. 이와 관련된 탐구 주제로 가장 적절한 것은?

영화 「아일랜드」에 등장하는 링컨과 델타는 고도로 통제된 시설에서 살고 있다. 이들은 외부 세계는 오염되어 있으며, 자신들이 마지막 생존자라고 믿는다. 그러나 링컨은 자신이 살아가는 이곳에 의문을 품고 조사하던 중 사실 자신이 장기 이식을 위해 만들어진 복제 인간이며, 장기 적출 후에는 죽임을 당하게 된다는 충격적인 진실을 알게 되고 탈출을 시도한다.

① 국제기구의 활동과 국가 간 협력
② 지구 온난화에 따른 긍정적 영향
③ 유전 공학 기술의 발달과 윤리적 문제
④ 인공지능 기술의 발달로 인한 삶의 질 향상
⑤ 도심 항공 교통(UAM)의 등장에 따른 삶의 변화

Memo

완자

부록

통합사회 2

부록

정답친해 44쪽

▶ 비판적 사고 + 정보 활용

인권의 발전 과정

■ (가)~(다)는 국제 사회의 인권 발전 과정에서 나타난 대표적인 문서이다. 이를 읽고 물음에 답하시오.

(가)	• 제1조 인간은 자유롭게, 그리고 평등한 권리를 가지고 태어나서 살아간다. • 제2조 모든 정치적 결사의 목적은 자유, 소유, 안전, 압제에의 저항 등 인간의 자연적이고 침해할 수 없는 권리를 보전함에 있다. • 제3조 주권은 국민에게 있다. 어떠한 단체나 개인도 국민으로부터 유래하지 않은 권리를 행사할 수 없다.
(나)	• 제151조 경제생활의 질서는 모든 사람에게 인간다운 생활을 보장할 것을 목적으로 하는 정의의 원칙에 기초하여야 한다. • 제163조 ② 모든 국민에게는 노동할 기회가 주어진다. 적절한 일자리를 얻지 못한 국민은 필요한 생계비를 지원받을 수 있다.
(다)	• 제1조 모든 사람은 태어날 때부터 자유롭고, 존엄하며, 평등하다. 모든 사람은 이성과 양심을 가지고 있으므로 서로에게 형제애의 정신으로 대해야 한다. • 제28조 모든 사람은 이 선언에 규정된 권리와 자유가 완전히 실현될 수 있도록 사회적, 국제적 질서에 대한 권리를 가진다.

1 (가)~(다) 문서의 명칭을 각각 쓰고, 각 문서가 나타난 배경을 시대별 사건과 관련지어 서술하시오.

2 (가)~(다) 문서가 인권의 발전 과정에서 지니는 의의를 200자 내외로 논술하시오.

▶ 창의적 사고 + 정보 활용

시민불복종의 사례와 이론

■ 자료를 읽고 물음에 답하시오.

간디의 소금법 폐지 운동

1930년에 영국 정부는 '소금법'으로 인도인들을 억압하고 있었다. 인도인의 소금 제조와 판매를 금지하고, 반드시 영국으로부터 비싼 소금을 사 먹도록 한 것이다. 이에 인도의 가난한 농민들이 소금을 사 먹지 못하는 상황이 벌어지자, 간디는 영국 정부에 '소금법'을 폐지하라고 요구하였다. 하지만 간디의 요구는 받아들여지지 않았고, 그는 이에 대한 저항의 표시로 제자들을 데리고 24일 동안 평화적 행진을 진행하였다. 3주에 걸친 행진 끝에 동쪽 해안에 이르렀을 때 수천 명으로 늘어난 간디 일행은 손으로 바닷물을 떠다가 햇볕에 말려 소금을 만들기 시작하였다. 이 운동으로 약 6만여 명의 사람들이 투옥되었고, 간디 역시 체포되었다.

시민불복종 이론

- **롤스**: 시민불복종은 어느 정도 정의로운 민주 체제에서 법률이나 정책 또는 명령이 공유된 정의관을 위반하였을 때, 개인의 양심을 넘어 다수에게 이것을 알리기 위한 행위이다. 시민불복종은 소수가 다수의 정의감에 호소하여 정의의 원칙에 따라 법을 바꾸도록 하는 행위이다.
- **소로**: 우리는 모두 인간이어야 하고, 그 다음 국민이어야 한다. 법에 대한 존경심보다는 먼저 정의에 대한 존경심을 지니는 것이 바람직하다. 내가 마땅히 따라야 할 의무는 어떤 때이든 내가 옳다고 생각하는 일을 하는 것이다. 불의가 당신으로 하여금 다른 사람에게 불의를 행하는 하수인이 되라고 요구한다면 그 법을 어겨라.

1 간디의 소금법 폐지 운동이 시민불복종으로 정당화될 수 있었던 근거를 서술하시오.

2 시민불복종에 대한 롤스와 소로의 입장을 비교하여 300자 내외로 논술하시오.

쟁점 주제 **03**

▶ 비판적 사고 + 문제 해결 및 의사 결정

사형 제도, 사회 정의 실현을 위해 필요할까?

■ (가), (나)는 사형 제도에 대해 서로 다른 관점을 지닌 사상가의 주장이다. 이를 읽고 물음에 답하시오.

(가) 형벌은 범죄자 자신이나 사회의 다른 선을 촉진하기 위해 가해지는 것이 아니라 오직 범죄를 저질렀기 때문에 가해지는 것입니다. 또한 동등성의 원리에 따라 다른 사람의 생명을 빼앗아 간 사람은 당연히 자신의 생명을 내놓아야 합니다. 그러므로 살인을 한 사람은 사형에 처해져야만 합니다. — 칸트

(나) 형벌의 목적은 범죄자가 시민들에게 해악을 입힐 가능성을 방지하고 일반 시민들이 유사한 행위를 할 가능성을 억제하는 것입니다. 그런데 사형을 통해 범죄 예방 효과를 기대하기는 어렵습니다. 사형을 대체한 종신 노역형이 범죄 예방에 더 효과적입니다. 사형은 유용하지도 않고 필요하지도 않은 형벌입니다. — 베카리아

1 (가), (나)의 사상가가 사형 제도에 대해 어떻게 생각하는지를 각각 서술하시오.

2 (가), (나) 중 살인자에 대한 처벌에 적용해야 한다고 생각하는 관점을 선택하고, 그 이유를 포함하여 200자 내외로 논술하시오.

쟁점 주제 **04**

▶ 비판적 사고 + 의사 소통 및 협업

정답친해 45쪽

적극적 평등 실현 조치를 실시해야 할까?

■ 자료를 읽고 물음에 답하시오.

적극적 평등 실현 조치의 의미와 목적

적극적 평등 실현 조치는 차별을 받아 온 사회적 약자에게 혜택을 제공함으로써 실질적 평등을 보장하기 위한 제도이다. 사회적 약자에 대한 차별은 단순히 다른 사람들과 동등한 기회를 부여하는 것만으로는 해결하기 어렵기 때문에 사회적 약자에게 일정한 혜택을 부여하고자 한다. 이러한 노력은 궁극적으로는 모든 사회 구성원들이 이익을 누릴 수 있게 하고, 사회 정의를 실현하는 것을 목적으로 한다.

적극적 평등 실현 조치에 대한 찬반 입장

• 찬성 입장: 과거에 차별받았던 집단이나 그 후손들의 고통을 보상함으로써 잘못을 바로잡을 수 있다. 또한 사회적 약자에게 유리한 기회를 부여함으로써 실질적 평등을 보장하고, 사회적 다양성과 공동선을 실현할 수 있다.

• 반대 입장: 부당한 차별을 바로잡기 위해 사회적 약자에게 혜택을 주고자 마련한 제도나 장치가 과도하면 다른 집단에 대한 역차별이 발생할 수 있다.

---

1 적극적 평등 실현 조치에 대한 찬반 입장의 근거를 비교하여 서술하시오.

2 **1**을 바탕으로 적극적 평등 실현 조치의 한계를 보완하고 긍정적인 취지를 살릴 수 있는 방안을 200자 내외로 논술하시오.

▶ 비판적 사고 + 정보 활용

합리적 선택의 방법

정답친해 45쪽

■ 자료는 영화 동호회 게시판에 작성된 A 영화에 대한 후기이다. 이를 읽고 물음에 답하시오. (단, 제시된 내용 이외의 다른 조건은 고려하지 않음.)

▶ A 영화 관람 모임

• 모임 일시: 20○○년 ○○월 ○○일 토요일 오후 2시

• 관람료: 15,000원

＊ 영화를 관람하신 분은 댓글로 후기를 남겨 주세요.

└ 갑: 저는 특별한 약속이 없어서 모임에 참석하여 영화를 관람하였는데, 꽤 재미있었어요.

└ 을: 저는 A 영화가 개봉하는 날만 기다리고 있었어요. 일당이 50,000원인 아르바이트를 하루 쉬고 영화를 관람하였는데, 정말 재미있었어요.

└ 병: 저도 굉장히 보고 싶던 영화라 기대가 컸는데, 생각보다 너무 재미가 없었어요. 하지만 영화가 이미 시작되어 영화 관람료를 환불받을 수 없었기 때문에 <u>관람료가 아까워서 영화를 끝까지 다 보았습니다.</u>

1 갑, 을이 합리적 소비자라고 가정할 때 갑, 을의 영화 관람에 따른 편익을 비교하여 서술하시오.

2 합리적 선택의 방법을 고려하여 밑줄 친 병의 선택이 합리적 선택인지 판단하고, 그렇게 판단한 이유를 200자 내외로 논술하시오.

▸ 창의적 사고 + 문제 해결 및 의사 결정

주제 **06**

투자를 할 때 고려해야 할 자산 관리 원칙

■ 자료를 보고 물음에 답하시오.

(가) 갑과 을은 직장 생활을 하며 얻은 소득을 꾸준히 모아 목돈을 만들었다. 모은 돈을 어디에 투자할지 고민하던 갑과 을은 각자 자신이 중요하다고 생각하는 자산 관리의 원칙에 따라 오른쪽과 같은 투자 포트폴리오를 설계하였다.

예금	15%
주식	85%

⬆ 갑의 투자 포트폴리오

예금	90%
주식	10%

⬆ 을의 투자 포트폴리오

(나) 자산 관리의 원칙 중 수익성은 투자한 자산으로부터 이익을 기대할 수 있는 정도이고, 안전성은 투자한 자산의 가치가 줄어들지 않고 안전하게 보호될 수 있는 정도이다. 일반적으로 수익성이 높은 자산은 그만큼 투자 위험도 커서 안전성이 낮고, 수익성이 낮은 자산은 투자 위험이 적어 안전성이 높다.

1 (가)에서 갑, 을이 작성한 투자 포트폴리오를 (나)를 바탕으로 평가하고, 갑, 을이 선택한 투자 방법의 장단점을 서술하시오.

2 (나)의 두 가지 자산 관리 원칙 중 투자를 할 때 더 중요하게 고려해야 한다고 생각하는 원칙과 그 이유를 200자 내외로 논술하시오.

▶ 창의적 사고 + 정보 활용

세계화와 부의 분배

■ 다음은 부의 분배에 관한 서로 다른 측면을 보여 주는 인터넷 자료이다. 이를 읽고 물음에 답하시오.

▶ 검색어: (가) 세계화와 부의 불평등

전 세계 부의 불평등 수준이 심각해졌다. 2023년에 발표된 「세계 부 보고서」(2023)에 따르면 세계 부의 절반 가까이(45.8%)가 단 1.1%의 사람들에게 집중되어 있다고 한다. 또한 그다음 상위 구간의 사람들의 비율은 12%로, 전 세계 부의 39.4%를 가지고 있다고 한다. 즉, 상위 두 구간의 사람들의 비율을 합산했을 때, 단 13.1%의 사람들이 무려 전 세계 부의 85.2%를 갖고 있다는 것이다. 반면, 전 세계 인구 중 52.5%의 사람들은 단지 1.2%의 부만 가지고 있다고 한다. 상위 구간과 하위 구간의 부의 격차가 커진 것이다.

▶ 검색어: (나) 세계화와 절대 빈곤율

세계은행은 2017년 물가를 기준으로 하루 소득이 2.15달러(약 2,811원) 미만인 가구를 절대 빈곤층으로 정의한다. 이러한 절대 빈곤층 인구수는 1998년 당시 세계 인구의 31%인 18억 7천만 명에 달했으나, 2023년에는 세계 인구의 9%인 6억 9천만 명으로 줄었다. 국제 개발 협회(IDA)의 자금 지원을 받는 최빈국에서 인구 대비 절대 빈곤층 비율은 1998년 20%에서 2023년 3%대로 하락하였고, 국제 개발 협회의 자금 지원을 받을 수 있는 적격 국가의 절대 빈곤율도 1998년 48%에서 2023년 26%로 줄어들었다.

1 (가), (나)에 나타난 세계화의 영향을 비교하여 서술하시오.

2 1에서 서술한 내용을 바탕으로 '바람직한 세계화의 방향'에 대한 자신의 주장을 250자 내외로 논술하시오.

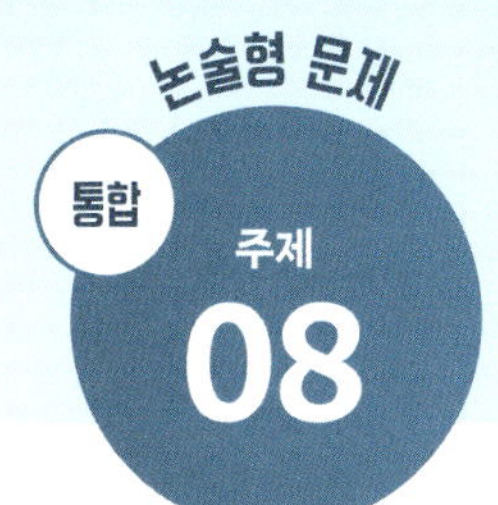

논술형 문제

통합 주제 **08**

▶ 비판적 사고 + 정보 활용

통일을 위한 노력

■ 다음 글을 읽고 물음에 답하시오.

(가) 독일의 통일 사례	(나) 북한의 말다듬기 사업
동독과 서독은 분단 초기부터 비교적 자유롭게 교류하였다. 베를린 장벽이 세워진 후에도 동독에서 서독으로 해마다 7천 명에서 3만여 명이 합법적으로 이주하였다. 한편, 서독 정부는 동방 정책을 통해 동독과 꾸준히 교류하고 협력하는 정책을 추진하였다. 그리고 냉전 체제가 붕괴하자 서독은 제2차 세계 대전 이후 독일을 분할 점령하였던 국가들을 설득하는 등 적극적인 외교적 노력을 통해 통일을 추진할 수 있었다.	북한은 분단 초기까지 1933년에 제정된 '한글 맞춤법 통일안'에 따른 언어를 사용하였다. 그러나 1966년부터 평양말을 표준어로 제정하며 '문화어'라고 명명하였다. 그리고 한자어와 외래어를 고유어로 전환하는 '말다듬기 사업'을 추진하였다. 한자어와 외래어 어휘를 사용하면 사람들이 사대주의에 빠질 수 있다고 보았기 때문이다. 말다듬기 사업의 결과 북한에서는 많은 한자어와 외래어가 고유어로 대체되었고, 남한과 사용하는 언어가 달라지게 되었다.

1 (가)의 내용을 바탕으로 독일이 평화 통일을 이룰 수 있었던 배경을 서술하시오.

2 (가), (나)를 참고하여 남북한이 평화 통일을 이루려면 어떤 노력이 필요할지 자신의 생각을 200자 내외로 논술하시오.

▶ 문제 해결 및 의사 결정 + 비판적 사고

저출생 현상과 해결 방안

■ 다음은 저출생과 관련한 기사이다. 이를 읽고 물음에 답하시오.

○○ 신문	20○○년 ○○월 ○○일

통계청이 발표한 「2024년 9월 인구 동향」에 따르면 2024년 3분기 합계 출산율은 0.76명으로, 여전히 1명 아래이다. 경제 협력 개발 기구(OECD) 회원국 가운데 합계 출산율이 1명 아래인 국가는 우리나라가 유일하다. 이는 전쟁 중인 우크라이나보다 낮은 수치이다.

2024년 20~49세 남녀 2,000명을 대상으로 '출산 의향'을 조사한 보고서에 따르면, 응답자의 42.6%가 '출산 의향이 없다.'라고 답했다. '있다.'는 37.8%, '잘 모르겠다.'는 19.6%로 집계되었다. 출산 의향이 없거나 잘 모르겠다고 답한 '출산 유동층' 1,245명 가운데 44.1%가 '정부 정책과 기업 지원이 확대되면 출산 의향이 있다.'라며 가능성을 열어 두었다.

한편, 저출생 현상의 여파는 어린이집과 유치원의 감소로 이어졌다. 지난 10년 사이 전국의 어린이집과 유치원이 약 30% 줄어든 것으로 나타났다. 2024년 7월 교육부와 보건 복지부가 발간한 교육·보육 통계에 따르면, 2023년 한 해 전국 어린이집과 유치원은 총 3만 7,395곳으로 2022년(3만 9,485곳)에 비해 5.3% 감소한 것으로 집계되었다. 10년 전인 2013년(5만 2,448곳)에 견주면 28.7%에 달하는 1만 5,053곳이 줄었다. 이렇게 어린이집과 유치원이 가파르게 줄어들면 영유아 교육 및 보육 환경은 열악해지고, 저출생 문제가 더욱 심화하는 악순환으로 이어질 수 있다.

1 저출생으로 발생하는 문제점을 서술하시오.

2 저출생 문제의 해결을 위해 실시할 수 있는 정책의 내용을 400자 내외로 논술하시오.

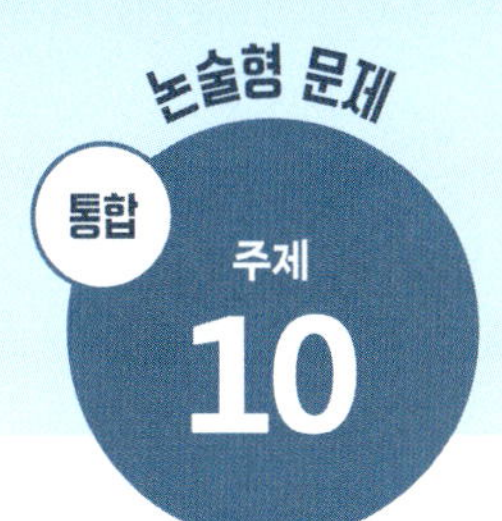

▸ 비판적 사고 + 정보 활용

자원을 둘러싼 국제 사회의 문제와 대응 방안

■ 자료를 보고 물음에 답하시오.

러시아와 우크라이나 전쟁의 영향으로 러시아산 천연가스에 의존하던 유럽 국가들이 에너지 부족 문제를 겪게 되었다. 러시아는 1970년대부터 시베리아 가스전을 개발하고, 우크라이나, 폴란드, 독일, 튀르키예 등을 거치는 가스관을 만들어 유럽에 천연가스를 공급하며 유럽 에너지 시장에서 영향력을 확대해 왔다. 2021년 기준 유럽의 천연가스 소비량 중 러시아산의 비중은 40% 이상에 이르렀다. 그러나 2022년, 러시아가 우크라이나를 침공하면서 폴란드를 지나는 가스관의 계약이 종료되고, 같은 해 독일을 지나는 가스관은 폭파되었다. 전쟁이 길어지면서 2024년 12월, 우크라이나는 자국을 지나는 가스관의 계약을 연장하지 않기로 하였다. 이에 유럽에 큰 영향력을 행사해 온 러시아의 천연가스 공급 길이 하나만 남고 모두 막히게 되면서 러시아의 천연가스 수출 규모가 크게 줄어들게 되었다. 그리고 이 영향으로 유럽 국가들은 천연가스 부족 문제를 겪게 되었다. 이전부터 수입국을 다변화한 서유럽 국가들은 천연가스 공급 중단에 일부 대처할 수 있었으나, 러시아산 가스 의존도가 높은 동유럽 국가의 피해가 크게 나타나고 있다. 특히 천연가스 사용량 중 90% 이상을 러시아에서 수입하던 국가들은 공장 가동이 중단되고, 난방 연료가 부족해지는 문제를 겪고 있다. 한편 유럽 전역에서 미국산 액화 천연가스(LNG) 수입량이 늘어나며 전체적인 에너지원 가격 상승세가 나타날 것이라는 예측이 나오고 있다.

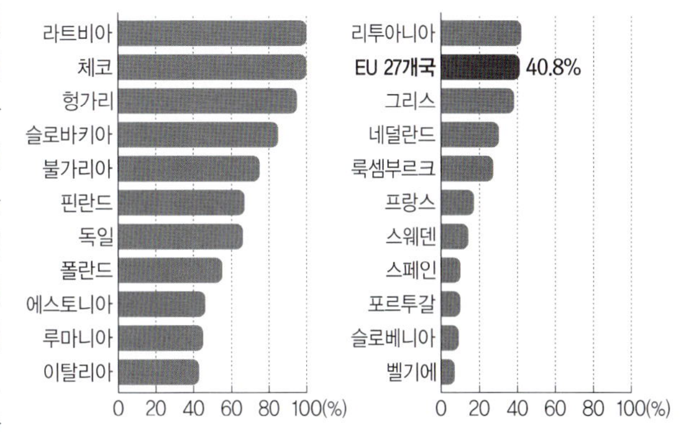

↑ 유럽 각국의 러시아 천연가스 의존도(2020년)

1 위 자료를 바탕으로 오늘날 국제 사회에서 자원과 관련하여 나타날 수 있는 문제를 서술하시오.

2 **1**에서 서술한 문제에 대응하려면 우리나라와 같이 자원의 해외 의존도가 높은 국가들이 할 노력을 200자 내외로 논술하시오.

01 다음 사례를 읽고 내린 결론으로 가장 적절한 것은? [3점]

> 1859년 미국의 어느 신문에 노예 매매 광고가 실렸다. "어리고 정직하며 요리를 잘하고 절대 실수가 없는 신상품을 싸게 팝니다." 당시 미국에서 노예는 인간이 아니라 사고팔 수 있는 물건으로 여겨졌던 것이다.

① 인권은 개인이 스스로 획득해야 하는 권리이다.
② 인류의 역사에서 모든 인간은 항상 인권을 보장받았다.
③ 모든 사람은 인간이라는 이유만으로 인권을 보장받아야 한다.
④ 인권은 개인이 처한 상황에 따라 다르게 보장받아야 하는 권리이다.
⑤ 노예 제도가 실시되던 당시 미국은 인권의 보편성이 실현되는 사회였다.

02 표는 영국의 선거법 개정 과정을 나타낸 것이다. 이를 통해 추론할 수 있는 내용으로 옳은 것만을 〈보기〉에서 고른 것은? [4점]

구분	확장된 유권자	유권자 비율
제1차(1832)	산업 자본가와 중산층	5%
제2차(1867)	도시 노동자와 소시민	9%
제3차(1884)	소작인, 농업 노동자, 광산 노동자	19%
제4차(1918)	남자 21세 이상, 여자 30세 이상	46%
제5차(1928)	21세 이상의 모든 남녀	62%

┌ 보기 ┐
ㄱ. 보통 선거제는 제4차 개정에서 확립되었다.
ㄴ. 재산, 직업, 성별 등에 따라 선거권이 제한되었다.
ㄷ. 제2차 개정에서 차티스트 운동의 주장이 처음으로 반영되었다.
ㄹ. 선거권의 제한에서 직업에 의한 차별이 성별에 의한 차별보다 오랫동안 지속되었다.

① ㄱ, ㄴ ② ㄱ, ㄷ ③ ㄴ, ㄷ
④ ㄴ, ㄹ ⑤ ㄷ, ㄹ

03 밑줄 친 조치를 통해 지방 자치 단체가 직접 보장하려는 인권에 대한 옳은 설명만을 〈보기〉에서 고른 것은? [3점]

OO 신문	20OO년 OO월 OO일

> OO시는 최근 집중 호우로 인한 2차 피해를 막기 위해 며칠간 주변 도로 및 보도, 산책로의 통행을 전면 금지 조치하였다. 관계 법령에 따라 해당 구간에 대해 긴급 안전 점검을 실시하여 통행 안전이 확보되고 기상 상황이 개선될 경우에 단계적으로 부분 통제 전환을 검토할 예정이다.

┌ 보기 ┐
ㄱ. 차티스트 운동에서 노동자들이 처음으로 요구하였다.
ㄴ. 우리나라 헌법에 규정된 국가의 재해 예방 의무에 근거한다.
ㄷ. 오늘날 자연재해 및 인위적 위험의 증가 등으로 중요성이 강조되고 있다.
ㄹ. 개인의 생활 영역에 대해 국가 권력에 의한 간섭을 받지 않을 권리이다.

① ㄱ, ㄴ ② ㄱ, ㄷ ③ ㄴ, ㄷ
④ ㄴ, ㄹ ⑤ ㄷ, ㄹ

04 밑줄 친 부분에서 갑과 을이 공통으로 행사한 기본권에 대한 설명으로 옳은 것은? [4점]

① 사회적 약자에게만 인정된다.
② 어떤 경우에도 제한할 수 없다.
③ 국가의 존재를 전제로 보장된다.
④ 현대 사회에서 새롭게 등장한 권리이다.
⑤ 국가의 간섭이나 침해를 받지 않을 소극적 권리이다.

05

밑줄 친 '제도적 장치'에 대해 옳게 말한 학생만을 〈보기〉에서 있는 대로 고른 것은? [3점]

> 헌법은 국민의 인권을 보장하는 근본 토대가 된다. 이에 우리 헌법에서는 국민의 인권 보장을 위해 각종 제도적 장치를 마련해 두고 있다.

보기

갑: 공정한 선거 제도가 있어야 합니다.
을: 국민 주권의 원리가 실현되어야 합니다.
병: 법률에 의해 통치가 이루어져야 합니다.
정: 국가 권력을 특정한 기관에 집중시켜야 합니다.
무: 정당 설립을 국가가 허가해 주는 제도가 필요합니다.

① 갑, 을　　　② 을, 병　　　③ 병, 무
④ 갑, 을, 병　　⑤ 병, 정, 무

06

다음 사례에서 미국 흑인들의 활동에 대한 설명으로 옳은 것만을 〈보기〉에서 있는 대로 고른 것은? [4점]

> 1950년대 미국에서는 인종 차별이 심각했고, 버스에는 백인과 유색 인종의 자리가 구분되어 있었다. 이런 상황에서 1955년에 버스를 탄 흑인 여성 로자 파크스는 유색 인종석에 앉아 있었는데, 자리가 부족해지자 백인에게 자리를 양보하라는 운전기사의 요구를 거절했다는 이유로 체포되었다. 이후 마틴 루서 킹 목사를 비롯한 사람들이 버스 승차 거부 운동을 시작하였다. 운동에 참여한 사람들은 피부색과 상관없이 버스에 탑승한 순서대로 자리에 앉을 것, 흑인 버스 운전기사를 고용할 것 등을 요구하며 약 1년 동안 인종 차별 철폐를 위해 노력하였다.

보기

ㄱ. 비폭력적인 방법으로 이루어졌다.
ㄴ. 사적 이익이 아닌 공적 이익을 추구하였다.
ㄷ. 위법 행위에 대한 처벌을 적극적으로 피하였다.
ㄹ. 부정의한 제도를 바로잡기 위해 최초로 선택한 수단이었다.

① ㄱ, ㄴ　　　② ㄱ, ㄹ　　　③ ㄷ, ㄹ
④ ㄱ, ㄴ, ㄷ　　⑤ ㄴ, ㄷ, ㄹ

07

다음 사례에서 갑이 침해당한 권리를 구제받기 위한 수단으로 가장 적절한 것은? [3점]

> 시각 장애인 갑은 지하철역 출구 인근에서 도로를 따라 걷던 중 뒤에서 달려오던 차에 부딪히는 교통사고를 당하였다. 그런데 사고 조사에서 경찰은 갑이 시각 장애인이라는 사실을 알면서도 점자 처리가 되지 않은 안내문만 주고 사고 내용을 적으라고 하였다. 이에 갑은 안내문을 읽을 수 없었고, 사고 내용을 적을 수도 없었다.

① 시민불복종 운동을 전개한다.
② 선거에 참여하여 대표를 선출한다.
③ 국가 인권 위원회에 진정을 접수한다.
④ 경찰을 상대로 형사 소송을 제기한다.
⑤ 헌법재판소에 위헌 법률 심판을 청구한다.

08

다음 사례와 관련한 법적 판단으로 옳은 것은? [4점]

> 고등학생 갑(17세)은 겨울 방학에 ○○ 편의점을 방문하여 아르바이트 채용 여부를 문의하였다. 편의점 주인 을은 오후 1시부터 8시까지 일해야 하며, 업무 내용은 편의점 내에서 물품을 판매하는 것이라고 하였다. 월급은 매달 지급하며, 최저 임금 이상이라고 하였다. 그리고 마지막으로 간혹 아르바이트생이 돈을 훔치는 사고가 있으므로 처음 1개월치 월급의 20%는 갑이 특별한 사고 없이 그만두는 경우에 마지막 달의 월급과 함께 지급하겠다고 하였다.

① 을은 갑의 월급을 부모에게 대신 지급해도 된다.
② 갑은 부모의 동의 없이도 근로 계약을 체결할 수 있다.
③ 을은 갑에 대해 오후 8시 이후에 휴게 시간을 주면 된다.
④ 을은 갑의 연령을 나타내는 증명서를 사업장에 비치해야 한다.
⑤ 처음 1개월치 월급의 20%를 나중에 지급하겠다는 을의 말에 갑이 동의한다면 해당 조건은 불법이 아니다.

09 ㉠에 공통으로 들어갈 말에 대한 설명으로 옳지 않은 것은? [3점]

> 동양의 유교에서는 의로움, 즉 옳음을 (㉠)(으)로 이해하였고, 서양에서는 고전적 의미에서 각자에게 그의 몫을 주는 것을 (㉠)(이)라고 여겼다. 오늘날에는 개인과 사회가 공통으로 추구해야 하는 중요한 가치이자 올바르고 공정한 절차에 따라 자유와 평등이 조화롭게 실현된 상태를 (㉠)(이)라고 이해하기도 한다.

① '마땅히 받을 몫'을 공정하게 받는 것을 의미한다.
② 사회 구성원의 기본적 권리를 보장할 수 있게 한다.
③ 범죄자가 잘못한 만큼 처벌을 받을 때 실현될 수 있다.
④ 개인선의 실현과 더불어 공동선의 실현을 가능하게 한다.
⑤ 개인의 이익 증진과 관계없이 사회 제도의 개선을 통해서만 실현될 수 있다.

10 표는 분배적 정의의 실질적 기준 (가)~(다)의 특징을 정리한 것이다. (가)~(다)에 대한 설명으로 가장 적절한 것은? (단, (가)~(다)는 각각 능력, 업적, 필요 중 하나임.) [4점]

구분	장점	단점
(가)	㉠	정확한 평가 기준을 마련하기 어려움
(나)	달성한 결과를 객관화·수량화할 수 있어 평가와 측정이 비교적 쉬움	경쟁이 과열되어 사회 갈등이 초래될 수 있음
(다)	인간다운 삶의 기본적 필요를 충족시킴	㉡

① (가)는 당사자들이 성취하고 이바지한 정도에 따라 분배하는 것이다.
② (나)는 결과의 평등을 추구하는 분배 방식이다.
③ (다)는 성취동기를 자극하여 높은 생산성을 기대할 수 있는 분배 방식이다.
④ ㉠에는 사회적 불평등을 최소화한다는 내용이 들어갈 수 있다.
⑤ ㉡에는 한정된 사회적 자원으로 인해 모두의 필요를 충족시키기 어렵다는 내용이 들어갈 수 있다.

11 갑은 긍정, 을은 부정의 대답을 할 질문으로 가장 적절한 것은? [4점]

> • 갑: 사람들은 누구나 동등하게 기본적 자유를 누려야 하며, 사회가 정의의 원칙에 부합하여 운영될 때 공정한 사회라고 할 수 있다.
> • 을: 국가 권력은 강압, 절도, 사기로부터의 보호 등 최소한의 기능만 하는 것이 옳다. 그 이상의 역할은 개인의 권리를 침해할 것이다.

① 개인의 자유를 최대한 보장하는 사회가 정의로운가?
② 모든 사람에게 기회가 균등하게 보장되어야 하는가?
③ 국가는 사회적 불평등 해결을 위한 노력을 하지 말아야 하는가?
④ 국가는 분배 과정에서 발생한 부정의를 바로잡기 위해 개입할 수 있는가?
⑤ 사회적 약자에게 이익이 될 수 있을 때 사회적 불평등이 허용될 수 있는가?

12 (가), (나) 정의관에 대한 설명으로 옳은 것만을 〈보기〉에서 있는 대로 고른 것은? [3점]

> (가) 개인의 자유와 권리를 최대한 보장하여 개인선을 실현하는 것이 정의로운 것이다.
> (나) 개인이 속한 공동체의 발전을 위해 노력하고 공동선을 실현하는 것이 정의로운 것이다.

| 보기 |
ㄱ. (가)는 개인을 독립적으로 존재하는 개체라고 본다.
ㄴ. (가)는 개인의 자유는 무제한적으로 보장되어야 한다고 본다.
ㄷ. (나)는 사회는 개인의 합 이상의 의미를 가진다고 본다.
ㄹ. (가)는 연고적 자아를, (나)는 무연고적 자아를 강조한다.

① ㄱ, ㄷ   ② ㄴ, ㄷ   ③ ㄴ, ㄹ
④ ㄱ, ㄴ, ㄷ   ⑤ ㄴ, ㄷ, ㄹ

13 다음은 통합사회 시간에 낱말 맞히기 놀이를 하는 모습이다. ㉠에 들어갈 현상이 심화될 때 나타날 수 있는 결과로 적절한 것만을 〈보기〉에서 고른 것은? [4점]

┤보기├
ㄱ. 계층 간 사회 이동이 지나치게 자주 발생하여 사회 혼란을 가져온다.
ㄴ. 다양한 이유로 사회적 차별을 받는 사람들이 인간답게 살아가는 데 더 큰 어려움을 겪는다.
ㄷ. 사회 계층 중에서 상층과 하층에 비해 중층의 비중이 커지고, 사회 계층의 양극화가 심화된다.
ㄹ. 소득이나 자산의 정도에 따른 경제적 격차가 주거, 여가, 교육 등 다양한 영역의 격차로 이어진다.

① ㄱ, ㄴ 　② ㄱ, ㄷ 　③ ㄴ, ㄷ
④ ㄴ, ㄹ 　⑤ ㄷ, ㄹ

14 표는 우리나라의 수도권과 비수도권의 주요 지표를 비교한 것이다. 이러한 상황이 지속될 경우에 나타날 수 있는 현상으로 옳지 <u>않은</u> 것은? [3점]

구분	면적	인구	1,000대 기업 수
수도권	12.1%	50.3%	74.2%
비수도권	87.9%	49.7%	25.8%

① 공간 불평등이 심화된다.
② 사회 통합을 이루기 어렵다.
③ 비수도권 주민의 삶의 질이 상대적으로 악화된다.
④ 수도권 주민과 비수도권 주민 간에 갈등이 발생한다.
⑤ 기업이 집중된 수도권을 피해 교육 기관은 대부분 비수도권에 집중된다.

15 사회 복지 제도 (가)~(다)에 대한 설명으로 옳은 것만을 〈보기〉에서 고른 것은? (단, (가)~(다)는 각각 사회 보험, 공공 부조, 사회 서비스 중 하나임.) [4점]

구분	(가)	(나)	(다)
금전적 지원 방식인가?	예	아니요	예
의무 가입을 원칙으로 하는가?	예	아니요	아니요

┤보기├
ㄱ. 국민연금, 고용 보험은 (가)의 사례에 해당한다.
ㄴ. 장애인 활동 지원 서비스는 (나)의 사례에 해당한다.
ㄷ. (다)는 위험에 대비하는 사전 예방적 성격이 강하다.
ㄹ. (다)는 개인의 조건과 관계없이 모든 국민을 대상으로 한다.

① ㄱ, ㄴ 　② ㄱ, ㄷ 　③ ㄴ, ㄷ
④ ㄴ, ㄹ 　⑤ ㄷ, ㄹ

16 다음 글에 나타난 제도를 시행하는 과정에서 나타날 수 있는 현상으로 가장 적절한 것은? [3점]

우리나라는 대학 입학 전형에서 정원 외 특별 전형을 통해 사회적 소외 계층이 대학에 진학할 수 있도록 별도의 경로를 마련하고, 진학 후 장학금과 학습 능력 향상 프로그램 등을 제공하여 실질적인 고등 교육 접근 기회를 보장하기 위해 노력하고 있다.

① 역차별 문제가 발생한다.
② 업적에 따른 보상 체계가 중요해진다.
③ 사회적 약자에 대한 차별이 심화된다.
④ 성취 동기와 분배의 효율성이 증가한다.
⑤ 실질적 평등보다 형식적 평등이 실현된다.

19세기 후반 자유 경쟁이 과열되면서 소수의 거대 기업이 시장을 지배하는 독점 자본주의가 전개되었다. 독점 기업의 횡포로 경제 주체 간 자유로운 경쟁이 불가능해지면서 시장에서 자원이 효율적으로 배분되지 못하는 (　⊙　)가 나타나고 대공황이 발생하였다. 대공황에 따라 기업이 도산하고 대량 실업이 발생하자 케인스는 시장의 한계를 보완하기 위해서는 국가가 적극적으로 시장에 개입해야 한다는 (　ⓒ　)를 주장하였다.

	⊙	ⓒ
①	시장 실패	신자유주의
②	시장 실패	산업 자본주의
③	시장 실패	수정 자본주의
④	정부 실패	산업 자본주의
⑤	정부 실패	수정 자본주의

18 다음은 경제 체제의 분류를 정리한 노트 필기의 일부이다. 경제 체제 (가), (나)에 대한 설명으로 옳지 <u>않은</u> 것은? (단, (가), (나)는 각각 시장경제 체제, 계획경제 체제 중 하나임.)　　[3점]

〈경제 체제의 분류〉
(가) 정부의 계획과 명령에 따라 경제 문제를 해결하는 경제 체제
(나) 시장 원리와 민간 경제 주체의 경제활동을 통해 경제 문제를 해결하는 경제 체제

① (가)는 자원 배분에 있어 형평성을 중시한다.
② (나)에서는 시장 가격의 작동으로 효율적인 자원 배분이 이루어진다.
③ (가)는 (나)에 비해 국가의 정책 목표 달성에 효과적이다.
④ (나)는 (가)와 달리 사유 재산권을 인정한다.
⑤ (가), (나)는 모두 개인의 자유로운 경제활동을 보장한다.

19 자료에 대한 옳은 설명만을 〈보기〉에서 고른 것은? (단, 제시된 내용 이외의 다른 조건은 고려하지 않음.)　　[4점]

갑은 책상 A~C 중 하나를 선택하여 구매하려고 한다. 표는 갑의 선택에 따른 편익과 가격을 화폐 단위로 나타낸 것이다.

구분	A	B	C
편익	30만 원	33만 원	45만 원
가격	20만 원	25만 원	36만 원

ㅣ보기ㅣ
ㄱ. A 선택의 암묵적 비용은 9만 원이다.
ㄴ. 갑은 C를 선택하는 것이 합리적이다.
ㄷ. B 선택의 기회비용과 C 선택의 기회비용은 같다.
ㄹ. 선택에 따른 순편익은 B를 선택할 때 가장 작다.

① ㄱ, ㄴ　　　② ㄱ, ㄹ　　　③ ㄴ, ㄷ
④ ㄴ, ㄹ　　　⑤ ㄷ, ㄹ

20 ⊙에 대한 설명으로 옳은 것은?　　　　[4점]

① 대가를 지불해야만 소비할 수 있다.
② ⊙의 공급을 시장에 맡기면 사회적 최적 수준보다 많이 생산된다.
③ ⊙을 생산 및 소비하면 다른 경제 주체에게 의도하지 않은 이익을 준다.
④ 한 개인이 ⊙을 소비하면 다른 사람이 소비할 수 있는 ⊙의 양이 줄어든다.
⑤ 무임승차자 문제가 발생하므로 기업은 ⊙의 생산을 통해 이윤을 얻기 어렵다.

21 빈칸에 들어갈 인권의 유형을 쓰시오. [2점]

> 두 차례의 세계 대전 이후 국제 사회는 인권 문제를 해결하기 위해 인류 공동의 노력이 필요하다는 공감대를 가지게 되었다. 이에 따라 지구촌 구성원 모두가 함께 노력해야 보장받을 수 있는 (   )이/가 강조되었다.

22 (   )은/는 국가 권력에 의한 자의적이고 독단적인 지배를 막고 법률에 근거한 공권력의 행사만을 허용하는 통치 원리로, 인권 보장을 위해 헌법이 규정한 제도적 장치에 해당한다. [2점]

23 시민이 참여 의식을 가지고 정치 과정이나 공공 문제에 적극적으로 개입하는 (   )은/는 대의 민주주의를 보완할 수 있다. [2점]

24 '공정으로서의 정의'를 주장하며 공정한 절차를 통해 합의된 것이라면 정의롭다고 보는 사상가는? [2점]

25 왈처는 각 사회적 가치가 자신의 고유한 영역 안에 머무름으로써 (   )이/가 실현되는 것이 정의롭다고 본다. [2점]

26 성장 잠재력이 큰 지역을 선정하여 집중적으로 육성하고, 이에 따른 성장 이익을 다른 지역으로 파급하여 효과를 확산하고자 하는 것으로, 우리나라 공간 불평등의 원인으로 지적되는 지역 개발 방식은? [2점]

27 우리나라가 운용하고 있는 경제 체제는 (㉠) 체제를 바탕으로 필요한 경우 정부가 일정 부분 개입하는 (㉡) 체제이다. [2점]

28 다음 현상을 모두 포괄하는 말을 쓰시오. [2점]

> • 독과점   • 외부 효과 발생   • 공공재 공급 부족

29 (가), (나)는 양성평등과 관련한 서로 다른 인권 지수이다. 이를 보고 물음에 답하시오. [8점]

(가)	(나)
모성 사망비, 중등 이상 교육 인구, 경제활동 참가율 등을 지표로 측정한다.	남녀 임금 격차, 출생 성비, 고위직 여성 비율, 기대 수명 등을 지표로 측정한다.

(1) (가), (나) 인권 지수의 명칭을 각각 쓰시오. [4점]

(2) 우리나라는 (가)에 비해 (나)에서 양성평등의 수준이 낮게 나타난다. 그 이유를 쓰고, 이와 관련하여 인권 지수를 활용할 때 유의해야 할 점을 서술하시오. [4점]

30 대화를 보고 물음에 답하시오. [6점]

> • 갑: ○○ 마을에서 주민들이 모여서 공동으로 김장을 했다고 해요. 사람마다 담근 김치의 양은 다르다고 할 때, ○○ 마을에서 공동으로 담근 김치를 어떤 기준으로 나눠야 할까요?
> • 을: 노약자가 있거나 형편이 어려운 집이 김치를 더 많이 가져가는 것이 좋다고 생각합니다.

(1) 을이 강조하는 분배적 정의의 실질적 기준을 쓰시오. [2점]

(2) 을이 강조하는 분배 기준의 장점과 단점을 각각 서술하시오. [4점]

01 ㉠, ㉡에 들어갈 자산 관리의 원칙을 옳게 연결한 것은? [3점]

자산을 효과적으로 관리하려면 금융 자산의 특징뿐만 아니라 자산 관리의 원칙을 이해하고 있어야 한다. 이러한 자산 관리의 원칙에는 (㉠), (㉡), 유동성이 있다. (㉠)은 투자한 자산으로부터 이익을 기대할 수 있는 정도를, (㉡)은 투자한 자산의 가치가 줄어들지 않고 안전하게 보호될 수 있는 정도를 의미한다.

	㉠	㉡
①	수익성	안전성
②	수익성	환금성
③	안전성	환금성
④	안전성	보장성
⑤	환금성	안전성

02 (가)~(마)를 금융 생활 설계 순서대로 옳게 나열한 것은? [3점]

(가) 재무 목표 달성을 위한 계획 실행
(나) 자신의 재무 상태를 분석하여 활용 가능한 자산 파악
(다) 자신의 삶의 목표를 고려하여 구체적인 재무 목표 설정
(라) 재무 목표를 달성하기 위해 필요한 자금 마련 계획 수립
(마) 주기적으로 재무 목표 달성 정도를 검토 및 평가하고, 필요시 계획 수정 및 보완

① (나) − (다) − (가) − (마) − (라)
② (나) − (다) − (라) − (마) − (가)
③ (다) − (나) − (라) − (가) − (마)
④ (다) − (라) − (가) − (나) − (마)
⑤ (라) − (나) − (다) − (마) − (가)

03 자료에 대한 분석으로 옳지 않은 것은? [4점]

갑국과 을국은 가방과 신발만을 생산하며, 노동만을 생산 요소로 사용한다. 표는 갑국과 을국의 가방과 신발 1단위 생산에 필요한 노동자 수를 나타낸 것이다.

구분	갑국	을국
가방	12명	9명
신발	12명	3명

① 갑국의 신발 1단위 생산의 기회비용은 가방 1단위이다.
② 갑국은 가방과 신발 생산에 대해 모두 절대 우위를 가진다.
③ 을국은 신발 생산에 대해 비교 우위를 가진다.
④ 을국의 가방 1단위 생산의 기회비용은 신발 3단위이다.
⑤ 을국은 신발 1단위를 생산하기 위해 가방 1/3단위를 포기해야 한다.

04 밑줄 친 변화에 따라 나타날 수 있는 문제점으로 적절한 것만을 〈보기〉에서 있는 대로 고른 것은? [4점]

오늘날은 교통·통신 수단의 발달과 세계화에 따라 세계가 단일 시장으로 통합되면서 국제 교역량이 증가하고 있다. 특히 자유 무역의 실현을 목표로 하는 세계 무역 기구(WTO)의 출범으로 무역에 대한 규제가 완화되면서 국제 무역의 규모가 크게 확대되었다.

┤ 보기 ├
ㄱ. 선진국과 개발 도상국 간의 경제적 불평등이 심화된다.
ㄴ. 효율성을 중시하는 과정에서 지속가능발전이 저해된다.
ㄷ. 지리적으로 인접한 국가 간의 경제적 상호 의존 관계가 약화된다.
ㄹ. 상품의 유통 과정에서 온실가스가 배출되어 기후변화가 심화된다.

① ㄱ
② ㄱ, ㄴ
③ ㄷ, ㄹ
④ ㄱ, ㄴ, ㄹ
⑤ ㄴ, ㄷ, ㄹ

05 다음 사례를 통해 파악할 수 있는 내용으로 적절한 것만을 〈보기〉에서 고른 것은? [3점]

일본의 삿포로는 '눈의 왕국'으로 불릴 만큼 눈이 많이 내리는 곳이다. 삿포로는 이러한 지역적 특성을 살려 해마다 삿포로 눈 축제를 개최하며, 전 세계 방문객들은 매년 이 축제에 참여하기 위해 삿포로를 방문한다.

| 보기 |
ㄱ. 세계화와 지역화는 별개로 이루어진다.
ㄴ. 세계화에 따라 지역 고유의 특성이 사라지고 있다.
ㄷ. 지역의 정체성과 경쟁력을 확보하기 위한 노력이다.
ㄹ. 지역적인 것이 세계적인 차원에서 가치를 가질 수 있다.

① ㄱ, ㄴ   ② ㄱ, ㄷ   ③ ㄴ, ㄷ
④ ㄴ, ㄹ   ⑤ ㄷ, ㄹ

06 밑줄 친 '부정적인 영향'으로 적절한 것만을 〈보기〉에서 있는 대로 고른 것은? [4점]

다국적 기업의 본사, 연구소, 생산 공장 등은 각 기능에 따라 여러 나라에 입지한다. 다국적 기업은 산업 시설의 이전과 신설을 통해 세계 각 지역의 경제에 큰 영향을 미친다. 특히 다국적 기업의 산업 시설이 들어선 지역에 긍정적인 영향을 미치기도 하지만 부정적인 영향도 미칠 수 있다.

| 보기 |
ㄱ. 인구가 감소하여 지역 경제가 침체할 수 있다.
ㄴ. 일자리가 감소함에 따라 실업자가 증가할 수 있다.
ㄷ. 경쟁력이 낮은 지역 내 기업이 피해를 입을 수 있다.
ㄹ. 산업 시설을 건설하면서 발생한 환경 오염 문제가 방치되기도 한다.

① ㄱ   ② ㄷ   ③ ㄱ, ㄴ
④ ㄷ, ㄹ   ⑤ ㄴ, ㄷ, ㄹ

07 대화를 통해 알 수 있는 문제점을 해결하기 위한 방안으로 가장 적절한 것은? [3점]

① 절대적인 기준을 가지고 문화를 평가한다.
② 소수 민족의 문화에 대한 개선점을 찾는다.
③ 선진국의 문화를 흡수하여 새로운 문화를 형성한다.
④ 자국 문화의 정체성을 유지하면서 외래문화를 비판적으로 수용하는 자세를 가져야 한다.
⑤ 다른 사회의 문화는 각 사회의 특수 윤리적 측면보다는 보편적 윤리에 기초하여 평가한다.

08 다음 사상가의 입장으로 가장 적절한 것은? [4점]

폭력은 직접적·물리적 행위만이 아니라 비의도적이고 간접적이며 집합적인 계기, 즉 구조와 문화의 요소를 포함합니다. 따라서 우리는 직접적·물리적 폭력이 제거된 소극적 평화 상태뿐만 아니라 구조적 폭력과 문화적 폭력까지 모두 사라진 적극적 평화 상태를 추구해야 합니다.

① 소극적 평화로 충분히 평화가 실현된다.
② 진정한 평화는 적극적 평화 상태에서 이루어진다.
③ 전쟁만 일어나지 않아도 적극적 평화가 실현된다.
④ 소극적 평화는 문화적 차별이 없는 상태를 추구한다.
⑤ 소극적 평화를 위해서는 구조적 폭력이 제거되어야 한다.

09 다음 사례에서 테러 행위를 규탄한 국제 사회의 행위 주체에 대한 설명으로 옳은 것은? [3점]

국제 연합(UN) 안전 보장 이사회는 아프리카 소말리아의 수도 모가디슈 중심가에서 발생한 차량 폭탄 테러를 규탄하였다. 국제 연합(UN) 안전 보장 이사회는 성명을 통해 "모든 형태의 테러리즘은 국제 평화와 안보에 가장 심각한 위협 중 하나"라며, 이번 테러 공격을 가한 조직과 조력자에게 국제법상 책임을 물어야 한다고 강조하였다.

① 개인이나 민간단체를 가입 주체로 한다.
② 국제 사회의 가장 기본적인 행위 주체이다.
③ 자국의 이익과 자국민 보호를 최우선으로 한다.
④ 영토의 크기와 관계없이 독립적인 주권을 행사한다.
⑤ 국제 사회에서 공통으로 준수해야 할 규범을 제정하여 국가들의 행위를 규율한다.

10 (가) 시기에 발생한 역사적 사건으로 옳은 것은? [4점]

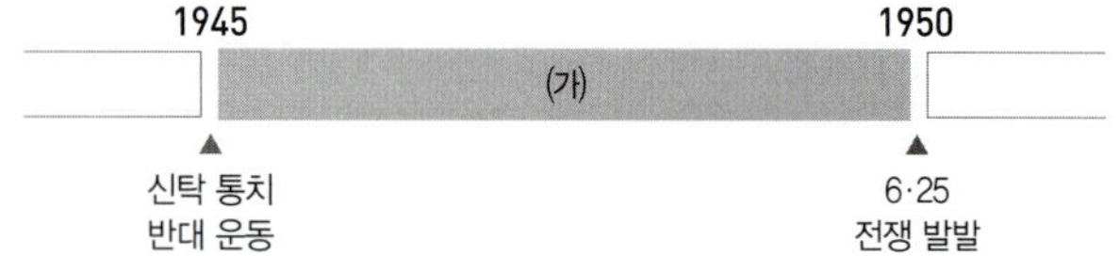

① 5·10 총선거가 시행되었다.
② 판문점에서 정전 협정이 체결되었다.
③ 모스크바 3국 외상 회의가 개최되었다.
④ 일본이 제2차 세계 대전에서 패배하였다.
⑤ 북위 38도선을 경계로 미국과 소련이 한반도를 분할 점령하였다.

11 밑줄 친 '이 국가'와의 갈등 사례로 적절한 것만을 〈보기〉에서 고른 것은? [3점]

야스쿠니 신사에는 제2차 세계 대전의 주요 전쟁 범죄자들이 합사되어 있다. 따라서 <u>이 국가</u>의 주요 정치인들이 야스쿠니 신사를 참배하는 것은 전쟁 범죄자들을 신으로 숭배하는 것으로 볼 수 있다. 이는 우리나라를 비롯한 주변국을 침략했던 역사를 반성하지 않는다는 의미로 해석할 수 있으므로 <u>이 국가</u> 주요 정치인들의 야스쿠니 신사 참배는 국제적 갈등을 빚는 원인이 된다.

ㄱ 보기 ㄴ
ㄱ. 역사 교과서를 왜곡 서술하여 갈등을 빚고 있다.
ㄴ. 시마네현 고시를 근거로 독도에 대한 영유권을 주장하고 있다.
ㄷ. 동북 3성의 역사와 문화를 연구하는 동북 공정을 추진하였다.
ㄹ. 고조선, 고구려, 발해의 역사를 자국 역사의 일부라고 주장하고 있다.

① ㄱ, ㄴ　　② ㄱ, ㄷ　　③ ㄴ, ㄷ
④ ㄴ, ㄹ　　⑤ ㄷ, ㄹ

12 다음은 우리나라와 일본의 역사적 갈등 사례이다. 이를 극복하기 위한 노력으로 적절하지 <u>않은</u> 것은? [4점]

일본 정부가 유네스코(UNESCO)에 제출한 보고서에서 일제 강점기 군함도에서 자행된 조선인 차별 등의 역사적 사실을 재차 부인한 것으로 알려졌다. 일본 측은 2015년에 군함도가 세계유산으로 등재되던 과정에서 "조선인 강제 노역 사실을 인정하고 희생자를 기리려는 조치를 취하겠다."라고 약속하였다. 그러나 이후 이 약속을 제대로 이행하지 않아 우리나라와 갈등을 빚고 있다.

① 양국 간 민간 교류를 축소한다.
② 양국 학자 간의 공동 연구를 진행한다.
③ 양국 공동으로 근현대사 교재를 발간한다.
④ 양국 공동으로 청소년 역사 체험 캠프를 개최한다.
⑤ 군함도와 관련한 국내 역사 연구의 성과를 알린다.

13 그래프는 인구 변천 모형이다. 이에 대한 설명으로 옳은 것은? [3점]

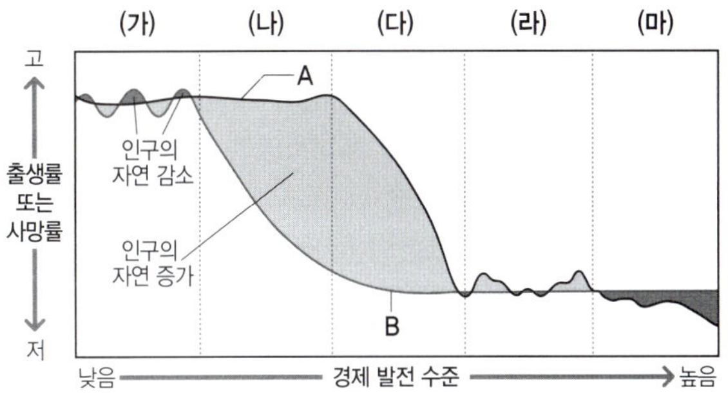

① (가)는 출생률과 사망률이 모두 낮다.
② (나)에서 출생률이 급격히 낮아진다.
③ (가)에서 (라)로 갈수록 총인구는 감소한다.
④ (마)보다 (다)에서 인구 증가율이 높다.
⑤ A는 사망률, B는 출생률이다.

14 그래프는 대륙별 인구 분포 비율을 나타낸 것이다. 이에 대한 옳은 설명만을 〈보기〉에서 고른 것은? [3점]

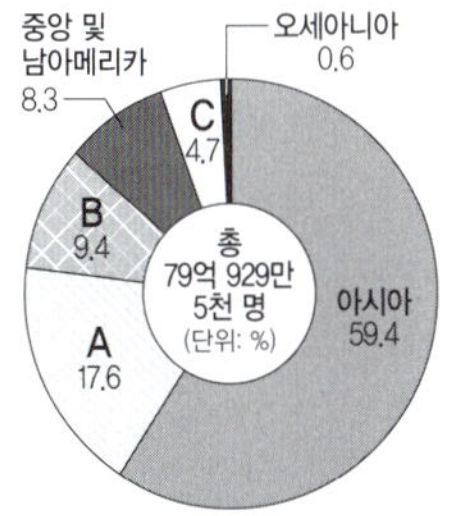

┌ 보기 ┐
ㄱ. A는 B보다 유소년 부양비가 높다.
ㄴ. A는 C보다 평균 1인당 국민 소득이 낮다.
ㄷ. B는 A보다 평균 합계 출산율이 높다.
ㄹ. C의 국가들은 B를 식민 지배한 적이 있다.

① ㄱ, ㄴ   ② ㄱ, ㄷ   ③ ㄴ, ㄷ
④ ㄴ, ㄹ   ⑤ ㄷ, ㄹ

15 다음은 (가), (나) 국가의 인구 피라미드이다. 이에 대한 옳은 설명만을 〈보기〉에서 고른 것은? [4점]

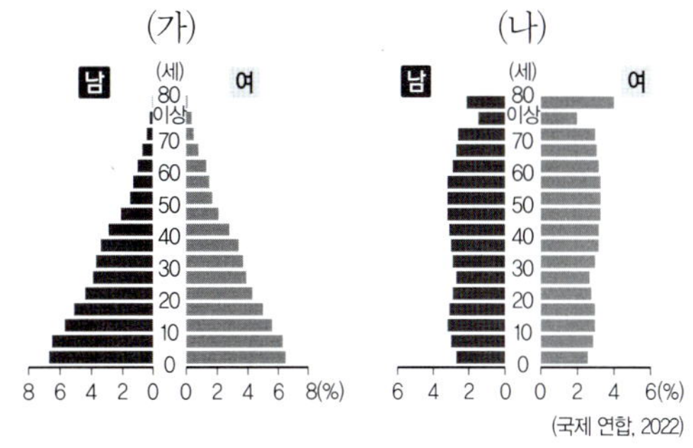

┌ 보기 ┐
ㄱ. (가)는 인구 과잉 문제가 나타난다.
ㄴ. (가)는 (나)보다 출생률이 낮다.
ㄷ. (가)는 (나)보다 중위 연령이 낮다.
ㄹ. (나)는 (가)보다 노령화 지수가 낮다.

① ㄱ, ㄴ   ② ㄱ, ㄷ   ③ ㄴ, ㄷ
④ ㄴ, ㄹ   ⑤ ㄷ, ㄹ

16 그래프는 대륙별 유출 인구와 유입 인구를 나타낸 것이다. 그래프의 A~C 대륙을 옳게 연결한 것은? [4점]

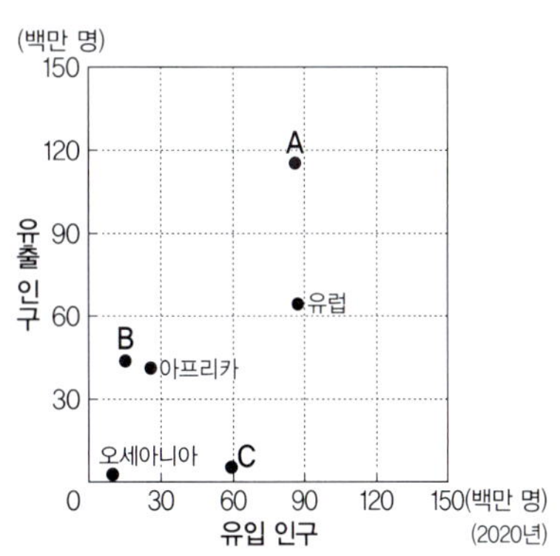

	A	B	C
①	아시아	라틴 아메리카	앵글로아메리카
②	아시아	앵글로아메리카	라틴 아메리카
③	라틴 아메리카	아시아	앵글로아메리카
④	라틴 아메리카	앵글로아메리카	아시아
⑤	앵글로아메리카	아시아	라틴 아메리카

17 다음은 (가)~(다) 자원의 주요 생산국별 생산 비율을 나타낸 것이다. 이에 대한 옳은 설명만을 〈보기〉에서 있는 대로 고른 것은?　[4점]

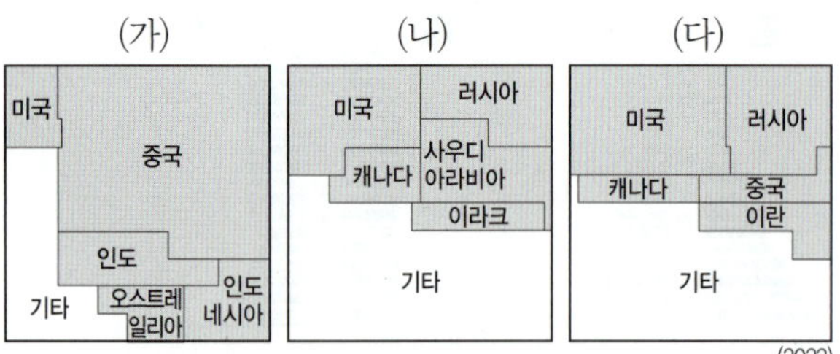

┌ 보기 ┐
ㄱ. (가)는 최대 생산국과 최대 소비국이 동일하다.
ㄴ. (나)는 (가)보다 수송용으로 소비되는 비율이 높다.
ㄷ. (나)는 (다)보다 상용화된 시기가 이르다.
ㄹ. (다)는 (가)보다 연소 시 대기 오염 물질 배출량이 많다.

① ㄱ, ㄴ　　　② ㄱ, ㄹ　　　③ ㄷ, ㄹ
④ ㄱ, ㄴ, ㄷ　　⑤ ㄴ, ㄷ, ㄹ

18 다음은 수업 시간에 정리한 노트 필기의 일부이다. 내용 중 옳지 <u>않은</u> 것은?　[3점]

〈자원의 특징〉

1. 유한성
• 의미: 우리가 일상에서 사용하는 자원은 대부분 매장량이 한정되어 있음 ……………………… ㉠
• 특징: 가채 연수를 통해 확인 ……………………… ㉡
2. 편재성
• 의미: 자원은 지구상에 고르게 분포하지 않고 특정 지역에 집중하여 있음 ……………………… ㉢
• 특징: 자원의 국제적 이동이 발생 ……………………… ㉣
3. 가변성
• 의미: 자원의 가치는 고정되어 있지 않고 과학 기술의 발달과 사회·문화적 배경에 따라 변화함
• 특징: 자원 민족주의의 원인 ……………………… ㉤

① ㉠　　② ㉡　　③ ㉢　　④ ㉣　　⑤ ㉤

19 다음 글의 ㉠~㉤에 대한 설명으로 옳지 <u>않은</u> 것은?　[4점]

국제 사회는 지구 온난화의 원인이 되는 ㉠온실가스를 감축하기 위해 함께 노력하고 있다. 1990년대에는 국제 연합(UN) 기후 변화 협약을 채택하였고, 이후 ㉡온실가스 배출권 거래제를 도입한 (㉢)을/를 채택하였다. 2015년에 채택된 (㉣)은/는 (㉢)와/과 달리 (㉤)하도록 하고 있다.

① ㉠에는 이산화 탄소, 메탄 등이 있다.
② ㉡은 국가 간 온실가스 배출권 거래를 허용하는 제도이다.
③ ㉢에는 '교토 의정서'가 들어갈 수 있다.
④ ㉣에는 '파리 협정'이 들어갈 수 있다.
⑤ ㉤에는 선진국에게만 온실가스 감축 의무를 부과한다는 내용이 들어갈 수 있다.

20 (가), (나)가 가져올 수 있는 미래 사회의 변화를 적절하게 연결하지 <u>않은</u> 것은?　[3점]

(가)　↑ 에너지 스토리지 활용　(나)　↑ 친환경 도시

① (가) – 자원 낭비가 감소된다.
② (가) – 지역 간 교류가 활성화된다.
③ (가) – 재생 에너지 활용이 확대된다.
④ (나) – 열섬 현상이 완화된다.
⑤ (나) – 자연과 인간이 공존하는 경관이 증가한다.

21 다음에서 설명하는 금융 자산을 쓰시오. [2점]

> 정부, 기업, 금융 기관 등이 자금 마련을 위해 미래의 정해진 시점에 원금과 일정한 이자를 지급할 것을 약속하고 투자자로부터 돈을 빌린 후 발행하는 증서이다. 일반적으로 예금보다 수익성이 높고, 주식보다 안전성이 높다.

22 세계 경제에서 각국이 무역에 유리한 상품을 특화하여 생산하는 것을 (　　　)(이)라고 한다. [2점]

23 개발 도상국의 생산자와 노동자에게 정당한 대가를 지불하여 불평등을 해소하려는 무역 방식을 (　　　)(이)라고 한다. [2점]

24 다음 빈칸에 들어갈 알맞은 말을 쓰시오. [2점]

> (　　　)은/는 국제 사회를 구성하는 가장 기본적인 행위 주체이다. 국제 사회에서 법적 지위를 가지고 공식적인 활동을 할 수 있는 자격이 있다.

25 중국은 소수 민족을 통합하여 자국의 영토를 공고히 할 목적으로 동북 3성의 역사와 지리, 민족을 연구하는 (　　　)을/를 진행하였다. [2점]

26 선진국은 결혼 및 자녀에 대한 가치관이 변화하면서 합계 출산율이 감소하는 (　　　) 현상이 나타나고 있다. [2점]

27 자원이 지구상에 고르게 분포하지 않고 특정 지역에 집중하여 분포하는 특성을 (　　　)(이)라고 한다. [2점]

28 (　　　)은/는 미래 세대가 살아가는 데 필요한 자원을 낭비하거나 환경을 손상하지 않으면서 현재 세대의 필요를 동시에 충족하는 발전이다. [2점]

29 다음 글을 읽고 물음에 답하시오. [6점]

> 예금 보험 공사는 금융 기관으로부터 예금 보험료를 받아 기금을 적립하였다가 금융 기관이 영업 정지, 파산 등으로 예금자에게 예금을 지급할 수 없게 되면 동일 금융 기관별 1인당 최대 5천만 원 한도 내에서 예금 보험금을 지급한다.

(1) 윗글에서 설명하는 제도를 쓰시오. [2점]

(2) (1)에서 쓴 제도가 높일 수 있는 자산 관리 원칙을 쓰고, 그 원칙과 관련하여 예금의 특징을 서술하시오. [4점]

30 다음 글을 읽고 물음에 답하시오. [8점]

> 이란 당국이 시위대를 향해 실탄을 포함한 불법적인 총기를 사용하였다. (　㉠　)인 국제 사면 위원회는 시위대를 향해 실탄을 발포한 이란 당국을 규탄하였다. 또한 "국제 연합(UN) 인권 이사회의 모든 회원국은 더 이상의 인명 손실을 막기 위해 지금 당장 결정적 조치를 취하고, 이란에 대한 특별 회의를 소집해야 한다."라고 강조하였다.

(1) ㉠에 들어갈 국제 사회의 행위 주체를 쓰시오. [2점]

(2) ㉠의 역할을 두 가지 이상 서술하시오. [6점]

완자

정답친해

통합사회 2

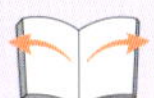
책 속의 가접 별책 (특허 제 0557442호)

'정답친해'는 본책에서 쉽게 분리할 수 있도록 제작되었으므로
유통 과정에서 분리될 수 있으나 파본이 아닌 정상제품입니다.

완자

정답친해

통합사회 2

01 / 인권의 의미와 발전 과정

STEP 1 **핵심 개념 확인하기** 12쪽

1 인권　**2** (1) 보편성 (2) 계몽사상　**3** (1) × (2) ○　**4** (1) ㄴ
(2) ㄹ (3) ㄱ (4) ㄷ

STEP 2 **내신 만점 공략하기** 12~15쪽

01 ④　**02** ③　**02-1** 천부 인권 사상　**03** ①　**04** ③
05 ④　**06** ④　**06-1** ④　**07** ⑤　**08** ①　**09** ②
10 ②　**10-1** ④　**11** ⑤　**12** ③　**13** ③

01 인권의 특징
제시된 글에서 밑줄 친 '이것'은 인권이다. 인권은 태어나면서부
터 보장된다는 천부 인권 사상에서 유래한 권리이며, 헌법에 규
정이 없더라도 당연히 보장받는 권리이다.

(**바로 알기**) ㄱ. 인권은 사회적 약자를 포함하여 모든 사람이 가지는 권리이
다. ㄷ. 인권은 다른 사람에게 넘겨줄 수 없는 권리이다.

02 근대 시민 혁명과 인권

┌ **자료 분석**
- 제1조　인간은 <u>자유롭게, 그리고 평등한 권리를 가지고 태어나
　서 살아간다.</u>　└ 자유권, 평등권, 천부 인권 사상
　　　　　　　　　　　　　　　┌ 저항권
- 제2조　모든 정치적 결사의 목적은 자유, 소유, 안전, 압제에의
　<u>저항</u> 등 인간의 자연적이고 침해할 수 없는 권리를 보전함에
　있다.　└ 인권의 불가침성
　　　　┌ 국민 주권주의
- 제3조　<u>주권은 국민에게 있다.</u> 어떠한 단체나 개인도 국민으
　로부터 유래하지 않은 권리를 행사할 수 없다.

①은 제1조, ②, ⑤는 제2조, ④는 제3조를 통해 확인할 수 있다.

(**바로 알기**) ③ 국가에 의한 복지를 강조하는 사회권은 바이마르 헌법에서
처음으로 규정되었다.

02-1 근대 시민 혁명은 계몽사상, 천부 인권 사상, 사회 계약설
등을 사상적 배경으로 하였다. 제시된 미국 독립 선언에는 이 중
천부 인권 사상이 나타나 있다.

03 차티스트 운동
차티스트 운동 당시 인민헌장에서는 21세 이상의 모든 남성에게
선거권을 부여하라고 주장하고 있다. 이를 통해 당시에는 선거권
에 제한이 있었으며 특권 계층만 정치에 참여했음을 알 수 있다.

(**바로 알기**) ② 대부분의 노동자가 선거에 참여하지 못했다. ③ 인민헌장에
서는 시민불복종에 대한 내용은 찾아볼 수 없다. ④ 지역별 인구 규모에 따
라 선거구가 정해지지 않았기 때문에 인민헌장에서 선거구를 동등하게 설
정하라고 주장하였다. ⑤ 차티스트 운동은 노동자의 선거권 확대 운동으로
여성에게 선거권을 주자는 여론은 확인할 수 없다.

04 참정권 확대 운동
차티스트 운동과 여성 참정권 운동 등 참정권 확대 운동의 결과
로 일정한 연령 이상의 모든 사람에게 선거권을 부여하는 보통
선거 제도가 확립되었다.

05 사회권의 등장 배경
제시된 글에서는 18세기 산업 혁명 이후 사회권이 등장하게 된
배경을 설명하고 있다.

(**바로 알기**) ①, ②, ③은 사회권보다 먼저 등장하였다. ⑤는 사회권보다 늦
게 등장하였다.

06 인권 보장과 관련한 문서
④ 프랑스 혁명을 배경으로 발표된 인간과 시민의 권리 선언에서
는 천부 인권 사상을 바탕으로 자유권과 평등권을 명시하였다.

(**바로 알기**) ① 대헌장은 왕권을 제한하기 위해 체결된 것으로, 권력 분립
제도 자체를 명시했다고 보기는 어렵다. ② 권리 장전은 국왕이라고 해도
부정할 수 없는 국민의 권리를 확인한 문서이다. 사회권을 처음으로 규정한
것은 독일 바이마르 헌법이다. ③ 미국 독립 선언에서 흑인과 여성의 참정권
을 명시하지는 않았다. ⑤ 독일 바이마르 헌법에서는 사회권을 처음으로 규
정하였다. 인권의 국제적 기준을 제시한 것은 세계 인권 선언이다.

06-1 (라) 인간과 시민의 권리 선언은 자유와 평등을 선언하였다.

(**바로 알기**) ④ 여성과 노동자의 참정권은 참정권 확대 운동의 결과로 보장
되었다.

07 연대권
제시된 자료에 열거된 인권은 제2차 세계 대전 후에 강조된 연대
권이다. 연대권은 자신이 소속되어 있는 공동체에서 더 나아가
국제적인 연대와 협력을 중시하는 권리이다.

(**바로 알기**) ① 연대권은 3세대 인권으로 분류된다. ② 사회권 중심의 인권
은 2세대 인권에 해당한다. ③ 시민 혁명 직후에 발달한 인권은 자유권, 평
등권, 참정권으로서 1세대 인권에 해당한다. ④ 국가 권력의 간섭을 받지 않
을 자유가 핵심인 것은 자유권이다.

1세대 인권(자유권, 평등권, 참정권 등) → 2세대 인권(사회권) → 3세대 인권(연대권)

08 세계 인권 선언

제1조에는 인권의 천부성과 보편성의 특징이 나타나 있고, 제27조에서는 문화권을 보장하고 있다.

(바로 알기) ㄷ. 제21조에서 대표자를 통한 정치 참여, 즉 대의 민주주의에 대해 언급하고 있지만, 직접 민주주의를 배제해야 한다고 주장하는 것은 아니다. ㄹ. 제16조에서 양성평등을 강조하고 있다.

✦ 미건 꼭 맘기! 세계 인권 선언

인권을 인류의 보편적 가치로 명시, 인권의 국제적 기준 제시 → 연대권(3세대 인권) 강조

09 인권의 역사적 발전 과정

과거에는 신분제에 따른 차별에서 벗어나 자유와 평등, 정치적 참여를 보장받기 위한 인권이 강조되었고, 20세기 초반에는 독일 바이마르 헌법에 모든 국민이 최소한의 인간다운 생활을 보장받아야 한다는 사회권이 처음으로 명시되었다. 이후 현대 사회에서는 주거권, 안전권, 환경권, 문화권 등 다양한 영역으로 인권이 확장되고 있다.

(바로 알기) ㄴ. 시민 혁명 이후에도 직업, 재산, 성별, 인종 등에 따라 정치에 참여할 수 있는 권리가 제한되었다. ㄹ. 오늘날에는 보통 선거 제도가 실시되고 있으므로 참정권을 획득하기 위한 투쟁은 찾아보기 어렵다. 시민 혁명 이후 재산, 직업, 성별 등에 따라 선거권이 제한되는 상황에서 부당한 차별을 극복하기 위해 다양한 참정권 확대 운동이 일어났다.

10 현대 사회의 인권

오늘날 인구의 도시 집중, 과학기술의 발달, 지구촌 기후위기, 세계화와 다문화 사회의 진전 등으로 사회가 급속도로 변화하고 있다. 이러한 사회 변화에 따라 주거권, 안전권, 환경권, 문화권 등이 강조되고 있다.

(바로 알기) ㄴ은 참정권이고, ㄹ은 자유권이다. 참정권과 자유권은 현대 사회에서 새롭게 등장한 권리에 해당하지 않는다.

10-1 현대 사회에서 새롭게 등장한 인권에는 문화권, 안전권, 주거권, 환경권 등이 있다.

(바로 알기) ④ 평등권은 시민 혁명으로 보장되기 시작한 1세대 인권이다.

11 현대 사회의 인권

(가)는 문화권, (나)는 안전권이다. ⑤ 우리나라에서는 「문화 기본법」, 「산업 안전 보건법」 등 다양한 법률을 통해 문화권과 안전권을 구체적으로 보호하고 있다.

(바로 알기) ① 복지 국가의 실현을 목표로 하는 것은 사회권이다. ② 안전권은 자연재해뿐만 아니라 과학기술의 발전 등에 따라 나타나는 인위적 위험으로부터도 안전을 보호받을 권리를 말한다. ③ 문화권은 문화적 정체성 회복을 통해 문화 다양성을 추구한다. ④ 문화권과 안전권은 모두 국가의 존재를 전제로 한다.

12 주거권

제시된 글에서 강조하고 있는 인권은 주거권이다. 주거권은 인간의 기본적인 권리 중 하나로서 인간다운 생활을 영위하기 위해 최소한의 기준을 충족시키는 주거지 및 정주 환경에 거주할 수 있는 권리이다.

(바로 알기) ①, ④ 자유권에 대한 설명이다. ② 참정권에 대한 설명이다. ⑤ 안전권에 대한 설명이다.

13 현대 사회의 인권

㉠은 평등권, ㉡은 자유권, ㉢은 안전권, ㉣은 주거권을 규정한 헌법 조항이다.

(바로 알기) ㉠, ㉡ 평등권과 자유권은 근대 시민 혁명 시기부터 강조되었다.

서술형 문제 15쪽

1 주제: 프랑스 혁명

(1) **답안 키워드** 차별, 자유권, 평등권

(2) **예시 답안** 프랑스 혁명은 다수의 사회 구성원이 엄격한 신분 제도 때문에 부당하게 차별받는 상황을 원인으로 발생하였다. 이러한 프랑스 혁명의 결과로 발표된 인간과 시민의 권리 선언에는 모든 국민의 자유권, 평등권 등이 담겼다.

채점 기준	
상	프랑스 혁명의 발생 원인, 인간과 시민의 권리 선언의 내용을 모두 서술한 경우
하	프랑스 혁명의 발생 원인, 인간과 시민의 권리 선언의 내용 중 한 가지만 서술한 경우

2 주제: 세계 인권 선언

(1) **답** 연대권

(2) **예시 답안** 연대권은 자신의 인권뿐만 아니라 지구촌 구성원 모두의 인권 보장을 위해 함께 노력해야 보장받을 수 있는 권리이다.

채점 기준	
상	지구촌 구성원 모두가 함께 노력해야 보장받을 수 있는 권리라고 서술한 경우
하	지구촌 구성원 모두가 함께 노력해야 보장받을 수 있는 권리라는 점 외에 다른 특징을 서술한 경우

01 ④　　**02** ①

01　인권 관련 문서

(가)는 미국 독립 혁명의 결과 나타난 독립 선언이고, (나)는 1989년 국제 연합 총회에서 채택한 아동 권리 협약이다. 아동 권리 협약에서는 국가의 범위를 넘어 전 세계 구성원 모두가 아동의 권리 보장을 위해 노력해야 한다는 인권 보장의 국제적 연대를 강조하고 있다.

(바로 알기) ① 사회권은 산업 혁명 이후 나타난 문제점을 해결하는 과정에서 등장한 인권으로, 사회권이 명시된 최초의 문서는 독일 바이마르 헌법이다. ② 아동 권리 협약은 1989년 국제 연합 총회에서 채택한 국제 협약이다. ③ 미국 독립 선언은 영국의 억압적인 식민지 정책에 반발하여 벌어진 독립 전쟁을 배경으로 하고 있다. ⑤ 미국 독립 선언은 자유와 평등을 강조한 1세대 인권, 아동 권리 협약은 국제적인 연대를 강조한 3세대 인권과 관련된다.

02　현대 사회의 인권

A는 안전권, B는 문화권, C는 주거권이다. 안전권, 문화권, 주거권은 모두 현대 사회의 변동에 따라 인권의 범위가 넓어지면서 강조된 권리이다. 따라서 ㉠과 ㉡은 모두 '예'이다.

(바로 알기) ② 안전권, 문화권, 주거권은 모두 현대 사회에서 강조된 권리이다. ③ A는 안전권이다. 문화 격차 해소와 관련된 권리는 문화권이다. ④ B는 문화권이다. 대기의 질이 나빠지면서 등장한 권리는 환경권이다. ⑤ C는 주거권이다. 국가 권력에 의한 침해를 거부하는 소극적 권리는 자유권이다.

판서로 보는 고난도 개념	현대 사회의 인권
등장 배경	현대 사회의 변동에 따라 인권의 범위가 넓어지면서 다양한 권리들이 새롭게 등장함
종류	• 주거권: 쾌적하고 안정적인 주거 환경에서 인간다운 주거 생활을 할 권리 • 안전권: 각종 위험으로부터 안전을 보호받을 권리 • 환경권: 건강하고 쾌적한 환경에서 생활할 수 있는 권리 • 문화권: 자유롭게 문화 활동에 참여할 권리, 문화적 정체성을 유지할 권리

수능 첫걸음　17쪽

(실전 문항) **01** ④

01　환경권의 의미와 중요성

다양한 환경 문제가 발생하고 지구 온난화로 인한 기후변화가 인류의 생존을 위협하고 있기 때문에 환경권이 강조되고 있다.

(바로 알기) 정. 환경권은 다른 기본권의 실현 및 안전하고 행복한 삶을 위해 필요한 권리이다.

02　인권 보장을 위한 헌법의 역할과 시민 참여

STEP 1　핵심 개념 확인하기　20쪽

1 시민 참여　**2** (1) 대의 민주주의 (2) 감수　**3** (1) × (2) ○ (3) ○　**4** (1) ㄷ (2) ㄱ (3) ㄴ (4) ㄹ

STEP 2　내신 만점 공략하기　20~23쪽

01 ③　**01-1** ⑤　**02** ④　**03** ②　**04** ⑤　**05** ②
05-1 ①　**06** ②　**07** ①　**08** ②　**09** ④　**10** ①
10-1 ⑤　**11** ⑤　**12** ①　**13** ②

01　인간의 존엄과 가치

제시된 헌법 제10조는 우리 헌법의 핵심적인 가치로서 인간의 존엄과 가치를 규정하고 있다.

(바로 알기) ① 기본권을 제한하는 근거 규정은 아니다. ② 헌법의 핵심 가치는 외국인에게도 적용된다. ④ 헌법에 열거되지 않은 기본권도 인간의 존엄과 가치를 지키기 위해 필요한 경우에는 보장된다. ⑤ 국민 주권의 원리를 규정하고 있는 조항은 아니다.

◆ 이건 꼭 암기! 인간의 존엄과 가치

인간의 존엄과 가치(헌법의 핵심 가치) → 자유권, 평등권, 참정권, 사회권, 청구권 등 다른 기본권 보장의 근거

01-1 제시된 헌법 제10조에 나타난 기본권은 인간의 존엄과 가치 및 행복 추구권이다.

(바로 알기) ⑤ 인간의 존엄과 가치는 헌법의 근본 원리로서 국가가 침해할 수 없는 불가침의 권리이다.

02　자유권과 참정권

(가)에서 갑은 신체의 자유, 즉 자유권을 침해당하였다. (나)에서 을은 주권자로서 국가의 의사 결정에 참여할 권리, 즉 참정권을 침해당하였다.

(바로 알기) ㄱ. 국가에 대해 인간다운 생활의 보장을 요구할 수 있는 권리는 사회권이다. ㄷ. 다른 기본권이 침해되었을 때 이를 구제받기 위한 수단적 권리는 청구권이다.

03　사회권

헌법 제31조 제①항은 교육을 받을 권리, 제34조 제①항은 인간다운 생활을 할 권리, 제35조 제①항은 쾌적한 환경에서 생활할 권리를 각각 규정하고 있다. 이 권리들은 모두 인간다운 생활의 보장을 국가에 요구할 수 있는 권리, 즉 사회권에 해당한다.

(바로 알기) ② 사회권은 헌법에 구체적으로 열거되어야 보장되는 권리이다. 헌법에 구체적으로 보장되지 않았지만 보장되는 권리로는 일조권, 수면권, 문화권 등이 있다.

04 기본권의 제한과 한계
⑤ 집회의 사전 허가는 허가 기관의 독단적인 판단에 따라 이루어질 수 있고, 허가를 받지 못할 경우 집회의 자유를 아예 행사할 수 없으므로 기본권의 본질적인 부분을 침해한다고 볼 수 있다.

(바로 알기) ①, ②, ③, ④ 모두 대상이나 범위 등을 구체적으로 한정해서 기본권을 제한한 사례이므로 기본권의 본질적인 내용을 침해한다고 보기는 어렵다.

05 기본권의 제한과 한계

┌ 자료 분석 ┐

제37조 ② 국민의 모든 자유와 권리는 국가 안전 보장·질서 유지 또는 공공복리를 위하여 필요한 경우에 한하여 법률로써 제한할
└ 제시된 사유로만 제한할 수 있어.   └ 국회가 제정한 법률
수 있으며, 제한하는 경우에도 자유와 권리의 본질적인 내용을 침해할 수 없다.
          └ 예를 들어 집회의 허가제나 언론의 사전 검열 등은 자유권의 본질적인 내용을 침해하는 것이라고 할 수 있어.

제시된 헌법 조항에서는 기본권 제한과 관련련 원칙을 밝힘으로써 국민의 기본권이 국가에 의해 침해당하지 않도록 보장하고 있다.

(바로 알기) ㄴ, ㄷ. 공무원의 편의, 행정의 신속성 실현은 국민의 기본권을 제한하는 목적이 될 수 없다.

05-1 기본권은 국가 안전 보장, 질서 유지, 공공복리에 한하여 법률로써 제한할 수 있으며, 기본권을 제한하는 경우에도 그 본질적인 내용은 침해할 수 없다.

(바로 알기) ㄴ. 행정의 편의는 기본권 제한의 목적이 될 수 없다. ㄷ. 기본권은 법률로써만 제한할 수 있다.

06 권력 분립 제도
제시된 조항들은 국가 기관 간에 상호 견제하도록 하여 권력의 남용을 막으려는 권력 분립 제도와 관련된다.

(바로 알기) ①, ③, ④, ⑤ 모두 인권 보장을 위한 장치에 해당하지만 제시된 헌법 조항에서 공통으로 파악할 수 있는 것은 아니다.

07 인권 보장 장치
우리나라 헌법에서는 국민 주권의 원리, 법치주의 등을 바탕으로 인권을 보장하기 위해 권력 분립 제도, 기본권 구제 제도 등의 제도적 장치를 두고 있다.

(바로 알기) ②, ③, ④, ⑤ 제시된 내용 전체를 포괄하는 학습 주제라고 보기 어렵다.

08 인권 보장 장치
(가)는 국민 주권의 원리, (나)는 법치주의, (다)는 권력 분립의 원리이다. ② 법치주의는 법률에 근거한 공권력의 행사만을 허용하는 원칙이다.

(바로 알기) ① 국민 주권의 원리를 구체적으로 실현하는 것으로 선거나 투표를 들 수 있다. ③ 권력 분립의 원리는 국가 권력을 여러 기관으로 나누어 서로 견제하고 균형을 이루도록 함으로써 권력의 남용과 부패로 국민의 인권이 침해당하는 것을 막고자 한다. ④ 국민 주권의 원리와 법치주의는 모두 국가 권력의 남용을 방지한다. ⑤ 국가 기관에 의한 권력 남용의 가능성을 전제로 하는 것은 권력 분립의 원리이다.

09 기본권 구제 제도
A는 부사관 응시 연령이 27세 미만으로 되어 있어서 27세인 A는 응시조차 할 수 없었기 때문에 해당 법률 조항이 자신의 기본권을 침해한다고 생각하였다. 법률 조항은 국가 공권력인 입법권의 행사에 해당하므로 A는 헌법재판소에 헌법 소원 심판을 청구할 수 있다. 헌법재판소는 해당 조항이 헌법의 기본권을 침해하는지를 판단한다.

(바로 알기) ① 범죄 사실이 없으므로 신고 대상이 아니다. ② 법률의 위헌 여부는 법원의 판단 대상이 아니다. ③ 위헌 법률 심판은 법률의 헌법 위배 여부를 판단하는 것으로 재판을 전제로 한다. ⑤ 진정은 국가 인권 위원회에 접수할 수 있다.

✦ 이건 꼭 암기! **헌법 소원 심판**
공권력에 의한 기본권 침해 → 헌법재판소에 헌법 소원 심판 청구

10 시민 참여의 필요성
시민 참여는 시민 권익을 보호하여 공동체 이익을 증진하는 역할을 하고, 대의 민주주의를 보완하는 역할을 한다.

(바로 알기) ㄷ. 시민 참여가 활성화되면 국가의 권력은 오히려 분산될 수 있다. ㄹ. 시민 참여가 활성화되면 정책 결정의 신속성은 오히려 낮아질 수 있다.

10-1 제시된 글에는 시민 참여가 부족한 상황이 나타나 있다. 이러한 상황이 확산되면 시민이 선출한 대표가 임의로 정책을 결정하여 시민의 권익이 침해될 가능성도 커질 수 있다.

11 시민 참여 방법
갑은 선거에, 을은 시민 단체 활동에, 병은 자원봉사 활동에 참여하였다. ⑤ 제시된 사례는 모두 사회 전체의 이익을 추구하는 시민 참여에 해당한다.

(바로 알기) ① 갑은 자신이 지지하는 후보에게 투표한 것이므로 사익 실현을 목표로 한다고 보기는 어렵다. ② 을은 온라인에서 활동한 것이 아니므로 공간적 제약으로부터 자유롭지 않다. ③ 병은 자원봉사를 했으므로 경제적 이윤을 추구한 것은 아니다. ④ 갑은 개별적 방법, 을과 병은 집단적 방법으로 참여한 것이다.

12 시민불복종의 정당화 조건

제시된 글에서 밑줄 친 '이것'은 시민불복종이다. ① 시민불복종이 정당화되려면 위법 행위에 대한 처벌을 감수할 수 있어야 한다.

(바로 알기) ② 시민불복종은 최후의 수단이므로 합법적 수단과 함께 행사할 수 없다. ③ 시민불복종은 의도적으로 법을 위반하는 행위이다. ④ 시민불복종은 비폭력적으로 이루어져야 한다. ⑤ 시민불복종은 모든 수단을 동원한 후에 최후의 수단으로만 사용할 수 있다.

✦ 이건 꼭 맞기! **시민불복종의 정당화 조건**
목적의 정당성 + 최후의 수단 + 비폭력적 방법 + 처벌 감수

13 시민불복종의 사례

간디의 소금법 폐지 운동, 미국 흑인의 버스 승차 거부 운동은 모두 ①, ③, ④, ⑤를 만족하는 시민불복종 사례이다.

(바로 알기) ② 소금법 폐지 운동과 버스 승차 거부 운동은 모두 평화적 방법으로 이루어졌다.

1 주제: 기본권의 특징

(1) (답안 키워드) 사회권, 평등권
(2) (예시 답안) 갑은 사회권의 하나인 교육을 받을 권리, 을은 평등권을 침해당했다. 사회권은 인간다운 생활을 국가에 요구할 수 있는 권리이고, 평등권은 합리적인 이유 없이 차별을 받지 않을 권리이다.

	채점 기준
상	사회권과 평등권을 쓰고, 그 특징을 모두 서술한 경우
중	사회권과 평등권을 쓰고, 그 특징 중 한 가지만 서술한 경우
하	사회권과 평등권만 쓴 경우

2 주제: 헌법재판소의 헌법 소원 심판

(1) (답) ㉠ 헌법재판소, ㉡ 헌법 소원
(2) (예시 답안) 헌법재판소는 헌법 소원 심판을 통해 법률이나 공권력이 헌법에 보장된 국민의 기본권을 침해하는지를 판단하여 인권을 보장한다.

	채점 기준
상	헌법 소원 심판을 중심으로 헌법재판소의 역할을 서술한 경우
하	헌법 소원 심판과 관계없이 헌법재판소의 역할을 서술한 경우

01 ⑤   **02** ③

01 기본권의 유형

국민 주권주의를 실현할 능동적 권리는 참정권이다. 외부로부터 간섭을 받지 않을 권리는 자유권이다. 따라서 ㉠은 자유권, ㉡은 사회권, ㉢은 참정권이다.

(바로 알기) ㄱ. 불합리한 이유로 차별을 받지 않을 권리는 평등권이다. ㄴ. 다른 기본권 보장을 위한 수단적 권리는 청구권이다.

판서로 보는 고난도 개념   다양한 기본권

자유권	개인의 자유로운 생활에 대해 국가의 간섭이나 침해를 받지 않을 권리
평등권	합리적 이유 없이 불평등한 대우를 받지 않고 법 앞에 동등하게 대우받을 권리
참정권	주권자인 국민이 국가의 정책 결정에 참여하거나 대표를 뽑는 선거에 참여할 수 있는 능동적 권리
사회권	국가에 대해 인간다운 생활의 보장을 요구할 수 있는 권리
청구권	국가에 대해 일정한 행위를 요구하거나 국민의 기본권이 국가나 타인에 의해 침해당했을 때 그 구제를 청구할 수 있는 수단적 권리

02 온라인을 통한 시민 참여

제시된 자료에는 온라인 누리집을 통한 시민 제안 제도가 나타나 있다. 이러한 시민 참여가 활성화되면 국민의 정책 결정권 강화, 대의 정치의 문제점 보완, 공개 행정을 통한 행정의 민주화 향상 등의 효과가 나타날 수 있다. 또한 온라인을 통한 시민 참여는 여론 수렴에 있어 공간적 제약을 극복하는 데도 이바지할 수 있다.

(바로 알기) ③ 제시된 자료에서와 같은 시민 제안 제도가 활성화되어 시민이 정치 과정에 적극적으로 참여하면 행정 기관의 자율성은 약화될 수 있다.

(실전 문항) **01** ①

01 시민불복종의 정당화 조건

ㄱ. 시민불복종은 시민이 직접 참여하여 부정의한 법이나 정책을 바로잡는 것이므로 시민 참여의 한 방법이다. ㄴ. ㉡이 2점이라면 (가)에는 틀린 진술이 들어가야 한다. 시민불복종은 현행 법규가 사회 정의에 어긋나는 것이므로 현행 법규를 위반하여 행하는 위법 행위이다.

(바로 알기) ㄷ. 시민불복종은 정당성 확보를 위해 공개적으로 이루어져야 한다. (가)에 주어진 진술이 들어간다면 틀린 내용이므로 ㉡은 2점이다. ㄹ. 시민불복종은 합법적 방법으로 문제를 해결할 수 없을 때 최후의 수단으로 사용해야 하므로 옳은 진술이다. 따라서 (가)에 주어진 진술이 들어간다면 ㉡은 3점이다.

STEP 1 핵심 개념 확인하기 28쪽

1 사회적 소수자 **2** (1) ○ (2) × (3) ○ **3** (1) ㄴ (2) ㄱ
(3) ㄷ **4** (1) ㄷ (2) ㄱ (3) ㄴ (4) ㄹ

STEP 2 내신 만점 공략하기 28~31쪽

01 ④ **01-1** 사회적 소수자 **02** ⑤ **03** ③ **04** ⑤
05 ④ **06** ③ **07** ④ **08** ④ **09** ⑤ **09-1** ②
10 ④ **11** ④ **12** ⑤ **13** ⑤

01 사회적 소수자

우리 사회에서 여성을 사회적 소수자로 인정하는 이유는 여성이 취업이나 임금 등에서 여성이라는 이유로 차별을 받고 있기 때문이다. 즉, 권력의 열세에 있기 때문이다.

01-1 신체적 또는 문화적 특징 때문에 차별받으며, 스스로 차별받는 집단에 속한다고 생각하는 사람을 사회적 소수자라고 한다.

02 사회적 소수자 차별

①은 피부색, ②는 장애, ③은 신체적 특징, ④는 종교를 이유로 차별받은 사례이므로 사회적 소수자 차별의 사례에 해당한다.

(바로 알기) ⑤ 학업 성적은 대학교 입학을 결정하는 합리적 근거이므로 사회적 소수자 차별의 사례로 볼 수 없다.

03 사회적 소수자 차별 실태

| 자료 분석 |

• 우리나라는 남성 근로자가 100만 원의 임금을 받는다면 여성은 약 69만 원을 받고 있을 정도로, 경제 협력 개발 기구(OECD) 국가 중 성별 평균 임금 격차가 가장 크다. – 여성 임금 차별

• 우리나라에 거주하며 다양한 분야에서 일하는 이주 노동자들이 낮은 임금, 열악한 노동·주거 환경 등에 노출된 것으로 나타났다. – 이주 노동자 근로 조건 차별

• 「장애인 차별 금지법」 이행 실태 조사에 따르면, 장애인은 이동 및 대중교통 수단 이용에서 차별을 가장 많이 겪는 것(60.3%)으로 나타났다. – 장애인 이동권 차별

제시된 사례는 우리 사회에서 여성, 이주 노동자, 장애인에 대한 차별이 어떻게 이루어지고 있는지 보여 준다.

04 사회적 소수자 차별의 해결

○○ 기업은 신입 사원 채용 서류 전형에서 지원자 자신이 사회적 소수자임을 밝힐 경우 가산점을 부여하면서 사회적 소수자가 지닌 다양한 능력과 특성 등 긍정적 측면을 강조하고 있다. 따라서 사회적 소수자에 대한 부정적 편견을 지양하고 다양성을 존중해야 함을 추론할 수 있다.

05 사회적 소수자 차별

④ 업무 능력을 기준으로 하지 않고 나이를 기준으로 하여 고령자를 우선 해고하는 것은 노인 차별에 해당한다.

(바로 알기) ①, ②, ③, ⑤ 외국인 근로자, 노약자, 장애인, 청소년 노동자 등을 돕거나 보호하기 위한 장치이므로 차별의 사례라고 보기 어렵다.

06 장애인 차별

제시된 글에서는 장애인 의무 고용 제도의 실시에도 불구하고 사회적 인식이 달라지지 않아 장애인 고용이 활성화되고 있지 못한 상황을 지적하고 있다. 따라서 장애인에 대한 편견 해소가 시급함을 알 수 있다.

07 청소년 노동권 침해

갑. 청소년은 원칙적으로 1일 7시간까지 일할 수 있다. 을. 청소년도 성인과 마찬가지로 최저 임금 이상의 임금을 받아야 한다. 병. 임금은 청소년 근로자 본인의 통장으로 입금해야 한다. 따라서 갑, 을, 병은 모두 청소년 노동권을 침해당하였다.

(바로 알기) 정. 청소년은 부모의 동의를 얻어 근로 계약을 체결해야 한다. 따라서 사용자가 부모의 동의서를 확인하는 것은 적법한 행위이다.

08 연소 근로자의 근로 계약

갑은 16세로서 근로 기준법상 연소 근로자이다. 연소 근로자는 보호자의 동의를 얻어 근로 계약을 체결해야 하며, 1일 7시간 이내에서 근로해야 한다. 사용자가 연소 근로자에 대해 연장 근로를 시킬 경우에는 본인의 동의를 얻어야 하며, 하루 1시간, 1주 5시간 이내에서 가능하다.

(바로 알기) ④ 연소 근로자는 보호자의 동의를 얻어 근로 계약을 체결해야 하지만, 임금은 자신의 통장으로 직접 받아야 한다.

09 연소 근로자의 근로 계약서

갑은 17세이므로 근로 기준법상 연소 근로자이다. ⑤ 연소 근로자는 본인이 동의하더라도 보건상 유해한 업무는 맡길 수 없다.

(바로 알기) ①, ② 연소자의 근로는 1일 7시간 이내이어야 하고 갑이 동의할 경우 하루 2시간의 연장 근로가 가능하다. ③ 갑이 동의하더라도 임금은 최저 임금 이상이어야 한다. ④ 임금 청구에는 부모의 동의가 필요하지 않다.

09-1 연소 근로자는 성인 근로자와 동등한 권리를 보장받고, 보호는 더 강하게 받는다.

 ② 18세 미만의 연소 근로자는 사용자와 협의할 경우에도 하루 1시간의 연장 근로만 가능하다.

10 성 격차 지수

성 격차 지수에는 남녀 임금 격차가 포함되기 때문에 남녀 임금 격차가 상대적으로 큰 우리나라는 순위가 비교적 낮게 나타난다.

 ①, ②, ⑤ 우리나라는 상대적으로 모성 사망비와 영유아 사망률이 낮고, 중등 이상 교육을 받은 여성은 많다. 그리고 모성 사망비, 영유아 사망률, 중등 이상 교육 인구를 지표로 포함하는 양성 평등 관련 지수는 성 불평등 지수이다. ③ 우리나라는 상대적으로 영양 결핍 인구가 적고, 영양 결핍 인구는 성 격차 지수와 직접적인 관련이 없다.

11 세계 언론 자유 지수

세계 언론 자유 지수는 국경 없는 기자회가 다양한 기준에 따라 설문을 근거로 측정하는 인권 지수이다. ⑤ 제시된 사례에서 튀르키예와 같이 언론 자유가 침해되고 있는 경우에는 국제 사회가 협력하여 비판 여론을 형성함으로써 문제 해결을 위해 노력하기도 한다.

 ④ 세계 언론 자유 지수가 높은 나라라도 언론 자유 외에 다른 측면에서 인권 침해 문제가 나타날 수 있다.

12 난민 문제

난민 문제와 같은 국제 인권 문제를 해결하기 위해서는 세계시민을 포함하여 국제 사회의 다양한 행위 주체가 함께 대응해야 한다.

 갑. 난민 스스로 해결할 수 없는 상황이다. 을. 이동을 무조건 금지하는 것은 문제를 더욱 악화시킬 수 있다.

13 세계 인권 문제

오늘날 국제 사회에서는 공권력에 의한 기본권 침해, 전쟁과 내전, 기후변화에 따른 난민 및 기아 문제, 아동 노동, 인종 차별, 소수 민족 박해 등 다양한 세계 인권 문제가 나타나고 있다.

 ⑤ 국제 연합 난민 기구는 비정부 기구가 아니라 난민을 보호하고 돕기 위해 설립된 국제기구(정부 간 국제기구)이다.

서술형 문제

31쪽

1 주제: 사회적 소수자 차별

(1) **답안 키워드** 사회적 소수자, 인간 존엄성, 사회 갈등

(2) **예시 답안** 갑, 을, 병은 모두 사회적 소수자로서 차별을 받고 있다. 사회적 소수자에 대한 차별은 인간의 존엄성을 훼손할 뿐만 아니라 사회 갈등을 유발하여 사회 통합을 이루는 데 걸림돌이 된다.

채점 기준	
상	사회적 소수자를 쓰고, 인간 존엄성 훼손과 사회 갈등 유발을 모두 포함하여 사회적 소수자에 대한 차별의 문제점을 서술한 경우
중	사회적 소수자를 쓰고, 인간 존엄성 훼손과 사회 갈등 유발 중 한 가지만 포함하여 사회적 소수자에 대한 차별의 문제점을 서술한 경우
하	사회적 소수자만 쓴 경우

2 주제: 아동 노동

(1) **답** 아동 노동

(2) **예시 답안** 지구 공동체의 구성원으로서 세계시민 의식을 가지고 국제 인권 문제인 아동 노동 문제를 해결하기 위해 노력해야 한다.

채점 기준	
상	세계시민 의식을 포함하여 문제 해결을 위해 노력해야 한다고 서술한 경우
하	세계시민 의식을 포함하지 않고 문제 해결을 위해 노력해야 한다고만 서술한 경우

STEP 3 1등급 정복하기 32~33쪽

01 ③ **02** ④ **03** ④ **04** ①

01 성 불평등 현상

③ 제시된 표를 통해 정규직과 비정규직 모두에서 지속적으로 남녀 임금 격차가 나타나고 있음을 알 수 있다. 따라서 여성이 사회적 소수자로서 차별받고 있다고 판단하는 근거가 될 수 있다.

 ① 비정규직 여성은 정규직 여성보다 남성과의 임금 격차가 더 크고, 비정규직으로서 또다른 차별을 겪고 있기도 하다. ② 정규직과 비정규직에서 모두 남녀 간 평균 임금 격차는 지속적으로 감소하고 있다. ④, ⑤ 제시된 남녀 간 임금 격차는 개인적 측면보다 사회 구조적 측면에서 발생한 문제이므로 개인의 인식 변화보다 사회 구조의 개선을 통해 해결하는 것이 적절하다.

02 장애인 차별

ㄴ. 을은 주민들이 장애인을 차별적으로 인식하고 있다는 점을 지적하고 있다. ㄹ. 갑, 을은 장애인용 주차장 폐쇄를 부정적으로, 병은 긍정적으로 바라보고 있다.

 ㄱ. 갑은 법률을 개정하여 장애인 차별 행위를 엄하게 처벌할 것을 주장하므로 개인의 의식 변화보다는 제도 개선을 강조하고 있다. ㄷ. 병은 비장애인들이 이기적인 결정이 아니라 합리적인 결정을 내렸다고 본다.

03 청소년 근로 계약서

18세 미만의 연소 근로자는 성인 근로자와 마찬가지로 최저 임금 이상의 임금을 매월 일정한 날짜에 본인이 직접 받아야 한다.

 갑. 18세 미만의 청소년은 본인이 동의하면 1일 1시간의 연장

근로가 가능하다. 병. 18세 미만의 청소년은 보호자의 동의를 받아 청소년 본인이 직접 근로 계약을 체결해야 한다.

판서로 보는 고난도 개념	청소년 노동권
의미	청소년이 노동할 기회나 근로관계 등에서 정당한 대우를 받을 권리
보호	「근로 기준법」, 「청소년 보호법」 등으로 18세 미만 연소 근로자의 근로를 특별히 보호함

04 난민 협약

① 난민의 지위에 관한 국제 협약 제2조에 따라 난민은 자신이 체재하는 국가의 법령을 준수할 의무가 있다. 이 의무를 위반한 난민을 추방한 것은 난민 협약에 위배되지 않는다.

(바로 알기) ② 제26조에 따라 거주지를 선택할 권리를 인정해야 한다. ③, ⑤ 제3조에 따라 난민을 인종이나 종교로 차별하지 말아야 한다. ④ 제22조에 따라 난민에게 초등 교육을 제공해야 한다.

수능 첫걸음 34쪽

(실전 문항) 01 ③

01 청소년 노동권

첫 번째 문항. 연소 근로자는 사업주에게 단독으로 임금을 청구할 수 있다. 두 번째 문항. 연소 근로자는 사업주에게 근무 시간 중 휴게 시간을 요구할 수 있다. 세 번째 문항. 계약 내용과 상관없이 연소 근로자는 최저 임금을 보장받는다. 네 번째 문항. 법정 대리인의 동의가 있더라도 연소 근로자는 보건상 유해한 업종에 종사할 수 없다. 따라서 옳게 답한 개수는 갑 2개(1점+3점=4점), 을 2개(2점+4점=6점), 병 3개(1점+3점+4점=8점)이다.

대단원 실력 굳히기 36~37쪽

01 ⑤	02 ②	03 ③	04 ①	05 ④	06 ⑤	07 ④
08 ⑤						

01 인권의 특징

제시된 형성 평가에서 (2), (3), (4), (6)은 옳은 설명이고, (1), (5)는 틀린 설명이다. ⑤ 세계 인권 선언에서 인권을 인류의 보편적 가치라고 명시했으므로 'O'라고 응답하면 점수는 1점이다.

(바로 알기) ① ㉠~㉢에 모두 'O'가 들어가면 점수는 3점이다. ② ㉠~㉢에 모두 'X'가 들어가면 점수는 4점이다. ③ 갑은 이미 (2), (4)에서 점수를 얻었으므로 최소 2점을 얻을 수 있다. ④ 인권은 많은 사람의 투쟁을 통해 얻어진 것이므로 'O'라고 응답하면 점수는 1점이다.

02 인권 보장을 위한 제도적 장치

법치주의, 권력 분립 제도, 복수 정당제는 모두 국민의 인권을 보장하기 위한 헌법상의 제도적 장치이다.

03 인권의 발달 과정

제시된 인권의 발달 과정에서 A는 자유권, B는 사회권, C는 연대권이다.

(바로 알기) ③ (다)에는 제2차 세계 대전 후에 강조된 연대권의 내용이 들어갈 수 있다.

04 권력 분립 제도

제시된 헌법 조항은 권력 분립 제도와 관련이 있다. 권력 분립 제도는 권력의 남용을 막아 국민의 인권을 보장하고자 하는 헌법상 인권 보장의 장치이다.

(바로 알기) ㄷ. 권력 분립 제도는 의원 내각제에서도 인정된다. ㄹ. 권력 분립 제도는 국가 권력 기관 간의 견제와 균형을 강조한다.

05 인권의 구제 방법

제시된 사례에서 갑은 직업 활동의 자유, 즉 자유권을 침해당했다고 판단하여 헌법 소원 심판을 청구하였다. 한편, 위헌 법률 심판은 재판에서 특정한 법률의 위헌 여부가 문제가 되는 경우에 청구할 수 있다.

06 시민 참여

제시된 글에서 키비처는 적극적인 시민 참여를 강조하는 개념이다.

(바로 알기) ⑤ 키비처는 자신이 소속한 정당의 정책에 대해서도 적극적으로 의견을 제시하고, 잘못된 점을 비판할 수 있어야 한다.

07 사회적 소수자 문제의 해결 방안

제시된 캐릭터 제안서는 어린이가 사회적 소수자에 대한 편견을 극복하고 다양성을 존중할 수 있도록 이끌기 위한 의식 개선 활동의 일환이라고 평가할 수 있다.

(바로 알기) ㄹ. 사회적 소수자를 다른 사회 구성원보다 높게 대우하는 것이 아니라 동등하게 대우해야 한다.

08 이주 노동자 차별 문제

(가)에는 자기 자신을 대하듯 타인을 대하라는 보편 윤리가 나타나 있고, (나)에는 이주 외국인에 대한 차별 문제가 나타나 있다. 따라서 사회적 소수자에 대한 편견을 버리고 그들의 입장을 배려하려는 자세를 가져야 한다.

(바로 알기) ① 우리 사회의 문화를 강요하는 것이 아니라 그들의 문화를 인정하고 존중해야 한다. ② 외모의 차이를 '다름'으로 인식해야 한다. ③, ④ 이주 노동자 차별 문제에 대한 제도적 대안이 될 수 있지만, (가)의 관점과는 직접적인 관련이 없다.

01 / 정의의 의미와 실질적 기준
~ 02 / 다양한 정의관의 비교 및 적용

STEP 1 핵심 개념 확인하기 44쪽

1 (1) 교정 (2) 분배 **2** (1) × (2) ○ (3) ○
3 (1) – ⓒ (2) – ⓛ (3) – ㉠ **4** (1) 공 (2) 자 (3) 자
5 ㉠ 개인선(사익), ⓛ 공동선(공익)

STEP 2 내신 만점 공략하기 44~47쪽

01 ③ **02** ⑤ **03** ② **04** ② **04-1** ① **05** ⑤
06 ⑤ **07** ① **08** ④ **09** ① **10** ④ **11** ②
11-1 ⑤ **12** ① **13** ③

01 정의의 의미

을, 병. 정의란 각자가 자신이 받아야 할 몫을 공정하게 받도록 하는 것으로, 옳음이나 공정함, 평등함과 같은 의미이다. 정의는 공정한 절차와 기준에 따라 잘못한 사람이 합당한 처벌을 받고, 구성원들이 서로 신뢰할 수 있게 하여 사회 통합에 기여한다. 즉, 정의로운 사회에서는 개인이나 집단 간의 갈등을 공정하게 처리하고 구성원들이 공동체의 발전을 위해 협력하게 한다.

(바로 알기) 갑. 정의는 사회의 여러 갈등을 조정함으로써 사회 질서를 유지하게 한다. 정. 정의는 각자가 자신이 받아야 할 몫을 공정하게 받도록 한다.

02 교정적 정의

자료 분석 | 칸트
• 갑: 형벌은 범죄자 자신이나 사회의 다른 선을 촉진하기 위해 가해지는 것이 아니라 오직 범죄를 저질렀기 때문에 가해지는 것이다. *잘못을 저지른 것에 상응하는 처벌을 하는 것이 옳다고 보는 응보주의 관점이야.*
• **베카리아** 을: 형벌은 범죄를 억제하기에 충분할 정도의 강도만을 지녀야 한다. 사형보다 고통이 길게 유지되어 오랫동안 본보기로 기능하는 형벌이 필요하다. *범죄 예방, 사회적 이익 증진을 위해 처벌이 필요하다고 보는 공리주의 관점이야.*

①, ② 갑은 응보주의 관점을 지니며, 살인자에 대한 처벌은 그에 상응하는 사형이어야 교정적 정의가 실현된다고 본다. ③, ④ 을은 공리주의 관점을 지니며, 형벌은 사회적 선을 높이기 위한 목적으로 시행되어야 하며 형벌을 사회적 선의 실현이라고 본다.

(바로 알기) ⑤ 형벌이 범죄 예방 기능을 하는 것이 중요하다고 보는 것은 을의 입장에 대한 설명이다. 갑은 형벌에 대해 사회의 다른 선을 촉진하기 위해

가해지는 것이 아니라 오직 범죄를 저질렀기 때문에 가해지는 것이라고 본다.

✦ **이건 꼭 암기!** 형벌에 관한 응보주의 관점과 공리주의 관점의 입장
• 형벌의 목적은 범죄에 상응하는 보복 → 응보주의
• 형벌의 목적은 범죄 예방 및 공동체의 이익 증진 → 공리주의

03 교정적 정의와 분배적 정의

ㄱ, ㄹ. ㉠은 교정적 정의, ⓛ은 분배적 정의이다. 아리스토텔레스는 정의를 일반적 정의와 특수적 정의로 구분하고, 특수적 정의를 다시 교정적 정의, 분배적 정의, 교환적 정의로 구분하였다.

(바로 알기) ㄴ. 능력, 업적, 필요는 주로 분배적 정의의 실질적 기준이다. ㄷ. 교환적 정의는 동일한 가치를 지닌 것끼리 교환될 수 있게 하는 것을 의미한다.

04 분배적 정의의 실질적 기준

갑은 잠재력이 뛰어난 학생에게 장학금을 분배해야 한다고 주장하므로 능력을 분배 기준으로, 을은 장학금을 가정 형편이 어려운 학생이 받아야한다고 주장하므로 필요를 분배 기준으로, 병은 대회 수상 경력에 따라 장학금을 분배해야 한다고 주장하므로 업적을 분배 기준으로 삼고 있다는 것을 알 수 있다.

✦ **이건 꼭 암기!** 분배적 정의의 실질적 기준
• 전문적 지식과 자질을 기준으로 분배하는 것 → 능력에 따른 분배
• 성과와 실적 정도에 따라 분배하는 것 → 업적에 따른 분배
• 사회적 약자에게 우선적으로 분배하는 것 → 필요에 따른 분배

04-1 ㄱ, ㄴ. 업적만을 강조하다 보면 업적을 쌓기 위한 과열 경쟁으로 구성원 간에 갈등이 발생할 수 있다. 또한 서로 다른 영역에서의 업적은 비교 및 평가가 어렵다는 단점이 있다.

(바로 알기) ㄷ, ㄹ. 업적을 기준으로 분배할 경우 사회적 약자에 대한 배려가 부족하여 이들에게 불리한 결과가 나타날 수 있다.

05 업적에 따른 분배

밑줄 친 '이것'에 따른 분배는 업적에 따른 분배이다. ⑤ 업적을 기준으로 분배할 경우 업적을 쌓기 어려운 사회적 약자에 대한 배려가 부족하여 이들에게 불리한 결과가 나타날 수 있다.

06 능력과 필요에 따른 분배

(가)는 능력에 따른 분배, (나)는 필요에 따른 분배에 해당한다. ⑤ 능력과 필요에 따른 분배 모두 개인에게 공정한 몫을 분배하기 위한 노력이다.

(바로 알기) ① 능력에 따른 분배는 개인이 지닌 재능과 잠재력을 발휘할 기회를 제공하지만, 선천적·우연적 요소가 개입되어 사회 불평등을 초래할 수 도 있다. ②, ③ 능력에 따른 분배 기준에 대한 설명이다. ④ 업적에 따른 분배는 필요에 따른 분배에 비해 사회 불평등을 초래할 가능성이 높다.

07 능력에 따른 분배의 상대적 특징
① 능력에 따른 분배는 필요에 따른 분배에 비해 사회 불평등 개선 정도(X)는 낮고, 선천적·우연적 요소 개입 정도(Y)는 높고, 생산성과 효율성을 높이는 정도(Z)도 높으므로 그림의 ⓒ이다.

08 자유주의적 정의관의 대표적 사상가
갑은 소유 권리로서의 정의를 강조한 노직이고, 을은 공정으로서의 정의를 강조한 롤스이다. ④ 노직과 롤스 모두 타인의 권리와 자유를 침해하는 것에 대해 국가가 개입할 수 있다고 본다.

(바로 알기) ① 노직은 재분배를 위한 과세는 국가에 의한 강제 노동에 해당한다고 보고 반대한다. ② 노직은 사회적·경제적 불평등이 발생해도 정의 실현이 가능하다고 본다. ③ 노직은 타인의 권리를 침해하지 않는 한에서 개인의 자유가 보장되는 사회가 정의롭다고 본다. ⑤ B에 들어갈 내용이다.

✦ **이건 꼭 알기!** 자유주의적 정의관의 대표적 사상가
• 공정으로서의 정의 + 불평등 해결을 위한 국가의 필요성 인정 → **롤스**
• 소유권으로서의 정의 + 국방, 치안 유지 등 최소한의 역할만 하는 최소 국가 인정 → **노직**

09 자유주의적 정의관의 특징
갑과 을은 모두 자유주의적 정의관을 지닌다. ㄱ, ㄴ. 자유주의적 정의관은 누구나 독립된 자아로서 자유로운 선택을 할 수 있다고 본다. 또한 개인의 자유와 권리를 최대한 보장하여 개인선을 실현하는 것이 정의롭다고 본다.

✦ **이건 꼭 알기!** 자유주의적 정의관
개인의 자유와 권리 중시 + 사익(개인선) 실현 → **자유주의적 정의관**

10 공동체주의적 정의관의 특징
제시된 글은 공동체주의적 정의관의 대표적 사상가인 매킨타이어의 주장이다. ④ 매킨타이어는 개인의 정체성이 공동체의 구체적인 맥락 속에서 형성되며, 공동체는 개인의 도덕적 삶에 중요한 토대가 된다고 본다. 또한 공동선이 실현될 때 개인의 좋은 삶, 개인선이 자연스럽게 이루어질 수 있다고 본다.

(바로 알기) ①, ②, ③, ⑤ 자유주의적 정의관에 대한 설명이다.

✦ **이건 꼭 알기!** 공동체주의적 정의관
개인이 속한 공동체가 지니는 의미 중시 + 공익(공동선) 실현 → **공동체주의적 정의관**

11 자유주의적 정의관과 공동체주의적 정의관
(가)는 개인은 공동체로부터 독립된 자율적 존재이며, 개인의 자유로운 이익 추구가 이루어질 때 공동체의 이익도 달성된다고 주장하므로 자유주의적 정의관에 해당한다. (나)는 개인의 정체성이 공동체의 영향을 받으며 형성되며, 공동체가 발전함으로써 개인의 행복한 삶도 가능하다고 주장하는 것으로 보아 공동체주의적 정의관에 해당한다. ② 자유주의적 정의관은 개인의 자유와 권리를 보장하여 개인선을 실현하는 것이 정의로움이라고 본다.

(바로 알기) ①, ④ 공동체주의적 정의관에 대한 설명이다. 자유주의적 정의관은 공동체를 개인의 좋은 삶을 위한 수단으로 본다. ③ 공동체주의적 정의관은 공동체의 발전을 위한 개인의 책임과 희생의 필요성을 주장하지만, 무조건적 희생을 강요하는 집단주의와는 다르다. ⑤ 자유주의적, 공동체주의적 정의관 모두 개인의 이익과 공동체의 이익이 배타적이라고 보지 않는다.

✦ **이건 꼭 알기!** 자유주의적 정의관, 공동체주의적 정의관
• 무연고적 자아, 공동체는 개인선 실현의 수단 → **자유주의적 정의관**
• 연고적 자아, 공동체는 개인 삶의 중요한 토대 → **공동체주의적 정의관**

11-1 ⑤ 자유주의적 정의관에서는 공동체를 개인의 자유와 권리를 실현하기 위한 수단으로 보는 반면, 공동체주의적 정의관에서는 공동체를 개인의 정체성 형성의 기반으로 본다.

(바로 알기) ① 갑과 을 모두 긍정의 대답을 할 질문이다. ②~④ 갑은 부정, 을은 긍정의 대답을 할 질문이다.

12 다양한 정의관의 적용
제시된 글은 공유지의 비극이다. ① 공유지의 비극은 일정 수의 소를 수용할 수 있는 규모의 공동 목초지에 농부들이 더 많은 이익을 얻기 위해 소를 더 방목했을 때 목장 자체의 생태계가 파괴되어 아무도 사용할 수 없게 되는 상황을 이르는 말이다. 이를 통해 지나친 사익 추구는 공익을 침해한다는 교훈을 얻을 수 있다.

(바로 알기) ② 사익과 공익은 상호 보완적인 관계로 균형 있게 추구해 나갈 수 있다. ③, ④ 제시된 글과 관련 없다. ⑤ 사익과 공익 중 어느 하나를 무조건 우선적으로 추구하기보다 조화를 이루어야 한다. 개인의 권리와 사익을 최대한 보장하고, 개인은 사회적 책무를 다하며 공익을 지향하는 공동체를 만들어 나가야 한다.

13 다양한 정의관의 적용
감염병 확산으로 인한 마스크 착용 의무화에 대해 갑은 개인의 자유와 권리를 침해할 수 있다고 보고 반대하고 있다. 이는 자유주의적 정의관의 입장에 해당한다. 반면, 을은 공공 안전과 공동체의 건강을 위해 마스크 착용 의무화에 찬성하고 있는 것으로 보아 공동체주의적 정의관에 해당한다. 따라서 갑은 자유주의적, 을은 공동체주의적 정의관의 입장을 지닌다. ③ 공동체주의적 정의관은 공동선이 잘 실현될 때 개인의 좋은 삶도 가능하다고 본다.

(바로 알기) ①, ② 자유주의적 정의관은 개인의 자유가 다른 사람의 자유를 침해하지 않는 선에서 최대한 보장되어야 한다고 본다. ④ 자유주의적 정의관에 대한 설명이다. 공동체주의적 정의관은 공동체를 개인의 삶과 정체성에 있어 중요한 토대로 본다. ⑤ 자유주의적 정의관, 공동체주의적 정의관은 모두 개인선과 공동선을 상호 보완적 관계로 본다.

✦ **이건 꼭 알기!** 각 관점에서 본 개인과 공동체의 역할
• 개인선의 실현이 공동선의 실현으로 이어짐 → **자유주의적 정의관**
• 공동선이 실현될 때 개인선도 실현될 수 있음 → **공동체주의적 정의관**

서술형 문제

1 주제: 분배적 정의의 실질적 기준

(1) **답안 키워드** 업적, 성취동기, 사회적 약자

(2) **예시 답안** 업적에 따라 사회적 재화와 가치를 분배하면 개인의 성취동기를 자극하여 생산성을 높일 수 있다는 장점이 있다. 그러나 업적을 지나치게 강조하면 구성원 간 경쟁이 과열되어 사회적 갈등으로 이어질 수 있고, 업적을 쌓기 어려운 사회적 약자에 대한 배려가 부족해져 빈부 격차가 커질 수 있다.

채점 기준	
상	업적에 따른 분배 기준의 장점과 단점을 모두 서술한 경우
하	업적에 따른 분배 기준의 장점과 단점 중 한 가지만 서술한 경우

2 주제: 자유주의적 정의관과 공동체주의적 정의관

(1) **답** 갑: 공동체주의적 정의관, 을: 자유주의적 정의관

(2) **예시 답안** 개인의 정체성은 공동체의 역사적 맥락에서 형성되며, 개인은 공동체와 분리된 독립된 존재라고 볼 수 없다. 따라서 개인은 초과 이윤세와 같이 공익을 실현하는 제도를 통해 자신이 속한 공동체의 발전을 위해 노력해야 할 의무가 있다.

채점 기준	
상	공동체주의적 정의관의 입장에서 자유주의적 정의관에 제기할 수 있는 비판을 정확하게 서술한 경우
하	공동체주의적 정의관과 자유주의적 정의관을 단순하게 비교한 경우

STEP 3 1등급 정복하기

01 ② **02** ④

01 형벌에 관한 관점

┌ 자료 분석 ┐

형벌의 목적은 범죄자가 시민들에게 해악을 입힐 가능성을 방지하고 일반 시민들이 유사한 행위를 할 가능성을 억제하는 것이다. 형벌은 범죄를 억제하기 충분한 정도의 강도만을 지녀야 한다. 타인의 생명을 앗아간 범죄를 저지른 사람에 대해서는 고통이 길게 유지되어 오랫동안 본보기로 기능하는 형벌이 필요하다. └ 사형을 통해 범죄 예방 효과를 기대하기는 어려우며, 사형을 대체한 종신 노역형이 범죄 예방에 더 효과적이라고 보았어.

제시된 글의 내용을 주장한 사상가는 베카리아이다. ①, ③, ④, ⑤ 베카리아는 공리주의 관점에서 교정적 정의를 실현해야 한다고 보았다. 즉, 형벌은 범죄 예방 효과를 달성하는 정도로만 부과되어야 하며, 형벌을 사회적 이익 증진을 위한 수단이라고 여긴 것이다. 또한 사형을 통해 범죄 예방 효과를 기대하기 어려우며, 사형보다 종신 노역형이 범죄 예방 효과가 더 크다고 주장하였다.

바로 알기 ② 베카리아는 살인과 같은 강력 범죄에 대한 처벌은 사형보다 범죄 예방 효과가 큰 종신 노역형이 바람직하다고 보았다.

02 롤스와 노직의 정의관

(가)의 갑은 롤스, 을은 노직이다. ㄱ. 갑은 긍정, 을은 부정의 대답을 할 질문이다. 롤스는 사회적 약자를 포함한 모두의 이익을 위해 국가가 적극적인 역할을 해야 한다고 보았다. 반면, 노직은 개인의 소유권을 침해하지 않고 개인의 권리를 보호하는 역할만을 수행하는 최소 국가가 정당하다고 보았다. ㄴ. 갑이 긍정의 대답을 할 질문이다. 롤스는 기본적 자유를 제한할 수 없으나, 더 큰 자유를 위해서라는 예외적인 경우에는 제한될 수 있다고 주장한다. ㄹ. 을이 긍정의 대답을 할 질문이다. 노직은 개인 간에 자유롭게 체결된 계약이 제대로 이행되지 않는다면 오히려 개인의 소유권이 침해될 수 있으므로 국가는 개인의 소유권 보장을 위해 자유롭게 체결된 계약의 이행을 강제할 수 있다고 주장하였다.

바로 알기 ㄷ. 갑이 부정의 대답을 할 질문이다. 갑에 따르면 사회적·경제적 불평등은 모든 사람에게 이익이 되면서 최소 수혜자에게 최대 이익을 보장할 수 있을 때 허용된다.

판서로 보는 고난도 개념 국가의 역할에 관한 롤스와 노직의 입장

롤스	• 사회적·경제적 불평등을 해결하기 위해 국가의 적극적인 역할이 필요하다고 봄 • 국가는 사회적 약자의 복지를 배려해야 함
노직	• 국가의 소득 재분배 정책은 개인의 자유와 권리를 침해함 • 사회적 약자의 삶은 개인의 자발적인 자선 행위를 통해 개선할 수 있음

수능 첫걸음

실전 문항 01 ②

01 롤스와 노직의 정의관

갑은 롤스, 을은 노직이다. ㄱ. 롤스는 사회, 경제적 불평등이 최소 수혜자에게 최대 이익을 주는 경우에 한하여 정당화될 수 있다고 보며 차등의 원칙을 강조한다. 차등의 원칙은 천부적 능력의 차등이 있어도 성립된다. ㄹ. 롤스와 노직은 모두 자유주의적 정의관을 지니며, 개인의 자유가 최대한으로 보장되는 사회가 정의롭다고 본다. 이에 개인의 사유 재산에 대한 소유권은 불가침적 권리를 지닌다고 본다.

바로 알기 ㄴ. 노직은 개인의 자유로운 경제활동을 통해 부의 분배가 자연스럽게 이루어진다고 보며, 국가는 소유물의 분배에 부정의가 발생하지 않는 한 개입해서는 안 된다고 본다. ㄷ. 노직은 소유물 취득의 정당성은 취득 및 이전 과정에서 부정의가 발생하지 않는 한 인정되며, 개인의 소유물을 타인의 처지 개선이나 복지를 위해 사용하도록 국가가 강제할 수 없다고 본다.

03 / 불평등 해결과 정의의 실현

1 (1) 양극화 (2) 공간 불평등   **2** (1) 성장 거점 (2) 공공 부조
3 (1) – ⓒ (2) – ⓒ (3) – ⑦   **4** (1) × (2) ○ (3) ×   **5** 역차별

01 ②   **02** ①   **03** ③   **04** ④   **05** ⑤   **06** ⑤
06-1 ②   **07** ⑤   **08** ②   **08-1** ②   **09** ③

01 사회 불평등의 발생 원인

제시된 사례에는 폭염에 따른 피해가 빈곤층에 집중되는 사회 불평등 현상이 나타나 있다. 이러한 현상이 발생하는 원인은 사회적 희소 가치인 부가 불균등하게 분배되고 있기 때문이다.

(바로 알기) ① 사회 이동이 빈번하게 이루어지면 사회 불평등 현상은 오히려 완화될 수 있다. ③ 사회 계층 중에서 중층의 비중이 줄어들면서 상층과 하층의 비중이 늘어나는 현상을 사회 계층의 양극화라고 한다. 사회 계층 중에서 상층, 중층, 하층이 모두 증가하는 것은 사회 불평등 현상의 발생 원인으로 보기 어렵다. ④ 사회 불평등 현상은 경제적 영역에 한정되지 않고, 다른 영역에까지 이어진다. ⑤ 사회 불평등 문제는 이를 해결하려는 개인의 의지와 노력이 과도하기 때문이 아니라 부족하기 때문에 발생할 수 있다.

02 사회 불평등의 영향

ㄱ, ㄴ. 사회 불평등은 계층 간 위화감을 조성하고, 사회 갈등을 심화시켜 안정적인 국가 발전과 사회 통합을 저해한다. 또한 사회 불평등과 사회 계층의 양극화가 심화될수록 사회적 약자들은 빈곤, 질병, 차별 등 더 많은 어려움을 겪는다.

(바로 알기) ㄷ. 부, 권력, 명예, 지위 등의 사회적 가치를 둘러싼 경쟁은 오히려 심화될 것이다. ㄹ. 사회 불평등은 개인이나 집단 간에 서열화가 나타나는 현상을 말한다. 따라서 사회 불평등이 개인이나 집단 간의 서열화 현상을 약화시킨다는 설명은 옳지 않다.

✦ **이건 꼭 알기!**   사회 불평등의 영향
사회 불평등 → 계층 간 위화감 조성, 사회 갈등 → 사회 통합 저해

03 사회 계층의 양극화

중위 소득 50~150% 가구는 사회 계층에서 중층에 해당한다. 따라서 제시된 그림에서는 중층의 비율이 전반적으로 감소하고 있는 현상을 확인할 수 있다. ③ 사회 계층 중에서 중층의 비중이 줄어들면서 상층과 하층의 비중이 늘어나는 현상을 사회 계층의 양극화라고 한다. 따라서 사회 계층 중 중층의 비율이 감소하면 사회 계층의 양극화 현상이 심화될 수 있다.

(바로 알기) ① 사회 계층의 양극화가 심화되면 계층 간 이동이 어려워질 것이다. ② 사회 불평등이 심화될수록 부의 대물림 현상은 늘어날 가능성이 높다. ④ 사회 계층의 양극화는 사회 전반에 부정적인 영향을 미칠 수 있으며, 결과적으로는 중층뿐만 아니라 모든 사회 계층에 불리하게 작동할 것이다. ⑤ 사회 불평등 문제는 개인적 요인보다 사회·구조적 요인에 의해 발생하는 경우가 많다.

✦ **이건 꼭 알기!**   사회 계층의 양극화 현상
사회 계층 중에서 중층의 비중이 줄어들고, 상층과 하층의 비중이 늘어나는 현상 → 계층 이동의 어려움, 계층의 대물림, 계층간 위화감 조성 → 사회 발전의 동력 약화

04 사회적 약자

사회적 약자는 성별, 나이, 신체적 조건, 인종, 경제적 지위 등을 이유로 사회 안에서 불리한 위치에 있는 사람을 의미한다. ① 사회적 약자에는 여성, 노인, 어린이, 장애인, 빈곤층 등이 있다. ② 불평등을 바로잡기 위해 사회적 약자에게 일정한 혜택을 제공하는 것을 적극적 평등 실현 조치라고 한다. 따라서 사회적 약자는 적극적 평등 실현 조치의 대상이 될 수 있다. ③ 사회적 약자에 대한 비합리적인 선입견이나 편견 때문에 차별이 발생하기 쉽다. ⑤ 사회적 약자는 어느 한 측면에서가 아니라 정치, 경제, 사회·문화 등 다양한 측면에서 불평등하게 대우받는다.

(바로 알기) ④ 사회적 약자는 과거부터 많은 사회에서 차별의 대상이 되어 왔고, 오늘날 현대 사회에서도 사회적 약자에 대한 차별은 지속되고 있다. 따라서 사회적 약자에 대한 차별이 엄격하게 금지되어 왔다고 보기 어렵다.

05 사회적 약자에 대한 차별

자료 분석

갑은 새벽에 전동 휠체어를 타고 출근한다. 그는 집을 나서면서 걱정이 먼저 몰려온다. 지하철을 탈 때면 지하철 승강기 앞에서는 비장애인들과 함께 줄을 서서 한참 기다려야 하고, 간신히 승강기를 타면 왜 장애인이 아침부터 나오느냐면서 불만을 쏟아 내는 사람도 있기 때문이다.

제시된 사례에는 전동 휠체어를 탄 장애인이 출근길 대중교통을 이용할 때 겪는 불편과 차별적 시선에 대한 내용이 담겨 있다. 장애인이 왜 아침부터 나오느냐며 불만을 쏟아 낸 시민의 태도에는 사회적 약자에 대한 편견과 차별이 담겨 있다.

(바로 알기) ①, ② 사회 불평등의 유형이지만, 제시된 사례와는 직접적인 관련이 없다. 제시된 사례에는 사회 불평등의 유형 중 사회적 약자에 대한 차별이 나타나 있다. ③ 제시된 사례에는 장애인을 배려하는 사회 복지 제도가 제대로 갖추어지지 않아 장애인의 이동권이 제약되고 있는 상황이 나타나 있다. 사회 불평등의 내용에 해당한다. ④ 제시된 사례에는 장애인에게 혜택을 주는 적극적 평등 실현 조치가 나타나고 있지 않다.

06 사회 복지 제도

우리나라는 사회 불평등을 해결하고, 국민이 최소한의 인간다운 삶을 살 수 있도록 하기 위해 사회 복지 제도를 실시하고 있다. 사회 복지 제도에는 사회 보험, 공공 부조, 사회 서비스 등이 있고, 이 중 사회 보험과 공공 부조는 금전적인 방법으로 이루어지는 반면, 사회 서비스는 비금전적 지원을 원칙으로 한다.

(바로 알기) ① 고용 보험은 사회 보험이지만, 기초 연금은 공공 부조이다. ② 노인 맞춤 돌봄 서비스, 가사·간병 서비스는 사회 서비스에 해당한다. ③ 국민연금은 사회 보험에 해당하고, 의료 급여는 공공 부조에 해당한다. ④ 일정한 소득이 있는 사람은 의무적으로 가입해야 하는 사회 복지 제도는 사회 보험이다.

✦ 이건 꼭 맘기! 사회 복지 제도의 종류
• 사회 보험: 국민연금, 국민 건강 보험, 고용 보험, 산업 재해 보상 보험 등
• 공공 부조: 국민 기초 생활 보장 제도, 기초 연금, 의료 급여, 교육 급여
• 사회 서비스: 노인 맞춤 돌봄 서비스, 장애인 활동 지원, 가사·간병 서비스 등

06-1 사회 보험은 소득이 있는 개인, 정부, 기업이 보험료를 분담하여 만든 보험으로 국민에게 발생하는 사회적 위험에 대처하기 위한 제도이다.

(바로 알기) ㄱ. 일정한 소득이 있는 사람은 사회 보험에 의무적으로 가입해야 한다. ㄷ. 생활 유지 능력이 없는 계층의 생활을 지원하는 제도는 사회 보험이 아니라 공공 부조이다.

07 적극적 평등 실현 조치 사례

여성 이사 할당제는 성별에 따른 차별과 불평등을 최소화하기 위한 적극적 평등 실현 조치로, 성별에 따른 불평등 문제를 최소화하기 위한 노력이라고 할 수 있다. 이는 여성의 사회 진출을 장려하는 데 이바지할 수 있고, 여성에 대한 차별 문제를 완화하는 효과도 가져올 수 있다.

(바로 알기) ⑤ 여성 이사 할당제와 같은 적극적 평등 실현 조치에서 사회적 약자에 대한 혜택이 지나친 경우에는 반대편이 오히려 차별을 받는 역차별 현상이 발생할 수 있다.

✦ 이건 꼭 맘기! 적극적 평등 실현 조치
• 의미: 불평등을 바로잡기 위해 사회적 약자에게 일정한 혜택을 제공하는 것
• 사례: 여성 할당제, 장애인 의무 고용 제도, 다양한 대입 특별 전형 등
• 한계: 역차별의 문제가 나타날 수 있음.

08 공간 불평등

제시된 자료에는 대도시와 촌락(읍·면) 간 학업 성취도의 차이가 나타나 있다. 국어, 수학, 영어 세 과목 모두에서 대도시의 학업 성취도가 촌락보다 높은 것으로 보아 대도시와 촌락 간에 교육 격차가 나타나고 있음을 알 수 있다. 우리나라는 성장 거점 개발 정책의 추진으로 수도권과 도시 지역은 크게 성장했지만 비수도권과 촌락 지역은 인구가 유출되고 경제적으로 침체되었다.

이러한 공간 불평등은 도시와 촌락의 소득 불평등뿐만 아니라 교육 불평등으로도 이어지고 있다.

(바로 알기) ㄴ. 우리나라의 공간 불평등은 성장 거점 개발로 인해 발생한 것이므로, 이를 해결하기 위해서는 균형 개발이 추진되어야 한다. ㄷ. 지역 간 학업 성취도 격차에는 공간 불평등이라는 사회적 측면에서의 원인이 작용했다고 할 수 있지만, 학생의 능력이나 노력 등 개인적 측면에서의 원인도 존재할 수 있다.

✦ 이건 꼭 맘기! 공간 불평등의 영향
지역 간에 사회적 희소가치가 불균등하게 분배되어 경제적·사회적·문화적 수준의 차이가 나타나는 현상 → 지역 간 삶의 질 격차로 갈등 발생 → 사회 통합 저해

08-1 우리나라는 빠른 경제 성장을 위해 정부 주도로 성장 거점 개발 정책을 추진하였고, 그 결과 수도권과 도시 지역은 인구가 집중되고 경제적으로 크게 성장했지만 비수도권과 촌락 지역은 인구가 유출되고 경제적으로 침체되면서 공간 불평등이 발생하였다.

(바로 알기) ㄴ. 국토의 불균형 발전을 추구한 결과로 공간 불평등 현상이 발생하였다. ㄹ. 지역 격차 완화 정책의 실시는 공간 불평등 현상을 해소하기 위한 방안이다.

09 지역 격차 완화 정책

제시된 글에서는 지역의 특성을 살려 지역 이미지를 높이고 경쟁력을 향상하기 위한 장소 마케팅 전략을 소개하고 있다. 이는 지역 경제의 활성화를 통한 공간 불평등 해소 노력에 해당한다.

(바로 알기) ① 성장 거점 개발이란 투자 효과가 크고 경제활동의 기반이 잘 갖추어진 지역을 성장 거점으로 선정하고 자본과 기술을 집중 투자하여 주변 지역으로 개발 효과가 파급되도록 하는 개발 방식을 말한다. 이는 우리나라에서 지역 격차가 발생한 원인이므로 지역 격차 완화 정책으로 보기 어렵다. ②, ④ 지역 격차 완화 정책의 일환이지만 제시된 글의 내용과는 직접적인 관련이 없다. ⑤ 적극적 평등 실현 조치는 사회적 약자에 대한 차별 문제를 해소하기 위해 필요한 방안이다.

🟡 서술형 문제 54쪽

1 주제: 사회 계층의 양극화
(1) 답안 키워드 사회 계층의 양극화, 갈등, 계층 이동
(2) 예시 답안 사회 계층의 양극화 현상이 나타나면 사회 구성원 간 갈등이 심화되고 계층 이동이 어려워질 수 있다.

채점 기준	
상	사회 계층 양극화의 문제점을 두 가지 서술한 경우
하	사회 계층 양극화의 문제점을 한 가지만 서술한 경우

2 주제: 공간 불평등의 해결 노력

(1) **답** 공간 불평등

(2) **예시 답안** 상생형 지역 일자리 사업은 지역 경쟁력을 강화함으로써 지역 간에 사회적 희소가치가 불균등하게 분배되어 경제적·사회적·문화적 수준의 차이가 나타나는 공간 불평등을 해결하는 데 이바지할 수 있다.

채점 기준	
상	상생형 지역 일자리의 효과를 공간 불평등의 의미를 포함하여 서술한 경우
하	상생형 지역 일자리의 효과를 공간 불평등의 의미를 포함하지 않고 서술한 경우

STEP 3 1등급 정복하기 55쪽

01 ⑤ **02** ④

01 불평등 문제 해결을 위한 노력

제시된 사례들에서는 법률을 통해 사회적 소수자에 대한 차별을 개선하고자 하였으나 사회적 인식이나 분위기가 개선되지 않아 불평등이 지속되는 상황을 보여 준다. 따라서 사회적 소수자 차별을 개선하기 위해서는 법·제도적 노력만으로는 한계가 있고, 시민 개개인의 인식 개선이 필요함을 추론할 수 있다.

바로 알기 ① 제시된 사례에 장애인에 대한 차별과 연령에 따른 차별의 정도를 비교할 수 있는 근거는 나타나 있지 않다. ② 제시된 사례에는 노인과 장애인의 고용을 활성화하기 위한 제도적 노력이 나타나 있다. 하지만 이러한 노력이 역차별로 이어졌는지는 제시된 사례를 통해 확인할 수 없다. ③ 사회적 소수자를 규정하는 기준은 시간의 흐름에 따라 변할 수 있다. ④ 제시된 사례에서는 적극적 평등 실현 조치가 시행되었지만, 사회적 약자에 대한 편견은 여전히 개선되지 않아 나타나는 문제점을 지적하고 있다.

✦ 이건 꼭 알기! 적극적 평등 실현 조치
- 장점: 사회적 약자가 겪고 있는 불평등을 완화할 수 있음
- 한계: 혜택의 정도가 과도할 경우 역차별의 문제가 발생할 수 있음

02 사회 복지 제도

자료 분석
- 갑: 어머니가 몇 년 전에 실직하고 재취업 활동을 하실 때 여러 가지 어려움이 있었는데, 직업 능력 개발 사업을 실시하고 실업 급여를 제공하는 ㉠ 고용 보험의 혜택을 받아서 잘 극복하실 수 있었대.
  └ 사회 보험의 한 종류로 국민들의 사회적 위험(질병, 실직 등)에 대처하기 위해 마련된 제도야.
- 을: 그러셨구나. 내 친구의 할아버지는 고령으로 몸이 불편해서 일상생활이 어려웠는데, 가사·활동 지원, 주간 보호 서비스 등을 제공하는 ㉡ 노인 맞춤 돌봄 서비스를 신청해서 생활이 많이 편해지셨대.
  └ 사회 서비스의 한 종류로 도움과 보호가 필요한 국민에게 각종 서비스를 제공하는 제도야.

갑의 어머니는 실직 후 고용 보험의 혜택을 받아 재취업에 필요한 직업 능력을 개발하고, 실업 급여를 통해 경제적 어려움을 해소하였다. 을의 친구 할아버지는 고령으로 도움이 필요했는데, 노인 맞춤 돌봄 서비스를 통해 혜택을 받았다. ④ 갑의 어머니가 혜택을 받은 고용 보험은 사회 보험의 한 종류이고, 사회 보험은 금전적인 방법으로 지원이 이루어진다. 이에 반해 을의 친구 할아버지가 혜택을 받은 노인 맞춤 돌봄 서비스는 사회 서비스의 한 종류이고, 사회 서비스는 비금전적 지원을 원칙으로 한다.

바로 알기 ① 기초 연금은 공공 부조에 해당하고, 고용 보험은 사회 보험에 해당한다. ② 고용 보험 등 사회 보험의 보험료는 소득이 있는 개인, 기업, 정부가 분담한다. ③ 저소득층의 자립을 목적으로 하는 것은 공공 부조이다. 사회 서비스는 도움이 필요한 국민에게 상담, 재활, 돌봄, 복지 시설 이용 등 각종 서비스를 제공하는 제도이다. ⑤ 일정한 조건을 만족하면 의무적으로 가입해야 하는 것은 사회 보험인 고용 보험에만 해당하는 설명이다.

판서로 보는 고난도 개념 우리나라의 사회 복지 제도

사회 보험	• 소득이 일정 수준 이상이면 의무적으로 가입해야 함 • 사회적 위험을 사전에 예방하는 제도의 성격이 강함 • 개인, 기업, 정부가 보험료를 분담함
공공 부조	• 이미 어려움을 겪고 있는 국민을 대상으로 하므로 사후 처방적 성격이 강함 • 국가와 지방 자치 단체가 모든 비용을 부담함
사회 서비스	• 비금전적 지원을 원칙으로 함 • 도움이 필요한 국민을 대상으로 함

수능 첫걸음 56쪽

실전 문항 **01** ⑤

01 적극적 평등 실현 조치 사례

제시된 자료는 A가 살아가면서 스스로 겪은 혹은 주변 사람들이 겪은 사회적 소수자로서의 삶을 그린 내용이다. 여성, 장애인, 외국인이라는 이유로 차별과 편견을 겪은 내용이 담겨 있다. ⑤ C는 시각 장애인만 안마사가 될 수 있도록 한 제도의 적용을 받았고, E는 장애인 의무 고용 제도의 적용을 받았다. 두 제도는 모두 사회적 소수자의 불리한 위치를 개선하기 위해 마련된 적극적 평등 실현 조치에 해당한다.

바로 알기 ① 외국인이자 여성이라는 이유로 부당한 대우를 받은 A와 난민이자 여성이라는 이유로 부당한 대우를 받은 B는 모두 한 개인이 여러 사회적 소수자 집단에 중첩되어 속할 수 있음을 보여 준다. ② 난민이자 여성이라는 이유로 부당한 대우를 받은 B는 선천적 요인뿐 아니라 후천적 요인으로도 차별을 받았고, 어린 시절의 사고로 시각 장애인이 된 C는 후천적 요인으로 인해 차별을 받았다. ③ D는 사회적 소수자 집단이 아니라는 이유로 적극적 우대 조치에 의해 역차별을 받았다며 국가 기관에 문제를 제기하였다. ④ A는 사회적 소수자에 대한 차별을 제도적으로 해결하고자 하였지만, D는 그렇지 않다.

01 분배적 정의의 실질적 기준

(가)는 능력에 따른 분배, (나)는 업적에 따른 분배, (다)는 필요에 따른 분배에 해당한다. ④ 능력에 따른 분배는 능력의 우열을 명확히 가리기 어려운 반면, 업적에 따른 분배는 각자가 달성한 결과를 객관화·수량화할 수 있어서 평가와 측정이 비교적 쉽다.

(바로 알기) ① 능력에 따른 분배는 개인의 창의성 실현의 기회를 제공한다. ② 업적에 따른 분배는 서로 다른 영역 간의 업적을 비교하기 어렵다. ③ 필요에 따른 분배는 개인의 성취동기를 낮춰 경제적 효율성을 떨어뜨릴 수 있다. ⑤ 필요에 따른 분배는 사회적 약자에게 자원을 우선적으로 배분하므로 업적에 따른 분배에 비해 사회적 약자가 소외될 가능성이 낮다.

02 업적에 따른 분배

자료 분석

00 신문 　　　　　　　　　　　　　　2000년 ○○월 ○○일

　　　—— 업적을 분배 기준으로 삼고 있어.
A 기업에서는 근무 연수가 늘어나면 자동으로 급여가 인상되는 호봉제 대신, 성과에 따라 급여 수준이 책정되는 성과 연봉제를 도입하기로 했다고 밝혔다. 한편 B 기업에서는 성과 연봉제 도입에 따른 부작용을 우려하며 성과 연봉제 도입에 반대하는 입장을 밝혔다. 　업적을 분배 기준으로 삼는 것을 경계하고 있어.

ㄴ, ㄷ. 업적을 분배 기준으로 삼을 경우 업적을 쌓기 위한 과열 경쟁으로 부정이 저질러질 우려가 있다. 또한 질병, 장애 등의 이유로 업적을 쌓기 어려운 사회적 약자에 대한 배려가 부족해질 수 있다.

(바로 알기) ㄱ. 업적에 따른 분배는 개인의 성취동기를 높인다는 장점이 있다. ㄹ. 능력에 따른 분배에 대한 설명이다.

03 자유주의적 정의관

제시된 글은 자유주의적 정의관의 입장이다. ① 자유주의적 정의관의 관점에서는 개인이 사회에 우선하고, 사회는 자유롭고 독립적인 개인들의 합에 지나지 않는다고 본다. 즉, 개인이 타인의 자유를 침해하지 않는 선에서 사회나 국가는 개인이 원하는 삶의 목적과 방식에 따라 삶을 스스로 계획하고 살아갈 수 있도록 중립적 입장에서 개인의 자유로운 선택권과 자율성을 최대한 허용하고, 특정한 가치나 삶의 방식 등을 강제해서는 안 된다고 본다.

04 자유주의적 정의관과 공동체주의적 정의관

갑은 자유주의적, 을은 공동체주의적 정의관의 입장이다. ㄷ, ㄹ. 공동체주의적 정의관은 공동체의 가치와 전통을 존중하는 삶을 강조하며, 공동선은 언제나 개인선보다 우선한다고 본다.

(바로 알기) ㄱ. 갑은 자유주의적 정의관으로 공동체는 개인의 자유와 권리 보장을 위한 수단이라고 본다. ㄴ. 갑은 개인의 소유권은 타인의 권리를 침해하지 않는 한에서 보장될 수 있다고 본다.

05 다양한 정의관의 적용

제시된 안내문을 보고 갑은 공동체주의적 정의관, 을은 자유주의적 정의관의 입장을 보인다. ② 자유주의적 정의관은 개인은 어떤 삶이 좋은 삶인지 스스로 결정할 수 있고, 국가나 공동체는 개인에게 특정한 가치나 삶의 방식 등을 강제해서는 안 된다고 본다.

(바로 알기) ① 갑은 공동체주의적 정의관의 입장이므로 개인선의 실현보다 공동선의 실현을 우선시할 것이다. ③ 공동체주의적 정의관이 지나칠 경우 나타날 수 있는 문제점이다. ④ 갑은 공동선의 실현을 중시하므로 사회적 약자를 보호하기 위한 국가의 정책에 찬성할 것이다. ⑤ 공동체에 관한 소속감을 중시하는 것은 을이 아니라 갑이다.

06 소득 불평등

제시된 자료는 연령대별 지니 계수의 변화를 나타낸 것으로, 연령이 높을수록 소득 불평등도가 높게 나타나고 있음을 확인할 수 있다. 이러한 소득 격차를 해소하려면 노인들의 고용 및 경제활동이 원활하게 이루어질 수 있도록 제도적 지원이 필요하다.

(바로 알기) ㄱ. 연령에 따라 소득 불평등도가 큰 차이를 보이고 있는 상황에서 세대 간 갈등이 약화되고 있다고 단정하기는 어렵다. ㄴ. 제시된 자료를 통해 노인이 경제적 측면에서 불평등한 대우를 받고 있음을 알 수 있다. 노인은 여성, 어린이, 장애인, 빈곤층 등과 함께 우리 사회의 대표적인 사회적 약자에 해당한다.

07 사회 계층의 양극화

제시된 자료에서와 같이 소득 격차가 심해질수록 사회 계층의 양극화 현상이 심화될 수 있고, 이로 인해 계층 간 위화감이 조성되고 사회 갈등이 발생할 수 있다. 소득 격차로 인한 사회 불평등 현상은 국가 발전의 안정감과 사회 통합을 저해하는 요인으로 작용하며, 경제적 영역뿐만 아니라 삶의 여러 측면에도 부정적인 영향을 미칠 수 있다.

(바로 알기) ④ 소득 격차의 심화로 인한 사회 계층의 양극화 현상이 나타나면 계층이 고착화되므로 사회 이동이 어려워진다.

08 적극적 평등 실현 조치에 대한 찬반 입장

A 모둠은 대입 전형에서 사회적 약자에 혜택을 주는 제도의 실시에 찬성하는 입장이고, B 모둠은 대입 전형에서 사회적 약자에 혜택을 주는 제도의 실시에 반대하는 입장이다. (가), (다)에는 A 모둠에서 할 수 있는 주장이 들어가야 하고, (나), (라)에는 B 모둠에서 할 수 있는 주장이 들어가야 한다.

(바로 알기) ㄹ. 사회적 배려 대상자 전형과 같은 적극적 평등 실현 조치가 필요하다고 보는 것은 A 모둠에서 할 수 있는 주장이다. B 모둠은 적극적 평등 실현 조치에 반대할 것이다.

시장경제와 지속가능발전

01 / 자본주의의 전개 과정과 경제 체제

STEP 1 **핵심 개념 확인하기**   64쪽

1 자본주의   **2** (1) ○ (2) × (3) ○   **3** (1) － ⓒ (2) － ㉠ (3) － ⓒ
4 (1) 계 (2) 시 (3) 시 (4) 계   **5** ㉠ 시장경제, ⓒ 계획경제

STEP 2 **내신 만점 공략하기**   64~67쪽

01 ④   **02** ③   **02-1** 자유방임주의   **03** ④   **04** ③
05 ②   **05-1** ③   **06** ⑤   **07** ①   **07-1** ④
08 ⑤   **09** ④   **10** ⑤   **11** ⑤   **12** ②

01 자본주의

(가)에는 자본주의의 특징이 들어가야 한다. 자본주의는 일반적으로 시장경제 체제와 결합하며, 사유 재산권과 자유로운 경제활동을 보장하고, 시장 가격에 따라 상품을 거래하는 체제이다.

(바로 알기) ㄹ. 자본주의에서는 자원 배분 시 형평성보다는 효율성을 더 중시한다.

✦ **이건 꼭 알기!** **자본주의의 특징**
사유 재산권 보장, 자유로운 경제활동 보장, 사적 이익의 추구 인정 등

02 산업 자본주의

산업 자본주의는 애덤 스미스의 자유방임주의를 토대로 한다. 애덤 스미스는 경제활동의 자유를 최대한 보장할 때 사회 전체의 이익도 커지므로, 국가의 간섭을 최소한으로 줄여야 한다고 주장하였다. ③ 산업 자본주의는 산업 혁명으로 상품의 대량 생산이 가능해지면서 발달하였다.

(바로 알기) ①, ② 석유 파동으로 발생한 스태그플레이션과 정부 실패를 해결하기 위해 등장한 것은 신자유주의이다. ④ 중상주의 정책이 추진된 것은 상업 자본주의 시기이다. ⑤ 산업 자본주의 이후 나타난 독점 자본주의에 대한 설명이다.

✦ **이건 꼭 알기!** **산업 자본주의**
· 등장 배경: 산업 혁명으로 상품의 대량 생산이 가능해지면서 발달
· 특징: 상품의 생산 과정에서 부가 가치를 창출하여 이윤을 얻음, 애덤 스미스의 자유방임주의를 근거로 경제활동의 자유를 보장하고 작은 정부를 추구함

02-1 애덤 스미스는 개인의 자유로운 경제활동을 강조하는 자유방임주의를 주장하였다.

03 수정 자본주의

수정 자본주의는 시장 실패, 대공황으로 발생한 재고 급증, 물가 폭락, 기업 도산, 대량 실업 등의 문제를 해결하기 위해 등장하였다. ④ 수정 자본주의는 시장의 한계를 보완하고자 시장에 적극적으로 개입하는 큰 정부를 추구하였다.

(바로 알기) ①은 신자유주의, ②는 상업 자본주의, ③은 산업 자본주의와 신자유주의, ⑤는 산업 자본주의에 대한 설명이다.

✦ **이건 꼭 알기!** **수정 자본주의**
· 등장 배경: 시장 실패 및 대공황에 따른 경기 침체 해결을 위해 등장
· 특징: 시장의 한계를 보완하기 위해 큰 정부를 추구함

04 신자유주의

㉠은 신자유주의이다. ㄴ, ㄷ. 신자유주의는 정부의 역할을 줄이고 시장의 기능과 민간의 자유로운 경제활동을 강화해야 한다고 주장하며, 노동 시장 유연화를 추진하였다.

(바로 알기) ㄱ, ㄹ. 사회 보장 제도 강화 및 대규모 공공사업 시행은 수정 자본주의에서 시행한 정책이다.

✦ **이건 꼭 알기!** **신자유주의에서 추진한 정책**
세금 감면, 복지 축소, 공기업 민영화, 기업 규제 완화, 노동 시장 유연화, 자유 무역 확대 등

05 자본주의의 역사적 전개 과정

(가)는 상업 자본주의, (나)는 신자유주의, (다)는 산업 자본주의, (라)는 수정 자본주의이다. ② 신자유주의는 정부의 역할을 축소하는 정책을 추진하였다.

(바로 알기) ① 산업 혁명을 계기로 등장한 것은 산업 자본주의이다. ③ 산업 자본주의 시기에는 작은 정부를 지향하였다. ④ 석유 파동을 계기로 등장한 것은 신자유주의이다. ⑤ 수정 자본주의는 산업 자본주의에 비해 정부의 적극적 역할을 강조하였다.

05-1 자본주의는 (가) 상업 자본주의 － (다) 산업 자본주의 － (라) 수정 자본주의 － (나) 신자유주의 순으로 전개되었다.

✦ **이건 꼭 알기!** **자본주의의 역사적 전개 과정**
상업 자본주의 → 산업 혁명 → 산업 자본주의 → 대공황 → 수정 자본주의 → 석유 파동 → 신자유주의

06 산업 자본주의의 한계

①, ②, ③, ④ 산업 자본주의의 발달로 나타난 사회문제이다.

(바로 알기) ⑤ 공기업의 적자 심화는 산업 자본주의의 발달에 따라 나타난 사회문제로 보기 어렵다.

07 시장경제 체제와 계획경제 체제

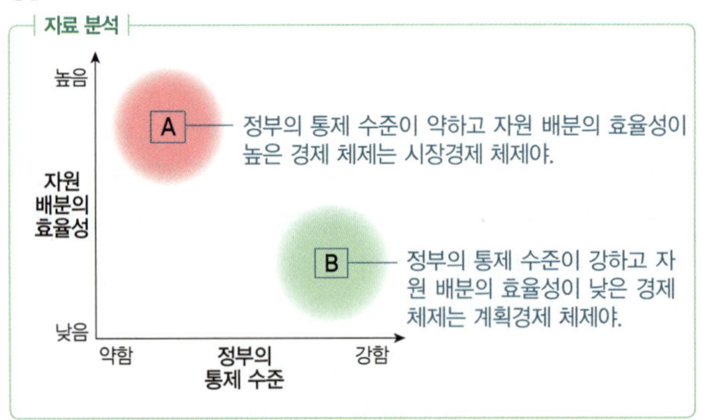

정부의 통제 수준이 약하고 자원 배분의 효율성이 높은 A는 시장 경제 체제이고, 정부의 통제 수준이 강하고 자원 배분의 효율성이 낮은 B는 계획경제 체제이다. ① 시장경제 체제는 개인의 자유로운 경제활동과 사적 이익 추구를 보장한다.

(바로 알기) ② 시장경제 체제에서는 분배의 형평성보다 효율성을 더 강조한다. ③ 계획경제 체제에서는 사유 재산권 및 경제활동의 자유가 제한되어 경제 주체의 창의성과 근로 의욕이 저해될 수 있다. ④, ⑤ 시장 가격의 기능을 중시하고, 정부의 역할 축소를 지향하는 것은 시장경제 체제이다.

◆ 이건 꼭 맘기! 시장경제 체제와 계획경제 체제의 의미
- 시장경제 체제: 시장 원리와 민간 경제 주체의 경제활동을 통해 경제 문제를 해결하는 경제 체제
- 계획경제 체제: 정부의 계획과 명령에 따라 경제 문제를 해결하는 경제 체제

07-1 ④ 시장경제 체제에서 계획경제 체제로 전환할 경우 국가의 정책 목표를 더 효과적으로 달성할 수 있게 될 것이다.

(바로 알기) ①, ②, ③, ⑤ 계획경제 체제에서 시장경제 체제로 전환할 경우 예상되는 변화에 해당한다.

08 시장경제 체제에서 나타나는 경제 행위

ㄷ, ㄹ. 시장경제 체제에서는 민간 경제 주체의 자유로운 경제활동을 보장한다.

(바로 알기) ㄱ, ㄴ. 정부의 계획과 명령에 따라 경제 문제를 해결하는 경제 체제는 계획경제 체제이다.

◆ 이건 꼭 맘기! 시장경제 체제와 계획경제 체제의 특징 비교
- 시장경제 체제: 생산 수단의 사유화 가능, 경제 문제를 시장 원리에 따라 해결, 자원 배분의 효율성 강조
- 계획경제 체제: 생산 수단의 국·공유화가 원칙, 경제 문제를 정부의 계획과 명령에 따라 해결, 자원 배분의 형평성을 실현할 수 있음

09 시장경제 체제와 계획경제 체제

A는 계획경제 체제, B는 시장경제 체제이다. ㄴ. 시장경제 체제에서는 각 경제 주체들의 이윤 동기를 자극하여 사회 전체의 효율성을 증대시킨다. ㄹ. 우리나라는 시장경제 체제를 바탕으로 계획경제 체제의 요소가 가미된 혼합 경제 체제를 운용하고 있다.

(바로 알기) ㄱ. 자유로운 경제활동을 중시하는 경제 체제는 시장경제 체제이다. ㄷ. 기본적인 경제 문제는 모든 경제 체제에서 나타난다.

◆ 이건 꼭 맘기! 기본적인 경제 문제
- 생산물의 종류와 수량: 무엇을 얼마나 생산할 것인가?
- 생산 방법: 어떻게 생산할 것인가?
- 분배 방식: 누구에게 분배할 것인가?

10 시장경제 체제와 계획경제 체제

(가)는 정부의 명령에 따라 배급량이 결정되었으므로 계획경제 체제, (나)는 시장에서 정해진 가격에 따라 소비자가 소비량을 결정하였으므로 시장경제 체제이다. ⑤ 민간 경제 주체 간의 경쟁은 시장경제 체제에서 더 많이 나타난다.

(바로 알기) ① 계획경제 체제는 자원 배분의 효율성보다 형평성을 강조한다. ②, ④ 생산 수단의 사유화를 금지하고, 경제 문제 해결에 있어 정부의 역할을 강조하는 것은 계획경제 체제이다. ③ 기업의 이윤 추구 동기는 계획경제 체제보다 시장경제 체제에서 더 강하게 나타난다.

11 시장경제 체제와 계획경제 체제

⑤ 계획경제 체제는 생산물의 종류와 수량을 정부가 결정하는 경제 체제이고, 시장경제 체제는 경제 주체의 이윤 추구 동기가 강하게 나타나는 경제 체제이다.

(바로 알기) ①, ②, ③, ④ 생산 수단의 국·공유화가 원칙인 경제 체제는 계획경제 체제이다. 시장경제 체제에서는 시장 원리에 따라 경제 문제를 해결하고, 각 경제 주체의 자유로운 이윤 추구를 중시하며, 생산 수단의 사적 소유를 인정한다. 또한 빈부 격차, 급격한 경기 변동에 따른 실업과 인플레이션 등의 문제가 나타날 수 있다. 기본적인 경제 문제는 모든 경제 체제에서 발생한다.

◆ 이건 꼭 맘기! 시장경제 체제의 장점과 한계
- 장점: 시장 가격의 작동에 따른 효율적 자원 배분, 개인의 능력과 창의성 발휘 가능, 각 경제 주체의 이윤 동기 자극 → 사회 전체의 효율성 증대
- 한계: 빈부 격차, 급격한 경기 변동에 따른 실업 및 인플레이션, 환경 오염 등의 문제 발생

12 시장경제 체제와 계획경제 체제

갑국은 계획경제 체제, 을국은 시장경제 체제이다. ② 시장경제 체제에서는 생산물의 종류와 수량 등 기본적인 경제 문제가 시장 원리에 따라 결정된다.

(바로 알기) ① 기본적인 경제 문제는 모든 경제 체제에서 나타난다. ③ 경제적 유인을 강조하는 것은 시장경제 체제이다. ④ 시장경제 체제에서는 민간 경제 주체의 사유 재산권이 법적으로 보장된다. ⑤ 자원 배분에 있어서 시장경제 체제는 효율성을, 계획경제 체제는 형평성을 더 강조한다.

서술형 문제
67쪽

1 주제: 자본주의의 역사적 전개 과정
(1) 답안 키워드 작은 정부, 큰 정부

(2) 예시 답안 (가)를 계기로 산업 자본주의, (나)를 계기로 수정 자본주의가 등장하였다. 산업 자본주의에서는 자유방임주의를 근거로 경제활동의 자유를 보장하고, 작은 정부를 추구하였다. 반면, 수정 자본주의에서는 시장의 한계를 극복하기 위해 큰 정부를 추구하였다.

채점 기준	
상	산업 자본주의와 수정 자본주의를 쓰고, 작은 정부와 큰 정부를 포함하여 각 자본주의 유형의 특징을 서술한 경우
하	산업 자본주의와 수정 자본주의라고만 쓴 경우

2 주제: 혼합 경제 체제

예시 답안 우리나라는 혼합 경제 체제를 운용하고 있다. 헌법 제119조 제①항을 통해 우리나라가 시장경제 체제를 채택하고 있음을 알 수 있고, 제②항을 통해 필요한 경우 정부가 시장경제에 개입하는 계획경제 체제의 요소가 결합되어 있음을 알 수 있다.

채점 기준	
상	헌법 조항을 근거로 들어 혼합 경제 체제를 운용하고 있음을 서술한 경우
하	혼합 경제 체제를 운용하고 있다고만 서술한 경우

STEP 3 1등급 **정복하기** 68쪽

01 ② **02** ②

01 자본주의의 역사적 전개 과정

A는 대공황, B는 석유 파동이다. ② (다) 시기에는 대공황에 따른 경기 침체를 해결하고자 수정 자본주의를 바탕으로 대규모 공공사업이 실시되었다.

(바로 알기) ① 세금 감면, 기업 규제 완화 등의 정책은 신자유주의에서 추진되었다. ③ (라) 시기에는 신자유주의를 바탕으로 국가의 경제 개입이 축소되었다. ④ 산업 자본주의와 신자유주의는 모두 작은 정부를 지향하였다.

> **판서로 보는 고난도 개념** 자본주의의 역사적 전개 과정
>
> **상업 자본주의**
> (16~18세기)
> – 등장 배경: 신항로 개척, 중상주의 정책
> – 특징: 상품 유통 과정에서 이윤 추구
> ↓
> **산업 자본주의**
> (18~19세기)
> – 등장 배경: 산업 혁명 → 대량 생산 체제 구축
> – 특징: 자유방임주의, 작은 정부 추구
> ↓
> **수정 자본주의**
> (20세기 중반)
> – 등장 배경: 시장 실패, 대공황
> – 특징: 큰 정부 추구 → 공공사업 시행 등
> ↓
> **신자유주의**
> (20세기 후반)
> – 등장 배경: 석유 파동 → 스태그플레이션
> – 특징: 정부 역할 축소, 경제활동의 자유 강조

02 시장경제 체제와 계획경제 체제

㉠은 시장경제 체제, ㉡은 계획경제 체제이다. ㄱ, ㄷ. 시장경제 체제는 일반적으로 자본주의와 결합하며, 자유로운 경제활동을 보장함으로써 소비자의 다양한 욕구를 반영할 수 있다.

(바로 알기) ㄴ. 계획경제 체제에서는 사유 재산권과 경제활동의 자유가 제한된다. ㄹ. 시장경제 체제는 자원 배분의 효율성을 더 중시하며, 빈부 격차 문제가 나타날 수 있다.

수능 첫걸음 69쪽

(실전 문항) **01** ②

01 시장경제 체제와 계획경제 체제

채점 결과가 2점이므로 답란에 서술된 내용은 모두 옳은 내용이다. 따라서 A는 계획경제 체제, B는 시장경제 체제이다. ② 시장경제 체제에서는 개별 경제 주체의 자유로운 경제활동이 보장된다.

(바로 알기) ① 희소성에 의한 경제 문제는 모든 경제 체제에서 발생한다. ③ 자원 배분에 있어서 시장경제 체제는 효율성을, 계획경제 체제는 형평성을 강조한다. ④ 계획경제 체제에서는 원칙적으로 사유 재산권이 보장되지 않는다. ⑤ 생산물의 종류와 수량을 정부가 결정하는 것은 계획경제 체제의 특징이므로, (가)에 들어갈 수 없다.

02 합리적 선택과 경제 주체의 역할

STEP 1 핵심 개념 **확인하기** 72쪽

1 기회비용 **2** (1) 매몰 비용 (2) 최소, 최대 **3** (1) ○ (2) ○ (3) × (4) × **4** ㉠ 공공재, ㉡ 무임승차자 **5** (1) – ㉠ (2) – ㉢ (3) – ㉣ (4) – ㉡

STEP 2 내신 만점 **공략하기** 72~75쪽

01 ⑤ **02** ② **03** ② **04** ④ **05** ② **05-1** ⑤
06 ④ **07** ⑤ **07-1** ④ **08** ④ **09** ④ **10** ①
11 ② **12** ⑤

01 기회비용과 매몰 비용

(가)는 매몰 비용, (나)는 기회비용이다. ② 합리적 선택을 하려면 선택에 따라 새롭게 발생하는 비용과 편익만 고려해야 한다. ④ 기회비용은 명시적 비용과 암묵적 비용의 합이다.

(바로 알기) ⑤ 합리적 선택은 편익이 기회비용보다 큰 대안을 선택하는 것이다.

◆ 이건 꼭 맘기! 합리적 선택의 방법
• 편익에서 기회비용을 뺀 순편익이 가장 큰 대안을 선택해야 함
• 이미 지출하여 회수할 수 없는 비용인 매몰 비용은 고려해서는 안 됨

02 합리적 선택

| 자료 분석 |

○○ 고등학교 1학년 1반 학생들은 <u>주말에 함께 야구 경기를 보러 가기로 하였다.</u> 경기 관람료는 1만 원이다. 주말에 하루 임금이 5만 원인 아르바이트를 하고 있는 갑은 ㉠ 임금을 포기하고 야구 경기를 보러 가기로 결정하였다. 반면, 주말에 태권도를 배우고 있는 을은 태권도 수업을 하루 빠진다고 해서 학원비를 돌려 받을 수 있는 것이 아님에도 ㉡ 이미 지불한 태권도 학원비가 아까워 야구 경기를 보지 않기로 결정하였다.

> ㉠ 선택의 명시적 비용에 해당해.
> ㉠ 선택의 암묵적 비용에 해당해.
> 어떤 선택을 해도 돌려받을 수 없는 비용으로, 매몰 비용에 해당해.

ㄱ. ㉠에 따른 갑의 명시적 비용은 야구 경기 관람료 1만 원이다. ㄹ. 태권도 학원비는 이미 지출하여 회수할 수 없는 비용이므로 매몰 비용에 해당한다.

(바로 알기) ㄴ. 갑의 기회비용은 명시적 비용과 암묵적 비용을 합한 6만 원이다. 따라서 ㉠이 합리적 선택이 되려면 ㉠에 따른 갑의 편익이 6만 원보다 커야 한다. ㄷ. 매몰 비용을 고려하는 것은 합리적 선택이라고 할 수 없다.

03 매몰 비용

제시된 사례를 통해 투자 비용과 같이 이미 지출하여 회수할 수 없는 매몰 비용에 집착하는 것은 비합리적 선택임을 알 수 있다. 따라서 (가)에는 매몰 비용을 고려하지 않아야 한다는 내용이 들어가는 것이 가장 적절하다.

04 합리적 선택

ㄱ. ㉠은 A국 여행을 선택할 때 실제로 지출하는 비용이므로, 명시적 비용이다. ㄴ. ㉡과 같은 매몰 비용에 집착하는 것은 합리적 선택이라고 볼 수 없다. ㄹ. 합리적 선택은 순편익이 가장 큰 대안을 선택하는 것이다.

(바로 알기) ㄷ. B국 여행의 암묵적 비용은 A국 여행의 가치이다. A국 여행의 가치는 A국 여행의 편익에서 명시적 비용인 본인 부담금을 뺀 값이다.

◆ 이건 꼭 맘기! 명시적 비용과 암묵적 비용
• 명시적 비용: 어떤 것을 선택할 때 실제로 지출하는 비용
• 암묵적 비용: 어떤 것을 선택할 때 그 선택으로 인해 포기한 대안의 가치 중 가장 큰 가치

05 합리적 선택

② 떡볶이 선택에 따른 순편익은 1,000원으로, 쫄면 선택에 따른 순편익 -1,000원보다 크다. 따라서 갑은 떡볶이를 선택하는 것이 합리적이다.

(바로 알기) ① 쫄면 선택의 명시적 비용은 8,000원이고, 암묵적 비용은 떡볶이의 가치인 5,000원이다. 따라서 쫄면 선택의 기회비용은 13,000원이다. ④ 떡볶이 선택의 암묵적 비용은 쫄면의 가치인 4,000원이다. ⑤ 떡볶이 선택의 기회비용은 9,000원으로, 쫄면 선택의 기회비용이 더 크다.

◆ 이건 꼭 맘기! 합리적 선택의 고려 사항
• 기회비용: 명시적 비용과 암묵적 비용을 합친 것
• 편익: 경제적 선택을 통해 얻게 되는 이익이나 만족감

05-1 ㄷ, ㄹ. 합리적 선택은 편익에서 기회비용을 뺀 순편익이 가장 큰 대안을 선택하는 것이다.

(바로 알기) ㄱ, ㄴ. 합리적 선택을 할 때는 편익과 기회비용을 고려해야 하며, 기회비용은 명시적 비용과 암묵적 비용의 합이다.

06 시장 실패

㉠은 시장 실패이다. ①, ②는 독과점, ③은 정보의 비대칭, ⑤는 긍정적 외부 효과에 해당한다.

(바로 알기) ④ 공공재는 비경합성과 비배제성이 있어 공급을 시장에 맡기면 사회적으로 필요한 만큼 충분히 공급되지 않는다.

◆ 이건 꼭 맘기! 공공재 공급 부족
공공재의 비경합성과 비배제성 → 무임승차자 문제 발생 → 기업은 공공재 생산으로 이윤을 얻기 어려움 → **공공재 공급 부족**(공급을 시장에 맡기면 사회적으로 필요한 만큼 충분히 공급되지 않음)

07 외부 효과

(가)는 긍정적 외부 효과, (나)는 부정적 외부 효과의 사례이다. ② 긍정적 외부 효과는 다른 경제 주체에게 의도하지 않은 이익을 주지만 대가를 받지 않는 것이다. ④ 부정적 외부 효과는 다른 경제 주체에게 의도하지 않은 피해를 주지만 대가를 치르지 않는 것으로, 사회적 최적 수준보다 많이 생산·소비되는 문제가 발생한다.

(바로 알기) ⑤ 긍정적 외부 효과가 발생하는 경제활동은 사회적 최적 수준보다 적게 생산·소비된다.

◆ 이건 꼭 맘기! 외부 효과
• 긍정적 외부 효과: 다른 경제 주체에게 의도하지 않은 이익을 주지만 대가를 받지 않는 상태 → 사회적 최적 수준보다 적게 생산·소비됨
• 부정적 외부 효과: 다른 경제 주체에게 의도하지 않은 피해를 주지만 대가를 치르지 않는 상태 → 사회적 최적 수준보다 많이 생산·소비됨

07-1 ㄴ. 긍정적 외부 효과가 발생하는 경제활동은 사회적 최적 수준보다 적게 생산·소비되는 문제가 나타난다. ㄹ. (가)는 긍정적 외부 효과, (나)는 부정적 외부 효과의 사례에 해당한다.

(바로 알기) ㄱ. (가)는 다른 경제 주체에게 의도하지 않은 이익을 주지만 대가를 받지 않는 상태인 긍정적 외부 효과의 사례이다. 무임승차자의 소비를 배제할 수 없어 나타나는 것은 공공재 부족 문제이다. ㄷ. 외부 효과는 시장에서 자원이 효율적으로 배분되지 못하는 시장 실패의 유형에 해당한다.

08 공공재 공급 부족

제시된 글에는 공공재 공급 부족 문제가 나타나 있다. 등대와 같은 공공재는 비경합성과 비배제성이 있어 시장에 맡기면 사회적으로 필요한 만큼 충분히 공급되지 않는다.

09 불공정 거래 행위

담합을 통해 경쟁을 피하는 행위는 불공정 거래 행위에 해당한다. 우리나라는 공정 거래 위원회를 설치하여 이러한 불공정 거래 행위를 규제하고 있다.

10 시장 실패의 유형과 정부의 역할

(가)에는 공공재 공급 부족, (나)에는 부정적 외부 효과, (다)에는 생산·소비를 장려하는 긍정적 유인이 들어갈 수 있다.

(바로 알기) ㄴ. 공공재의 사례이다. ㄹ. (가), (나)는 모두 시장 실패의 유형으로, 정부의 시장 개입이 필요하다는 주장의 근거가 된다.

11 기업가 정신

(가)는 기업가 정신에 해당한다. 기업가 정신은 통찰력, 창의력 등을 토대로 위험과 불확실성을 무릅쓰고 기업을 성장시키고자 하는 정신으로, 새로운 상품이나 기술을 개발하는 것, 시장을 개척하는 것, 경영 조직을 혁신하는 것 등이 기업가 정신을 발휘한 사례에 해당한다.

(바로 알기) ② 상품의 추가 생산을 위해 노동자의 임금을 줄이는 것은 기업가 정신을 발휘한 사례라고 보기 어렵다.

12 노동자의 역할과 책임

⑤ 지속가능발전을 위해 노동자는 근로권, 노동 3권 등 노동자의 권리를 인식해야 한다.

(바로 알기) ①, ②, ③ 사용자와 상생 관계를 형성해야 한다. ④ 근로 계약을 성실히 이행해야 한다.

서술형 문제 75쪽

1 주제: 부정적 외부 효과

(1) **답안 키워드** 부정적 외부 효과, 의도, 대가

(2) **예시 답안** 사례에 나타난 시장 실패의 유형은 부정적 외부 효과에 해당한다. 부정적 외부 효과는 다른 경제 주체에게 의도하지 않은 피해를 주지만 대가를 치르지 않는 상태를 의미한다.

채점 기준	
상	부정적 외부 효과를 쓰고, 의도, 대가를 포함하여 그 의미를 서술한 경우
중	부정적 외부 효과를 쓰고, 의도, 대가 중 한 가지만 포함하여 그 의미를 서술한 경우
하	부정적 외부 효과만 쓴 경우

2 주제: 윤리적 소비

(1) **답** 윤리적 소비

(2) **예시 답안** 윤리적 소비란 상품이 만들어지는 전 과정이 소비와 연결되어 있음을 인식하고 환경과 공동체 등을 고려하는 소비를 말한다. 윤리적 소비를 실천함으로써 시장경제가 원활하게 작동하게 하고, 지속가능발전에 이바지할 수 있다.

채점 기준	
상	윤리적 소비를 쓰고, 그 의미와 의의를 모두 서술한 경우
중	윤리적 소비를 쓰고, 그 의미와 의의 중 한 가지만 서술한 경우
하	윤리적 소비만 쓴 경우

01 ③   **02** ②

01 합리적 선택

표는 갑, 을의 선택에 따른 편익, 기회비용, 순편익을 나타낸 것이다.

(단위: 만 원)

구분	갑		을	
	A	B	A	B
편익	12	16	13	㉠
기회비용	14	14	㉠−2	15
순편익	−2	2	15−㉠	㉠−15

ㄴ. 갑은 B 선택의 순편익이 A 선택의 순편익보다 크므로 B를 선택하는 것이 합리적이다. ㄷ. 을이 B를 선택할 때 명시적 비용은 10만 원, 암묵적 비용은 5만 원이므로 기회비용은 15만 원이다.

(바로 알기) ㄱ. 갑이 A를 선택할 때 암묵적 비용은 B의 가치인 6만 원이다. ㄹ. ㉠이 14만 원일 경우 을은 A 선택의 순편익이 1만 원, B 선택의 순편익이 −1만 원이므로 A를 선택하는 것이 합리적이다.

판서로 보는 고난도 개념 합리적 선택의 방법

편익   경제적 선택을 통해 얻게 되는 이익이나 만족감

—

기회비용
- 의미: 명시적 비용과 암묵적 비용의 합
- 명시적 비용: 선택에 따라 실제로 지출하는 비용
- 암묵적 비용: 선택으로 인해 포기한 대안의 가치 중 가장 큰 가치 ⑩ A 선택의 암묵적 비용은 B의 가치(B 선택의 편익−명시적 비용)

↓

순편익   편익에서 기회비용을 뺀 순편익이 가장 큰 대안을 선택하는 것이 합리적 선택임

02 시장 실패

㉠은 과점, ㉡은 긍정적 외부 효과이다. ② 과점 상황에서는 소수 기업이 담합하여 재화나 서비스의 가격과 생산량을 결정할 수 있으므로 소비자가 피해를 보게 된다.

(바로 알기) ① 무임승차자 문제는 공공재의 비경합성과 비배제성으로 인해 발생한다. 공유자원은 경합성을 가진다. ③ 긍정적 외부 효과를 유발하는 재화나 서비스는 사회적 최적 수준보다 적게 생산되거나 소비된다. ④ 긍정적 외부 효과는 다른 경제 주체에게 의도하지 않은 이익을 주지만 대가를 받지 않는 상태를 말한다. ⑤ 과점과 긍정적 외부 효과는 모두 시장 실패의 유형으로, 자원이 효율적으로 배분되지 못하는 문제가 나타난다.

수능 첫걸음   77쪽

실전 문항 **01** ⑤

01 시장 실패

대가를 지불하지 않은 사람의 소비를 막을 수 없는 특성은 비배제성이다. 두 사례에서는 모두 재화와 서비스의 비배제성으로 인해 시장 실패가 나타났다.

03 / 자산 관리와 금융 생활

STEP 1   **핵심 개념 확인하기**   80쪽

1 ㉠ 요구불, ㉡ 정기 적금   **2** (1) 주 (2) 채   **3** (1)-㉠ (2)-㉢ (3)-㉡   **4** (1) × (2) ○ (3) ○   **5** (1) 높아진다 (2) 감소 (3) 수익성

STEP 2   **내신 만점 공략하기**   80~83쪽

01 ⑤   **02** ④   **03** ②   **04** ②   **05** ②   **06** ②
06-1 A   **07** ②   **07-1** ㉡   **08** ②   **09** ③
10 ③   **11** ③   **12** ①

01 예금의 종류

일정 기간 돈을 맡기고 이자를 받는 상품은 저축성 예금으로, 매달 정해진 금액을 맡기는 정기 적금(B)과 목돈을 한 번에 맡기는 정기 예금(A)으로 나뉜다. ㄴ. 정기 적금은 목돈 마련을 목적으로 가입한다. ㄷ. 요구불 예금은 돈이 필요할 때마다 자유롭게 찾을 수 있다.

(바로 알기) ㄱ. 입출금이 자유로운 예금 상품은 요구불 예금이다.

✦ **이건 꼭 알기!**   저축성 예금의 종류
• 정기 예금: 목돈을 한 번에 맡기는 상품
• 정기 적금: 일정 금액을 정기적으로 납입하는 상품

02 금융 자산의 특징

④ 예금자 보호 제도의 적용을 받는 자산은 예금이다. 갑이 보유한 예금의 총액은 정기 적금 500만 원과 정기 예금 400만 원의 합인 900만 원이다.

(바로 알기) ① 저축성 예금의 총액은 정기 적금 500만 원과 정기 예금 400만 원의 합인 900만 원이다. ② 이자 수익을 기대할 수 있는 자산의 총액은 채권 300만 원과 저축성 예금 900만 원의 합인 1,200만 원이다. ③ 시세 차익을 기대할 수 있는 자산의 총액은 채권 300만 원과 주식 200만 원의 합인 500만 원이다. ⑤ 자산 운용 기관이 투자금을 모아 주식, 채권 등에 투자하는 간접 투자 상품은 펀드이다. 갑은 펀드를 보유하고 있지 않다.

03 금융 자산의 특징

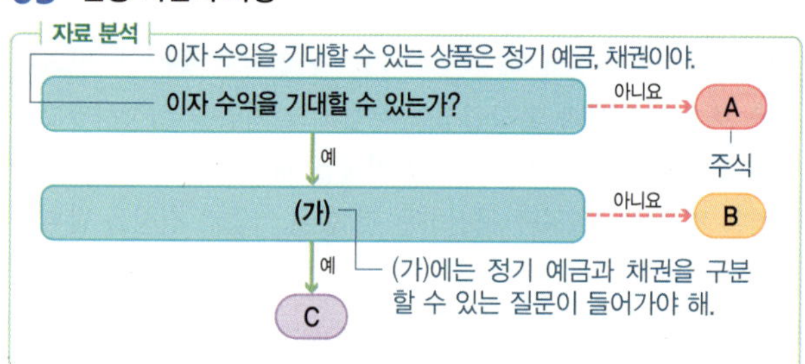

이자 수익을 기대할 수 없는 금융 자산은 주식이므로, A는 주식이다. ② 주식을 보유하면 주주가 되어 기업의 경영에 관한 의사 결정에 참여할 수 있다.

(바로 알기) ① 일반적으로 주식은 정기 예금, 채권에 비해 안전성이 낮다. ③ 정부나 기업이 자금 마련을 위해 투자자로부터 돈을 빌린 후 발행하는 증서는 채권이다. 채권과 정기 예금은 모두 만기가 존재한다. ④ 배당금을 기대할 수 있는 금융 자산은 주식이므로, (가)에는 해당 질문이 들어갈 수 없다. ⑤ 예금자 보호 제도의 적용 대상인 금융 자산은 정기 예금이므로 B는 채권이다.

✦ **이건 꼭 알기!**   예금, 채권, 주식의 수익 형태
• 예금: 이자 수익
• 채권: 이자 수익 + 시세 차익
• 주식: 배당금 + 시세 차익

04 금융 자산의 특징

㉠ 예금은 보유 시 일정한 이자를 받는 상품이다. ㉣ 주식과 채권은 모두 매매를 통해 시세 차익을 얻을 수 있다.

(바로 알기) ㉡ 채권을 보유하면 이자 수익을 얻을 수 있고, 주식을 보유하면 배당금을 얻을 수 있다. ㉢ 예금자 보호 제도의 적용을 받는 금융 자산은 예금이다.

05 금융 자산과 자산 관리의 원칙

(가)는 유동성, (나)는 수익성, (다)는 안전성이다. ② 일반적으로 주식은 예금, 채권에 비해 수익성이 높다.

(바로 알기) ①, ③ 일반적으로 예금은 유동성과 안전성이 높다. ④ 일반적으로 수익성이 높은 금융 자산은 안전성이 낮다. ⑤ 자산을 합리적으로 관리하려면 수익성, 안전성, 유동성을 모두 고려해야 한다.

✦ **이건 꼭 암기!** 금융 자산과 자산 관리의 원칙

• 예금: 일반적으로 예금은 유동성이 높고, 예금자 보호 제도의 적용을 받아 안전성이 가장 높지만, 수익성이 낮음
• 채권: 일반적으로 채권은 예금에 비해 수익성이 높지만, 안전성이 낮음
• 주식: 일반적으로 주식은 예금, 채권에 비해 수익성이 높고, 안전성이 낮음

06 수익성과 안전성의 상충 관계

안전성이 낮지만 수익성이 높은 A는 주식, 안전성은 높지만 수익성이 낮은 B는 예금이다. 제시된 그림과 같이 수익성과 안전성은 상충 관계에 있다. ② 예금은 예금자 보호 제도의 적용을 받아 원금 손실 위험이 적다.

(바로 알기) ① 주식을 보유하면 배당금을 얻을 수 있다. ③ 주식은 고수익·고위험 자산으로 예금보다 원금이 손실될 위험이 크다. ④ 주식은 예금과 달리 사고팔아 시세 차익을 얻을 수 있다. ⑤ 미래에 발생할 수 있는 위험에 대비할 수 있는 금융 자산은 보험이다.

06-1 제시된 글에서 설명하는 금융 자산은 주식이다. 주식회사가 투자자에게 돈을 받고 그 대가로 발행하는 증서이다.

07 금융 자산과 자산 관리의 원칙

① 저축성 예금의 종류에는 정기 예금과 정기 적금이 있다. ③ 일반적으로 예금은 채권보다 안전성이 높다. ④ 정기 예금과 채권은 모두 만기가 존재한다. ⑤ 수익성을 더 높이려면 안전성이 높은 정기 예금을 줄이고 수익성이 높은 주식에 투자하는 것이 좋다.

(바로 알기) ② 보유 시 주주가 되어 권한을 행사할 수 있는 것은 주식이다.

07-1 제시된 글에서 설명하는 금융 자산은 채권이다. 채권은 정부, 기업 등이 자금 마련을 위해 투자자로부터 돈을 빌린 후 발행하는 일종의 차용 증서이다.

08 포트폴리오 투자

제시된 글에서는 자산 관리를 달걀과 바구니에 비유하며, 여러 자산에 분산하여 투자하는 포트폴리오 투자의 필요성을 강조하고 있다.

09 금융 자산과 자산 관리의 원칙

ㄴ. 갑은 예금의 비중이 높고, 을은 주식의 비중이 높다. 따라서 갑은 을에 비해 원금 손실 가능성을 낮추는 투자 성향을 지녔다고

볼 수 있다. ㄷ. 미래의 위험에 대비할 수 있는 금융 자산은 보험이다. 갑은 을에 비해 보유 자산 중 보험이 차지하는 비중이 크다.

(바로 알기) ㄱ. 일반적으로 주식은 고수익·고위험 금융 자산이다. 갑은 을에 비해 고수익·고위험 금융 자산의 비중이 작다. ㄹ. 예금자 보호 제도의 적용을 받는 금융 자산은 예금이다. 을은 갑에 비해 보유 자산 중 예금이 차지하는 비중이 작다.

10 금융 생활 설계

(가)는 재무 상태 파악, (나)는 재무 목표 설정, (다)는 검토 및 평가, (라)는 재무 행동 계획 수립 및 실행 단계이다. 따라서 (가)~(라)를 금융 생활 설계의 과정에 따라 순서대로 나열하면 (나)-(가)-(라)-(다)이다.

✦ **이건 꼭 암기!** 금융 생활 설계 과정

재무 목표 설정 → 재무 상태 파악 → 재무 행동 계획 수립 및 실행 → 검토 및 평가

11 생애 주기 곡선

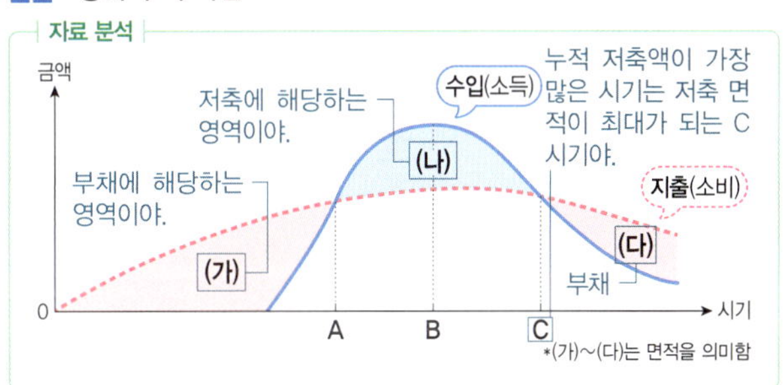

① (가)는 수입에서 지출을 뺀 값이 음(−)의 값이므로 부채에 해당한다. ② (나)는 수입에서 지출을 뺀 값이 양(+)의 값이므로 저축에 해당한다. 취업 시기가 빨라질수록 저축액이 늘어날 것이다. ④ 일반적으로 C 시기는 누적 저축액이 가장 많다. ⑤ 정년이 연장되면 저축을 할 수 있는 구간이 늘어나므로 B 시기와 C 시기 간의 거리가 길어진다.

(바로 알기) ③ (다)는 부채를 의미하므로 (다) 면적이 좁을수록 부채액이 적어 은퇴 이후 시기를 안정적으로 보낼 수 있다.

12 경제적 상황 변화와 금융 의사 결정

갑. 기준 금리가 상승하면 시중 은행 금리도 상승한다. 금리가 상승하면 이자 수익을 얻을 수 있는 예금에 대한 선호가 높아지고, 대출 이자 부담이 늘어나므로 대출을 받는 사람이 감소할 것이다. 을. 원/달러 환율이 상승하면 미국 주식을 매도하여 받은 달러를 원화로 바꾸었을 때 얻을 수 있는 금액이 늘어난다.

(바로 알기) 병. 원/달러 환율 상승은 원화를 달러로 환전할 때 이전보다 더 많은 원화가 필요함을 의미하므로, 달러 사용 국가로의 여행을 계획하는 사람이 감소할 것이다. 정. 금리가 상승하면 주식 등 수익성이 높은 금융 자산에 대한 투자가 위축될 것이다.

1 주제: 금융 자산의 특징

(1) **답안 키워드** 주식, 채권, 시세 차익

(2) **예시 답안** A는 주식, B는 채권이다. (가)에는 '시세 차익을 기대할 수 있는가?'가 들어갈 수 있고, (나)에는 '주주로서 기업 경영에 관한 의사 결정에 참여할 수 있는가?'가 들어갈 수 있다.

채점 기준	
상	주식, 채권을 쓰고, (가)와 (나)에 들어갈 질문을 모두 서술한 경우
중	주식, 채권을 쓰고, (가)와 (나)에 들어갈 질문 중 한 가지만 서술한 경우
하	주식, 채권이라고만 쓴 경우

2 주제: '100−나이' 법칙

(1) **답** ㉠ 수익성, ㉡ 안전성

(2) **예시 답안** 갑은 여유 자금의 70%인 2,100만 원은 수익성이 높은 자산인 주식에 투자하고, 30%인 900만 원은 안전성이 높은 자산인 정기 예금에 투자해야 한다.

채점 기준	
상	정기 예금과 주식에 투자해야 할 금액을 모두 정확하게 서술한 경우
하	정기 예금과 주식 중 한 가지의 투자 금액만 정확하게 서술한 경우

STEP 3   1등급 정복하기   84쪽

01 ②   **02** ②

01 금융 자산과 자산 관리의 원칙

유동성이 가장 높은 금융 자산인 B는 요구불 예금이다. 일반적으로 수익성이 가장 높은 자산은 주식, 안전성이 가장 높은 자산은 예금이므로, (가)는 수익성, (나)는 안전성, A는 주식, C는 채권에 해당한다. ② 주식은 기업만 발행할 수 있으나, 채권은 정부와 기업 모두 발행할 수 있다.

바로 알기 ① 주식은 요구불 예금에 비해 안전성이 낮다. ③ 요구불 예금과 채권은 모두 이자 수익을 얻을 수 있다. ④ 유동성에 대한 설명이다. ⑤ 수익성에 대한 설명이다.

판서로 보는 고난도 개념   **채권과 주식의 비교**

구분	주식	채권
발행 주체	주식회사(기업)	정부, 기업, 금융 기관 등
발행의 영향	발행 주체의 자본금 증가	발행 주체의 부채 증가
원금 상환 의무	없음	있음(만기 시 상환)
투자자의 지위	주주(경영 관련 의사 결정에 참여)	채권자
수익 형태	배당금, 시세 차익	이자 수익, 시세 차익

02 금융 의사 결정과 경제적·사회적 상황 변화

시중에 돈이 많아지면 물가가 상승하고, 한국은행은 물가 상승을 억제하기 위해 금리를 인상한다. 금리가 상승하면 대출 이자 부담이 늘어나므로 투자금을 회수하여 대출금을 갚는 사람이 늘어난다. 또한 이자 수익을 얻을 수 있는 예금에 대한 선호가 높아진다.

수능 첫걸음   85쪽

실전 문항 **01** ①

01 금융 자산의 특징

요구불 예금은 예금자 보호 제도의 적용을 받을 수 있으며, 주식은 이자 소득을 기대할 수 없다. 또한 채권은 시세 차익을 기대할 수 있고, 펀드는 간접 투자 상품에 해당한다. 따라서 질문에 대한 답은 '○−×−○−×'이며, 모두 옳게 답변한 학생은 갑이다.

04 국제 무역과 지속가능발전

STEP 1   핵심 개념 확인하기   88쪽

1 (1) 국제 분업 (2) 무역   **2** (1) × (2) ×   **3** (1)−㉢ (2)−㉡ (3)−㉠
4 ㉠ 대량 생산, ㉡ 온실가스   **5** (1) 대체 (2) 공정 무역

STEP 2   내신 만점 공략하기   88~90쪽

01 ②   **01-1** 생산 요소   **02** ⑤   **03** ②   **04** ⑤   **05** ④
05-1 ㉠ 100, ㉡ 300   **06** ③   **07** ③   **08** ③

01 국가 간 생산비 차이

세계 각국은 자연환경, 생산 요소의 분포 등이 달라 같은 상품을 생산하더라도 생산비에 차이가 있으므로 각 국가별 주요 수출품에도 차이가 있다.

✦ 미견 꼭 암기!   무역과 국제 분업이 발생하는 이유

국가 간 생산비 차이 + 비교 우위 → 무역과 국제 분업 발생

01-1 노동, 자본, 토지 등과 같이 재화나 서비스의 생산 과정에 투입되는 요소는 생산 요소이다. 세계 각국은 자연환경, 보유 자원의 종류, 생산 요소의 분포 등이 달라 같은 상품을 생산하더라도 생산비에 차이가 있다.

02 우리나라의 시대별 주요 수출 품목 변화

ㄴ. 우리나라는 시대에 따라 수출에 유리한 상품이 변화하고 있다. ㄷ. 1960년대에 우리나라는 생사, 중석, 선어 등 노동 집약적 상품을 주로 생산하였다. ㄹ. 우리나라는 첨단 산업이 발달하면서 반도체, 자동차 등을 수출하게 되었다.

(바로 알기) ㄱ. 우리나라는 자본과 기술이 축적되어 첨단 산업이 발달하면서 반도체 등을 수출하고 있다.

03 절대 우위와 비교 우위

㉠은 절대 우위, ㉡은 비교 우위이다. ㄱ. 한 나라가 모든 상품 생산에서 절대 우위를 가지더라도 각국이 비교 우위를 가지는 상품을 생산하면 국가 간 무역이 발생한다. ㄹ. 세계 각국은 같은 상품을 생산하더라도 생산의 기회비용이 다르기 때문에 비교 우위에 따라 무역과 국제 분업이 발생한다.

(바로 알기) ㄴ. 비교 우위는 상품 생산의 기회비용이 상대적으로 작은 것이므로, 한 국가가 모든 상품의 생산에서 비교 우위를 가지지 못한다. ㄷ. 비교 우위에 있는 상품을 특화하여 무역을 하면 무역 당사국 모두 이익을 얻지만, 이익의 크기는 각각 다르다.

✦ **이건 꼭 맘기!** 절대 우위와 비교 우위

- 절대 우위: 한 나라가 어떠한 상품의 생산 비용이 다른 나라보다 절대적으로 작은 것
- 비교 우위: 한 나라가 어떠한 상품 생산의 기회비용이 다른 나라보다 상대적으로 작은 것 → 세계 각국이 비교 우위가 있는 상품을 특화하여 무역을 하면 거래 당사국 모두에게 이익이 됨

04 절대 우위와 비교 우위

자료 분석

X재 1개 생산의 기회비용은 X재 1단위를 생산할 때 포기해야 하는 Y재의 수량이야. 따라서 X재 1개 생산의 기회비용은 갑국이 Y재 2개, 을국이 Y재 3개야.

구분	갑국	을국
X재	50만 개	30만 개
Y재	100만 개	90만 개

Y재 1개 생산의 기회비용은 갑국이 X재 1/2개, 을국이 X재 1/3개야.

⑤ 갑국은 을국보다 X재 생산의 기회비용이 작고, 을국은 갑국보다 Y재 생산의 기회비용이 작다. 따라서 갑국은 X재, 을국은 Y재를 특화하여 교역하면 양국 모두에게 이익이 된다.

(바로 알기) ① 갑국은 X재 생산에 비교 우위를 가진다. ② 갑국의 X재 1개 생산의 기회비용은 Y재 2개이다. ③ 을국의 Y재 1개 생산의 기회비용은 X재 1/3개이다. ④ 갑국은 X재, Y재 생산에 대해 모두 절대 우위를 가진다.

05 절대 우위와 비교 우위

① 갑국은 을국보다 X재 1단위 생산의 기회비용이 적으므로 X재 생산에 비교 우위를 가진다. ② 갑국은 X재와 Y재 모두 을국보다 더 적은 비용으로 생산할 수 있다. ③ 갑국은 X재, 을국은 Y재를

특화하여 생산하는 것이 유리하다. ⑤ Y재 1단위 생산의 기회비용은 갑국이 X재 2단위, 을국이 X재 1/2단위로 갑국이 을국의 4배이다.

(바로 알기) ④ X재 1단위 생산의 기회비용은 갑국이 Y재 1/2단위, 을국이 Y재 2단위로 을국이 갑국보다 크다.

05-1 ㉠은 100, ㉡은 300이다. 갑국은 X재 생산에, 을국은 Y재 생산에 비교 우위를 가지므로 갑국은 X재, 을국은 Y재를 특화하여 생산한다. 갑국은 200만 원의 비용으로 X재만 2단위 생산하여 1단위를 Y재 1단위와 교환할 수 있으므로 교역을 하지 않고 X재, Y재를 각각 1단위씩 생산할 때의 비용 300만 원에 비해 100만 원을 절감할 수 있다. 을국은 600만 원의 비용으로 Y재만 2단위 생산하여 1단위를 X재 1단위와 교환할 수 있으므로 교역을 하지 않고 X재, Y재를 각각 1단위씩 생산할 때의 비용 900만 원에 비해 300만 원을 절감할 수 있다.

06 절대 우위와 비교 우위

③ 사과 1개 생산의 기회비용은 갑이 을보다 작고, 감 1개 생산의 기회비용은 을이 갑보다 작으므로 갑은 사과, 을은 감 생산에 비교 우위가 있다.

(바로 알기) ①, ④ 갑은 사과와 감 생산에 대해 모두 절대 우위를 가진다.

07 국제 무역 확대의 영향

국제 무역이 확대되면서 소비자는 다양한 상품을 저렴하게 소비할 수 있게 되었고, 국가 차원에서는 부족한 자원을 확보할 수 있게 되었다. 그러나 불공정한 무역 구조로 무역 이익이 선진국의 소수 기업에게만 돌아가고, 수출을 위해 상품을 유통하는 과정에서 온실가스가 배출되어 기후변화가 나타나는 등 여러 문제점도 발생하였다.

(바로 알기) ㉢ 상품의 대량 생산 과정에서 자원 고갈, 환경 오염 등의 문제가 발생한다.

✦ **이건 꼭 맘기!** 국제 무역 확대의 영향

- 무역과 국제 분업의 이익: 소비자는 다양한 상품을 저렴하게 소비할 수 있음, 기업은 세계 시장을 상대로 대량 생산을 통해 규모의 경제를 이룰 수 있음, 국가는 부족한 자원을 확보하고 선진 기술을 얻을 수 있음
- 국제 무역 확대의 문제점: 불평등한 무역 구조로 국가 간 불평등이 심화됨, 상품의 대량 생산으로 자원이 고갈되고 환경이 오염됨, 상품 유통 과정에서 온실가스가 배출되어 기후변화가 나타남

08 지속가능발전에 이바지하는 국제 무역 방안

지속가능발전을 위해 국제 무역 과정에서 환경 문제를 해결하려면 대체 에너지 사용 비율을 늘리고 자원을 재활용하며, 지속가능한 소비·생산을 촉진하는 노력이 필요하다.

 ①, ② 국제 무역 과정에서 국가 간 불평등을 완화하려면 선진국은 기술 지원을 통해 개발 도상국의 경제적 자립을 도와야 하며, 공정 무역을 활성화하여 무역 이익이 개발 도상국의 생산자와 노동자에게도 돌아갈 수 있도록 해야 한다.

✦ 이건 꼭 암기! 지속가능발전을 위한 국제 무역 방안

개발 도상국의 경제적 자립 지원＋공정 무역 활성화＋대체 에너지 사용＋자원 재활용＋지속가능한 소비·생산 촉진 → **지속가능발전에 이바지**

서술형 문제 90쪽

1 주제: 비교 우위

(1) **답안 키워드** 기회비용, 비교 우위

(2) **예시 답안** X재 1단위 생산의 기회비용은 갑국이 Y재 5/3단위, 을국이 Y재 5/9단위이고, Y재 1단위 생산의 기회비용은 갑국이 X재 3/5단위, 을국이 X재 9/5단위이다. 따라서 갑국은 Y재 생산에, 을국은 X재 생산에 비교 우위를 가지므로 갑국은 Y재를, 을국은 X재를 특화하여 생산할 것이다.

채점 기준	
상	두 재화의 기회비용을 쓰고 양국이 각각 어느 재화를 특화하여 생산할 것인지 정확하게 서술한 경우
하	두 재화의 기회비용만 쓴 경우

2 주제: 지속가능발전에 이바지하는 국제 무역 방안

(1) **답** 지속가능발전

(2) **예시 답안** 공정 무역을 활성화하여 개발 도상국의 생산자와 노동자에게 무역 이익이 돌아가도록 해야 한다. 또한 대체 에너지 사용 비율을 늘리고 자원을 재활용해야 한다.

채점 기준	
상	지속가능발전에 이바지하는 국제 무역 방안을 두 가지 서술한 경우
하	지속가능발전에 이바지하는 국제 무역 방안을 한 가지만 서술한 경우

STEP 3 1등급 정복하기 91쪽

01 ④ **02** ②

01 절대 우위와 비교 우위

표는 갑국과 을국의 쌀과 밀 1단위 생산에 따른 기회비용을 나타낸 것이다.

구분	갑국	을국
쌀	밀 2단위	밀 1/3단위
밀	쌀 1/2단위	쌀 3단위

④ 갑국은 밀을, 을국은 쌀을 특화하여 1:1 비율로 교환하면 갑국과

을국은 모두 이익을 얻는다. 이러한 교환을 통해 갑국과 을국이 얻을 수 있는 이익은 다음과 같다.

구분	갑국	을국
교역 전 소비량	쌀 2단위, 밀 2단위 생산·소비 가능	쌀 2단위, 밀 2단위 생산·소비 가능
교역 후 소비량	• 밀만 6단위 생산 → 밀 3단위를 수출한다면 쌀 3단위를 수입할 수 있음 • 교역 후 쌀 3단위, 밀 3단위를 소비할 수 있음	• 쌀만 8단위 생산 → 쌀 3단위를 수출한다면 밀 3단위를 수입할 수 있음 • 교역 후 쌀 5단위, 밀 3단위 를 소비할 수 있음

 ① 갑국의 쌀 1단위 생산에 대한 기회비용은 밀 2단위이다. ② 을국은 쌀 생산에 대해 절대 우위와 비교 우위를 모두 가진다. ③ 노동자 1명당 쌀 생산량은 갑국이 1/8단위이고, 을국이 1/3단위이므로 을국이 갑국보다 많다.

02 지속가능발전과 자유 무역 협정

대한민국과 유럽 연합의 자유 무역 협정(FTA)에는 국제 무역 확대에 따른 문제점을 해결하기 위해 지속가능발전에 이바지하는 방식으로 무역을 하겠다는 내용이 포함되어 있다. ㄱ. 자유 무역 협정은 국가 간 무역 장벽을 완화하여 국가 간에 상품이 자유롭게 이동할 수 있도록 하기 위해 체결하는 협정이다. ㄹ. 에코라벨이 부착된 상품 무역을 촉진하는 등 환경 오염 문제를 개선하기 위한 내용을 포함하고 있다.

 ㄴ. 화석 연료가 아닌 재생 가능한 에너지 사용을 장려하고 있다. ㄷ. 노동 환경 개선이 경제적 효율성을 증진하는 데에 이바지함을 강조하고 있다.

수능 첫걸음 92쪽

실전 문항 **01** ⑤

01 절대 우위와 비교 우위

표는 갑국과 을국의 쌀과 옷 1단위 생산에 따른 기회비용을 나타낸 것이다.

구분	갑국	을국
쌀	옷 1/2단위	옷 1/3단위
옷	쌀 2단위	쌀 3단위

ㄷ. 갑국은 을국보다 쌀과 옷 생산에 필요한 노동 시간이 모두 더 짧다. 따라서 갑국은 쌀과 옷 생산에 대해 모두 절대 우위를 가진다. ㄹ. 쌀 생산에 대한 기회비용은 을국이 갑국보다 작으므로 을국은 쌀 생산에 대해 비교 우위를 가진다.

 ㄱ. 갑국의 쌀 1단위 생산에 대한 기회비용은 옷 1/2단위이다. ㄴ. 을국의 노동 시간이 10시간일 경우 쌀 2단위와 옷 1단위를 동시에 생산할 수 있다.

01 ④　　02 ①　　03 ⑤　　04 ①　　05 ②　　06 ②　　07 ③
08 ②

01 산업 자본주의

㉠에 들어갈 자본주의 유형은 산업 자본주의이다. ④ 산업 자본주의는 애덤 스미스의 자유방임주의를 토대로 발달하였다.

(바로 알기) ① 상업 자본주의는 유럽 절대 왕정의 중상주의 정책에 힘입어 발달하였다. ②, ③ 수정 자본주의는 대공황에 따른 경기 침체를 극복하기 위해 등장하여 시장에 적극적으로 개입하는 큰 정부를 추구하였다. ⑤ 신자유주의는 정부 실패 극복을 위해 정부의 역할을 줄이고 시장 기능과 민간의 자유로운 경제활동을 강화하는 정책을 추진하였다.

02 시장경제 체제

'이 경제 체제'는 시장경제 체제이다. 시장경제 체제는 시장 원리와 민간 경제 주체의 경제활동을 통해 경제 문제를 해결하는 경제 체제이다.

(바로 알기) ③ 자원의 희소성에 따른 경제 문제는 모든 경제 체제에서 나타나는 문제이다. ④, ⑤ 생산 수단을 정부가 소유하고, 정부의 계획과 명령에 따라 자원이 배분되는 경제 체제는 계획경제 체제이다.

03 합리적 선택

| 자료 분석 |

영화 관람의 암묵적 비용은 세 시간에 대한 임금인 39,000원이야.

20○○년 ○○월 ○○일 토요일, 맑음

오늘은 시급이 13,000원인 아르바이트를 하는 날이었다. 그런데 아침에 친구로부터 영화를 같이 보자는 연락이 왔다. 영화 관람료는 12,000원인데, 친구와 영화를 보면 세 시간 동안 아르바이트를 할 수 없어서 고민이 되었다. 하지만 모처럼 친구와 함께 영화를 보며 휴일을 보내고 싶어서 ㉠ 영화를 보기로 결정하였다.

영화 관람의 명시적 비용은 12,000원이야.

ㄴ, ㄷ. ㉠에 따른 명시적 비용은 12,000원이고, 암묵적 비용은 39,000원이다. ㄹ. ㉠이 합리적 선택이 되려면 영화 관람의 편익이 기회비용 51,000원보다 커야 한다.

(바로 알기) ㄱ. ㉠에 따른 기회비용은 51,000원이다.

04 공공재 공급 부족

제시된 사례에서 가로등은 공공재이다. 공공재는 비경합성이 있고, 비배제성이 있어 비용을 지불하지 않은 사람의 소비를 막을 수 없기 때문에 공급을 시장에 맡기면 사회적으로 필요한 만큼 충분히 공급되지 않는다.

(바로 알기) ㄷ. 공공재 공급 부족 문제는 시장에서 자원이 효율적으로 배분되지 못하는 상태인 시장 실패에 해당한다. ㄹ. 하나의 기업이 임의로 재화나 서비스의 가격과 생산량을 결정하는 것은 독점이다.

05 금융 자산과 자산 관리의 원칙

배당금의 기대 가능성 여부로 A와 B를 구분할 수 있으므로 A, B 중 하나는 주식이다. 시세 차익의 기대 가능성 여부로 A와 C를 구분할 수 없으므로 A, C는 각각 채권, 주식 중 하나이다. 주주로서의 지위 부여 여부로 B와 C를 구분할 수 없으므로 B, C는 각각 정기 예금과 채권 중 하나이다. 따라서 A는 주식, B는 정기 예금, C는 채권이다. ② 정기 예금은 예금자 보호 제도의 적용을 받는다.

(바로 알기) ① 주식은 만기가 없는 상품이다. ③ 투자한 사람이 기업의 경영에 권리를 행사할 수 있는 금융 자산은 주식이다. ④ 일반적으로 예금은 주식보다 수익성이 낮다. ⑤ 일반적으로 채권은 예금보다 안전성이 낮다.

06 생애 주기 곡선

① A~B 시기는 유년기~청소년기에 해당하는 시기로, 수입 대비 지출의 비중이 크다. ③ (나)는 저축을 의미하므로, 누적 저축액이 최대가 되는 시점은 D 시기이다. ④ (가), (다)는 부채를 의미한다. 따라서 연금 수령액이 늘어날수록 수입이 늘어나 부채가 감소하므로 (다) 면적이 좁아질 것이다. ⑤ 안정적인 금융 생활을 위해서는 부채인 (가), (다)의 합이 저축인 (나)보다 작도록 재무 계획을 세워야 한다.

(바로 알기) ② 누적 소비액이 최대가 되는 시기는 더 이상 소비를 하지 않는 시기이다.

07 절대 우위와 비교 우위

표는 갑과 을의 팥빙수와 딸기빙수 1인분 생산에 따른 기회비용을 나타낸 것이다.

구분	갑	을
팥빙수	딸기빙수 1/2인분	딸기빙수 1인분
딸기빙수	팥빙수 2인분	팥빙수 1인분

ㄴ. 갑은 을보다 1시간 동안 최대한 만들 수 있는 팥빙수와 딸기빙수의 양이 더 많으므로, 팥빙수 생산과 딸기빙수 생산 모두에 대해 절대 우위를 가진다. ㄷ. 을의 팥빙수 1인분 생산에 대한 기회비용은 딸기빙수 1인분이고, 딸기빙수 1인분 생산에 대한 기회비용은 팥빙수 1인분이다.

(바로 알기) ㄱ. 갑의 팥빙수 1인분 생산에 대한 기회비용은 딸기빙수 1/2인분이다. ㄹ. 갑은 팥빙수 생산, 을은 딸기빙수 생산에 대해 비교 우위를 가진다.

08 지속가능발전에 이바지하는 공정 무역

제시된 자료는 공정 무역의 원칙이다. ①, ③, ④, ⑤ 공정 무역은 무역 이익이 개발 도상국의 생산자와 노동자에게도 돌아가도록 하여 불공정한 무역 구조를 개선하고, 아동과 노동자의 인권 개선 및 환경 보호에 이바지하는 무역 방식이다.

(바로 알기) ② 공정 무역은 국가 간 불평등 완화를 목적으로 하며, 선진국의 정당한 이익 추구를 저해하지 않는다.

01 / 세계화의 양상과 문제

STEP 1	핵심 개념 확인하기	100쪽

1 (1) 세계화 (2) 지역화 (3) 지리적 표시제　　**2** (1) ◯ (2) × (3) ◯
3 (1) ㄴ (2) ㄱ (3) ㄷ　　**4** (1)-ⓛ (2)-㉠ (3)-ⓒ

STEP 2	내신 만점 공략하기	100~103쪽

01 ② **02** ④ **02-1** 지역화 **03** ② **04** ① **05** ③
06 ④ **06-1** ④ **07** ⑤ **08** ④ **09** ②
09-1 ③ **10** ③ **11** ⑤ **12** ②

01 세계화의 배경

제시된 사례는 국가 간에 상품, 문화 등이 자유롭게 이동하여 세계가 하나로 통합되어 가는 세계화 모습을 보여 준다. ㄱ, ㄷ. 세계 각 지역은 교통·통신이 발달하고 자유 무역이 확산하면서 교류가 활발해졌다.

(바로 알기) ㄴ, ㄹ. 자유 무역의 확대로 국가 간 무역 장벽은 약화되고, 상호 의존성이 높아지고 있다. 또한 오늘날 세계 각 지역은 국가 간 경계를 넘어 하나로 통합되고 있다.

✦ 이건 꼭 암기! 세계화의 배경
교통·통신의 발달 + 활발한 교류 + 국가 간 상호 의존성 증대 + 세계 무역 기구(WTO) 출범 + 자유 무역 확대 → **세계화의 배경**

02 지역화와 지역화 전략

④ 이탈리아 로마의 콜로세움을 보기 위해 전 세계인이 로마에 방문하면서 로마는 세계적인 경쟁력을 가지게 되었다. 이는 장소를 활용한 지역화 전략의 사례에 해당한다.

02-1 제시된 사례는 일본 삿포로 지역에서 눈이 많이 내리는 자연환경 특성을 살려 삿포로 눈 축제를 개최하고 있다는 내용이다. 이는 지역화 전략의 대표적인 사례이다.

03 세계도시의 특징

㉠은 세계도시이다. 대표적인 세계도시에는 런던, 뉴욕, 도쿄 등이 있다. 세계도시에는 세계적인 다국적 기업의 본사와 국제 금융 업무 기능을 담당하는 대형 금융 기관 등이 밀집하며, 회계·법률·광고 등 전문화된 생산자 서비스업이 발달하였다. 따라서 ㉡은 생산자 서비스이다.

04 세계도시의 기능

㉠은 세계도시이다. ㄱ, ㄴ. 세계도시는 정치, 경제, 문화적으로 세계에 큰 영향을 미치는 도시로, 국제 연합(UN) 본부와 같은 국제기구의 본부가 위치하여 다양한 국제회의와 행사가 개최된다.

(바로 알기) ㄷ, ㄹ. 세계도시는 생산자 서비스 기능, 다국적 기업의 본사 등이 집중되어 있고 고급 기술을 가진 전문 인력이 풍부하여 지구촌 경제에 큰 영향력을 행사하고 있다.

✦ 이건 꼭 암기! 세계도시의 기능
국제 금융 업무 + 생산자 서비스 + 다국적 기업의 본사 입지 + 국제기구 본부 위치 + 국제회의 개최 + 문화 활동 주도 → **세계도시의 기능**

05 세계화의 양상

세계화는 생활권의 범위가 국경을 넘어 전 지구로 확대되고, 세계가 하나로 통합되어 가는 현상을 말한다. 세계화가 촉진됨에 따라 세계도시의 영향력이 강화되고 있다.

(바로 알기) ③ 다국적 기업의 생산 공장은 개발 도상국에 집중된다. 세계도시에는 주로 다국적 기업의 본사가 입지한다.

06 다국적 기업의 공간적 분업

제시된 지도는 ◯◯사의 공간적 분업을 나타낸다. ④ ◯◯사는 세계 각지에 본사와 지역 본부를 두고 생산과 판매 활동이 세계적으로 이루어지는 다국적 기업이다.

(바로 알기) ①, ③ ◯◯사의 연구소와 생산 공장은 다양한 지역에 분산되어 있으며, 서로 다른 지역에 입지하기도 한다. ②, ⑤ ◯◯사의 지역 본부는 본사에 비해 공간적으로 분산되어 있다.

06-1 ㄴ. 다국적 기업은 경영의 효율성을 높여 경쟁력을 확보하고자 공간적 분업을 한다. ㄷ. 다국적 기업의 산업 시설이 들어선 지역은 일자리가 늘어나고 지역 경제가 활성화된다.

(바로 알기) ㄱ. 세계화로 국가 간 자유 무역이 활발해지면서 국경을 넘어 세계적인 규모로 생산 및 유통, 판매 활동을 하는 다국적 기업이 등장하였다.

✦ 이건 꼭 암기! 다국적 기업의 공간적 분업
• 경영 전략 수립 + 기업 관리 + 본국의 대도시에 입지 → **본사**
• 우수한 연구 인력 확보와 정보 수집에 유리한 선진국에 입지 → **연구소**
• 임금이 저렴하고 판매 시장이 넓은 개발 도상국에 입지 → **생산 공장**

07 세계화에 따른 문제점

세계화에 따라 국가 간 활발한 문화 교류로 다양한 문화를 손쉽게 접할 수 있게 되었지만 여러 문제점이 초래되기도 하였다.

(바로 알기) 갑. 세계화로 사업 영역을 전 세계로 확장하려는 거대 기업들과 경제 발전을 위해 외국 자본을 유치하려는 국가들의 이해관계가 맞물리면서 다국적 기업의 영향력은 더욱 커지고 있다.

08 문화의 획일화와 소멸

제시된 자료를 통해 소멸 위험도가 높은 언어의 수가 2011년 대비 2023년에 증가한 것을 알 수 있다. 이는 세계화로 영어 등을 공용어로 사용하면서 나타난 현상으로, 이를 해결하려면 문화의 다양성을 유지하려는 노력이 필요하다.

09 빈부 격차의 심화

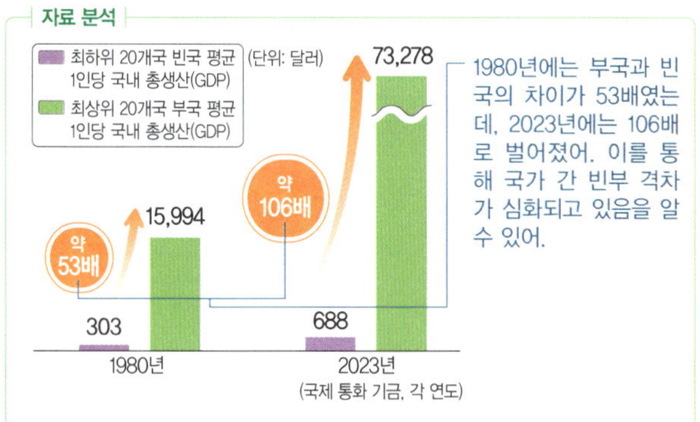

ㄱ, ㄷ. 제시된 자료에서 최하위 20개국 빈국의 평균 1인당 국내 총생산(GDP)은 1980년 303달러에서 2023년 688달러로 증가하였지만 최상위 20개국 부국의 평균 1인당 국내 총생산(GDP)도 15,994달러에서 73,278달러로 증가하였다. 이를 통해 국가 간 빈부 격차가 심화하고 있음을 알 수 있다.

(바로 알기) ㄴ. 최상위 20개국 부국 평균과 최하위 20개국 빈국의 평균 1인당 국내 총생산(GDP) 차이가 크므로 세계의 부는 공평하게 분배되지 않는다. ㄹ. 최하위 20개국 빈국의 평균 1인당 국내 총생산(GDP)은 1980년에 비해 2023년에 증가하였지만, 최상위 20개국 부국과의 차이는 더 크게 벌어졌다.

✦ **이건 꼭 알기!** 빈부 격차의 심화 해결을 위한 노력
선진국들이 개발 도상국으로의 공적 개발 원조(ODA)나 기술 이전 강화 + 불공정한 무역 구조 개선을 위한 노력 → **빈부 격차의 심화 해결**

09-1 ③ 국가 간 빈부 격차 문제를 해결하려면 선진국은 개발 도상국의 경제적 자립을 위해 공적 개발 원조, 기술 이전 등 다양한 지원을 하는 등 분배적 정의를 실현해야 한다.

10 공정 무역

㉠은 공정 무역이다. ①, ②, ④, ⑤ 공정 무역은 기존의 불공정한 무역 구조를 바꾸기 위한 무역 형태로, 생산자에게 더 많은 수익이 돌아가게 한다. 주로 개발 도상국의 커피나 초콜릿 등의 제품이 공정 무역의 대상이 된다.

(바로 알기) ③ 공정 무역은 중간 유통 단계를 줄임으로써 유통 과정을 좀 더 단순화한 무역 방식이다.

11 보편 윤리와 특수 윤리 간 갈등

⑤ 인권 단체가 태형을 반대하는 이유는 인간의 존엄성, 인권 등과 같은 보편 윤리를 강조하기 때문이다.

✦ **이건 꼭 알기!** 보편 윤리와 특수 윤리
· 세계시민으로서 인간 존엄성, 자유, 평등과 같은 인류의 보편적 가치를 중시함 → **보편 윤리**
· 특정 사회에서만 공유하는 규범과 가치를 보편적인 규범과 가치의 실현보다 우선시함 → **특수 윤리**

12 세계화에 따른 문제점과 해결 방안

ㄱ. 대부분 국가에서 격식이 요구되는 자리에서 양복을 입는 것은 세계화로 전 지구적 차원에서 문화 교류가 활발해지면서 문화의 다양성이 감소하는 사례로 적절하다. ㄷ. 보편 윤리는 세계시민으로서 인간 존엄성, 자유, 평등과 같은 인류의 보편적 가치를 중시하는 것을 말한다.

(바로 알기) ㄴ. 국제기구와 선진국은 공적 개발 원조나 기술 이전 등을 통해 개발 도상국을 지원함으로써 국가 간 빈부 격차를 해소하는 데 기여할 수 있다. ㄹ. 특수 윤리는 특정 사회에서만 공유하는 규범과 가치로, 이슬람 사회에서 여성의 히잡 착용 의무화에 반대하는 것은 보편 윤리에 따른 가치를 강조하는 의견이다.

서술형 문제
103쪽

1 주제: 지역화 전략
(1) **답안 키워드** 지역화 전략, 지역 브랜드, 장소 마케팅
(2) **예시 답안** 지역화 전략에는 미국 뉴욕의 'I♥NY'와 같이 지역 자체에 하나의 고유한 상표를 부여하여 지역 이미지를 높이고 지역 경제를 활성화하는 전략인 지역 브랜드가 있다. 또한 이탈리아 로마의 콜로세움과 같은 지역의 랜드마크를 활용하여 그 지역이 매력적으로 보일 수 있도록 개발하는 전략인 장소 마케팅도 있다.

채점 기준	
상	지역화 전략의 구체적인 사례를 두 가지 모두 정확하게 서술한 경우
하	지역화 전략의 구체적인 사례를 한 가지만 서술한 경우

2 주제: 공간적 분업이 미치는 영향
(1) **답** 공간적 분업
(2) **예시 답안** 다국적 기업의 산업 시설이 들어선 지역은 일자리가 늘어나고 지역 경제가 활성화된다. 다국적 기업보다 경쟁력이 부족한 지역 내 자국 기업은 피해를 볼 수 있다. 다국적 기업의 시설이 빠져나간 지역은 실업자가 증가하여 지역 경제가 침체될 수 있다. 등

채점 기준	
상	다국적 기업의 공간적 분업이 각 지역에 미치는 영향을 두 가지 이상 서술한 경우
하	다국적 기업의 공간적 분업이 각 지역에 미치는 영향을 한 가지만 서술한 경우

01 ②　　**02** ⑤

01 다국적 기업의 공간적 분업

② 제시된 글을 통해 지난 10년 동안 중국 제조업 근로자들의 연간 소득이 3배나 증가하였으며, 세계적인 다국적 기업들이 생산 공장을 중국에서 베트남, 인도 등으로 옮기고 있다는 것을 알 수 있다. 이는 베트남의 인건비가 중국보다 낮아 저임금 노동력을 확보하는 데 유리하기 때문이다.

판서로 보는 고난도 개념　다국적 기업의 공간적 분업에 따른 영향

투자국	• 긍정적 영향: 고급 인력에 대한 수요 증가 • 부정적 영향: 생산 공장의 이전으로 실업률 증가
투자 유치국	• 긍정적 영향: 고용 창출, 기술 습득 • 부정적 영향: 투자국에 대한 경제적 의존도 증가

02 보편 윤리와 특수 윤리 간 갈등

제시된 자료에서는 이슬람 율법에 따라 신체를 가려야 하는 특수 윤리와 종교적 중립성이라는 보편 윤리가 충돌하는 모습을 보여 준다. ⑤ 부르키니에 대한 논쟁은 이러한 보편 윤리와 특수 윤리의 갈등 사례에 해당한다.

바로 알기　① 이슬람 율법은 특수 윤리에 해당한다. ② 종교적 중립성은 보편 윤리에 해당한다. ③ 부르키니 착용을 허용해달라는 주장은 특수 윤리를 중시한 것이다. ④ 부르키니를 금지하는 규정에 예외를 두지 않는 주장은 보편 윤리를 중시한 것이다.

수능 첫걸음　105쪽

실전 문항　**01** ②

01 다국적 기업의 공간적 분업

제시된 지도에서 A 시설은 미국과 멕시코에 각각 5개가 입지하고 있고, B 시설은 미국에만 입지하고 있다. 특히 B 시설은 모두 미국의 주요 도시에 입지하고 있다. 갑. B에 해당하는 ▲가 미국에만 표시되어 있다는 것으로 볼 때 A는 생산 공장이고, B는 연구소이다. 병. 실리콘 밸리는 미국 캘리포니아주의 샌프란시스코와 그 인근 지역에 위치하는데, 지도를 보면 B가 실리콘 밸리에 입지하고 있음을 확인할 수 있다.

바로 알기　을. 러스트 벨트란 제조업이 쇠락한 미국의 중서부 지역과 북동부 지역을 일컫는 말이다. 생산 공장(A)은 미국 남부의 선벨트와 멕시코에도 입지하고 있으므로, 생산 공장(A)이 모두 러스트 벨트에 입지하고 있지는 않다. 정. 저렴한 노동력의 확보는 연구소(B)보다 생산 공장(A)에 더 중요하다.

02 / 평화를 위한 국제 사회의 노력

1 (1) 구조적 (2) 소극적 (3) 적극적　　**2** (1) ○ (2) ○ (3) ○ (4) ✕
3 (1)-ⓛ (2)-ⓒ (3)-ⓣ　　**4** (1) ㄴ (2) ㄷ (3) ㄱ

01 ③	**02** ⑤	**02-1** ③		**03** ②	**04** ②	**05** ④
06 ⑤	**07** ②	**08** ⑤	**08-1** ⑤		**09** ①	**10** ①
11 ②	**12** ⑤					

01 소극적 평화와 적극적 평화

소극적 평화는 전쟁, 범죄, 테러와 같은 물리적이고 직접적인 폭력이 없는 상태이다. 적극적 평화는 전쟁과 같은 직접적 폭력은 물론 기아, 빈곤, 억압, 차별과 같이 한 사회의 구조와 문화에 의해 발생하는 간접적 폭력까지 모두 사라진 상태를 의미한다. ③ 적극적 평화는 직접적이고 물리적인 폭력뿐만 아니라 구조적인 폭력과 문화적인 폭력까지 없는 상태이다.

바로 알기　①, ②, ④ 적극적 평화에 대한 설명이다. 적극적 평화는 직접적 폭력을 포함한 구조적·문화적 폭력이 제거된 상태로서 모든 사람이 인간의 존엄성을 보장받으며 안전하고 행복한 삶을 살아갈 수 있는 상태를 의미한다. ⑤ 소극적 평화와 적극적 평화 모두 물리적 폭력이 제거된 상태이다.

◆ 이건 꼭 암기!　소극적 평화와 적극적 평화
• 직접적·물리적 폭력이 없는 상태 → 소극적 평화
• 직접적·물리적 폭력, 구조적·문화적 폭력이 모두 없는 상태 → 적극적 평화

02 적극적 평화

제시된 사상가는 평화학자 갈퉁이다. ⑤ 갈퉁은 진정한 평화를 이루기 위해서는 소극적 평화뿐만 아니라 구조적 폭력과 문화적 폭력까지 제거된 적극적 평화를 실현해야 한다고 주장하였다.

바로 알기　①, ③, ④ 빈곤, 기아, 억압, 차별, 불평등 등의 구조적인 폭력과 이를 정당화하는 문화적인 폭력이 존재하는 상태에서는 물리적인 폭력이 없다고 하더라도 진정한 평화가 실현되었다고 볼 수 없다. ② 적극적 평화에 대한 설명이다. 적극적 평화는 전쟁과 테러뿐만 아니라 구조적·문화적 폭력까지 제거된 상태이다.

02-1 ㄱ, ㄷ 갈퉁은 모든 사람은 평화로운 삶을 누릴 수 있는 권리가 있고, 적극적인 평화를 위해서는 직접적·물리적 폭력뿐만 아니라 불평등한 구조를 제거해야 한다고 본다.

바로 알기　ㄴ. 갈퉁은 빈곤, 정치적 독재, 경제적 착취 등 불공정한 사회 구조나 제도로 인해 발생하는 폭력도 폭력으로 보았다.

03 평화의 의미

제시된 상황은 카카오 농장에서 아이들이 착취당하고 있는 모습으로, 사회 구조나 제도에 의해 발생하는 구조적 폭력이 남아 있어 적극적 평화가 실현되지 못하였다.

04 진정한 평화의 의미

② 진정한 평화를 누리려면 직접적인 폭력뿐만 아니라 구조나 문화에 의해 발생하는 간접적인 폭력까지도 모두 제거된 상태인 적극적 평화를 이루어야 한다. 적극적 평화가 실현될 때 비로소 모든 사회 구성원이 인간의 존엄성을 보장받으며, 인간다운 삶을 누릴 수 있다.

05 평화의 중요성

갑, 을, 정. 평화는 인류의 안전과 생존을 위한 바탕이 되며, 생존의 위협과 폭력의 공포에서 벗어나 모두가 안전하게 살아갈 수 있는 환경을 조성하기 위해 필요하다.

바로 알기 병. 진정한 평화를 실현하면 전쟁, 빈곤, 기아 등 인류의 삶의 질을 떨어뜨리는 요인이 사라지므로, 인류의 삶의 질 수준이 전체적으로 높아질 수 있다.

✦ 이건 꼭 맘기! 평화의 중요성

인류의 안전과 생존 + 국제 정의 실현 + 인류의 번영과 삶의 질 향상 → **평화의 중요성**

06 국제 사회의 분쟁 상황

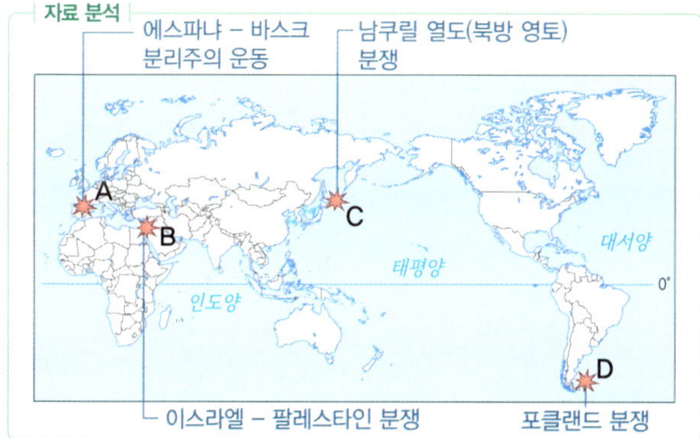

(가)는 D 포클랜드 분쟁이다. 포클랜드 분쟁은 남대서양에 있는 포클랜드(말비나스) 제도를 두고 아르헨티나와 영국이 영유권을 주장하며 대립한 것이다. (나)는 B 이스라엘 – 팔레스타인 분쟁이다. 이스라엘과 팔레스타인은 팔레스타인 지역을 둘러싸고 분쟁이 시작되었고, 이후 민족적, 종교적 갈등으로 심화되었다.

✦ 이건 꼭 맘기! 국제 사회의 다양한 갈등 양상

• 서사하라 지역+모로코와 현지인+영유권과 독립 주장 → **서사하라 분쟁**

• 바스크 민족+자치 요구+분리주의 운동 → **에스파냐–바스크 분리주의 운동**

• 팔레스타인 지역+유대인과 팔레스타인+영토·민족·종교 정체성 → **이스라엘–팔레스타인 분쟁**

• 석유+영국과 아르헨티나 간 분쟁+포클랜드 제도의 소유권 → **포클랜드 분쟁**

07 국제 갈등과 국제 협력

오늘날 국제 사회에서는 자원, 영토 등 개별 국가가 자국의 이익을 추구하는 과정에서 치열한 경쟁을 벌이며 갈등을 겪고 있다. 이러한 국제 갈등은 어느 한 국가의 노력만으로는 해결하기 어렵기 때문에 갈등 당사자 간의 대화와 양보를 통해 평화적으로 해결하려는 노력이 필요하다.

바로 알기 ② 국제 갈등은 갈등 당사자 간의 합의를 통해 평화적으로 해결되기도 한다.

✦ 이건 꼭 맘기! 국제 갈등과 국제 협력

• 문화의 차이 또는 영토·자원 등을 두고 자국의 이익을 우선적으로 추구하는 과정에서 발생 → **국제 갈등**

• 국가 간 상호 의존도가 높아짐에 따라 협력이 필요한 문제 증가 → **국제 협력**

08 비정부 기구

제시된 글을 통해 '이것'은 국제 사회의 행위 주체 중 하나이며, 개별 국가의 이해관계와 상관없이 인류 공통의 문제에 관심을 가지고 활동하므로, '이것'은 비정부 기구임을 알 수 있다. ㄷ, ㄹ. 국제 사면 위원회와 국경 없는 의사회는 대표적인 비정부 기구이다.

바로 알기 ㄱ, ㄴ. 국제 사회의 행위 주체 중 국제기구에 해당한다.

08-1

⑤ 비정부 기구는 국제 사회의 보편적 가치를 추구하며, 개별 국가의 이해관계와 상관없이 인류 공통의 문제에 관심을 두고 활동한다.

바로 알기 ①, ②, ③, ④ 국제 사회의 행위 주체 중 국가에 대한 설명이다.

09 국제 사회의 행위 주체

(가)는 국제 사회의 기본적인 행위 주체이며, 독립된 주권을 가지고 있다는 점을 통해 국가임을 알 수 있다. (나)는 각국의 정부를 회원으로 한다는 점과 국제 사회의 평화 유지 등을 목적으로 활동한다는 점을 통해 국제기구에 대한 설명임을 알 수 있다.

✦ 이건 꼭 맘기! 국제 사회의 행위 주체

• 일정한 영토와 국민을 바탕으로 주권을 가진 국제 사회의 기본적인 행위 주체 → **국가**

• 각국 정부를 회원으로 하는 국제 사회의 행위 주체 → **국제기구**

• 개인이나 민간단체를 중심으로 구성된 조직 → **비정부 기구**

10 국제 사회의 행위 주체

㉠은 비정부 기구에 해당한다. 비정부 기구는 개인이나 민간단체의 주도로 만들어졌으며, 비정부 기구는 전 세계가 실현해야 할 보편적 가치를 추구하며, 국제적 협력이 필요한 문제들을 해결하고자 노력한다.

바로 알기 ② ㉡은 국제 사회의 행위 주체 중 국가에 해당한다. ③ 국제 사회의 행위 주체는 궁극적으로 적극적 평화를 지향한다. ④ 개인이나 민간단체의 주도로 만들어진 것은 비정부 기구이다. ⑤ 독립적인 주권을 행사하는 것은 국가이다.

11 국제 사회의 행위 주체

ㄱ. ㉠ 갑은 국제 사회의 행위 주체로, 국가 내부에 속해 있지만 국제 사회에 영향력을 발휘하며 활동하는 개인이다. ㄷ. ㉡ 국경 없는 의사회는 대표적인 비정부 기구 중 하나로, 개인이나 민간 단체를 중심으로 구성된 조직이다.

(바로 알기) ㄴ. 국제 연합(UN)은 대표적인 국제기구 중 하나로, 각국 정부를 회원으로 하는 국제 사회의 행위 주체이다. ㄹ. 국제 사회에서 법적 지위를 가지는 것은 국가이다. 국가는 국제 사회의 기본적인 행위 주체로서 독립적인 주권을 행사한다.

12 평화를 지속하기 위한 세계시민의 역할

제시된 사례는 세계시민으로서 난민을 돕기 위해 모금 활동을 하는 학생들의 모습을 보여 준다. ⑤ 세계시민은 모금 활동, 긴급 구호 활동에 참여하거나 재난 지역에 가서 자원봉사를 하는 등 세계 평화를 실현하기 위해 노력해야 한다.

서술형 문제
111쪽

1 주제: 평화의 의미

(1) (답안 키워드) 소극적 평화, 구조적 폭력, 문화적 폭력

(2) (예시 답안) 갑은 소극적 평화를, 을은 적극적 평화를 강조한다. 갑이 주장하는 소극적 평화는 직접적 폭력의 원인이 되는 구조적·문화적 폭력이 근본적으로 제거되지 않았다는 한계가 있다. 소극적 평화 상태에서는 빈곤, 기아, 차별 및 불평등과 같은 구조적 폭력이 남아있으며 종교와 사상 등의 문화적 영역이 다른 폭력을 정당화하는 데 이용될 수 있기 때문에 진정한 의미의 평화라고 볼 수 없다.

채점 기준	
상	소극적 평화의 한계를 근거로 제시하여 적극적 평화의 입장을 명확하게 서술한 경우
하	직접적 폭력의 제거만으로는 진정한 의미의 평화를 실현할 수 없다고만 서술한 경우

2 주제: 국제 사회의 행위 주체

(1) (답) ㉠ 국제기구, ㉡ 비정부 기구

(2) (예시 답안) 국제기구는 국가 간 분쟁을 중재하고 이해관계를 조정하는 역할을 한다. 또한 국제 규범을 정립함으로써 국제 관계에 영향을 미친다. 한편, 비정부 기구는 국제적인 연대 활동을 통해 환경 보호나 인권 보장 등 지구촌 공통의 문제를 제기하고, 이를 해결하기 위한 지구촌 공동의 노력을 이끌어 낸다.

채점 기준	
상	국제기구와 비정부 기구의 역할을 각각 두 가지 이상 서술한 경우
하	국제기구와 비정부 기구의 역할을 각각 한 가지만 서술한 경우

01 ②   **02** ④

01 폭력의 의미와 종류

ㄴ. 구조적 폭력은 빈곤, 정치적 독재 등 사회 구조 자체가 가하는 폭력이다. ㄹ. 직접적·구조적·문화적 폭력이 모두 제거된 상태를 적극적 평화라고 하며, 적극적 평화가 실현될 때 진정한 평화가 이루어진다.

(바로 알기) ㄱ. 문화적 폭력(㉢)은 종교, 사상, 언어, 예술, 과학 등 문화적 영역이 가하는 폭력으로서 직접적 폭력(㉠) 또는 구조적 폭력(㉡)을 정당화하는 데 이용되기도 한다. ㄷ. 구조적 폭력과 문화적 폭력은 적극적 평화를 이루기 위해 제거되어야 한다.

02 국제 사회의 행위 주체

㉠ 국제 노동 기구는 국제기구, ㉡ 국제 사면 위원회는 비정부 기구, ㉢ 이란 당국은 국가에 해당한다. ④ 국가는 국제 사회의 기본적인 행위 주체로서 독립적인 주권을 행사하며, 자국의 이익을 추구하는 과정에서 다른 국가와 경쟁하는 측면이 있다.

(바로 알기) ①, ③ 국제기구는 각국의 정부를 회원으로 하는 행위 주체이다. ② 오늘날 시민사회의 영향력이 강화되면서 비정부 기구의 역할이 확대되고 있다. ⑤ 국제 사회의 행위 주체들은 인권 존중, 자유와 평등, 평화 등 궁극적으로 국제 사회의 적극적 평화를 지향한다.

판서로 보는 고난도 개념 국제기구와 비정부 기구의 역할	
국제기구	• 회원: 각국의 정부 • 역할: 국가 간 이해관계 조정, 국제 규범 정립 등
비정부 기구	• 회원: 개인이나 민간단체 • 역할: 범세계적 문제를 제기하고 공동의 노력을 이끌어 냄

(실전 문항) **01** ②

01 평화의 의미

㉠은 소극적 평화, ㉡은 적극적 평화이다. ① 소극적 평화는 전쟁, 범죄, 테러와 같은 물리적 폭력이 없는 상태이다. ③, ④ 적극적 평화는 직접적 폭력뿐만 아니라 빈곤, 기아, 억압, 차별, 불평등 등의 구조적인 폭력과 이를 정당화하는 문화적인 폭력도 모두 제거된 상태이다. ⑤ 소극적 평화와 적극적 평화 모두 물리적·직접적 폭력이 제거된 상태를 포함한다.

(바로 알기) ② 빈곤 문제는 사회 구조 자체가 가하는 구조적 폭력에 해당하며, 이를 해결하는 것은 적극적 평화의 실현과 관련 있다. 적극적 평화가 이루어질 때 진정한 평화가 이루어질 수 있다.

03 남북 분단 및 동아시아 역사 갈등과 세계 평화

01 남북 분단의 배경

남북 분단의 국내적 배경에는 광복 후 신탁 통치에 대한 찬반 논쟁과 북한의 남침으로 인한 6·25 전쟁의 발발을 들 수 있다.

(바로 알기) ㄱ. 미국과 소련 간의 냉전 체제 심화, ㄹ. 우리나라의 지정학적 위치는 국제적인 배경에 해당한다.

02 남북 분단의 과정

제시된 (가) 시기는 1945년 8·15 광복과 1948년 5·10 총선거 사이의 시기에 해당한다. 광복 이후 한반도는 미국과 소련이 북위 38도를 기준으로 분할 점령하였다. 이후 국제 연합이 총선거에 의한 정부 수립을 결정하였고, 북한과 소련이 이를 거부하자 남한에서만 5·10 총선거가 실시되었다.

(바로 알기) ①, ②, ③은 5·10 총선거 이후에 일어난 사실이다. ⑤는 8·15 광복을 가져온 배경에 해당한다.

02-1 5·10 총선거 실시 이후 대한민국 정부가 수립되었다. 이후 1950년 북한군의 남침으로 6·25 전쟁이 발발하였고, 전쟁을 중단하고자 1953년에 판문점에서 정전 협정이 체결되었다.

✦ 이건 꼭 알기!   남북 분단의 과정

일제의 무조건 항복 → 광복 → 미·소의 남북한 분할 점령 → 모스크바 3국 외상 회의 개최 → 신탁 통치를 둘러싼 논쟁 → 국제 연합의 남북한 총선거 결정 → 북한과 소련의 총선거 거부 → 5·10 총선거 실시 → 대한민국 정부 수립 → 북한군의 남침(6·25 전쟁 발발) → 판문점에서 정전 협정 체결

03 남북 분단의 과정

(가)는 6·25 전쟁(1950), (나)는 정전 협정(1953), (다)는 8·15 광복(1945), (라)는 5·10 총선거 및 대한민국 정부 수립(1948)이다. 따라서 이를 시기 순으로 나열하면 (다)–(라)–(가)–(나)이다.

04 통일의 필요성

① 통일이 되면 우리 민족의 생활공간은 한반도 전체로 확대된다.

✦ 이건 꼭 알기!   통일의 필요성

군사 대립으로 손실되는 분단 비용 활용, 북한 주민의 삶 개선, 이산가족의 아픔 해소, 한반도 평화 실현 및 세계 평화 정착, 생활공간의 확장

05 통일을 위한 노력

독일의 통일 과정에서는 다양한 문제들이 발생하였으나, 장기적으로 이러한 문제들은 점차 해소되었으며 경제가 성장·발전하였음을 보여 준다. 따라서 통일은 장기적인 관점에서 추진되어야 함을 알 수 있다.

06 통일을 위한 노력

이산가족 상봉 추진, 「겨레말큰사전」 편찬, 평창 올림픽 남북 단일팀의 구성 등이 제시되었으므로 (가)에는 남북의 통일을 위한 노력 사례가 들어갈 수 있다.

06-1 제시된 자료는 통일을 위한 노력의 사례이므로 남북 정상 회담의 실시, 남북 예술단 합동 공연 추진 등이 적절하다.

07 중국과의 역사 갈등

㉠은 중국이 전개하고 있는 동북 공정이다. 중국은 역사적 자료를 일방적으로 해석하여 옛 고구려와 발해의 영역이 중국의 고유 영토라고 주장하였다.

(바로 알기) ㄱ. 동북 공정은 중국의 소수 민족들의 분리 독립을 막기 위해 해당 지역의 역사를 중국의 역사에 포함하려는 시도이다. ㄷ. 동북 공정은 고구려를 중국의 지방 정권으로 포함하여 인식한다.

08 동아시아의 역사 갈등

중국은 동북 공정을 추진하면서 우리나라의 역사인 고구려와 발해의 역사를 중국의 것이라고 주장하며, 고구려의 성도 만리장성의 일부라고 주장하여 우리나라와 갈등을 빚고 있다.

09 동아시아 역사 갈등의 해결 노력

① 국가 간 민간 교류를 축소하는 것은 올바른 갈등 해결 노력이라고 할 수 없다.

10 일본과의 역사 갈등

(바로 알기) ㉠은 독도이다. ㄱ. 독도는 현재 우리나라가 실효 지배하고 있다. ㄷ. 중국과 일본 간의 영토 분쟁이 있는 지역은 센카쿠 열도(댜오위다오)에 해당하며, 독도는 명백한 우리의 영토로 영토 분쟁 지역이 아니다.

10-1 독도는 역사적으로 지증왕 때 신라가 정복하였으며, 『세종실록지리지』와 일본의 태정관 지령문, 각종 고지도를 통해 명백히 대한민국 영토임을 알 수 있다. 대한 제국은 1900년 대한 제국 칙령 제41호를 통해 독도가 대한 제국의 관할임을 밝혔다. ⑤ 독도는 유네스코 세계 문화유산에 해당하지 않는다.

11 동아시아 역사 갈등을 해결하기 위한 노력

⑤ 다른 나라의 역사 연구 결과를 모두 받아들이는 것은 동아시아 역사 갈등을 해결하려는 노력으로 적절하지 않다.

12 국제 사회의 평화를 위한 우리나라의 노력

① 국제 사회의 평화를 위해 우리나라는 개발 도상국에 대한 공적 개발 원조를 확대하고 있다.

서술형 문제

119쪽

1 주제: 야스쿠니 신사 참배 문제

(1) (답안 키워드) 야스쿠니 신사, 세계 대전

(2) (예시 답안) ㉠은 야스쿠니 신사로, 이곳에는 제2차 세계 대전을 주도한 전쟁 범죄자들이 합사되어 있다. 따라서 일본의 정치인들이 이곳을 참배하는 행위는 전쟁을 일으킨 것에 대한 반성을 하지 않는 것으로 해석되므로 주변국의 반발을 사고 있다.

채점 기준	
상	야스쿠니 신사 명칭과 야스쿠니 신사 참배의 문제점을 서술한 경우
하	야스쿠니 신사의 명칭만 쓴 경우

2 주제: 통일의 필요성

(1) (예시 답안) 남북한 모두 통일이 된다면 지출하지 않아도 될 불필요한 군사비를 지출하고 있다.

(2) (예시 답안) 남북한 모두 불필요한 군사비 지출을 줄여 경제적 발전과 번영에 도움이 될 수 있으며, 이를 바탕으로 한반도의 평화 정착을 통해 세계 평화 실현에 기여할 수 있다.

채점 기준	
상	군사비 지출과 관련하여 통일의 필요성을 2가지 모두 서술한 경우
하	군사비 지출과 관련한 통일의 필요성을 1가지만 서술한 경우

STEP 3 1등급 정복하기

120~121쪽

01 ③　　**02** ②　　**03** ④　　**04** ①

01 남북 분단의 과정

자료에서 (가)는 미국과 소련이 한반도를 분할 점령한 시기, (나)는 1948년 5·10 총선거에 대한 내용이다. 미·소의 분할 점령 이후 개최된 모스크바 3국 외상 회의의 결과가 전해지면서 신탁 통치를 둘러싼 논쟁이 일어났다.

02 통일을 위한 노력

자료는 남북한의 통일을 위한 노력에 대한 것이다. ㉠의 대표적인 사례로는 1972년에 합의된 7·4 남북 공동 성명이 있으며, ㉡의 2000년 이후에 있었던 통일 노력으로는 『겨레말큰사전』 편찬, 평창 올림픽 남북 단일팀 구성 등이 있다.

(바로 알기) ㄴ. 제1차 남북 정상 회담은 2000년에 열렸다. ㄹ. 공동 역사 교과서 개발은 한·중·일 간의 역사 갈등을 해소하기 위한 노력에 해당한다.

판서로 보는 고난도 개념　남북한의 통일을 위한 노력	
7·4 남북 공동 성명(1972)	통일 원칙에 합의
남북 기본 합의서(1991)	남북한 상호 불가침 및 교류·협력에 합의
6·15 남북 공동 선언(2000)	이산 가족 문제, 남북 간 교류 관련 논의
9·19 남북 군사 합의(2018)	군사 관련 신뢰 구축 합의

03 일본의 독도 영유권 주장

자료에서 1877년 태정관에서 발행한 문서가 제시되었고, 울릉도와 함께 일본과 관련이 없다는 사실을 언급한 점으로 보아 밑줄 친 '이 지역'이 독도임을 알 수 있다. ④ 조선인 강제 동원을 통한 광산 노동이 이루어진 대표적인 곳에는 군함도가 있다.

04 일본의 역사 교과서 왜곡

① 해당 교과서의 내용은 한일 공동 역사 연구의 결과물이 아닌 일본측의 일방적인 주장만 담은 것이다.

01 동아시아의 역사 갈등

제시된 '이 지역'은 타이완, 중국, 일본이 서로 영유권을 주장하는 센카쿠 열도(댜오위다오)이다.

(바로 알기) ① (가) 난사 군도(스프래틀리 군도)는 중국, 필리핀, 말레이시아, 베트남 등 주변 여러 국가들이 서로의 영유권을 주장하는 지역이다. ② (나) 시사 군도(파라셀 군도)는 현재 중국이 실효 지배하고 있으며, 베트남이 영유권을 주장하고 있다. ④ (라) 일본의 오키나와이다. ⑤ (마) 쿠릴 열도(북방 도서)는 러시아와 일본 사이의 영토 분쟁 지역으로, 현재는 러시아가 주권을 행사하고 있으며 일본이 반환을 요구하고 있다.

01 ③　**02** ②　**03** ②　**04** ④　**05** ③　**06** ①　**07** ②
08 ③

01 지역화 전략

㉠은 세계화, ㉡은 지역화이다. 교통수단과 정보 통신 기술의 발달은 공간이라는 물리적 장벽을 허물었으며, 세계 교역 증진을 목적으로 설립된 세계 무역 기구(WTO)의 등장은 자유 무역의 확산을 가져와 세계화에 기여하였다. 세계화에 따라 지역이 차별화된 경쟁력을 갖추기 위해 노력하는 지역화 현상도 나타났는데, 지역 축제 개최, 지역 브랜드 개발 등의 지역화 전략은 지역 경제의 활성화를 이끌기도 한다. 이처럼 한 지역의 고유한 문화가 세계적으로 확산하고, 동시에 세계 속에서 정체성과 경쟁력을 갖추는 등 세계화와 지역화는 동시에 이루어지는 경우가 많다.

(바로 알기) ③ 지역화 전략은 다른 지역과 차별화할 수 있는 지역의 고유한 전통에 세계의 보편적인 가치를 접목하여 경쟁력을 높이는 것으로 문화의 다양화를 이끈다.

02 빈부 격차의 심화

자료 분석

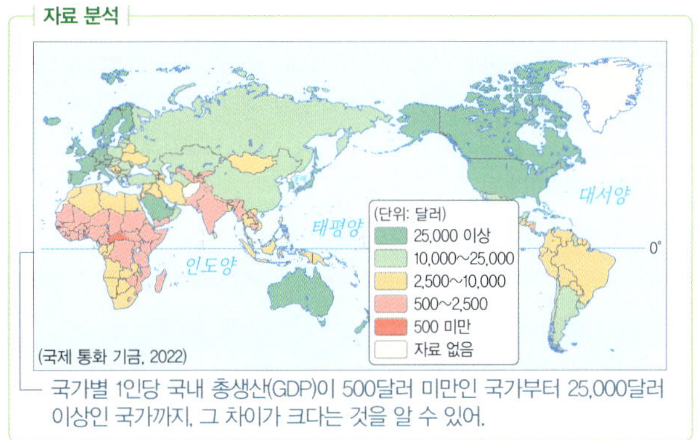

국가별 1인당 국내 총생산(GDP)이 500달러 미만인 국가부터 25,000달러 이상인 국가까지, 그 차이가 크다는 것을 알 수 있어.

ㄱ, ㄹ. 빈부 격차 심화를 해소하려면 세계화의 성과가 일부 선진국이나 기업에 지나치게 집중되지 않도록 공적 개발 원조(ODA)나 기술 이전 등의 지원을 강화하여 개발 도상국의 경제적 자립을 도와야 하며, 공정 무역이나 공정 여행 등에 참여함으로써 생산자의 경제적 자립과 지속가능한 발전에 기여해야 한다.

(바로 알기) ㄴ. 국가 간 빈부 격차를 줄이려면 불공정한 무역 구조를 개선하여 세계화로 발생한 이익이 지나치게 선진국에 집중되지 않게 해야 한다. ㄷ. 자유 무역을 확대하면 선진국에 더욱 유리한 무역 환경이 조성된다.

03 평화의 의미

영화 「더 스위머스」(2022)를 통해 시리아에 사는 두 자매는 시리아에 전쟁이 발발하여 소극적 평화가 지켜지지 않은 시리아를 탈출하는 과정에서 생명을 위협을 받고, 자아실현의 기회도 잃었다는 것을 알 수 있다.

04 국제 협력의 사례

제시된 기사는 남극의 영유권을 주장하던 국가들이 서로 어떠한 주권도 영구히 인정하지 않는 것에 합의한 남극 조약을 체결한 사례를 보여 준다. 이를 통해 국가 간의 협의를 통해 국제 협약을 맺고 국제 사회의 문제를 해결한 사례임을 알 수 있다.

(바로 알기) ①, ②, ③, ⑤ 제시된 기사는 남극의 자원과 주권 등을 둘러싸고 국가 간 갈등이 발생하였지만 국가 간 협의와 양보를 통해 갈등을 해결한 사례이다.

05 국제 사회의 행위 주체

㉠은 국제적으로 영향력이 큰 개인에 해당하며, ㉡은 국제기구에 해당한다. 유명 운동선수뿐만 아니라 전직 국가 원수나 노벨상 수상자, 국제 연합 사무총장, 종교 지도자 등과 같이 국제적으로 영향력 있는 개인도 국제 사회의 행위 주체가 될 수 있다. ③ 국제기구는 주권을 가진 국가들로 결성되어 있으며, 국제 사회의 평화 유지와 경제적·사회적 협력을 목적으로 한다.

(바로 알기) ①, ⑤ 국가에 대한 설명이다. ② 국제기구에 대한 설명이다. ④ 국제 사면 위원회는 대표적인 비정부 기구이다.

06 남북 분단의 과정

유엔 한국 임시 위원단의 감시 아래 남한에서만 실시되었던 우리나라 최초의 민주적 선거라고 하였으므로 ㉠은 1948년에 있었던 5·10 총선거이다. 5·10 총선거 이후 대한민국 정부가 수립되었으며, 1950년에 6·25 전쟁이 발발하였다.

(바로 알기) ②, ③, ④, ⑤는 모두 5·10 총선거 이전에 있었던 사실이다.

07 동아시아 역사 갈등 해결을 위한 노력

자료에서 한·중·일 3국의 학자, 교사, 시민운동가들이 공동 역사 교재를 발간한 것은 역사 갈등을 해결하기 위한 취지에서 이루어진 것이다. 이러한 취지와 같은 노력으로는 동아시아 청소년 역사 체험 캠프 운영이 적절하다.

08 세계 평화를 위한 우리나라의 노력

자료에서 한국 국제 협력단(KOICA)의 활동과 농촌 진흥청의 기술 이전 등의 사례가 제시된 점으로 보아 우리나라가 개발 도상국에 지원을 하고자 노력하는 사례임을 알 수 있다. 국제적인 위상이 높아진 우리나라는 개발 도상국에 대한 공적 개발 원조나 기술 이전 등을 통해 세계 평화를 위해 노력하고 있다.

(바로 알기) ① 대표적인 세계 도시에는 뉴욕, 런던, 파리 등이 있으며 이들이 등장하면서 국제 사회에 경제, 사회, 문화적인 측면에서 많은 영향을 주고 있다. ② 남북의 평화 통일을 위한 노력에는 이산가족 상봉, 남북 정상회담 등이 해당된다. ④ 세계화에 따른 문제점으로 문화의 획일화, 빈부 격차의 확대 등이 있다. ⑤ 동아시아 역사 갈등을 해결하기 위해서는 공동의 역사 교재 편찬, 공동 역사 연구 등의 방안이 있다.

01 / 세계의 인구와 인구 문제

STEP 1 핵심 개념 확인하기 132쪽

1 (1) 개발 도상국 (2) 북반구, 아시아 (3) 사망률 **2** (1)-ⓒ, ⓒ
(2)-㉠, ㉣ **3** (1) ○ (2) × (3) ○ **4** (1) ㄷ (2) ㄱ (3) ㄴ

STEP 2 내신 만점 공략하기 132~135쪽

01 ⑤ **01-1** (가) **02** ④ **03** ⑤ **04** ③
04-1 ② **05** ④ **06** ① **07** ④ **08** ⑤ **09** ③
10 ⑤ **10-1** ② **11** ① **12** ②

01 세계 인구 성장의 특징

(가)는 현재 인구가 가장 많고, 앞으로도 많이 늘어날 것으로 예상되는 아시아, (나)는 아시아 다음으로 인구가 많아질 것으로 예상되는 아프리카이다. ⑤ 개발 도상국은 20세기 중반부터 인구가 빠르게 증가하며 세계의 인구 성장을 주도하고 있다.

(바로 알기) ① 아시아는 가장 큰 대륙으로, 북반구와 남반구에 걸쳐 위치한다. ② (가)는 아시아, (나)는 아프리카이다. ③ 2000년에 유럽과 러시아의 인구 비율은 아프리카의 인구 비율보다 낮으므로 유럽은 아프리카(나)보다 총인구가 적다. ④ 제시된 그래프를 보면 2000~2050년의 인구 증가율은 약 50%인 반면, 1850~1900년의 인구 증가율은 약 30%이다.

01-1 세계에서 인구가 가장 많은 국가는 아시아(가)에 있으며, 아시아에 세계 인구의 절반 이상이 거주하고 있기도 하다.

02 인구 변천 모형의 이해

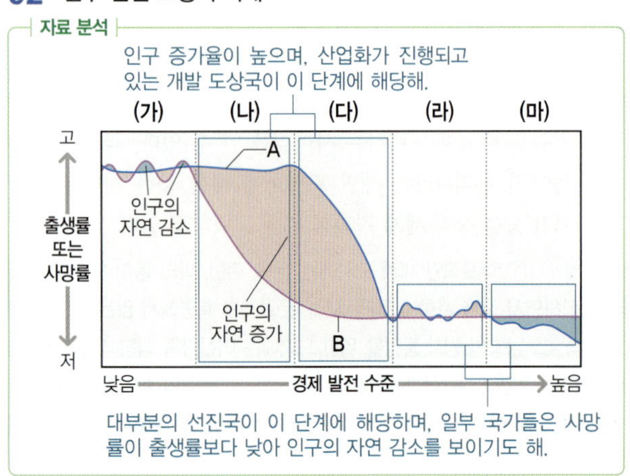

대부분의 선진국이 이 단계에 해당하며, 일부 국가들은 사망률이 출생률보다 낮아 인구의 자연 감소를 보이기도 해.

인구 변천 모형의 (가) 단계는 출생률과 사망률이 모두 높아 인구가 정체한다. (나) 단계는 출생률이 높고 사망률이 급격히 감소하여 인구 증가율이 높게 나타난다. (다) 단계는 출생률이 급격히 감소하고 사망률이 완만하게 감소하지만 여전히 인구가 증가한다. (라) 단계는 출생률과 사망률이 모두 낮아져 인구 증가가 정체한다. (마) 단계는 출생률이 사망률보다 낮아져 인구의 자연적 감소가 나타난다.

(바로 알기) ① (가) 단계에서는 사망률이 가장 높은 수준을 보인다. ② (다) 단계에서는 출생률이 사망률보다 높아 인구의 자연 증가가 나타난다. ③ (라) 단계는 주로 선진국에서 나타난다. ⑤ (다) 단계에서부터 출생률이 급격히 감소하기 시작하지만, 사망률이 더 낮으므로 인구는 계속해서 증가한다. 따라서 (가) 단계에서 (라) 단계로 갈수록 총인구는 계속해서 증가한다.

03 세계 인구 분포의 특징

⑤ E 지역은 뉴욕, 보스턴 등의 교통이 발달하고 일자리가 많은 대도시가 있어 인구가 집중해 있다.

(바로 알기) ① A는 런던, 파리 등의 유럽 대도시가 분포한 지역으로, 도시화율이 높아 촌락보다 도시에 거주하는 인구가 더 많다. ② B는 사하라 사막이 넓게 분포하는 북부 아프리카 지역으로, 인구가 매우 희박하다. ③ C는 과거부터 벼농사가 발달해 온 중국의 동부 해안 지역으로, 인구가 집중 분포한다. ④ D는 건조 기후가 넓게 나타나는 오스트레일리아 내륙 지역으로, 인구가 희박하다.

✦ 이건 꼭 암기! 세계 인구 분포의 특징
• 전 세계 인구의 대부분은 북반구에 거주 → 아시아에 절반 이상이 집중
• 아프리카, 오스트레일리아의 사막 지역, 아마존 분지, 시베리아, 그린란드 → 불리한 자연환경으로 낮은 인구 밀도

04 대륙별 인구 분포의 특징

대륙별 인구 비율을 살펴보면 세계에서 인구가 가장 많은 두 국가인 중국과 인도가 속해 있는 아시아에 세계 인구의 절반 이상이 살고 있다. 아시아 다음으로 아프리카, 유럽, 중앙 및 남아메리카, 북아메리카, 오세아니아 순으로 인구 분포 비율이 높게 나타난다.

✦ 이건 꼭 암기! 대륙별 인구 비중(2022년)
아시아 > 아프리카 > 유럽 > 중앙 및 남아메리카 > 북아메리카 > 오세아니아

04-1 ㄱ. 아프리카(A)가 유럽(B)보다 총면적이 넓다. ㄹ. 유럽(B)이 오세아니아(C)보다 총인구가 많다.

(바로 알기) ㄴ. 아프리카(A)보다 선진국이 더 많은 유럽(B)의 경제가 더 발달한 편이다. ㄷ. 고령화가 많이 진행된 유럽(B)은 아프리카(A)보다 출생률이 낮은 편이다.

05 인구 구조의 이해

인구 피라미드란 인구의 성별, 연령별 구성을 피라미드 모양으로 나타낸 그래프이다. 특히, 연령별 인구 구조를 보면 생산 연령 인구, 인구 부양비, 노령화 지수 등을 알 수 있으며, 이를 바탕으로 현재의 인구 문제를 파악하고 미래의 인구 문제를 예측할 수 있다.

(바로 알기) ㄴ. 인구 피라미드는 세로축에 연령, 가로축에 성별 인구를 나누어 나타낸다.

✦ 이건 꼭 알기! 인구 부양비와 노령화 지수
- 청장년층 인구 100명에 대한 유소년층과 노년층을 합한 인구 비율 → **인구 부양비**
- 유소년층 인구 100명에 대한 노년층 인구 비율 → **노령화 지수**

06 선진국과 개발 도상국의 인구 특성

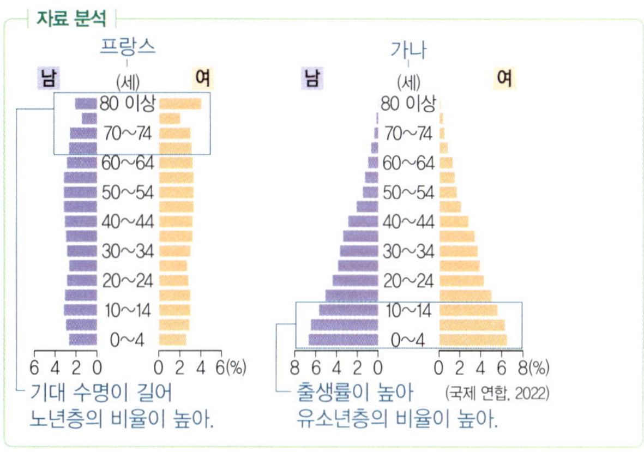

(가)는 프랑스, 유소년층 비중이 높은 (나)는 가나이다. 개발 도상국에 비해 선진국은 기대 수명이 길고, 유소년 인구 비율이 낮으며, 노년층 인구 비율이 높다.

✦ 이건 꼭 알기! 기대 수명과 중위 연령
- 0세의 출생자가 향후 생존할 것으로 기대되는 평균 생존 연수로 사람들이 평균적으로 얼마나 오래 살 것인지를 나타냄 → **기대 수명**
- 특정 지역의 인구를 연령 순서로 세웠을 때 그 중앙에 위치 한 사람의 연령 → **중위 연령**

07 세계 인구 이동의 특성

지도의 (가)는 정치적으로 불안정한 국가에서 지리적으로 인접한 국가로 이동하는 경향이 나타나므로 난민이다. (나)는 개발 도상국에서 미국, 영국, 오스트레일리아 등 경제가 발달하고 일자리가 많은 선진국으로 이동하는 경향이 나타나므로 노동자이다. ④ 오늘날에는 일자리를 찾아 이동하는 노동자(나)의 이동이 정치적 요인에 따라 이동하는 난민(가)의 이동보다 많다.

(바로 알기) ① (가)는 난민으로, 전쟁이나 분쟁을 피하기 위한 인구 이동이다. ② (나)는 노동자의 이동 경로이므로 경제적 요인에 의해 나타난다. ③ (가)는 난민, (나)는 노동자이다. ⑤ 난민과 노동자 모두 선진국으로 이동하는 경우가 많다.

08 난민 발생 국가와 수용 국가의 특징

제시된 자료의 ㉠ 발생 상위 6개 국가는 모두 전쟁과 분쟁을 겪고 있는 국가들이므로 ㉠은 난민이다. ㄱ. 난민의 대부분은 이동에 필요한 자본이 부족하기 때문에 발생 국가의 인근 국가로 이동하는 경우가 많다. ㄴ. 난민은 전쟁, 테러뿐만 아니라 자연재해 등을 피해 다른 지역으로 이동한 사람을 의미한다. ㄷ. 최근 우크라이나와 러시아와의 전쟁으로 우크라이나에서 난민의 수가 급격히 증가하였다.

09 선진국의 인구 문제

제시된 ○○국은 일찍 산업화를 이루고, 급격히 낮아진 출생률과 의학 기술의 발달로 노년층 인구 비율이 높아진 초고령 사회이다. 따라서 고령화 문제를 겪는 선진국이다.

(바로 알기) ㄱ, ㄹ. 인구 과잉 문제가 나타나는 개발 도상국의 인구 문제이다.

10 개발 도상국과 선진국의 인구 문제 해결 방안

노년층보다 유소년층 인구 비율이 높게 나타나는 (가)는 니제르, 노년층 인구 비율이 높게 나타나는 (나)는 독일이다. ⑤ 독일(나)은 저출생·고령화 문제 해결을 위한 출산 장려 정책과 노년층에 대한 복지 및 일자리 마련 정책이 필요하다.

(바로 알기) ①, ③ 유소년층과 청장년층 인구 비율이 높은 니제르(가)는 노동력이 풍부하기 때문에 정년을 연장하거나 노동력 확보를 위한 이민 정책을 할 필요가 없다. ② 니제르(가)의 유소년층 인구 비율은 이미 높게 나타나고 있으므로 출산 장려 정책보다는 급격한 인구 증가를 완화할 가족계획 정책이 필요하다. ④ 급격한 인구 증가로 인한 식량 부족 현상, 실업 문제 등을 해결하기 위해 경제 발전과 식량 증산 정책이 필요한 국가는 니제르(가)이다.

✦ 이건 꼭 알기! 선진국과 개발 도상국의 인구 문제 해결 방안
- 선진국 → 출산 장려 정책, 노년층을 위한 사회 보장 제도, 가족 친화적 가치관 확대, 세대 간 정의 실현 등
- 개발 도상국 → 가족계획 정책, 식량 증산 정책, 촌락의 생활환경 개선 등

10-1 인구 과잉 문제가 예상되는 니제르에서는 기아 문제, 도시 과밀화 문제가 발생할 것으로 예상된다.

11 선진국의 인구 문제 해결 방안

제시된 자료의 독일은 육아 휴직 관련법을 개정하면서 인구 문제를 해결하고자 한다. 이것은 저출생 문제를 해결하기 위함이다.

12 저출생 문제의 해결 방안

제시된 그래프는 아이를 낳지 않는 이유에 관한 설문 조사 결과이며, 알 수 있는 인구 문제는 저출생이다. 저출생을 해결하기 위한 정책으로는 공공 보육 시설을 확대하고, 결혼 지원 대책을 마련하는 것이 적절하다.

서술형 문제

1 주제: 인구 이동의 영향

(1) **답안 키워드** 인구 유입국, 인구 유출국

(2) **예시 답안** (가) 국가는 인구의 순 유입이 나타나는 인구 유입국이다. 인구 유입국은 인구 유출국에서 들어온 인구로 노동력을 확보하고, 문화적 다양성이 증대된다는 긍정적 영향이 있다. 반면, 기존 주민과 이주민 간 경제적, 문화적 갈등이 나타날 수 있다는 부정적 영향이 있다.

채점 기준	
상	인구 유입국에 나타나는 긍정적, 부정적 영향을 모두 서술한 경우
하	인구 유입국에 나타나는 긍정적, 부정적 영향 중 한 가지만 서술한 경우

2 주제: 우리나라의 인구 문제 해결 방안

(1) **답** 저출생

(2) **예시 답안** 저출생으로 인한 문제를 해결하려면 우선 사회적 측면에서 출산 장려금 지원, 출산 휴가 및 육아 휴직 보장, 유연 근무제 확대 등 각종 출산 장려 정책을 실시해야 한다. 가치관 측면에서는 가족 친화적 가치관을 확대하고 세대 간 정의를 실현하고자 하는 분위기를 조성해야 한다.

채점 기준	
상	사회적 측면과 가치관 측면 모두 서술한 경우
하	사회적 측면과 가치관 측면 중 한 가지만 서술한 경우

STEP 3 1등급 정복하기

01 ① **02** ①

01 대륙별 합계 출산율의 변화

합계 출산율은 개발 도상국이 많이 있는 아시아, 아프리카에서 높게 나타나는 편이다. 그중 아시아는 경제 발달 및 사회 변화로 합계 출산율이 낮아진 반면, 아프리카는 오늘날에도 합계 출산율이 높은 편이다. 한편, 산업화가 일찍 이루어진 유럽은 1970년과 2021년 모든 시기에서 합계 출산율이 낮은 편이다. 이에 따라 모든 시기에서 합계 출산율이 높은 (가)가 아프리카, 합계 출산율이 급감한 (나)가 아시아, 모든 시기에서 합계 출산율이 낮은 (다)는 유럽, (라)는 라틴 아메리카이다. ㄱ. 아시아(나)에는 세계 인구의 절반 이상이 분포한다. ㄴ. 유럽(다)은 18세기 후반 산업화 혁명과 함께 산업화 및 도시화가 이루어졌다.

바로 알기 ㄷ. 1인당 국민 소득은 경제가 발달한 선진국이 많은 유럽(다)이 개발 도상국이 많은 아프리카(가)보다 높다. ㄹ. 중위 연령은 합계 출산율이 높은 라틴 아메리카(라)가 유럽(다)보다 낮다.

---

02 우리나라 시기별 인구 구조 비교

제시된 자료에서 (가) 시기는 유소년층 비율이 높고 노년층 비율이 낮은 1960년, (나) 시기는 유소년층 비율이 낮고 노년층 비율이 높은 2020년이다.

바로 알기 ㄱ. 출산 장려 정책은 (나) 시기에 시행되었다 ㄷ. 합계 출산율은 (나) 시기보다 (가)시기에 더 높다. ㄹ. 노년 인구 부양비는 (가) 시기보다 (나) 시기에 더 크다.

판서로 보는 고난도 개념 우리나라의 인구 문제

저출생	1960년대 이후 추진된 산아 제한 정책으로 합계 출산율 감소
고령화	경제 수준의 향상과 의학 기술의 발달로 유소년층 인구 비율 감소, 노년층 인구 비율 증가

수능 첫걸음

실전 문항 **01** ⑤

01 지역(대륙)별 인구 특성

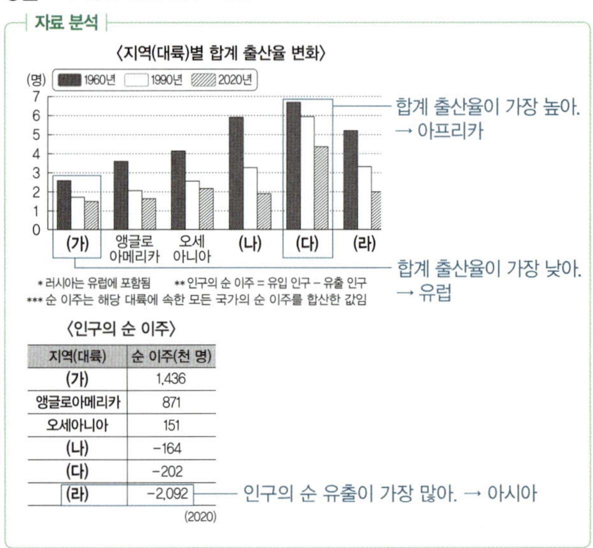

(가)는 1960, 1990, 2020년 전 시기에서 합계 출산율이 가장 낮고, 인구의 순 유입이 가장 많이 나타나므로 유럽이다. (다)는 전 시기에서 합계 출산율이 가장 높으므로 아프리카이다. (라)는 인구의 순 유출이 가장 많으므로 아시아이다. 따라서 (나)는 라틴 아메리카이다. ㄴ. 2020년 기준 유럽(가)이 라틴 아메리카(나)보다 인구가 많다. ㄷ. 아시아(라)가 아프리카(다)보다 인구 밀도가 높다. ㄹ. 1960년 합계 출산율은 아프리카(다) > 라틴 아메리카(나) > 아시아(라) > 유럽(가) 순으로 높다.

바로 알기 ㄱ. 전 세계에서 인구가 가장 많은 국가는 2020년 기준 중국, 2024년 기준 인도로 모두 아시아에 있다.

STEP 1　핵심 개념 확인하기　142쪽

1 자원　**2** (1)−ⓑ (2)−ⓐ (3)−ⓒ　**3** (1) ㄷ (2) ㄴ (3) ㄱ
4 (1) 인위적 (2) 미래, 현재　**5** (1) ○ (2) ○ (3) ✕

STEP 2　내신 만점 공략하기　142~145쪽

01 ①　**01-1** 편재성　**02** ②　**03** ①　**04** ④
04-1 ⑤　　**05** ⑤　**06** ②　**07** ④　**07-1** ⑤
08 ⑤　**09** ④　**10** ②　**11** ②　**12** ⑤

01　자원의 특성 이해

자료 분석

석탄은 과거 우리나라의 대표적인 에너지 자원이었다. 그러나
생산할수록 산지의 더 깊은 곳까지 들어가야 하는 특성 때문에
석탄의 생산 원가는 오르는 반면, 석탄의 수요는 감소하면서 산
업이 쇠락하였다. 이에, 대한 석탄 공사는 현재 운영 중인 탄광
을 모두 폐쇄하기로 하였다. 연탄의 수요가 감소하면서 2030년
이면 모든 광산이 자연 폐광할 예정이었으나, 국가 재정 절감을
위해 시기를 앞당기는 것이다. *석탄의 상품성이 변화하여 자원
의 가치가 달라져. → 가변성*

제시된 기사는 과거 우리나라의 중요 에너지 자원이었던 석탄이
국내 소비 연료의 변화와 경제적 상황 등에 따라 수요가 감소하여
더 이상 생산을 하지 않는다는 내용이므로 가변성과 관련이 있다.

✦ 이건 꼭 알기!　자원의 특성
• 자원의 매장량이 한정되어 가채 연수에 도달하면 고갈됨 → **유한성**
• 자원은 지구상에 고르게 분포하지 않고 특정 지역에 집중하여 분포함 →
　편재성
• 자원의 가치는 고정되어 있지 않고 과학기술의 발달과 사회적·문화적 배
　경 등에 따라 변화함 → **가변성**

01-1 전 세계 석유 매장량의 절반 정도가 서남아시아의 페르시
아만 주변에 분포하여 발생한 자원 민족주의에 관한 내용이므로,
자원의 편재성과 관련 있다.

02　자원의 종류와 특성

자원 중에서 인간이 기본적인 생활을 유지하고 생산 활동을 하는
데 필요한 에너지를 얻을 수 있는 자원을 에너지 자원이라고 한다.
에너지 자원에는 석탄, 석유, 천연가스 등의 화석 에너지와 수력,
풍력, 지열, 태양광, 수소 에너지 등의 신·재생 에너지가 있다.

바로 알기　① ㉠에 들어갈 말은 '자원'이다. ③ 화석 에너지(㉢)에는 석탄,
석유, 천연가스 등이 있다. ④ 신·재생 에너지(㉣)에는 태양광, 풍력, 지열 등
이 있다. ⑤ 오늘날에는 화석 에너지(㉢)가 신재생 에너지(㉣)보다 경제성과
효율성이 좋은 편이다.

✦ 이건 꼭 알기!　자원의 종류
• 에너지 자원: 화석 에너지, 원자력 에너지, 신·재생 에너지
• 석탄, 석유, 천연가스 등 화석 연료를 태워 사용 → **화석 에너지**
• 우라늄이 핵분열할 때 나오는 에너지를 사용 → **원자력 에너지**
• 물, 태양열, 바람, 지열 등 재생 가능한 에너지원을 사용 → **재생 에너지**

03　세계 에너지 소비 구조의 이해

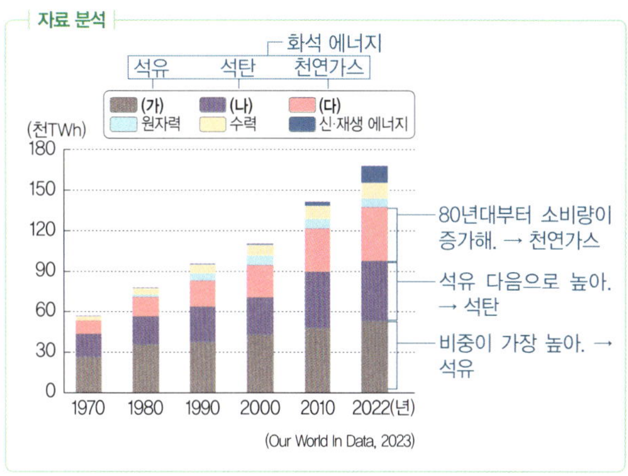

세계의 에너지 소비량은 꾸준히 증가하고 있으며, 세계 소비량의
절반 이상을 석유, 석탄, 천연가스와 같은 화석 에너지가 차지하
고 있다. 2022년 기준 세계 소비량은 석유 > 석탄 > 천연가스
등의 순으로 많다. 따라서 (가)는 석유, (나)는 석탄, (다)는 천연
가스이다.

04　주요 화석 에너지 자원의 특징 이해

④ 석탄(나)은 천연가스(다)보다 연소 시 대기 오염 물질 배출량
이 비교적 많다.

바로 알기　① 석유(가)는 주로 신생대 제3기층 배사 구조에 매장되어 있다.
② 세계에서 소비량이 가장 많은 에너지 자원은 석유(가)이다. ③ 19세기 내
연 기관의 발명으로 소비량이 증가한 에너지 자원은 석유(가)이다. ⑤ 석유
(가), 석탄(나), 천연가스(다)는 대표적인 화석 에너지 자원이다.

04-1 ⑤ 천연가스(다)는 석유(가)보다 가정용으로 사용되는 비
중이 높다.

바로 알기　① 석유(가)는 자원의 편재성이 커 국제 이동량이 많은 편이다.
② 석탄(나)은 주로 고생대 지층에 매장되어 있다. ③ 천연가스(다)는 연소
시 대기 오염 배출량이 비교적 적은 편이다. ④ 석탄(나)은 비교적 전 세계에
골고루 매장되어 있는 반면, 석유(가)는 전 세계 매장량의 절반 정도가 서남
아시아의 페르시아만에 집중해 있다. 따라서 편재성은 석탄(나)이 더 작다.

05 석탄의 특징

세계 생산량의 절반 정도를 중국이 생산하는 (가)는 석탄이다. 석탄은 주로 고생대 지층에 매장되어 있으며, 다른 화석 에너지 자원보다 비교적 여러 지역에 고르게 분포한다. 석탄은 18세기 산업 혁명 이후 본격적으로 상용화되었으며, 오늘날에는 주로 제철 공업이나 화력 발전 등의 분야에서 이용된다. ⑤ 냉동 액화 기술의 발달로 국제 이동량이 증가한 화석 에너지 자원은 천연가스이다.

06 석유의 특징

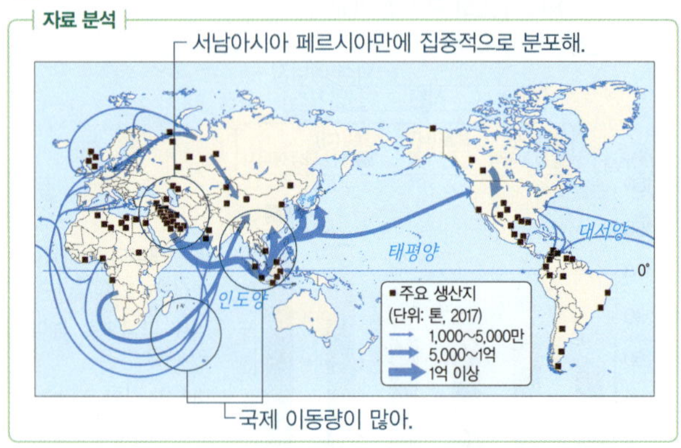

제시된 지도의 자원은 서남아시아의 페르시아만에 집중적으로 분포하고 사우디아라비아, 미국, 러시아에서 수출이 많은 것으로 보아 석유이다.

(바로 알기) ① 석유는 주로 신생대 제3기층 배사 구조에 매장되어 있다. 고생대 지층에 주로 매장되어 있는 화석 에너지 자원은 석탄이다. ③ 석유의 주요 수출국은 사우디아라비아, 미국, 러시아 등이다. 인도네시아와 오스트레일리아 등이 주요 수출국인 화석 에너지 자원은 석탄이다. ④ 화석 에너지 자원 가운데 연소 시 대기 오염 물질 배출이 가장 적은 것은 천연가스이다. ⑤ 다른 화석 에너지 자원에 비해 가정용으로 이용되는 비율이 높은 것은 천연가스이다.

07 석탄과 석유의 국가별 소비량과 특징 비교

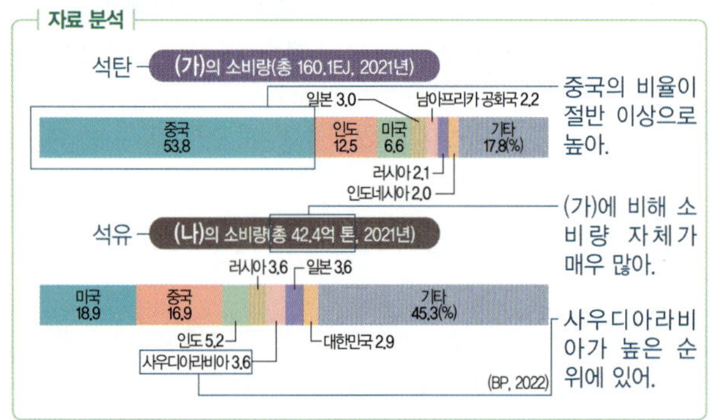

(가)는 중국이 세계 소비량의 절반 정도를 차지하는 석탄이며, (나)는 미국과 중국의 소비량이 많은 석유이다. ④ 석탄은 석유에

비해 편재성은 작고, 상용화된 시기는 이르며, 세계 소비 비중은 작다.

✦ **미견 꼭 암기!** **석탄과 석유의 특징**
- 고생대 지층에 매장, 비교적 고르게 분포, 가장 먼저 상용화된 에너지 자원, 제철 공업과 화력 발전에 이용 → **석탄**
- 신생대 제3기층 배사 구조에 매장, 편재성이 큼, 각종 운송 수단의 연료 및 화학 공업의 원료로 이용 → **석유**

07-1 ㄷ. 석탄(가)은 석유(나)에 비해 산업용으로 쓰이는 비중이 높다. ㄹ. 석유(나)는 석탄(가)에 비해 국제 이동량이 많다.
(바로 알기) ㄱ. 석유(나)에 대한 설명이다. ㄴ. 석탄(가)에 대한 설명이다.

08 자원을 둘러싼 갈등 지역

제시된 지도는 자원을 둘러싼 갈등이 일어나고 있는 지역을 나타내고 있다. 북극해는 석유와 해상 교통로 분쟁, 센카쿠 열도는 석유와 해상 교통로 분쟁, 남중국해는 석유, 천연가스 및 해상 교통로 분쟁, 포클랜드 제도는 석유와 관련된 분쟁이 있는 지역이다.

09 기후변화의 특징

기후변화의 자연적 요인에는 태양 활동의 변화, 태양과 지구의 위치 변화, 대규모 화산 활동 등이 있다. 인위적 요인에는 화석 에너지 사용 증가에 따른 온실가스 증가, 도시화와 토지 개발에 따른 토지 이용도 변화 등을 들 수 있다. 화석 에너지 자원을 소비하면서 배출되는 이산화 탄소, 메탄과 같은 온실가스는 지구 온난화를 유발하는 주요 원인이다.

(바로 알기) ㄷ. 온실가스 증가의 원인은 석유, 석탄과 같은 화석 에너지 자원의 사용 증가이다.

✦ **미견 꼭 암기!** **기후변화의 특징**
- 원인: 자연적 요인(태양 활동의 변화, 화산 활동 등), 인위적 요인(화석 에너지 사용 증가에 따른 온실가스 증가 등)
- 피해: 기상 이변 증가, 해수면 상승
- 해결 노력: 교토 의정서와 파리 협정 체결, 비정부 기구 활동 등

10 미래 사회의 변화 양상

미래 사회에는 자유 무역이 확대되고, 자율 주행 자동차나 드론 기술의 발달로 생활이 편리해질 것으로 예상된다. 한편, 로봇의 발달로 인간의 일자리가 일부 대체되고, 생명 공학의 발전으로 윤리적 가치관이 흔들릴 수도 있다. ② 미래 사회에 국가 간 빈부 격차는 커질 것으로 예상된다.

11 지속가능발전 목표(SDGs) 이해

㉠은 지속가능발전 목표이다. 지속가능발전 목표는 2015년 국제

연합(UN) 정상 개발 회의에서 지속가능한 발전을 위해 제시한
것으로, 2030년까지 모든 국가가 공동으로 추진해 나가야 한다.
빈곤 퇴치, 경제·사회의 양극화, 각종 사회적 불평등 문제, 정의,
기후변화, 인권, 양성평등, 환경 지속성, 평화와 안보 등을 아우
르는 목표를 제시하고 있다. 이를 위해 각국의 정부뿐만 아니라,
기업과 비영리 기구 등 다양한 개발 주체들의 협력도 강조하고
있다.

(바로 알기) ㄴ. 시장경제 체제의 확대는 개발 도상국과 선진국 간의 경제적
격차를 더 심화할 수 있다. 따라서 지속가능발전 목표에 해당하는 불평등
감소와 상반된다. ㄷ. 지속가능발전 목표는 빠른 경제 성장보다는 빈곤 퇴치
를 비롯하여 경제와 사회의 양극화, 각종 불평등 심화, 환경 문제 등의 해결
을 통합적으로 고려하고 있다.

12 과학기술의 발전과 미래 사회의 변화 이해

(가)의 스마트 팜은 다양한 분야의 첨단 기술이 융합된 자동화 농
업으로 미래에는 식물 공장을 식물 재배에 활용해 기후 등으로
인한 제약을 극복할 수 있으며, 지속적으로 많은 양의 식물을 생
산하여 식량 문제를 해결할 수 있을 것이다. (나)는 교통 발전에
혁신을 가져다 줄 무인기(드론) 택배로, 사람들의 활동 범위 증
가로 인한 생활권의 확대, 지역 간 교류 증가 등의 변화를 가져올
수 있다. ⑤ 국가 간 무역 분쟁이 심각해질 수 있는 원인에는 자
유 무역의 확대가 있다. 무인기(드론) 택배는 단거리 운송 수단이
므로 무역과는 관련성이 낮다.

서술형 문제
145쪽

1 주제: 주요 화석 에너지 자원의 사용 분야 특징

(1) **답안 키워드** 가정용, 수송용, 산업용

(2) **예시 답안** (가)는 산업용, (나)는 수송용, (다)는 가정용이다.
석탄이 가장 많이 쓰이는 분야는 산업용으로, 주로 제철 산
업, 화력 발전 등에 쓰인다. 석유는 운송 수단의 주요 연료로
수송용으로 가장 많이 쓰이며, 상업용으로는 화학 공업 등의
원료로도 쓰인다. 천연가스는 가정용으로 가장 많이 쓰이며,
일부 산업용으로도 쓰인다.

	채점 기준
상	석탄, 석유, 천연가스의 사용 분야 특징을 모두 정확히 서술한 경우
중	석탄, 석유, 천연가스 중 두 가지의 사용 분야 특징을 서술한 경우
하	석탄, 석유, 천연가스 중 한 가지의 사용 분야 특징을 서술한 경우

2 주제: 기후변화 대응 노력

(1) **답** 기후변화

(2) **예시 답안** 기후변화 해결을 위한 국가 간 협약으로는 1997년
채택된 교토 의정서와 2015년 채택된 파리 협정이 있다. 교토

의정서는 주요 선진국에만 온실가스 감축 의무를 부과하였
다. 하지만 파리 협정에서는 선진국과 개발 도상국 모두에게
온실가스 감축 의무를 부과하였다.

	채점 기준
상	교토 의정서, 파리 협정에 관한 내용을 모두 정확히 서술한 경우
하	교토 의정서와 파리 협정의 명칭만 쓴 경우

01 ⑤ **02** ③ **03** ③ **04** ③

01 석유, 석탄, 천연가스의 특징

그래프의 (가)는 소비 비중이 가장 큰 석유, (나)는 석유 다음으로
큰 석탄, (다)는 천연가스이다. 그림의 A는 상온에서 기체 상태인
천연가스, B는 고생대 지층에 매장되어 있는 석탄이다.

02 석유의 주요 수출국 파악

제시된 자료의 아부무사섬은 페르시아 만의 호르무즈 해협에 위
치한 섬으로 주변에 많은 양의 석유가 매장되어 있으며, 해상 수
송로로 중요한 지역이다. 아부무사섬은 1992년에 이란이 장악하
면서 실효 지배하고 있는 상태이다. 그러나 아랍 에미리트는 여
전히 아부무사섬의 영유권을 주장하면서 이란에게 반환을 요구
하고 있어 갈등이 지속되고 있다. 따라서 자료의 밑줄 친 '이 자
원'은 석유이다. ③ 대표적인 석유 생산국은 미국, 러시아, 사우
디아라비아, 캐나다, 이라크 등이 있다.

(바로 알기) ① 석탄의 국가별 생산 비중을 나타낸 것이다. ② 석탄의 국가
별 소비 비중을 나타낸 것이다. ④ 석유의 국가별 소비 비중을 나타낸 것이
다. ⑤ 천연가스의 국가별 소비 비중을 나타낸 것이다.

판서로 보는 고난도 개념	화석 에너지 자원의 주요 생산 및 소비국
석탄	• 주요 생산국: 중국, 인도네시아, 인도, 오스트레일리아, 미국 등 • 주요 소비국: 중국, 인도, 미국, 일본 등
석유	• 주요 생산국: 미국, 러시아, 사우디아라비아, 캐나다, 이라크 등 • 주요 소비국: 미국, 중국, 인도, 러시아, 사우디아라비아 등
천연가스	• 주요 생산국: 미국, 러시아, 이란, 중국, 카타르, 캐나다 등 • 주요 소비국: 미국, 러시아, 중국, 이란, 캐나다, 사우디아라비아 등

03 미래 사회의 변화 양상 이해

미래에는 정치적, 경제적 문제에 따른 국가 간 갈등과 협력이 발
생할 것이다. 또한 자유 무역 확대로 국가 간의 무역 경쟁이 치열
해지고 빈부 격차가 커질 것으로 예측된다. 한편 이러한 갈등을

해결하려는 국가 간의 협력도 강화될 것이다. 과학기술의 발전에 따른 공간과 삶의 변화는 교통과 정보 통신 기술의 발전으로 시간과 공간의 제약이 줄어들면서 사람들의 활동 범위가 확대될 것이다. 그리고 생명 공학과 유전 공학이 발달하여 인간의 수명 연장 및 식량 문제를 해결하는 데 도움이 될 것이다. 그러나 정보 격차, 전자 감시 등의 문제와 인간의 정체성과 윤리적 가치의 혼란이 나타날 것이다. 생태환경의 측면에서는 자원의 소비가 증가하여 자원이 고갈되고 환경 오염이 심각해지며 기후변화로 생태환경이 악화되는 등의 변화를 가져올 수 있다. 그러나 친환경 교통수단이 개발되고 신·재생 에너지 사용을 늘리면 환경 오염을 개선하고 기후변화 문제를 해결할 수 있을 것이다. ③ 로봇과 인공지능에 의한 인력 대체는 과학기술의 발전에 따른 부정적 영향으로, 로봇과 인공지능에 의해 여러 직업이 사라지면서 실업자가 증가할 수 있다.

04 세계시민의 자세 함양

세계시민으로서 다른 문화에 개방적인 태도를 가지고, 인류의 보편적 가치에 대한 이해를 높여야 한다.

(바로 알기) 을. 세계시민은 자기 지역의 이익을 최우선으로 주장하기보다 자기 지역의 이익과 지구촌 전체의 이익을 함께 고려하려는 자세를 가져야 한다. 정. 과학기술이라는 한 가지 측면에서 모든 문제를 해결할 수 있다고 믿기보다 다양한 측면을 고려하는 통합적 관점에서 인류 공동의 문제에 대응할 방안을 모색해야 한다.

01 석탄, 석유의 주요 생산국 및 특징 이해

(가)는 아랍 에미리트에 풍부하게 매장되었고, 천연가스와 함께 신생대 제3기층 배사 구조에 매장된 것으로 보아 석유이다. (나)는 중국이 최대 생산국이자 많은 양을 수입하는 것으로 보아 석탄이다. (다)는 화산의 열에너지를 활용하는 지열, (라)는 융빙수를 활용한 수력이다. ④ 노르웨이는 전체 발전량 중 수력(라) 비율이 가장 높은 국가이다.

(바로 알기) ① 냉동 액화 기술로 소비량이 급증한 것은 천연가스이다. ② 석탄은 수송용보다 산업용으로 사용되는 비중이 더 높다. ③ 지열 발전은 주로 화산 근처에서 이루어진다. 스위스는 알프스 산지의 빙하 지형을 활용한 수력 발전이 더 많이 이루어지는 지역이다. ⑤ 전 세계의 지열 발전은 미국, 인도네시아, 필리핀 등에서 많이 이루어지고, 수력 발전은 중국, 캐나다, 브라질 등에서 많이 이루어진다.

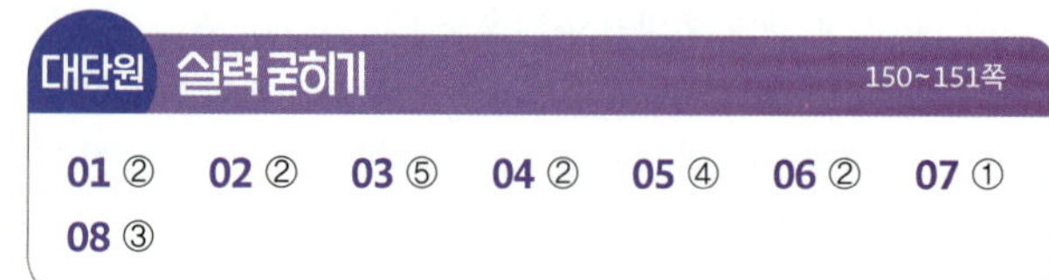

01 대륙별 인구 변화 이해

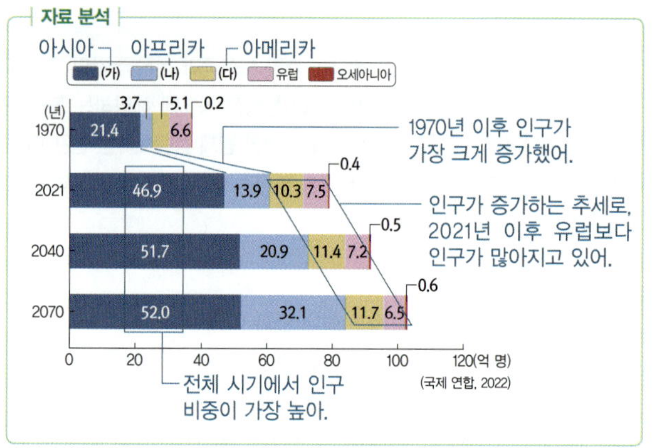

제시된 그래프는 대륙별 인구 변화를 나타낸 것이다. 1970년부터 현재까지 인구가 가장 많은 대륙인 (가)는 아시아이다. 1970년에는 비중이 낮았지만, 2021년에는 두 번째로 인구가 많은 대륙이며, 2040년과 2070년 미래에 인구가 많이 증가할 것으로 예상되는 (나)는 아프리카이다. 1970년 이후 인구가 꾸준히 증가하여 세 번째로 인구가 많을 것으로 예상되는 (다)는 아메리카이다.

02 인구 이동의 특징

제시된 사례에 나타난 인구 이동은 내전이 발생한 지역에서 발생하여 인근 국가로 이동한 것으로 보아 전쟁 난민이다.

(바로 알기) ㄱ. 기후변화로 인하여 발생한 인구 이동은 재해로 인한 환경적 이동이다. ㄷ, ㄹ. 경제적 인구 이동에 대한 설명이다.

03 선진국과 개발 도상국의 인구 특징 이해

(가)는 (나)보다 유소년층 인구 비율이 높고, 노년층 인구 비율이 낮게 나타난다. 따라서 (가)는 개발 도상국인 가나, (나)는 선진국인 프랑스이다. ⑤ 유소년 부양비는 유소년 인구를 청장년층 인구로 나눈 뒤 100을 곱한 값으로, 프랑스(나)는 가나(가)보다 유소년층 비율이 낮으므로 유소년 부양비가 낮다.

(바로 알기) ① (가)의 인구 피라미드를 보면, 노년층 인구가 유소년층 인구보다 비율이 낮으므로 노년 인구수도 더 적다. ② (나)의 인구 피라미드를 보면, 65세 이상 노년층에서는 남성보다 여성이 많은 여초 현상이 나타남을 알 수 있다. ③ 중위 연령은 전체 인구를 연령순으로 일렬로 세웠을 때 한가운데 있는 사람의 나이로, 노년층 인구 비율이 높은 프랑스(나)가 유소년층 인구 비율이 높은 가나(가)보다 높게 나타난다. ④ 개발 도상국인 가나(가)가 선진국인 프랑스(나)보다 3차 산업 종사자 비율이 낮게 나타난다.

04 저출생 대책의 이해

제시된 자료에는 육아 휴직 의무화, 양성평등 문화 확립, 자녀 수에 따른 세제 혜택 등 저출생 해결을 위한 정책적 측면의 노력이 나타나 있다.

(바로 알기) ① 고령화의 대책으로는 정년 연장, 연금 제도 확충 등이 있다. ③ 난민 문제는 난민 유입국의 원주민과 이주민들 간의 경제적·문화적 갈등 등을 포함한다. 이를 해결하기 위해서는 한 국가만이 아닌 국가 간 협력과 노력, 개인의 인식 변화를 위한 노력 등이 필요하다. ④ 인구 과잉의 대책으로는 경제 발전, 인구 부양력 증대 등이 있다. ⑤ 지역 불균등 발전 문제를 해결하기 위해서는 중소 도시 육성 정책, 촌락의 생활환경 개선 등 국토의 균형 발전이 필요하다.

05 석탄의 생산 지역과 이동 및 특징 이해

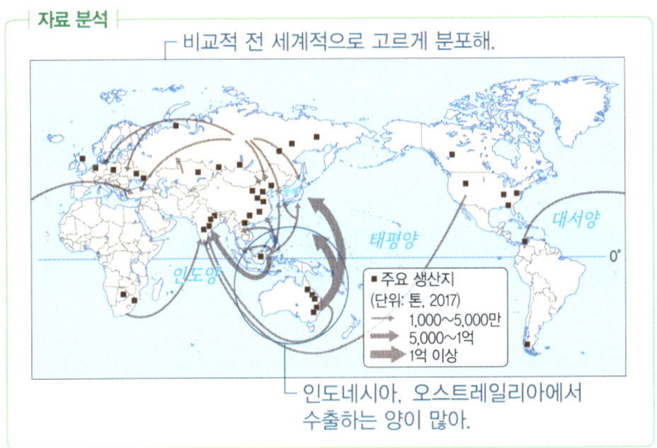

(가)는 고생대 지층에 매장되어 있으며 비교적 세계 곳곳에 고루 분포하며, 인도네시아와 오스트레일리아의 수출량이 많기 때문에 석탄이다. 주요 수입국은 화력 발전의 비중이 크거나 제철 산업이 발달한 중국과 인도, 일본 등이다. ④ 석탄은 주로 공업용 및 화력 발전의 원료로 사용되기 때문에 산업용으로 이용되는 비율이 높다.

(바로 알기) ①, ②, ③ 석유에 대한 설명이다. ⑤ 천연가스에 대한 설명이다.

06 재생 에너지의 종류

제시된 지열 발전, 태양광(열)발전, 수력 발전, 풍력 발전은 모두 재생 에너지의 종류에 해당한다.

07 기후변화에 대응하는 개인적 차원의 노력

기후변화에 대응하고 지속가능한 발전을 위하여 개인적 차원에서는 자원 및 에너지를 절약하고, 일상 생활에서 환경 보호를 위한 노력을 실천하고, 윤리적 소비를 하며 사회 정의와 형평성을 위한 시민 의식을 함양해야 한다.

(바로 알기) 병. 자가용보다는 대중교통을 이용해야 한다. 정. 육류를 공장식 축산으로 기르는 과정에서 탄소가 많이 배출되므로 육류 소비를 지양하는 것이 좋다.

08 미래 사회의 모습 이해

과학기술이 발달하면 미래 사회는 빠르게 발전하지만, 그와 동시에 인간의 정체성과 윤리적 가치관에 혼란이 오는 등의 문제가 발생할 수 있다. 제시된 자료는 유전 공학 기술의 발전으로 인간의 장기를 제공하기 위해 만들어진 클론(복제 인간)을 통해 복제 인간과 생명에 대한 고민을 담고 있는 영화를 설명하고 있다.

논술형 문제 풀이

주제 01 인권의 발전 과정

논술 Solution

(가)는 프랑스 혁명의 결과로 나타난 인간과 시민의 권리 선언이다. 인간과 시민의 권리 선언은 자유, 평등, 국민 주권주의를 강조하였다.

↓

(나)는 산업 혁명의 부작용을 해결하는 과정에서 나타난 독일 바이마르 헌법이다. 바이마르 헌법은 최초로 사회권을 규정하였다.

↓

(다)는 세계 대전 이후 인권 보장을 위한 국제적 연대의 필요성이 커지면서 나타난 세계 인권 선언으로, 인권의 국제적 기준을 제시하였다.

● POINT ●
(가)는 시민 혁명, (나)는 산업 혁명, (다)는 세계 대전을 배경으로 나타난 인권 관련 문서이다. '자유권과 평등권 → 사회권 → 연대권'으로 인권의 개념이 확장되어 가고 있음을 바탕으로 각 문서의 의의를 논술한다.

1 예시 답안 (가)는 인간과 시민의 권리 선언으로, 신분 제도에 따른 불평등한 대우에 맞선 프랑스 혁명의 결과로 나타났다. (나)는 독일 바이마르 헌법으로, 산업 혁명의 결과로 발생한 빈부 격차, 노동 환경 악화 등의 문제점을 해결하는 과정에서 나타났다. (다)는 세계 인권 선언으로, 두 차례의 세계 대전 이후 인권 보장을 위한 국제적 연대의 필요성이 커지면서 나타났다.

2 예시 답안 (가) 인간과 시민의 권리 선언은 1세대 인권인 자유권과 평등권이 보장되는 토대를 제공하였고, (나) 독일 바이마르 헌법은 인간다운 생활을 국가가 보장해야 한다는 사회권을 처음으로 규정하였으며, (다) 세계 인권 선언은 인권의 국제적 기준을 제시하였다. 따라서 (가)~(다) 문서는 모두 인권의 발전 과정에서 더 많은 사람에게 더 넓은 범위의 인권이 보장되는 데 이바지했다고 할 수 있다.

주제 02 시민불복종의 사례와 이론

논술 Solution

시민불복종이 정당화되려면 목적의 정당성, 비폭력적 수단, 최후의 수단, 처벌 감수가 필요하다. 간디의 소금법 폐지 운동은 이 조건을 만족한다.

롤스는 공유된 정의관에 어긋나는 법이나 정책에 대한 저항이어야 시민불복종이 성립한다고 주장하였다.

↓

소로는 개인의 양심(자신이 옳다고 생각하는 일)에 어긋나는 법이나 정책에 저항하는 것이 시민불복종이라고 주장하였다.

● POINT ●
롤스와 소로는 모두 시민불복종의 정당화 조건에는 동의하였다. 하지만 롤스는 공유된 정의관에 어긋날 때, 소로는 개인의 양심에 어긋날 때 시민불복종이 필요하다고 보았다는 점을 비교하여 논술한다.

1 예시 답안 간디의 소금법 폐지 운동은 가난한 농민을 포함한 인도인 전체의 이익 실현이라는 정당한 목적을 실현하기 위한 것이었고, 공개적이며 비폭력적인 방법으로 이루어졌다. 또한 영국 정부가 정당한 요구를 전혀 받아들이지 않자 최후의 수단으로 이루어졌으며, 많은 사람이 위법 행위에 대한 처벌을 감수하였으므로 시민불복종으로 정당화될 수 있었다.

2 예시 답안 롤스와 소로는 공통적으로 시민불복종이 정당화되기 위해서는 사회 정의를 훼손한 법에 저항해야 하고, 최후의 수단으로 선택해야 하며, 비폭력적인 방법을 사용해야 하고, 처벌을 감수해야 한다고 주장하였다. 하지만 시민불복종이 필요한 경우를 판단하는 기준에 대해서는 두 사람이 서로 다른 입장을 보였다. 롤스가 사회적 다수가 공유하는 정의관을 기준으로 판단해야 한다고 주장한 데 비해, 소로는 사회적 다수가 아니라 개인의 양심(자신이 옳다고 생각하는 일)을 기준으로 판단해야 한다고 주장하였다.

주제 03 사형 제도, 사회 정의 실현을 위해 필요할까?

논술 Solution

(가)는 응보주의 관점에서 볼 때 사형 제도가 정의롭다고 보는 칸트의 입장을 담고 있다.

↓

(나)는 공리주의 관점에서 볼 때 사형 제도가 유용하지도 필요하지도 않은 제도라고 보는 베카리아의 입장을 담고 있다.

● POINT ●
사형 제도를 바라보는 칸트와 베카리아의 입장 차이를 파악하고, 자신의 생각을 교정적 정의의 관점에서 논술한다.

1 **예시 답안** (가) 칸트는 살인자에 대한 사형을 정당하다고 여긴다. 응보주의 관점에서 타인의 생명을 앗아간 범죄는 그에 상응하는 사형으로 처벌해야 하며, 살인이라는 범죄에 대해 사형 이외의 형벌은 정의에 부합하지 않는다고 본다. 반면, (나) 베카리아는 사형보다 종신 노역형이 범죄 예방 효과가 크다고 여긴다. 공리주의 관점에서 볼 때 처벌의 핵심적 목적은 사회 전체의 선을 증대시키는 것인데, 단기간에 강렬한 인상만 주는 사형보다는 범죄자에게 더 큰 공포를 안겨 주고 지속적으로 고통의 본보기가 되는 종신 노역형으로 처벌을 해야 범죄 예방 효과가 더 커진다고 보았다.

2 **예시 답안** ・(가) 관점을 적용해야 한다고 생각하는 경우: 사형 제도를 적용하여 살인자를 사형에 처해야 한다고 생각한다. 왜냐하면 다른 사람의 생명을 빼앗은 범죄자는 그에 상응하는 사형으로 처벌하는 것이 범죄자에게 자신이 한 행위에 대해 스스로 책임을 지게 하는 일이기 때문이다. 따라서 처벌은 어떤 상황에서도 어떠한 경우든 처벌을 받은 개인이 저지른 범죄 행위에 대해 응당한 보복을 하도록 기능해야 한다.
・(나) 관점을 적용해야 한다고 생각하는 경우: 살인자에 대한 처벌에 사형 제도를 적용하지 않아야 한다고 생각한다. 왜냐하면 사형보다 종신 노역형이 범죄 예방에 더 효과적이고 사회 전체의 이익 증진에 부합하기 때문이다. 따라서 처벌은 범죄자가 시민에게 새로운 해악을 입힐 가능성을 방지하는 등 범죄를 예방하는 데 더 효과적인 수단으로 기능해야 한다.

 적극적 평등 실현 조치를 실시해야 할까?

논술 Solution

첫 번째 자료는 적극적 평등 실현 조치의 의미와 목적을 설명하고 있다.

↓

두 번째 자료는 적극적 평등 실현 조치에 대한 찬성 입장과 반대 입장을 제시하고 있다.

↓

적극적 평등 실현 조치는 긍정적인 취지가 있지만, 사회적 약자에 대한 혜택이 과도할 경우 역차별을 일으킬 수 있다는 한계가 있다.

● **POINT** ●
적극적 평등 실현 조치에 대한 찬반 입장의 차이를 파악하고, 부작용을 최소화하면서 적극적 평등 실현 조치를 실현할 수 있는 방안을 모색하여 논술한다.

1 **예시 답안** 적극적 평등 실현 조치에 찬성하는 입장은 차별받아 왔던 집단이 과거의 차별을 보상받음으로써 정의를 실현할 수 있다고 본다. 반면, 반대하는 입장은 사회적 약자에 대한 혜택이 과도할 경우 다른 집단이 역차별을 겪을 수 있다고 본다.

2 **예시 답안** 적극적 평등 실현 조치는 사회적 약자에 대한 혜택이 과도할 경우 다른 집단이 역차별을 겪을 수 있다는 한계가 있다. 이러한 한계를 극복하고 사회적 약자에게 실질적 평등을 보장하기 위해서는 사회적 합의를 통해 혜택의 정도를 조정하는 등 역차별을 최소화하기 위한 노력이 이루어져야 한다.

 합리적 선택의 방법

논술 Solution

영화 관람에 따른 갑, 을의 명시적 비용은 영화 관람료 15,000원으로 동일하다. 하지만 갑은 영화 관람을 위해 포기한 것이 없으므로 암묵적 비용이 없고, 을은 영화 관람을 위해 하루 임금을 포기하였으므로 암묵적 비용이 있다. 따라서 갑, 을의 기회비용에는 차이가 있다.

↓

병이 영화를 계속 관람할지 여부를 선택하는 데 고려한 영화 관람료는 이미 지출하여 회수할 수 없는 매몰 비용에 해당한다.

● **POINT** ●
합리적 선택을 하려면 편익에서 기회비용(명시적 비용＋암묵적 비용)을 뺀 순편익이 더 큰 대안을 선택해야 하고, 매몰 비용은 고려하지 않아야 함을 염두에 두고 논술한다.

1 **예시 답안** 영화 관람의 명시적 비용은 15,000원이다. 갑은 영화를 보기 위해 포기한 암묵적 비용이 없으므로 기회비용이 15,000원이고, 영화 관람이라는 선택에 만족하고 있다. 따라서 갑은 영화 관람에 따른 편익이 15,000원보다 크다고 생각하였을 것이다. 을은 영화를 보기 위해 하루 임금 50,000원을 포기하였고, 이는 암묵적 비용에 해당하므로 기회비용은 65,000원이다. 그런데 을은 영화 관람이라는 선택에 만족하고 있으므로 영화 관람에 따른 편익이 65,000원보다 크다고 생각하였을 것이다.

2 **예시 답안** 합리적 선택을 하기 위해서는 매몰 비용을 고려해서는 안 된다. 매몰 비용은 이미 지출하여 회수할 수 없는 비용을 의미한다. 병이 지출한 영화 관람료 15,000원은 병이 어떤 선택을 해도 회수할 수 없으므로 매몰 비용에 해당한다. 따라서 영화가 무척 재미없다고 느끼면서도 매몰 비용인 영화 관람료가 아까워서 영화관을 떠나지 않고 영화를 끝까지 본 병의 행동은 합리적 선택이라고 볼 수 없다.

논술 Solution

(가)의 갑은 모은 돈의 85%를 수익성이 높은 자산인 주식에 투자하고, 을은 모은 돈의 90%를 안전성이 높은 자산인 예금에 투자하기로 계획하였다.

⬇

(나)는 수익성과 안전성이 상충 관계에 있음을 보여 준다. 수익성이 높은 자산은 안전성이 낮고 수익성이 낮은 자산은 안전성이 높다.

● POINT ●

자산 관리의 원칙 중 수익성과 안전성의 관계를 파악하고, 투자를 할 때 어떤 원칙을 가장 중요하게 고려해야 하는 지에 대한 자신의 생각을 논술한다.

1　예시 답안　갑은 모은 돈의 85%를 주식에 투자하기로 하였으므로 수익성을 중시하고 있고, 을은 모은 돈의 90%를 예금에 투자하기로 하였으므로 안전성을 중시하고 있다. 수익성이 높은 금융 자산에 투자하면 큰 이익을 얻을 수 있지만, 원금 손실의 위험이 크다. 반면, 안전성이 높은 금융 자산에 투자하면 원금 손실의 위험이 적지만, 큰 이익을 기대하기 어렵다.

2　예시 답안　투자를 할 때 수익성을 안정성보다 더 중요하게 고려해야 한다. 왜냐하면 투자의 목적은 금융 자산으로부터 큰 이익을 얻어 자산을 불리는 것이라고 생각하기 때문이다. 은퇴 후에 안정적이고 풍족한 삶을 살기 위해서는 소득이 있을 때 자산을 가능한 많이 모아 두어야 한다. 따라서 어느 정도 위험을 감수하더라도 수익성에 중점을 두고 투자해야 한다.

논술 Solution

(가)는 세계화에 따라서 극소수의 부유층이 부를 모두 차지하고 전 세계적으로 사람들 간의 부의 격차가 커지는 상황을 통해 빈부 격차가 극심해지는 문제를 지적하고 있다.

⬇

(나)는 세계화로 인해 전 세계적으로 빈곤층이 감소한 측면을 강조하고 있으며, 절대 빈곤율도 줄어든 모습을 강조하고 있다.

● POINT ●

세계화가 가져온 경제적 변화의 긍정적인 모습과 부정적인 모습을 파악하고, 이러한 상황에서 세계화가 바람직한 방향으로 이루어지려면 무엇에 중점을 두어야 하는지에 대한 자신의 생각을 논술한다.

1　예시 답안　(가)를 통해 전 세계적으로 사람들 간의 빈부 격차가 커지고 있다는 것을 알 수 있다. 이는 세계화에 따라 자유 무역이 확대되고 국가 간 분업이 이루어지면서 대체로 선진국에는 높은 부가 가치를 창출하는 첨단 산업과 금융 산업이 집중되어 있고, 개발 도상국은 저임금 노동력을 이용한 생산 활동을 주로 담당하고 있기 때문이라고 볼 수 있다. 한편, (나)를 통해 전 세계적으로 절대 빈곤층과 절대 빈곤율이 감소하였다는 것을 알 수 있다. 이는 세계화에 따라 각국의 자원이 활발하게 교류되고 있으며 선진국이 세계화로 발생한 경제적 이익을 나누며 개발 도상국의 경제적 자립을 돕고 있기 때문이라고 볼 수 있다.

2　예시 답안　세계화에 따라 노동력, 자원, 상품 등이 전 세계를 무대로 활발하게 교류되면서 전 세계의 부는 증대되었지만 국가 간 빈부 격차는 심화되었다. 빈부 격차는 국가 간뿐만 아니라 기업 간, 지역 간, 개인 간에도 나타난다. 따라서 선진국과 개발 도상국 간 불공정한 무역 구조로 인해 발생하는 노동력 착취, 환경 파괴 문제 등을 해결하거나 공정 무역, 공정 여행 등 다양한 방법을 통해 빈부 격차를 줄이기 위한 방향으로 세계화가 이루어져야 한다.

논술 Solution

(가)는 동·서독이 통일 이전부터 교류와 협력을 추진하였고, 주변국의 동의를 바탕으로 장기적인 노력 끝에 통일을 이루었음을 보여 준다.

⬇

(나)는 북한이 평양말을 표준어로 제정하여 문화어를 사용하면서 한자어를 대신하여 고유어를 많이 사용하게 되었음을 보여 준다.

● POINT ●

독일의 통일 사례가 주는 교훈을 바탕으로 현재 통일을 위해 남북한에게 필요한 점이 무엇인지 파악하여 논술한다.

1　예시 답안　독일은 통일 이전부터 상호 간의 교류와 협력을 늘려 동·서 간 이해를 높였다. 또한 주변국을 설득하여 통일에 대한 동의를 이끌어 내는 등 외교적으로도 노력하였다.

2　예시 답안　남과 북은 분단이 고착화되면서 상호 간에 경제·사회·문화적 차이가 커지고 있으며, 서로 다른 말을 표준어로 채택하면서 사용하는 단어도 많이 달라지고 있다. 이에 따라 평화 통일을 이루려면 독일의 사례를 참고하여 남북한 간 사회·경제적인 교류와 협력이 지속적으로 이루어져야 한다. 또한 주변국의 우호적인 분위기를 이끌어 내기 위한 외교적·문화적인 노력도 필요하다.

논술 Solution

저출생의 영향으로 어린이집, 유치원 등이 감소하였음을 분석하고, 시간이 지날수록 인구가 줄어든 연령대가 올라가면 어떤 문제가 발생할지 유추하여 서술한다.

↓

제시된 설문 조사 내용을 바탕으로 저출생 해결책을 경제적, 사회적, 문화적 차원 등 종합적으로 접근하여 대안을 제시한다.

● POINT ●
저출생으로 발생한 문제점을 인식한 후 종합적인 관점에서 이에 대한 해결 방안을 논술한다.

1 예시 답안 어린이집과 유치원이 줄어들면서 영유아의 교육·보육 환경이 열악해지고, 저출생 문제가 심화되는 악순환으로 이어질 수 있다. 그리고 시간이 지날수록 초등학교 학급, 중고등학교 학급 등이 줄어들 것이며, 나아가 생산 연령 인구의 감소로 이어질 것이다. 이에 따라 장기적으로 경제 침체 등이 발생할 수 있다.

2 예시 답안 저출생 문제를 해결하려면 경제적 차원에서는 육아 비용 지원 확대, 신혼부부와 다자녀 가정을 위한 주거 지원 확대, 출산 및 육아 관련 세제 혜택 등을 제공한다. 사회적 차원에서는 일과 가정이 양립할 수 있는 육아 휴직 확대 및 급여 보장, 유연 근무제 도입 등을 실시한다. 또한 육아 인프라 확충을 위해 공공 보육 시설 확대, 맞춤형 돌봄 서비스 확대 등이 필요하다. 문화적 차원에서는 출산과 양육에 대한 사회적 인식 개선을 위해 미디어를 이용한 캠페인을 실시하며, 성평등 육아 문화 정착을 위해 육아휴직 의무 사용 등의 제도를 확대 실시한다.

논술 Solution

러시아산 천연가스 공급이 중단되면서 어려움을 겪게 된 국가들의 사례를 통해 일부 국가에 자원 의존이 높을 경우 발생할 수 있는 문제를 유추하여 서술한다.

↓

에너지의 해외 의존도가 높은 국가들에 필요한 노력을 제안한다.

● POINT ●
자원의 공급망을 다각화하는 것뿐만 아니라 국내 자원을 비축하고 재활용하는 방안에 대해 논술한다.

1 예시 답안 제시된 자료는 러시아산 천연가스 소비 비중이 큰 국가들이 러시아산 천연가스 공급이 중단되면서 에너지 부족 및 가격 상승하는 문제를 겪게 된 내용이다. 이처럼 일부 국가에 에너지원을 의존하게 되면 국제 사회의 에너지 가격 변화에 따라 경제적 영향을 크게 받게 되고, 에너지원 공급이 막힐 경우 사회 취약 계층이 특히 더 큰 피해를 입을 수 있다.

2 예시 답안 첫째, 해외 자원 확보 경로를 다각화해야 한다.. 특정 국가에 의존하지 않도록 자원 공급망을 늘리고, 자원 공동 개발을 실시할 수 있다. 둘째, 자원 재활용 및 효율성 강화이다. 재활용을 높이거나 자원의 수명을 연장, 최적화하는 기술을 지원하고 해당 기술을 활용하는 기업에 인센티브를 제공할 수 있다. 셋째, 국내 자원 비축이다. 국가 차원에서 자원을 비축하여 해외 자원 시장의 변화에 대비할 수 있다.

완자 중간·기말고사 풀이

완자 중간고사　12~17쪽

01 ③	02 ③	03 ③	04 ⑤	05 ④	06 ①
07 ③	08 ④	09 ⑤	10 ⑤	11 ⑤	12 ①
13 ④	14 ⑤	15 ①	16 ①	17 ③	18 ⑤
19 ②	20 ⑤	21 연대권		22 법치주의	
23 시민 참여		24 롤스		25 다원적 평등	
26 성장 거점 개발		27 ㉠ 시장경제, ㉡ 혼합 경제			
28 시장 실패		29 해설 참조		30 해설 참조	

01 노예제와 인권

제시된 사례에는 노예를 사고파는 물건으로 취급했던 과거 미국 사회의 모습이 나타나 있다. 당시 사회에서 노예는 인간 존엄성을 존중받지 못하고 인권 역시 보장받지 못하였다. 따라서 이 사례를 통해 모든 인간은 인간으로서의 존엄성을 존중받아야 하며, 인간이라는 이유만으로 인권을 보장받아야 한다는 결론을 내릴 수 있다.

바로 알기 ① 인권은 개인이 자신의 노력으로 획득해야 하는 권리가 아니라 태어날 때부터 당연하게 주어지는 천부 인권이다. ② 제시된 사례에서 노예는 인권을 보장받지 못하였다. 노예제가 실시되던 당시의 미국 사회에서 뿐만 아니라 신분제가 존재하던 전통 사회에서는 대부분의 피지배층이 인권을 존중받지 못하였다. ④ 인권은 개인이 처한 상황과 관계없이 모든 사람이 동등하게 보장받아야 하는 권리이다. ⑤ 노예에게 인권이 보장되지 않았으므로 당시 미국 사회는 인권의 보편성이 실현되지 않는 사회였다.

02 선거권 확대 과정

ㄴ. 제1차 개정에서 자본가와 중산층에게만 선거권이 부여된 것을 통해 재산에 따라 선거권이 제한되었음을 알 수 있고, 제3차 개정 전까지 농민과 노동자에 대해 선거권이 제한된 것을 통해 직업에 따라 선거권이 제한되었음을 알 수 있다. 그리고 제5차 개정에서야 여성에게도 남성과 동등한 선거권이 부여된 것을 통해 성별에 따라 선거권이 제한되었음을 알 수 있다. ㄷ. 제2차 개정에서 노동자가 유권자에 포함되었으므로 차티스트 운동의 주장이 반영되었음을 알 수 있다.

(바로 알기) ㄱ. 보통 선거제는 일정한 연령에 도달한 모든 사람에게 선거권을 부여하는 제도이다. 제4차 개정에서는 여자의 선거권이 인정되었지만 연령의 차이가 있었으므로 보통 선거제가 확립된 것은 아니다. 제5차 개정에서 남녀의 선거권이 동일한 연령에서 인정되었으므로 이때부터 보통 선거제가 확립되었다. ㄹ. 선거권의 제한에서 직업에 의한 차별은 제3차 개정에서 해소되었고, 성별에 의한 차별은 제5차 개정에서 해소되었다. 따라서 성별에 의한 차별이 직업에 의한 차별보다 더 오랫동안 지속되었다.

03 안전권

제시된 기사에서 지방 자치 단체가 통행 금지 조치를 통해 직접 보장하려는 인권은 안전권이다. ㄴ. 우리나라 헌법에서는 국가의 재해 예방 의무를 규정하고 있는데, 이는 안전권 보장의 근거가 된다. ㄷ. 오늘날에는 자연재해뿐만 아니라 각종 안전 사고, 감염병 대유행 등과 같은 인위적 위험이 인간의 삶을 위협하고 있다. 이에 국민이 각종 위험으로부터 안전을 보호받을 권리인 안전권이 강조되고 있다.

(바로 알기) ㄱ. 차티스트 운동에서 노동자들이 요구한 것은 참정권이다. ㄹ. 개인의 생활 영역에 대해 국가 권력의 간섭을 받지 않을 권리는 자유권이다.

04 자유권

제시된 대화에서 갑은 직업 선택의 자유를 행사하였고, 을은 거주 이전의 자유를 행사하였다. 따라서 갑과 을은 모두 자유권을 행사했음을 알 수 있다. 자유권은 국가의 간섭이나 침해를 받지 않고 자유롭게 생활할 권리로, 소극적 권리의 성격을 지닌다.

(바로 알기) ① 자유권은 사회적 약자뿐만 아니라 모든 사람에게 인정된다. ② 자유권은 국가 안전 보장, 질서 유지, 공공복리를 위하여 필요한 경우에는 제한될 수 있다. ③ 자유권은 국가의 존재와 관계없이 인정된다. ④ 자유권은 근대 시민 혁명 시기에 등장한 권리이다.

05 인권 보장 장치

우리 헌법은 국민의 인권을 보장하기 위한 장치로서 공정한 선거와 국민 투표 등을 통한 국민 주권의 원리 실현, 법률에 의해 통치가 이루어지는 법치주의의 실현, 국가 권력을 여러 곳으로 나누어 견제와 균형을 유지하는 권력 분립 제도의 실시 등을 규정하고 있다.

(바로 알기) 정. 국가 권력을 어느 한 곳에 집중시키면 권력의 남용으로 국민의 인권이 침해될 수 있다. 무. 정당 설립을 국가가 허가해 주면 정당 설립의 자유가 인정되지 않아 국민의 정치적 의견 표시 등의 활동이 제약받는다.

06 시민불복종 사례

제시된 사례는 미국 흑인의 버스 승차 거부 운동으로, 대표적인 시민불복종에 해당한다. 시민불복종이 성립하기 위해서는 목적이 정당해야 하고, 비폭력적인 방법으로 이루어져야 하며, 최후의 수단이어야 하고, 위법 행위에 대한 처벌을 감수해야 한다. ㄱ, ㄴ. 버스 승차 거부 운동은 비폭력적인 방법으로 인종 차별 철폐라는 공적 이익을 추구하였다.

(바로 알기) ㄷ. 위법 행위에 대한 처벌을 피하지 않았다. ㄹ. 부정의한 제도를 바로잡기 위한 최후의 수단이었다.

07 장애인 차별과 인권 침해 구제

경찰은 시각 장애인 갑이 안내문을 읽을 수 없다는 사실을 알면서도 점자 처리가 되지 않은 안내문만 주고 사고 내용을 적으라고 했으므로 장애인 갑의 인권을 침해하였다. 따라서 갑은 국가 인권 위원회에 인권 침해를 이유로 진정을 접수할 수 있다.

(바로 알기) ① 문제를 해결할 수 있는 합법적 방법이 존재하므로 시민불복종 운동을 전개하는 것은 적절하지 않다. ② 선거 참여는 직접적인 인권 구제 수단이라고 보기 어렵다. ④ 경찰이 범죄 행위를 저질렀다고 보기는 어려우므로 형사 소송을 제기하는 것은 적절하지 않다. ⑤ 위헌 법률 심판은 재판에서 특정한 법률이 문제가 되는 경우에 해당 법률의 위헌 여부를 가리기 위한 것이므로 인권 구제 수단으로 적절하지 않다.

08 청소년 노동권

갑은 17세로 근로 기준법상 연소 근로자이다. ④ 연소 근로자를 고용할 경우 사용자는 법정 대리인의 동의서와 연령을 나타내는 가족 관계 증명서를 사업장에 비치해야 한다.

(바로 알기) ① 임금은 근로자 본인에게 직접 지급해야 한다. 연소 근로자라고 해도 임금은 부모 등 보호자가 대신 받을 수 없다. ② 갑은 연소 근로자이므로 법정 대리인인 부모의 동의를 얻어 근로 계약을 체결해야 한다. ③ 휴게 시간은 근로 시간 도중에 주어야 한다. 오후 8시까지 근로 시간이므로 8시 이후에 휴게 시간을 주면 안 된다. ⑤ 임금은 매달 일정한 날짜에 전액을 지급해야 한다. 일부를 나중에 주기로 한 것은 불법이다.

09 정의의 의미

제시된 글에서 ㉠에 공통으로 들어갈 말은 정의이다. 정의에 대한 관점은 시대와 장소에 따라 다양하지만, 대체로 정의는 개인이 지켜야 할 올바른 도리 또는 사회를 구성하고 유지하는 공정한 도리로, 개인이나 사회가 추구해야 할 기본적인 덕목이라고 할 수 있다. ①, ③ 정의의 의미는 잘못된 행위를 바로잡는 것, 다른 사람에게 피해를 준 만큼 보상하는 것, 마땅히 받을 만한 몫을 공정하게 분배하는 것 등에서 찾아볼 수 있다. ② 정의가 실현되면 사회 구성원의 기본적 권리를 보장할 수 있다. 사회 구성원을 부당하게 차별하는 정의롭지 못한 사회에서는 자유권이나 평등권과 같은 개인의 기본권이 충분히 실현되기 어렵기 때문이다. ④ 정의를 통해 개인은 자신의 노력에 알맞은 보상을 받을 수 있으며, 공동체 전체의 나아갈 방향에 대한 합의에 도달할 수 있다. 이렇듯 정의는 개인선과 공동선을 조화롭게 유지시켜 사회적 갈등을 최소화해 주는 역할을 한다.

(바로 알기) ⑤ 정의로운 사회는 사회 제도를 개선하는 것뿐만 아니라 개인의 이익을 증진하는 것에도 노력을 기울인다.

10 분배적 정의의 실질적 기준

(가)는 능력에 따른 분배, (나)는 업적에 따른 분배, (다)는 필요에 따른 분배에 해당한다. ⑤ 필요에 따른 분배는 사회적 약자를 배려할 수 있다는 장점이 있지만, 사회적 자원은 한정되어 있으므로 모두의 필요를 충족시키는 것이 현실적으로 어렵다는 단점이 있다.

(바로 알기) ① 업적에 따른 분배에 대한 설명이다. 업적에 따른 분배는 어떠한 목적을 달성하는 데 이바지한 성과와 실적 정도에 따라 분배하는 것으로, 기회의 평등을 전제한다. ② 필요에 따른 분배에 대한 설명이다. ③ 필요에 따른 분배는 개인의 성취 동기와 생산 의욕을 감소시켜 경제적 효율성을 떨어뜨릴 수 있다. ④ 능력에 따른 분배에 대한 설명이다. 능력에 따른 분배는 재능이나 환경과 같은 선천적·우연적 요소가 개입될 수 있어 사회적 불평등을 초래할 수 있다.

11 자유주의적 정의관

갑은 롤스, 을은 노직이다. 롤스는 정의의 원칙에 따라 운영되는 공정한 사회를 강조하며, 공정으로서의 정의를 추구한다. 노직은 개인의 소유권을 최대한으로 보장하는 것이 정의롭다고 보며, 소유권으로서의 정의를 추구한다. ⑤ 롤스와 노직 모두 사회적 불평등이 허용될 수 있다고 보지만, 롤스는 노직과 달리 사회적 불평등이 사회적 약자에게 이익이 될 수 있어야 한다는 사회적 불평등 허용 조건을 제시한다.

(바로 알기) ①, ②, ④ 갑, 을 모두 긍정의 대답을 할 질문이다. ③ 갑은 부정, 을은 긍정의 대답을 할 질문이다.

12 자유주의적 정의관과 공동체주의적 정의관

(가)는 자유주의적 정의관, (나)는 공동체주의적 정의관에 해당한다. ㄱ. 자유주의적 정의관은 개인을 독립된 개체로서 자율적 존재로 보며, 사회는 개인의 합에 지나지 않는다고 본다. 공동체를 개인이 모여 있는 단순한 집합체로 보기 때문이다. ㄷ. 공동체주의적 정의관은 사회가 개인의 합 이상의 의미와 가치를 지닌다고 보며, 개인은 공동체의 역사와 전통 속에서 존재한다고 본다.

(바로 알기) ㄴ. 자유주의적 정의관은 타인의 권리를 침해하지 않는 한에서 개인의 자유를 보장해야 한다고 본다. ㄹ. 자유주의적 정의관은 무연고적 자아를, 공동체주의적 정의관은 연고적 자아를 강조한다.

13 불평등 현상의 영향

제시된 그림에서 ㉠에 들어갈 현상은 사회 및 공간 불평등이다. 불평등 현상이 심화될수록 사회 내에서 사회적 약자들이 겪는 차별과 불이익은 증가할 수밖에 없다. 또한 경제적인 측면에서의 불평등은 주거, 여가, 교육 등 다양한 영역으로 확산된다.

(바로 알기) ㄱ. 불평등 현상이 심화되면 계층이 고착화되어 계층 간 사회 이동이 어려워진다. ㄷ. 사회 중간 계층은 오히려 감소하고, 하층이 증가하면서 사회 계층의 양극화가 심화된다.

14 공간 불평등

제시된 자료에서 수도권의 면적은 12.1%에 불과하지만 인구와 기업이 수도권에 집중되어 있음을 확인할 수 있다. 즉, 수도권과 비수도권 간에 심각한 공간 불평등이 나타나고 있다. 이러한 상황에서 수도권의 영향력은 경제적 측면뿐만 아니라 사회의 모든 영역에서 커질 수밖에 없고, 이러한 불균형은 수도권 주민과 비수도권 주민 간의 갈등을 일으켜 사회 통합을 저해하는 요인으로 작용할 수 있다.

(바로 알기) ⑤ 인구나 기업뿐만 아니라 교육 기관도 대부분 수도권에 집중될 것이다.

15 사회 복지 제도

사회 복지 제도 중 (가)는 사회 보험, (나)는 사회 서비스, (다)는 공공 부조에 해당한다. (가)의 사례에는 국민연금, 고용 보험 등이 있고, (나)의 사례에는 장애인 활동 지원 서비스, 노인 돌봄 서비스 등이 있다. (다)의 사례에는 국민 기초 생활 보장 제도, 기초 연금 등이 있다.

(바로 알기) ㄷ. 위험에 대비하는 사전 예방적 성격이 강한 것은 사회 보험이다. 공공 부조는 사후 처방적 성격을 지닌다. ㄹ. 공공 부조는 모든 국민이 아니라 경제적 어려움을 겪는 빈곤층 등 일부 국민을 대상으로 이루어진다.

16 적극적 평등 실현 조치

제시된 글에서는 우리나라 대학 입학 전형 중 사회적 소외 계층을 대상으로 하는 특별 전형에 대해 설명하고 있다. 이러한 대학 입학 전형은 사회적 약자에게 실질적인 평등을 보장하기 위해 일정한 혜택을 부여하는 적극적 우대 조치의 일환이다.

(바로 알기) ② 업적에 따른 보상이 적절히 이루어지지 않는다는 비판을 받을 수 있다. ③ 사회적 약자에 대한 차별을 해소하기 위한 노력이므로 사회적 약자에 대한 차별이 심화될 것이라고 보기는 어렵다. ④ 성취 동기를 감소시킨다는 비판을 받을 수 있고, 분배의 효율성보다 분배의 공정성을 실현하기 위한 제도이다. ⑤ 형식적 평등보다 실질적 평등의 실현을 추구하는 제도이다.

17 자본주의의 역사적 전개 과정

㉠은 시장 실패, ㉡은 수정 자본주의이다. 독점 자본주의가 전개되면서 시장 실패와 대공황이 나타났다. 케인스는 이러한 문제를

해결하기 위해서는 정부가 시장에 적극 개입해야 한다는 수정 자본주의를 주장하였다.

18 경제 체제

(가)는 계획경제 체제, (나)는 시장경제 체제이다. ① 계획경제 체제는 자원 배분에 있어 효율성보다 형평성을 중시한다. ② 시장경제 체제에서는 시장 가격의 작동으로 자원 배분이 효율적으로 이루어진다. ③ 계획경제 체제는 시장경제 체제에 비해 국가의 정책 목표를 효과적으로 달성할 수 있다. ④ 시장경제 체제는 사유 재산권을 인정하지만, 계획경제 체제는 사유 재산권을 제한한다.

(바로 알기) ⑤ 시장경제 체제와 달리 계획경제 체제는 경제활동의 자유를 제한한다.

19 합리적 선택

표는 갑의 선택에 따른 편익, 기회비용, 순편익을 나타낸 것이다.

(단위: 만 원)

구분	A	B	C
편익	30	33	45
기회비용	29(20 + 9)	35(25 + 10)	46(36 + 10)
순편익	1	−2	−1

ㄱ. A 선택의 암묵적 비용은 C의 가치인 9만 원이다. ㄹ. A를 선택할 때 순편익은 1, B를 선택할 때 순편익은 −2, C를 선택할 때 순편익은 −1이므로, B를 선택할 때 순편익이 가장 작다.

(바로 알기) ㄴ. A를 선택할 때 순편익이 가장 크므로, A를 선택하는 것이 합리적이다. ㄷ. B 선택의 암묵적 비용과 C 선택의 암묵적 비용은 모두 A의 가치인 10만 원이다. 따라서 B 선택의 기회비용은 35만 원(명시적 비용 25만 원 + 암묵적 비용 10만 원), C 선택의 기회비용은 46만 원(명시적 비용 36만 원 + 암묵적 비용 10만 원)이다.

20 공공재

㉠은 공공재이다. ⑤ 공공재는 비경합성과 비배제성이 있어 무임승차자 문제가 발생하므로 기업은 공공재를 생산하여 이윤을 얻기 어렵다.

(바로 알기) ① 공공재는 대가를 지불하지 않아도 소비할 수 있는 성질인 비배제성을 가진다. ② 공공재 공급을 시장에 맡기면 사회적으로 필요한 만큼 충분히 공급되지 않는다. ③ 생산하거나 소비하였을 때 다른 경제 주체에게 의도하지 않는 이익을 주는 것은 긍정적 외부 효과이다. ④ 공공재는 한 개인의 소비가 다른 사람의 소비를 감소시키지 않는 비경합성을 가진다.

29 주제: 인권 지수

(1) (답) (가) 성 불평등 지수, (나) 성 차별 지수

(2) (예시 답안) 지수에 따라 동일한 국가의 양성평등 수준이 다르게 나타나는 것은 각 지수를 측정할 때 포함하는 지표의 차이로 인해 성 불평등 지수는 남녀 간 격차와 여성 처우의 절대적 수준을 반영하는 반면, 성 격차 지수는 남녀 간 격차의 정도만을 보여 주기 때문이다. 따라서 계량화된 수치로 나타나는 인권 지수를 활용할 때는 인권 지수에 포함된 지표를 고려하면서 각국의 인권 수준을 이해해야 한다.

채점 기준	
4점	성 불평등 지수와 성 격차 지수에서 우리나라의 양성평등 수준이 다르게 나타나는 이유를 쓰고, 인권 지수의 활용 시 유의점을 서술한 경우
2점	성 불평등 지수와 성 격차 지수에서 우리나라의 양성평등 수준이 다르게 나타나는 이유만 쓴 경우

30 주제: 분배적 정의의 실질적 기준

(1) (답) 필요에 따른 분배

(2) (예시 답안) 필요에 따라 사회적 재화와 가치를 분배하면 사회적 약자를 보호할 수 있고, 사회 복지 제도 등을 통해 사회 불평등을 개선할 수 있다는 장점이 있다. 그러나 필요에 따른 분배는 개인의 성취동기와 생산 의욕을 감소시켜 경제적 효율성을 떨어뜨릴 수 있다는 단점이 있다.

채점 기준	
4점	필요에 따른 분배의 장점과 단점을 모두 서술한 경우
2점	필요에 따른 분배의 장점과 단점 중 한 가지만 서술한 경우

완자 기말고사

18~23쪽

01 ①	02 ③	03 ②	04 ④	05 ⑤	06 ④
07 ④	08 ②	09 ⑤	10 ①	11 ①	12 ①
13 ④	14 ①	15 ②	16 ①	17 ④	18 ⑤
19 ⑤	20 ②	21 채권		22 국제 분업	
23 공정 무역		24 국가		25 동북 공정	
26 저출생		27 편재성		28 지속가능한 발전	
29 해설 참조		30 해설 참조			

01 자산 관리의 원칙

투자한 자산으로부터 이익을 기대할 수 있는 정도인 ㉠은 수익성, 투자한 자산의 가치가 줄어들지 않고 안전하게 보호될 수 있는 정도인 ㉡은 안전성이다.

02 금융 생활 설계

금융 생활 설계는 재무 목표를 세우고 목표 달성에 필요한 자금 마련을 위해 저축 및 투자 계획을 수립하는 과정으로, (다) 재무 목표 설정 – (나) 재무 상태 파악 – (라) 재무 행동 계획 수립 – (가) 재무 행동 계획 실행 – (마) 검토 및 평가 순으로 이루어진다.

03 절대 우위와 비교 우위

표는 갑국과 을국의 가방과 신발 1단위 생산에 따른 기회비용을
나타낸 것이다.

구분	갑국	을국
가방	신발 1단위	신발 3단위
신발	가방 1단위	가방 1/3단위

① 갑국은 신발 1단위를 생산할 때 가방 1단위를 포기해야 한다.
③, ⑤ 신발 생산의 기회비용은 갑국이 가방 1단위, 을국이 가방
1/3단위이므로 을국이 신발 생산에 대해 비교 우위를 가진다. ④
을국은 가방 1단위를 생산하기 위해 신발 3단위를 포기해야 하므
로 을국의 가방 1단위 생산의 기회비용은 신발 3단위이다.

(바로 알기) ② 을국은 가방과 신발 생산에 대해 모두 절대 우위를 가진다.

04 국제 무역 확대의 문제점

국제 무역은 소비자와 생산자의 경제활동과 국가 경제 성장에 긍
정적인 영향을 미치지만, 선진국과 개발 도상국 간의 경제적 불
평등 심화, 지속가능발전 저해, 기후변화 심화 등 다양한 문제점
도 초래할 수 있다.

(바로 알기) ㄷ. 자유 무역의 확대로 국가 또는 기업 간 경쟁이 심화되면서
지리적으로 인접해 있는 국가나 경제적으로 의존도가 높은 국가 간의 경제
협력이 더욱 중요해졌다.

05 세계화와 지역화

제시된 사례는 일본 삿포로 지역에서 눈이 많이 내리는 자연환경
특성을 살려 눈 축제를 개최하고 있다는 내용이다. ㄷ, ㄹ. 삿포
로 눈 축제는 지역화 전략이 세계적으로 가치를 지니며 지역 경
제 활성화에도 이바지하였다는 것을 보여 준다.

(바로 알기) ㄱ. 세계화와 지역화는 동시에 이루어지는 것이라는 점을 알 수
있다. ㄴ. 삿포로 눈 축제는 지역 고유의 특성을 살린 사례로 세계화로 지역
고유의 특성이 사라졌다고 할 수 없다.

06 다국적 기업의 공간적 분업

ㄷ, ㄹ. 다국적 기업의 공간적 분업으로, 다국적 기업의 산업 시
설이 들어선 지역의 경쟁력이 낮은 지역 내 소규모 기업은 피해
를 보기도 한다. 또한 산업 시설로 인해 발생한 환경 오염 문제는
방치되기도 한다.

(바로 알기) ㄱ, ㄴ. 다국적 기업의 생산 공장이 빠져 나간 지역에서 나타나
는 문제이다. 다국적 기업의 산업 시설 들어선 지역은 일자리가 늘어나면
서 지역 경제가 활기를 띤다.

07 세계화에 따른 문제점

제시된 대화를 통해 오늘날에는 세계화로 인해 세계 어디를 가
나 비슷한 문화를 접하게 되는 문화의 획일화 현상이 나타나고
있음을 알 수 있다. ④ 문화의 획일화 현상에 대처하려면 자국

문화의 정체성을 유지하면서 외래문화를 비판적으로 수용하는
자세가 필요하다.

08 평화의 의미

제시된 글의 사상가는 갈퉁이다. ② 갈퉁은 직접적·물리적 폭력
뿐만 아니라 구조적·문화적 폭력까지 모두 사라진 적극적 평화
의 상태야말로 진정한 평화의 상태라고 주장하였다.

(바로 알기) ① 진정한 평화는 적극적 평화 상태에서 실현된다. ③ 전쟁, 범
죄, 테러와 같은 직접적인 폭력이 없는 상태는 소극적 평화에 해당한다. ④,
⑤ 직접적 폭력뿐만 아니라 빈곤, 기아, 차별과 같은 문화적, 구조적 폭력이
없는 상태는 적극적 평화에 해당한다.

09 국제 사회의 행위 주체

제시된 사례에서 테러 행위를 규탄한 국제 사회의 행위 주체는
국제 연합(UN)이다. ⑤ 국제 연합(UN)은 국제기구에 속한다. 국
제기구는 국가 간의 이해관계를 조정하거나 분쟁을 중재하며, 국
제 사회에서 공통으로 준수해야 할 규범을 제정하여 국가들의 행
위를 규율한다.

(바로 알기) ① 비정부 기구에 대한 설명이다. ②, ③, ④ 국가에 대한 설명이다.

10 남북 분단의 과정

모스크바 3국 외상 회의에서 신탁 통치에 대한 논의가 있었다는
사실이 전해지자 국내에서는 신탁 통치를 둘러싼 논쟁이 일어나
신탁 통치 반대 운동이 전개되었다. 이후 국제 연합(UN)이 한반
도에서 총선거를 통한 정부 수립을 결의하였고, 소련과 북한의
거부로 남한에서만 5·10 총선거가 시행되어 대한민국 정부가 수
립되었다. ① 5·10 총선거(1948)는 신탁 통치 반대 운동 이후 남
한에서만 이루어졌다.

(바로 알기) ②는 6·25 전쟁 발발 이후의 사건이다. ③, ④, ⑤는 신탁 통치
반대 운동이 벌어지기 이전의 사건이다.

11 동아시아의 역사 갈등

밑줄 친 '이 국가'는 일본이다. ㄱ. 일본은 역사 교과서에 일제 강
점기 징용·징병 및 일본군 '위안부' 동원의 강제성을 축소·은폐
하여 서술하는 등 역사를 왜곡하여 주변 국가들과 갈등을 빚고
있다. ㄴ. 일본은 근거가 시마네현 고시를 근거로 독도가 자국의
영토라는 부당한 주장을 펼치고 있다.

(바로 알기) ㄷ, ㄹ은 중국의 동북공정에 대한 내용이다.

12 역사 갈등의 극복 노력

① 양국 간 민간 교류를 축소하는 것은 역사 갈등을 극복하기 위
한 노력으로 적절하지 않다.

13 인구 변천 모형

제시된 인구 변천 모형의 (가)는 출생률과 사망률이 모두 높은 고위

정체 단계, (나)는 사망률이 감소하며 인구가 증가하는 초기 팽창 단계, (다)는 출생률이 이어 감소하는 후기 팽창 단계, (라)는 출생률과 사망률이 모두 낮아진 저위 정체 단계, (라)는 인구의 자연적 감소가 나타나는 감소 단계이다. 그리고 A는 출생률, B는 사망률이다. ④ 인구 증가율은 출생률과 사망률의 차이가 큰 (나) 단계와 (다) 단계에서 높게 나타난다.

바로 알기 ① (가)는 출생률과 사망률이 모두 높다. ② (나)는 사망률이 급격히 낮아지는 단계이다. ③ (가)에서 (라)로 갈수록 총인구는 증가한다. ⑤ A는 출생률, B는 사망률이다.

14 대륙별 인구 분포 비율
대륙별 인구 분포는 아시아 > 아프리카 > 유럽 > 중앙 및 남아메리카 > 북아메리카 > 오세아니아 순서로 많다. 따라서 A는 아프리카, B는 유럽, C는 북아메리카이다. ㄱ. 개발 도상국이 많으며, 출생률이 높은 아프리카(A)가 유럽(B)보다 유소년층 인구가 많아 유소년 부양비가 높다. ㄴ. 평균 1인당 국민 소득은 선진국이 많은 북아메리카(C)가 아프리카(A)보다 높다.

바로 알기 ㄷ. 평균 합계 출산율은 개발 도상국이 많은 아프리카가 유럽보다 높다. ㄹ. 과거 유럽의 영국과 프랑스 등의 국가들은 북아메리카 지역을 식민 지배한 적이 있다.

15 선진국과 개발 도상국의 인구 구조
(가)는 유소년층 인구 비율이 높고, 노년층 인구 비율이 낮은 피라미드형 인구 구조가 나타나므로 개발 도상국의 인구 구조이다. (나)는 유소년층 인구 비율이 낮고, 노년층 인구 비율이 상대적으로 높은 종형(방추형)의 인구 구조가 나타나므로 선진국의 인구 구조이다. ㄱ. 개발 도상국에서는 인구 부양력이 인구 증가율보다 늦게 성장하여 인구 과잉 문제가 나타난다. ㄷ. 중위 연령은 유소년층 비율이 높은 (가)가 더 낮다.

바로 알기 ㄴ. 출생률은 유소년층 인구 비율이 높은 (가)가 (나)보다 높다. ㄹ. 노령화 지수는 유소년층의 비율이 높고 노년층의 비율이 낮은 (가)가 (나)보다 낮다.

16 대륙(지역)별 유입 인구와 유출 인구
유출 인구가 유입 인구보다 많으며, 그 규모가 가장 큰 A는 아시아이다. B는 아프리카와 비슷한 수준의 유출 인구와 적은 유입 인구를 보이는 라틴 아메리카이다. C는 유입 인구는 많은 반면, 유출 인구는 적은 앵글로아메리카이다.

17 석탄, 석유, 천연가스의 특징
중국의 생산 비율이 절반 정도를 차지하는 (가)는 석탄이다. (나)는 사우디아라비아, 이라크 등 서남아시아 국가들이 생산 상위권에 있는 것으로 석유이다. (다)는 미국, 러시아의 생산 비율이 상대적으로 높은 천연가스이다. ㄱ. 석탄(가)은 최대 생산국과 최대 소비국이 모두 중국으로 동일하다. ㄴ. 석유(나)는 내연 기관의

연료로 사용되어 석탄(가)보다 수송용으로 소비되는 비율이 높다. ㄷ. 천연가스(다)가 상용화된 것은 냉동 액화 기술이 발달한 이후로, 석유(나)의 상용화 시기가 더 이르다.

바로 알기 ㄹ. 천연가스는 석탄보다 연소 시 대기 오염 물질 배출량이 적다.

18 자원의 특성
⑤ 자원 민족주의는 자원의 편재성에 따른 자원 소비지와 분포 지역의 불일치로 발생한다.

19 기후변화 협약 이해
온실가스 배출권 거래제를 도입한 것은 교토 의정서, 2015년에 체결된 것은 파리 협정이다. 교토 의정서에서는 미국, 유럽 등 38개국의 온실가스 감축 목표를 구체적으로 제시하고, 탄소 배출권 거래제를 도입하였다. 2015년 체결된 파리 협정은 선진국과 개발 도상국 모두에게 온실가스 감축을 포함하도록 규정하였다. ⑤ 파리 협정은 이전의 교토 의정서와는 달리 선진국에게만 부과되던 온실가스 감축 의무를 개발 도상국에게까지 확대하였다.

20 미래 사회의 변화
(가)는 건물에 태양광 발전 시설, 풍력 발전 시설 등을 설치하여 에너지를 생산하고, 생산한 에너지를 저장하는 시설인 에너지 스토리지의 모습이다. (나)는 자연과 인간이 공존하는 친환경 도시의 모습이다. ② 지역 간 교류를 도와주는 것은 드론이나 도심 항공 교통수단(UAM)의 등장과 관련된다.

29 주제: 예금자 보호 제도
(1) 답 예금자 보호 제도
(2) 예시 답안 예금자 보호 제도와 관련 있는 자산 관리 원칙은 안전성이다. 예금은 예금자 보호 제도의 적용을 받아 원금이 손실될 위험이 적으므로 안전성이 높다.

채점 기준	
4점	안전성을 쓰고, 예금자 보호 제도의 적용을 받아 안전성이 높은 자산이라고 서술한 경우
1점	안전성만 쓴 경우

30 주제: 비정부 기구
(1) 답 비정부 기구
(2) 예시 답안 비정부 기구는 개별 국가의 이해관계와 상관없이 인권, 보건, 환경 등 인류 공통의 문제에 관심을 두고 활동하고, 전 세계가 실현해야 할 보편적 가치를 추구하며, 국제적 협력이 필요한 문제들을 해결하고자 노력한다.

채점 기준	
6점	비정부 기구의 역할을 두 가지 이상 서술한 경우
3점	비정부 기구의 역할을 한 가지만 서술한 경우